COLLECTION

COMPLÈTE

DES MÉMOIRES

RELATIFS

A L'HISTOIRE DE FRANCE.

Vieilleville, tome 2.

LEBEL, IMPRIMEUR DU ROI, A PARIS.

COLLECTION

COMPLÈTE

DES MÉMOIRES

RELATIFS

A L'HISTOIRE DE FRANCE,

DEPUIS LE RÈGNE DE PHILIPPE-AUGUSTE JUSQU'AU COMMENCEMENT
DU DIX-SEPTIÈME SIÈCLE;

AVEC DES NOTICES SUR CHAQUE AUTEUR,
ET DES OBSERVATIONS SUR CHAQUE OUVRAGE,

Par M. PETITOT.

TOME XXVII.

PARIS,

FOUCAULT, LIBRAIRE, RUE DE SORBONNE, N.º 9.
1822.

MÉMOIRES
DE LA VIE
DU
MARÉCHAL DE VIEILLEVILLE.

LIVRE CINQUIÈME.

CHAPITRE PREMIER.

M. de Vieilleville part pour aller à son château du Duretal.

Après que l'armée eust esté ainsy licentiée à Estrée-au-Pont, et que le Roy eust pris son chemin vers Folembray, la pluspart des princes et seigneurs, fatiguez de si longue traicte, sans jamais avoir sejourné en aucun lieu plus de quatre ou cinq jours, avecques infinies incommoditez, s'escarterent çà et là pour chercher les bons logis et les villages non mangez ny ruinez des armées, tant du Roy que de la royne de Hongrie. En quoy M. de Vieilleville ne fust des derniers, car il vint à Varvins (1), suivy de quarante ou cinquante gentilshommes plus que de son train, qui ne l'abandonnerent poinct, ayants faict preuve, durant le voyage, des commoditez ordinaires qui se trouvoient à sa suicte, pour le très-bon ordre qu'il y avoit donné par

---

(1) *Varvins*: Vervins.

ses officiers et pourvoyeurs, ayant tousjours M. d'Espinay son fils avecques luy, lequel avoit donné fort honnestement congé à la noblesse volontaire qui estoit soubs sa charge; mais ce ne fust sans les avoir presentez au Roy avant qu'il deslogeast : lesquels Sa Majesté remercia fort gracieusement de leur assistance et service, et en demanda le roolle, qui luy fust incontinant livré; et le bailla, après l'avoir leu, et qu'il les eust tous faict passer devant luy, montez et armez, nom pour nom, et comme en une monstre devant ung commissaire des guerres, à ung secretaire d'Estat pour le luy garder et n'en perdre la mémoire. De quoy ceste jeune noblesse receust ung fort grand contentement, et se repputerent trés-honorez et satisfaits de leur despence, que le Roy et prince souverain eust daigné prendre la peinne et l'ennuy de faire leur monstre; car Sa Majesté y passa toute une après-disnée; et n'oublierent aussy de retirer chacun ung certificat de leurs services, signé de la main du Roy, pour s'en ayder là où le besoing seroit, principalement pour les arrieres-bans : car c'est une loy ancienne, et comme fondamentalle en France, que, quand le Roy marche en personne avecques son armée, tous les nobles de son royaume ayants terres et seigneuries fieffées et hommaigées, qui ne sont poinct de compaignies ny en aulcun estat royal, sont tenus de luy venir faire service en bon équippaige d'armes et de chevaulx, selon leurs moyens et revenus, pour l'assister tant que le voyaige durera, et d'en rapporter certificat aux juges soubs la jurisdiction desquels leurs terres sont assises; aultrement, les procureurs du Roy esdictes jurisdictions feroient saesir leurs terres, et, oultre ce, payer grosses amandes. Mais la pluspart de ceux-cy, et quasi tous, estoient aisnez et puisnez de bonnes maisons qui ne jouissoient encores de rien, et n'avoient retiré les certificats susdicts que pour les monstrer, les ungs à leurs peres, pour ne regretter leur despence; les aultres à leurs maistresses, pour en tirer quelque faveur ou louange; mais la pluspart pour s'en vanter aux bonnes compaignies, et d'avoir veu le Roy, parlé à luy, et leurs noms gravez au cœur et en la mémoire de Sa Majesté; et pour ce s'appelloient-ils volontaires, car ils n'y estoient nullement tenus.

Ainsy se retirerent par bandes privées en leur païs et maisons, avec une infinité d'humbles remerciemens et offres de leurs services et biens à M. d'Espinay leur capitaine, qui les avoit si heureusement commandez et conduicts.

En ce lieu de Varvins M. de Vieilleville sejourna six jours pour se raffraichir et son train (car il y en avoit grand nombre de malades), pour leur donner loisir de se ravoir et remettre, parce qu'on y trouvoit de tout en abondance, et principallement d'appotiquaires et medecins, ayant esté la ville exempte de toutes incursions, semblablement pour reposer ses grands chevaulx, courtaux, mulets de coffres et aultres chevaulx de somme et de bagaige, qui estoient à demy recreus par tant de corvées.

Saichant M. le duc de Nemours qu'il s'estoit arresté là, luy envoya ung cheval d'Hespaigne des plus beaux et meilleurs qu'il estoit possible de veoir, et que M. de Sipierre, premier escuyer du Roy, avoit pris plaisir, en faveur de ce prince, de dresser en toute perfection; lequel fust estimé par les gensdarmes et aultres gentilshommes qui l'accompaignoient, pour sa beauté et disposition, et pour la richesse de son harnoys et équippaige, à deux mille escus.

Le gentilhomme qui le luy presenta luy dict telles parolles : « Monsieur, M. de Nemours mon maistre vous faict present de ce cheval d'Hespaigne, qu'il a nommé *Yvoy* en souvenance de la recousse que vous fistes de sa personne devant la ville d'Yvoy; qu'il vous supplie le prendre d'aussi bon cœur qu'il vous le donne, avec asseurance que vous ne trouverez jamais personne en France qui vous ayt plus voué d'amytié que luy, ny sur qui vous ayez plus de puissance, aussi que vous le y avez très-fort obligé. Voilà, monsieur, la lettre qu'il vous en escrit; elle n'en contient gueres davantaige. »

M. de Vieilleville, la prenant, luy dict qu'il l'en remercieroit par sa responce, et que, quant à luy, il n'avoit pas perdu sa peinne ny son voyaige. Il luy fist donner une chaisne du poids de cent escus, de fort belle façon, et une espée, dague et sainceture, le tout couvert de veloux cramoisy, gardes et fers dorez de mesme parure, ouvrage de Milan; et au palefrenier qui l'avoit amené, affin qu'il ne s'en retournast à pied, ung bidet de vingt escus, et pareille somme en sa bourse.

Ceste despesche faicte, nous nous acheminasmes droict à Durestal par Orléans, le long de la riviere de Loyre; et approchants du lieu, nous trouvasmes desja tous les signalez seigneurs et gentilshommes d'honneur du païs, ses parents et voysins, qui, saichants le jour de sa venue, s'estoient advancez de luy venir au-devant, pour le bien-veigner : du nombre desquels estoyent MM. de Clermont d'Amboyse, comte du Lude, de Jarzé, baron d'Ingrande et de Champaigne, parants; les sieurs du Gast, de La Barbée, du Pinpean, de Chemans, du Grip, Venevelles, Patrix, La Mothe, Garnier, Gastines, Sainct-Loup, d'Aulnieres et plusieurs aultres: tous lesquels, tant d'une part que d'aultre, à la premiere veue mirent pied à terre en sa forest de Durestal, aultrement de Chambiez, où se passa une bonne demy-heure à s'entrembrasser et saluer; et, ayants faict quart de lieue à pied en telles caresses, remonterent à cheval pour venir au chasteau, où ils trouverent la bande des dames, la pluspart femmes, filles et parantes des desssus-dicts et d'aultres, qui accompaignoient madame de Vieilleville et mademoiselle d'Espinay sa fille aisnée, qui les attendoient sur la belle terrasse de Durestal, qui n'a poinct sa pareille en France; au jugement mesme du Roy et de tous les princes qui l'ont veue; qui estoit si chargée d'aultres gentilshommes, damoyselles et habitants de la ville, que l'on ne s'y pouvoit quasi tourner, encore qu'elle soit fort grande et spacieuse; mais le tout avec une telle joye et allaigresse qu'elle ne se peult exprimer. Et entrant dedans le chasteau avec toute ceste trouppe, il trouva M. l'evesque de Dol son frere, qui l'attendoit pour le recevoir à bras ouverts, lequel, sortant d'une grosse maladie dont il estoit encores fort foible, se sentit tout reconvalessé de ceste veue.

Tout le moys d'aoust, et environ douze jours en septembre, se passerent en telles festes et visites; et estoyent les compaignies si alternatives, que quand les unes se retiroient il en revenoit d'aultres; de façon que, durant tout ce temps, jamais la maison ne fust sans survenants et grande affluence de noblesse : en quoy madame de Vieilleville fist bien paroistre son bon esprit et saige conduicte en l'œconomie, car il n'y eust jamais faulte de vivres de toutes sortes, ny selon les jours; mais elle y en faisoit venir de toutes parts en une merveilleuse abondance.

CHAPITRE II.

Le Roi mande à M. de Vieilleville de se rendre à la Cour.

Mais environ le quinziesme dudict mois de septembre, il arriva ung courrier de la part de Sa Majesté à M. de Vieilleville, avec lettres qui contenoient que l'Empereur, le duc Maurice, et les aultres princes confederez, et generalement les Estats de l'Empire, estoient d'accord; mais que, se voulant iceluy Empereur ressentir de la bravade qu'il avoit faicte de s'estre presenté avec son armée sur le Rhin, par laquelle il se disoit avoir esté forcé à condescendre en cest accord, il entreprenoit de venir assieger la ville de Metz, s'asseurant de la prendre, ayant des forces incroyables qu'on estimoit à plus de cent mille hommes; et, pour ne donner loisir de la fortiffier, son armée estoit desja advancée aux environs de Strasbourg, et plus de la moitié passée au-deçà du Rhin.

Et que à ceste cause il le prioit; et néantmoins commandoit de diligenter ses affaires, et de s'acheminer incontinant après l'arrivée de ce porteur; et qu'il luy vouloit commettre une charge fort honorable en ceste importante occurrance d'affaires, dont il auroit occasion de se contenter, car il luy donnoit moyen de luy faire de grands et signalez services.

L'arrivée de ce courrier, qui se nommoit Corbye, valet de chambre du Roy, troubla grandement toute la compaignie, et y apporta ce que faict en temps gay et serain une nuée épaisse et obscure, de laquelle en crevant il ne sort que de la pluye. Aussi, madame de Vieilleville, qui n'avoit pas jouy plus de troys sepmaines de la presence de son seigneur et mary, le voyant desja eschauffé sur les preparatifs de son partement, ne se peust contenir de descouvrir son ennuy et tristesse par les larmes; qui fust incontinant secondée par les afflictions particulieres, generalles et naturelles de tout ce famail : car ce sexe se descharge communément de toutes ses passions et angoisses par les yeux; de sorte que par toute la maison ce n'estoient que plaintes et pleurs : qui fust ung estrange et trop subit changement, à cause duquel les violons, haultsboys, et tous les aultres passe-temps bien-tost se retirerent.

Mais ce qui augmenta l'oraige, car il n'y avoit plus d'esperance de le retenir, fust la venue de l'escuyer de M. le mareschal de Sainct-André, nommé La Rocque, qui arriva le mesme jour sur le soir, après Corbye, avec lettres de son maistre, desquelles la substance estoit telle : qu'il sçavoit bien que le Roy luy vouloit donner une charge fort honorable qu'il n'avoit peu encores descouvrir, s'estant Sa Majesté reservé à le luy dire en luy offrant, mais qu'il avoit tant de confiance en son indissoluble et très-ancienne amytié, que jamais il ne le vouldroit abbandonner en ceste très-urgente occasion; et que, sur le certain advertissement de la descente de l'Empereur, le Roy luy avoit commandé de se jecter dedans Verdun avec sa compaignie, et celle des chevaulx ligiers du comte de Sault, et six enseignes de gens de pied, pour la faire fortifier, et prevenir tous les desseings dudict Empereur; et avoit faict pareil commandement à M. le duc de Nevers, gouverneur de Champaigne et Brie, d'entrer dedans la ville de Thoul pour les mesmes raisons. Que si maintenant il le veult laisser, il prevoit une terrible breche en sa compaignie, saichant que quasi tous les gensdarmes et archers y sont sous sa faveur et par son amytié, qui s'en retireront s'il quitte sa lieutenance, pour le suyvre; qui luy reviendroit à une honte perpetuelle, ayant le terme trop brief pour en remettre sus une pareille; et que, à ceste occasion, il le supplioit, de frere, de loyal compaignon et parfaict amy, de ne l'abbandonner en ce très-extresme besoing, mais luy faire paroistre les effects et les fruicts d'une si longue et très-ancienne amytié; et sur ceste esperance, il s'en alloit devant à Verdun, le priant de s'y acheminer en toute diligence, et de faire estat qu'eux deux y departiront l'authorité et le commandement; et ainsy le luy promettoit en foy d'homme de bien, de vray amy, et de gentilhomme d'honneur.

Sur ceste lettre M. de Vieilleville se trouva fort combattu en son esprit; car de refluser l'honneur que le Roy luy presentoit, il n'ignoroit poinct le desplaisir que Sa Majesté en recevroit, en hazard qu'elle luy en fist quelque reprimande à l'accoustumée; d'abbandonner aussi M. le mareschal en ceste furieuse fluctuation d'affaires, il penseroit offenser grandement la foy qui estoit de si long-temps entr'eux deux jurée, et rompre du tout la courtoisie : car c'estoit chose bien certaine que, quictant sa lieutenance, plus de soixante-dix hommes d'armes et cent archers, mais des plus braves et mieux montez (car c'estoient tous gentils-hommes de marque et de moyen), quicteroient semblablement la compaignie, estants tous de Bretaigne, d'Anjou et du Maine, qui ne s'y estoient faict enrooler qu'en sa faveur et pour son respect : d'aultre part, il ne pouvoit imaginer de quel poids estoit ceste charge, de quelle qualité, ny en quelle province on le vouloit employer; qui le tenoit en une merveilleuse anxieté, et trouvoit bien estrange que M. le mareschal de Saint André ne l'avoit apprise du Roy, qui ne luy celoit jamais rien pour l'en advertir. Mais, ne pouvant croire qu'il ne la sceust, il entra incontinant, suivant la promptitude de son esprit, en ce soubçon que ledict sieur mareschal en avoit destourné Sa Majesté pour ne le perdre, ou qu'il luy avoit donné quelque traict de ruzé courtisan en cest endroict; en quoy il ne fust poinct trompé, comme il se pourra veoir par ce qui s'ensuict.

Car estant en ce doubte, il arriva sur le soir du mesme jour ung jeune homme de la part de Malestroit, l'ung des secretaires de M. le mareschal de Saint André, qui fust si advisé que La Rocque ne le veid poinct; mais sur la retraicte de M. de Vieilleville en sa chambre, il se presenta à luy en secret, luy baillant les lettres de son maistre, qui estoient, sans y rien adjouster ou diminuer, de ce mesme subject :
« Monseigneur, je ne veux faillir de vous advertir

que l'on vous a donné une terrible venue; car, saichant mon maistre que le Roy vous avoit choisy son lieutenant-general en la ville de Thoul, il a passé exprès, allant à Verdun, par la ville de Rheims, où estoit M. le duc de Nevers, qu'il a tant harrassé, tourné et reviré, qu'il l'a faict partir pour s'en aller audict Thoul sans en attendre le commandement du Roy ny son pouvoir, mais a envoyé son secretaire Vigenayre en Cour, pour le faire despescher et l'apporter après luy, avec une lettre qu'il escrit à Sa Majesté, qui est de telle substance : Qu'à personne mieux que à luy ceste charge ne peult appartenir, estant la ville de Thoul frontiere de son gouvernement de Champaigne; et quand l'Empereur verra que ung prince bien accompaigné sera dedans, il ne se precipitera pas de l'attaquer; et qu'il a mené avec luy toutes les compaignies, tant de cheval que de pied, qui estoient demeurées en garnison en son gouvernement à la rupture du camp d'Estrée-au-Pont; et luy a semblé faire plus de service à Sa Majesté de s'advancer bien avant en pays, et y attendre l'ennemy, que de demeurer à Chaalons ou à Rheims, et laisser ravaiger sondit gouvernement par l'armée imperiale : ce qu'il supplioit Sa Majesté d'avoir très-agreable, comme de celluy qui a voüé tous ses moyens et sa propre vie pour son très-humble et très-fidel service; et qu'il luy plaise commander qu'on luy despesche son pouvoir : qui est, monseigneur, tout le mesme langaige que mondict maistre a flagorné aux oreilles du duc de Nevers; et l'a tant pressé de partir, qu'ils sont venus ensemble en ceste ville de Chaalons, d'où ledit duc part presentement pour aller coucher à Vitry-le-Bruslé, et nous à Saincte-Menehoud, duquel lieu aussi je vous ay despesché ce porteur secrettement, qui m'est fidelle, vous priant de donner ordre à vos affaires, et prendre garde à vous. Mondict maistre ne s'est pas attendu à vous de faire venir sa compaignie, mais il a en toute diligence envoyé Chaubouchet pour la faire partir du lieu où elle est, et s'acheminer à grandes journées à Verdun. Vostre très-humble serviteur, *de Malestroict.* Il vous plaira brusler ceste lettre. »

Quand M. de Vieilleville l'eust veue, il demeura tout pensif et interdict, ne saichant sur qui il devoit rejecter ce malheur; encores se consoloit-il que les princes daignoient bien prendre les charges qui luy estoient destinées, mais il trouvoit bien estrange que M. le mareschal de Saint-André y eust procedé de ceste façon, et que, par une telle ruze, il luy eust sourratté un honneur que le Roy, de son propre mouvement, avoit resolu de luy faire; car quand M. de Nevers luy en eust escrit, il le luy eust fort volontairement cedé, et l'eust assisté de sa personne et de sa vie, estant trop adverty que l'on ne gaigne jamais rien d'entreprendre ou de se prevaloir de quelque chose contre le gré et volonté des princes. Toutesfois il repputtoit ce traict de M. le mareschal à l'amitié qu'il luy portoit, et qu'il craignoit de le perdre.

Le matin, ayant depesché ces trois courriers, chacun à part, à leur contentement, et selon les qualitez de leurs maistres, il donna la charge de son train au sieur de La Besnerye son maistre d'hostel, pour le faire marcher droict à Chaalons à bonnes journées, et partit, luy dixiesme, pour venir aux Rosiers, sur la levée, prendre la poste pour aller trouver le Roy à

Fontainebleau, laissant madame de Vieilleville fort desolée, à laquelle il ne voulut pas dire adieu, de peur de luy accroistre son ennuy, mais pria M. et mademoiselle d'Espinay ses enfans la consoler d'une esperance de son brief retour, et ne la poinct abbandonner que ceste tristesse et ennuy ne fussent du tout évaporez; qui ainsy le luy promirent, encores qu'il leur tardast beaucoup d'aller veoir M. et madame d'Espinay, leur pere et mere, qui les attendoient en grande devotion à Sauldecourt.

CHAPITRE III.

Le Roi envoie M. de Vieilleville à Verdun.

Arrivé que fust M. de Vieilleville à Fontainebleau, et s'estre présenté au Roy, qu'il trouva fort peu accompaigné (car toute la jeunesse de la Cour, princes, seigneurs et aultres, avoient suvy M. de Guyse, qui estoit desja party pour aller à Metz lieutenant-general donner ordre aux fortifications et aultres choses necessaires pour le siege), Sa Majesté luy dist qu'il estoit fort fasché et desplaisant d'une traverse que M. de Nevers leur avoit donnée à tous deux : « car j'avois, adjousta-t-il, resolu de vous envoyer mon lieutenant à Thoul, et il s'y est allé jetter de bout estourdy, sans mon commandement ny pouvoir, pour y estre obey: toutesfois, ayant faict paroistre par ce traict l'ardente affection qu'il a au bien de mon service, je ne l'en puis revocquer, vous priant de ne vous en donner peinne, car je vous jure et promets de bientost vous pourveoir d'une aultre charge, et, de infaillible asseurance, meilleure.

« En attendant, je suis d'advis que vous partiez incontinant pour aller à Verdun assister M. le mareschal de Saint-André, estimant que vous lui serez fort necessaire, car c'est encores la première ville de frontiere qu'il a jamais eue soubs sa charge; et de faire son cop d'essay contre ung tel ennemy que l'Empereur, qui s'est plus faict redoubter par ruses, surprises, intelligences et tradiments, que par vaillance ou guerre ouverte, il n'y auroit pas trop de seureté pour ceste mienne nouvelle conqueste; et affin que vous ayez moyen de soustenir les despences que vous avez faictes en ce voyaige dernier, et qu'il vous conviendra encores supporter, j'ay commandé au tresorier de mon espargne de vous delivrer incontinant six mille escus : l'Aubespinne a charge de vous dresser de cela, et vous en donner le brevet, qui est desja signé de ma main. »

M. de Vieilleville, après avoir très-dignement remercié Sa Majesté, tant de ses honorables et si volontaires promesses, que de la franche liberalité du don, il delibera de son partement, et deux jours après il s'achemina au lieu que le Roy luy avoit commandé, durant lesquels il supplia Sa Majesté d'assembler le conseil pour regarder aux plus pregnantes affaires qui concernoient tout l'Estat de de-là, affin qu'il apportast avec luy toutes les despesches, memoires et instructions necessaires pour MM. de Guyse et de Nevers et M. le mareschal de Saint-André, et ordonner des finances, et en quel tablier on les pourroit recouvrer au besoing, sans venir à la Cour les solliciter. Ce que le Roy trouva fort bon ; de sorte, durant ces deux jours, on ne vacqua à autre chose, et ne fut aulcunement tenu conseil pour les parties. Ainsi il s'en alla, bien garny de tout ce que requeroit le service du Roy pour les trois villes, dont les deux princes susdits receurent ung merveilleux contentement, et luy en firent de grands remerciements ; car il trouva à Espernay et à Jallons leurs secretaires, qui venoient en poste rechercher auprès du Roy ce qu'il avoit desja obtenu, et les fist rebourser chemin, dont ils furent très-aises, et celuy semblablement du mareschal de Saint-André, nommé du Tronchet. L'on ne trouvoit par tous ces chemins que courriers allants et venants, grand nombre de trains, de bagaiges, de gentilshommes volontaires, compaignés de gens de pied et de cheval, et quelques scouadrilles de gens ramassés, qui ne laissoient pas de faire beaucoup de mal sous le manteau du service du Roy.

Estant arrivé à Chaallons, le sieur des Paux, gouverneur de la ville sous M. de Nevers, le vint saluer en son logis, auquel il fist entendre toutes les particularitez desquelles Sa Majesté l'avoit chargé pour son service ; puis envoya querir le receveur général de Champaigne, les gens de justice et les maire et eschevins, ausquels il declara la volonté du Roy, prise et arrestée en son conseil tenu à Fontainebleau les 22 et 23 de septembre 1552, principalement au receveur general, que l'intention du Roy estoit que toutes les finances de sa generalité, et celles de Picardie et Bourgoigne, qui se devoient rapporter par commandement exprès de Sa Majesté à son tablier, ainsi qu'il luy fist apparoir par le resultat dudict conseil, et par les mandements et acquicts patants du tresorier de l'espargne, et de quoy il auroit bientost nouvelles, estoient vouées, dediées et irrevocablement reservées à M. de Guyse, à M. de Nevers et à M. le mareschal de Saint-André, et qu'il n'eust à les reffuser ny tenir en longueur à leurs simples rescriptions accompaignées de leur blancs-signez ; aux gens de justice, qu'ils assistassent leur capitainne, là présent, pour le bon ordre sur les chemins, au chastiment des voleurs et compaignies desbordées et mal vivantes, et sur-tout d'avoir bonne intelligence ensemble pour la garde de la ville. Il en dict autant ausdicts maire et eschevins, avec louanges et asseurances qu'il donna à tous generalement du contentement que le Roy avoit de leur fidélité, et de la prompte et affectionnée obéissance qu'ils rendoient à leur capitainne quand il estoit question du service de Sa Majesté : à quoy il les prioit de vouloir continuer leur remonstrance; qu'il n'y avoit meilleur moyen de s'entretenir en bonne, ferme et indissoluble union, qui estoit très-nécessaire pour la conservation de leur ville et province, principalement en l'absence de M. de Nevers, et ayant un si puissant ennemy sur les bras, et quasi à leurs portes, avec une armée telle, que de cent ans on n'en a veu une pareille sur les frontières de France.

Toute l'assistance le remercia tres-humblement de ses bonnes remonstrances, avec offres et promesses de continuer de bien en mieux comme bons et fidèles subjects : cela dict, chacun se retira.

Le lendemain, sans attendre son train, encores qu'il eust nouvelles qu'il estoit à Chasteau-Thierry, il reprint la poste pour aller à Verdun, tant estoit grand son desir d'estre auprès de M. le mareschal, aussi qu'il l'avoit assuré par Le Tronchet, qui estoit party devant, du jour qu'il y devoit estre; et trouva à Sainte-Menehou le sieur de Chazeron, guydon de la compaignie, avec quelques gentilshommes, où, après avoir repeu tous ensemble, par gaillardise l'accompaignerent au grand galop jusques à Clermond en Argonne, distant de Verdun de trois petites lieues, où estoit M. de Fervacques, enseigne, qui les y attendoit avec plus de cinquante gentilshommes et des officiers de M. le mareschal, qui luy avoit preparé son soupper : qui fust cause qu'il demeura là tout le jour; car il avoit esté ainsi arresté, ayant mondict sieur le mareschal projecté de faire quelque gentillesse en signe de rejouissance de sa venue : qui fust qu'ayant M. de Vieilleville le lendemain matin changé de cheval, et estant desja à plus de my-chemin avec tous ceux qui luy estoient venus au devant, M. le mareschal s'estoit luy-mesme embusché, avec cent ou six-vingts chevaux, en des bois où il y a deux verreries, et en la plaine entourée de bois de tous costés et garnis de deux cents harquebuziers; il sort de son embuscade, et se jecte sur M. de Vieilleville avec toutes ses trouppes sonnants la charge; d'autre costé les harquebuziers sortent, le tambour battant, avec ung bruict d'harquebuzades le nompareil; et y firent les escarmouches fort gaillardes, car l'enseigne et le guydon vouloient sauver le lieutenant, et tout le reste, qui estoit en plus grand nombre, soustenir leur capitaine en chef: mais enfin M. le mareschal le fist son prisonnier; et en cela se passa une fort belle et très-plaisante algarade, car jamais on ne veid mieux voltiger chevaux, s'entrembrasser et carresser. Mais M. le mareschal ne voulut permettre qu'il mist pied à terre pour le saluer, mais, tout de cheval, se festoyerent d'embrassades ; luy faisant bien paroistre, par l'ordre de ce passe-temps, la grande et parfaicte amitié qu'il luy portoit, et l'aise qu'il avoit, contre toute esperance de le veoir encore, d'avoir pris la peine d'y estre venu en personne ; car tant que le chemin dura, qui estoit d'une petite lieue, jusques à Verdun, il n'y avoit carrefour ny boccaige d'où il ne sortît des harquebuziers qui s'escarmouchoient bravement, et des gensdarmes qui se donnoient coups de lance, et rompoient fort furieusement et dextrement leurs boys, où il se fist de très-belles courses. Et arrivasmes en tels passe-temps et fanfarres à Verdun, où le capitaine Bronvilliers, sergent major de la ville, nous fist une salve fort gaillarde de cinq ou six cents harquebuziers en la plaine devant la porte, où estoient semblablement six cents corcelets, trois cents de chaque costé, et distants d'environ six cents pas entre les deux bataillons, qui firent semblant de combattre et de s'approcher, branlant la picque en braves soldats ; mais toute la cavalerie passe au travers à toutes brides, qui les departit : tout cela à la veue des habitans de la ville qui estoient sortis pour en veoir le passe-temps, qui jouirent comme nous de ce plaisir qui estoit très-grand et fort bien ordonné.

Estant devant le logis de M. le mareschal, où tout le monde mist pied à terre, les embrassades recommencerent ; car la pluspart de la compaignie, qui depuis Estrée-au-Pont n'avoit veu M. de Vieilleville, se voulut bien faire recognoistre, comme aussi firent tous les capitainnes des bandes françaises, au nombre de dix, qui y estoient en garnison, sachants bien qu'il leur devoit commander. Et cela faict on alla disner, après lequel il ne fust question d'affaires ny de conseil, mais le reste du jour se passa en toutes sortes d'allaigresses et de plaisirs, principalement de courre la bague.

CHAPITRE IV.

M. de Vieilleville fait fortifier la ville de Verdun. — L'armée de l'Empereur investit la ville de Metz.

Le lendemain on monta à cheval pour ronder la ville par dehors, et recognoistre les desseings projectez de l'ingenieur Camille Marin, present en ceste visite, auquel M. de Vieilleville dist, comme en colere, qu'il s'esbahissoit qu'il n'avoit encores mis en l'allignement de ses fortifications, avec la haulte et basse ville et les fauxbourgs, toute la banlieue à la ronde de Verdun ; toutesfois, que luy-mesme sçavoit bien que M. de Guyse avoit faict desmolir deux ou trois grosses abbayes, et generalement tous les fauxbourgs de Metz, oultre ce, en ung retranchement de la ville, abbattre plus de maisons qu'il n'y en a en la basse ville de Verdun ; et qu'il fauldroit plus de dix mille hommes pour garder tout ce qui estoit alligné et où il avoit faict planter les paux (¹) : disant à M. le mareschal qu'il falloit abbandonner la basse ville et la brusler avec les fauxbourgs si l'ennemy s'y venoit presenter, et fortifier

(¹) *Les paux* : les pieux.

seulement la haulte, et ce qui estoit costoyé de la riviere de Meuze ; donnant de si bonnes raisons de son dire que ce Camille fust si espris, qu'il ne peult rien alleguer ny debattre au contraire. Et adjousta M. de Vieilleville qu'il sçavoit desja les lieux où il falloit dresser des plates-formes, jusques au nombre de six. Ce que M. le mareschal trouva le meilleur du monde : et fust suivie ceste oppinion. De quoy le susdit Camille fust si despité et si irrité, que le jour d'après il se derobba, et, sans parler à personne, alla trouver à Metz M. de Guyse, pensant que l'on envoyeroit en toute diligence après pour le prier de revenir. Mais on ne s'en fist que rire, aussi que l'on sçavoit bien qu'il seroit là inutile, car le sieur de Saint Remy, gentilhomme français, natif de Provence, y estoit, et en repputation d'estre le plus suffisant ingenieur en matiere de fortifications, et d'admirables inventions d'artifices de feu, qu'on eust sceu trouver en toute l'Europe : qui redonde grandement à la gloire française, car les Italiens s'attribuent la science des fortiffications sur tout le reste de la chrestienté ; encores, par une bonne desbordée vantance, et trop audacieuse presomption, ils s'en disent inventeurs.

Au sortir de là M. de Vieilleville fist venir nombre de massons, et commencea de faire le plan des plates-formes, tirer le cordeau, et planter les paux ; où toute la matinée se passa : et nomma la premiere la Mareschale, la seconde de son nom, la troisiesme de Fervacques, enseigne ; la quatriesme de Chazeron, guydon ; la cinquiesme la comtesse de Sault ; et la sixiesme de Thurenne.

Après disner fust le plaisir de veoir tout le monde

en besoigne : en quoy commencea M. le mareschal à sa plate-forme, avec grand nombre de gentils-hommes volontaires, son prevost et tous ses archers, ses domestiques de quelque qualité qu'ils fussent, et toutes sortes de valets, jusques aux paiges et lacquais; et n'y eust personne qui en fust exempté, ou pour charger ou pour porter la hotte; et chacun des sus-nommez, en cas pareil, print la sienne à tasche; la pluspart des gendarmes avec leurs valets à celle de M. de Vieilleville, et toute sa maison; le reste pour Fervacques, et les archers pour le guydon, et ainsi des autres; avec environ mille pionniers qui furent dé-partis, oultre les habitans qui y firent des corvées, car c'estoit pour leur conservation, sans grand nombre de paysans, avec leurs femmes et enfants pouvants porter hottes, qui furent payez : et estoit ceste diligence si grande, qu'il sembloit veoir une armée drillante (1) de fourmys, qui porte et traîne en sa fourmilliere tout ce qu'elle trouve, tandis que le chault dure, propre à sa nourriture pour son hyver; sy bien qu'en moins de trois sepmaines il n'y avoit plate-forme qui ne haulsast la teste par dessus les murs de la ville, plus de toise et demie, car on n'attendoit pas le jour esclorre pour venir aux atelliers; et ce qui animoit le commun venoit de la diligence des grands. Et dura ceste furie de tra-vailler jusques à ce que l'on eut sceu au vray que le duc d'Alve vouloit attaquer Metz, et qu'il estoit venu recognoistre la ville devers la porte Sainte Barbe, pour projecter le desseing et commodité du siege, attendant l'Empereur; qui fut ung mercredy dixneufiesme d'oc-tobre 1552.

(1) *Drillante*: reluisante.

Sur ceste nouvelle en vint incontinant une aultre, que le duc d'Alve avoit pris le quartier de la porte Champenoise avec toutes ses trouppes, et que le sieur de Brabançon s'estoit logé en la montaigne, vers la Belle Croix avec les siennes, et qu'ils avoient desja faict commencer les tranchées en toute diligence, tirant droict à la porte Saint Thibault, pour y poincter et asseoir l'artillerie, que l'on disoit estre de trente canons en batterie, et douze grandes coulevrinnes pour les deffences.

Ceste derniere fascha fort M. le mareschal, M. de Vieilleville, et tous ces seigneurs qui s'estoient venus jecter dedans Verdun en leur faveur, sur esperance d'ung siege, avec un regret infini de s'y estre arrestez, car il n'y avoit plus moyen d'entrer dedans Metz; et se desista l'on par desdain de toutes fortiffications, laissants l'entreprise de quatre boulevers qui estoient fort advancez, se contentants des encoigneures de la ville qui en pourroient servir en y faisant des flancs; de sorte que tout le monde se degousta de bien faire.

CHAPITRE V.

M. de Vieilleville se met à la tête d'un détachement de la garnison de Verdun, et enlève un convoi de vivres aux Impériaux.

Mais M. de Vieilleville leur remist le cœur au ventre, disant qu'il se presentoit ung plus grand moyen de faire meilleur service au Roy en la campaigne qu'en ung siege ; car il estoit certain que l'armée de l'Empereur estant si grande ne pourroit moins que de s'eslargir et estendre par toute la contrée, pour fourrager et chercher ses commoditez ; et que s'ils le vouloient suivre, et la compaignie de M. le mareschal, qu'il les feroit resserrer en leurs limites, et de si près, qu'il en seroit parlé à jamais ; les priant seulement d'avoir bon couraige, et qu'il les meneroit et rameneroit, Dieu aidant, chargez d'honneur, de butin et de prisonniers ; et leur monstra le pouvoir qu'il avoit du Roy, signé et scellé, de tenir la campaigne et empescher les vivres d'aller au camp de l'ennemy.

A quoy s'accorderent fort facilement tous les braves seigneurs, les gentilshommes volontaires, et d'aultres capitaines sans charge, plustost que de demeurer inutiles, se voyants conduicts par ung si excellent, magnanime et valleureux capitainne, qu'ils sçavoient tous estre accompaigné de bonheur en toutes ses entreprises ; et puis, de combattre avecques la compaignie de M. le mareschal de Sainct-André, qui n'avoit sa pareille en France, ils s'asseuroient d'acquerir sans doubte beaucoup d'honneur ; aussi qu'ils voyoient les capitaines des vieilles bandes, y estants en garnison, avec leurs experimentez et vieux soldats, brusler de ceste entreprise : qui les fist tous generalement se resoudre d'y hazarder leur vye, et d'obéir, sans aulcun estrif ou difficulté, à ce qu'il leur commanderoit. Doncques, ceste resolution prise, M. de Vieilleville leur donna terme de huict jours pour se preparer au voyage, regarder à leurs armes et chevaux, se garnir de sommiers pour leurs vivres, ne faire poinct porter de licts ny de malles, car il ne falloit point changer d'habits, seulement quelques chemises, et qu'il leur feroit veoir ce qu'ils ne virent jamais.

Durant les huict jours, on apporta une très-facheuse nouvelle de la deffaicte du duc d'Aumalle (1), près Nancy, au village de Sainct-Nicolas de Lorraine, par le marquis Albert de Brandebourg, et d'aultant plus ennuyeuse, principalement à M. de Vieilleville, que M. de Rohan y avoit esté tué, qu'il aymoit sur tous les seigneurs de France : ce qui advint le 4 de novembre audict an 1552; et que ce marquis, amenant avec luy son prisonnier, s'estoit venu rendre en l'armée de l'Empereur, auquel on avoit donné pour quartier en ce siege, et à ses trouppes, qui estoient de huict mille hommes avec vingt pieces d'artillerie, l'abbaye Sainct-Martin, sous le mont Sainct-Quentin, du costé du pont des Mores et de la porte du pont Yffroy : se retrouvant par ce moyen la ville de Metz assiegée, et enclose de trois camps, de celluy du duc d'Alve, de Brabançon et du marquis Albert.

Le desseing de M. de Vieilleville estoit de passer la Mozelle, et de battre les chemins entre Thoul, le Pont-à-Musson et Nancy, bien adverty que quelques trouppes d'Italiens et d'Albanais s'estoient écartez du siege pour vivre et camper à leur aise. Mais saichant au vray le lieu où estoit campé le marquis Albert, changea d'oppinion, animé de la mort de M. de Rohan, qu'il regrettoit à gros sanglots incessamment.

Doncques, les huict jours expirez, et que tous ceux qui estoient enroollez pour sortir avec luy se trouve-

---

(1) *Du duc d'Aumalle.* Claude de Lorraine, frère puiné de François, qui étoit devenu duc de Guise depuis la mort de leur père, arrivée en 1550.

rent prests, il partit de Verdun un mardy 22 de novembre audict an, accompaigné de six cents bons chevaulx, six cents harquebuziers et deux cents corcelets d'eslite, et la fleur des compaignies vieilles, et des legionnaires de Champaigne et Picardie, qui y estoient en garnison, avec deux cents pionniers, pour rompre hayes, bussons (1), et combler les fossés et entrer dedans les terres, à cause des meschants fondriers chemins qui sont en ce pays-là, qu'on appelle la Voyvre (2), des subjects et territoires de Lorrainne : et l'ayant M. le mareschal accompaigné jusques à la porte de Fresne, aultrement de Metz, il print congé de luy, s'entredisants adieu, comme s'ils ne se deussent jamais reveoir. Et entrant dedans le villaige de Fresne, distant de Verdun de quatre lieües, sur le chemyn de Metz, le maire du villaige, qui est des subjects de Lorraine, le vint advertir qu'il y avoit environ deux cents Vallons ou Marengeais, qui sont tous Bourgoignons, à lieüe et demye de-là, faisants estat de venir loger audict Fresne; auquel lieu il les guyda si fidellement, que ces pauvres gens furent surpris et tous taillez en pieces : qui fut la premiere entrée de M. de Vieilleville, sur laquelle luy et toute sa trouppe firent de bons presaiges, car il ne leur cousta pas ung homme, ny pas ung blessé; et revindrent coucher audict Fresne, où il avoit laissé les deux parts des harquebuziers et la compaignie de chevaux ligiers du capitaine Boisjourdan, pour garder le logis.

Après ceste deffaicte, tous les habitants des villaiges

---

(1) *Bussons* : buissons. — (2) *La Voyvre* : partie du Barrois qui renfermoit les bailliages d'Etain, de Briey, de Longuyon, et de Villers-la-Montagne.

de la Voyvre, appastez des dix escus qu'il avoit donnés au maire de Fresne pour sa peine et fidelité, le venoient advertir de tout ce qu'ils pouvoient descouvrir de l'armée imperiale, comme gens qui alloient librement par-tout, avec l'escharpe jaulne, sur le privilege de neutralité accordé de tout temps au duc de Lorraine et à ses subjects par l'Empereur et le roy François le Grand. Et entre aultres, le maire du villaige nommé Villesaleron luy vint donner advis certain qu'il devoit sortir, sur les quatre heures du soir, de la ville de Malatour, distant de quatre lieues de Metz, cent chariots de vivres, avec escorte de cinq cornettes de cavallerie ligiere, italienne et hespaignole, conduicte par le sieur de Montdragon, pour aller au camp, et qu'il vouloit mourir s'il y en avoit davantaige.

M. de Vieilleville luy demanda, en luy mettant quarante escus en la main, s'il ne sçavoit poinct de chemin pour aller à couvert en son villaige, qui estoit une lieue au-delà de Malatour, tirant vers Metz : qui luy respondit que ouy, et qu'il le guyderoit bien seurement, mais qu'il y avoit deux bonnes lieues de torse. « Non force (¹), dist M. de Vieilleville, nous avons du temps assez : » et à cheval, au son de la sourdine, retenant tousjours ce maire auprès de luy. Et print toute la cavallerie avecques luy, et environ trois cents harquebuziers des plus experts et aguerris, qu'il monta quasi tous à cheval, de la deffaicte du jour precedant ; et commanda au capitainne Bronvilliers, et aultres capitainnes, d'amener après luy le reste en diligence, à pied, sans aultre guyde que de

---

(¹) *Non force :* n'importe.

leur piste; marchant en telle diligence et sans bruict, qu'il se trouva audict Villesaleron sans estre descouvert (car c'estoit tousjours dedans les boys). Ce ne fust pas toutesfois la principale cause qui empeschea les ennemys d'en avoir lumiere, mais le commandement general qu'il fist avant de partir de Fresne, que tout ce que l'on rencontreroit par les chemins, qu'on le retînt, fust-ce un ladre, et qu'il fust mené avec eux, sans le laisser aller, jusques après l'execution de son entreprise; « car tousjours, disoit-il, on prand langue des allants et venants, qui rompent souvent de braves desseings. » De sorte que plusieurs femmes, vieilles et jeunes, laboureurs, bergers et gueux, qui alloient chercher le pain, et d'aultres, firent la corvée avecques nous, sans les offenser ny faire aucun desplaisir.

Et estant là, il dist à M. de Sault et au capitainne Boisjourdan : « Je veux qu'il sorte de Malatour trois fois plus qu'il n'y en a ; je les tiens pour deffaicts, et tout ce qu'ils menent nostre. Prenez chacun vos compaignies, et chacun cent harquebuziers, et vous escartez les uns des aultres d'environ trois cents pas, et me laissez faire la premiere charge ; et incontinant que vous entendrez que nous serons aux mains, venez l'un après l'aultre, et de divers lieux, et vous recommandez seulement à Dieu : je n'ay pas esperance que vous trouviez où rompre vos lances. » Et leur monstra le lieu où ils se devoient poser : lesquels, après s'estre raffraichis, et leurs chevaux, audict villaige, firent ce qu'il leur estoit commandé.

Et commanda au capitaine Rago de se mettre, avec les cent harquebuziers qui restoient des trois cents, derriere son hôt, et lorsqu'ils verroient la charge, faire battre le tambour, et s'advancer à course pour venir sur l'ennemy et luy tirer en flanc. Par ainsy il departit toute sa trouppe en trois, qui tous avoient une merveilleuse ardeur de combattre.

Mais ils n'eurent pas faict alte plus d'une heure, attendant l'ennemy, qu'il n'eust nouvelles que Bronvilliers arrivoit avec sa trouppe de harquebuziers, sans aulcun bruict; auquel il manda que, puisqu'il estoit desja au-deçà de Malatour, qu'il se fermast là en quelque lieu à couvert, sans s'advancer en façon quelconque, sinon quand il entendroit nouvelles de la charge, et qu'il se jectast entre Malatour et l'ennemy, affin que les fuyarts n'entrassent; et que, du reste, il s'en remettoit à son experience et valeur, comme à un vieil capitainne routier qui sçavoit bien faire la guerre à l'œil, et auquel il ne falloit poinct donner leçon.

Finabement, un soldat des nostres, que l'on avoit envoyé avecques l'escharpe jaulne descouvrir de loing quand ils sortiroient, rapporte qu'ils estoient sortis, à bien quart de lieue au-deçà de la ville, et parmy les charriots, sans ordre, horsmis seulement trois cornettes qui marchoient devant, encores assez mal en bataille.

Alors M. de Vieilleville s'advance avec sa trouppe au petit pas, en l'ordre cy-dessus, et envoye dire au comte de Sault, et capitainne Boisjourdan, qu'ils s'advancent quant et quant. Montdragon, descouvrant si inopinément notre trouppe, commence à vouloir mettre la sienne en bataille, mais trop tard, car M. de Vieilleville le charge de telle furie qu'il le met à vau-de-route. D'aultre part, les deux aultres trouppes qui survindrent leur donnerent l'espouvante si grande avec l'harquebuzerie, trompettes, tambours; que, sans soustenir que bien peu le combat, ils fuyent devers la ville. Mais ils y trouverent en teste le capitainne Bronvilliers, qui, ayant bien retenu le commandement qui luy avoit esté faict, les escarmoucha d'une estrange façon; de sorte qu'estants investis devant et derriere, et par les flancs, ne peurent eschapper la mort ou la prison. Bronvilliers, cependant, bien advisé, poursuyvant quelques fuyarts, entre pesle mesle avec eux en la ville, et se saezit de la porte. Il en demeura environ six cents de morts sur la place, trois cents prisonniers, et les cent charriots ramenez en la ville, M. le vicomte de Thurenne blessé, et le lieutenant de M. le comte de Sault tué, sans aultre perte. Il y en eust grand nombre qui laisserent leurs chevaulx le long des hayes pour s'enfuyr à travers les champs.

CHAPITRE VI.

M. de Vieilleville se rend maître du château de Conflans.

Le lendemain matin M. de Vieilleville, après avoir faict loüer et remercier Dieu de ceste belle victoire, qu'il tenoit pour fort miraculeuse, envoya à Verdun six cornettes de cavallerie ligiere, et trois ou quatre aultres drappeaux, trois cents prisonniers, M. le vicomte de Thurenne blessé, avec quarente des nostres aussi blessez, et le corps du lieutenant du comte de Sault, ensemble vingt charriots chargez de vin d'Aussois et de Bar, dont il faisoit présent à M. le mareschal de Saint-André, réservant pareil nombre pour luy et les plus apparants de sa trouppe. Quant aux aultres soixante charriots, c'estoient farines, lards, chairs salées de bœuf, en tonnes et salloirs, et toutes autres sortes de vivres duisibles et necessaires en un camp, qui servirent bien au sejour qu'il fist à Malatour. Il donna un charriot tout entier, avec sa charge de farines et son attellaige de six bons chevaux, et deux muids de vin, au maire de Villesaleron, qui tenoit taverne en son villaige, ensemble deux ou trois accoustrements ; puis le renvoya, prenant asseurance de luy d'estre fidellement adverty de ce qu'il apprendroit de l'ennemy, ce qu'il luy promit. Et après cela il fist publier, à son de trompette et de tambour, que personne n'eust à faire force ny desplaisir, en sorte quelconque, aux habitans de Malatour ny de Villesaleron, ny y prendre aulcune chose, que de gré à gré et en payant raisonnablement. Tout le reste du jour se passa à se raffraichir, traicter et se reposer ; car depuis leur partement de Verdun, qui estoit le quatriesme jour, ils avoient esté nuict et jour sur pied et au combat, et sans despouiller. M. de Vieilleville despartit semblablement les chevaux de service aux honnestes hommes, selon leurs merites, et les communs chevaulx aux soldats : si bien que tout le monde demeura contant, avec louange qu'ils luy donnoient tout hault que c'estoit ung capitaine qu'il falloit suivre jusques à la mort ; car il donnoit tout et ne retenoit rien pour luy, et qu'il faisoit fort seur de combattre sous sa conduicte, car on remportoit tousjours la victoire, avec peu ou poinct de hazard ny perte.

Il sejourna douze jours à Malatour, durant lesquels il ne laissoit pas trop reposer ny perdre temps aux compaignons; car il envoyoit tousjours gens à tour de roolles battre la campaigne, qui ne revenoient jamais à logis les mains vuides, tant de prisonniers que de butin; et luy-mesme y alloit, se rendant subject au rang, pour ne fouller personne et oster toute occasion de murmure, encores que son authorité et le commandement general qu'il avoit du Roy sur toute la trouppe, comme nous avons dict, l'en eussent peu et deu exempter : mais il luy sembloit bien que par sa presence les choses prenoient meilleure fin, et que les soldats, le voyant, combattoient de meilleur couraige. Somme, que par les courses de ces douze jours, il se trouva deux cents Italiens, six-vingt-dix Hespaignols et huict-vingts et dix reithres tuez, qui s'escartoient par les villaiges deçà de-là, brusquant fortune et leurs commoditez par trouppes; une fois de quatre, une aultre de six et de dix, et quelquefois de vingt. En quoy M. de Vieilleville tira de grands services des Lorrains avec leurs escharpes jaunes, car ils ne nous accusoient jamais aux ennemys, et luy venoient descouvrir où il y en avoit. Aussi il les faisoit riches et leur donnoit incessamment argent, chevaux et habillements, et au reste bonne chere, avec protection de leurs biens, familles et maisons.

Si bien qu'il n'y avoit soldat qu'il ne fust à cheval, et la pluspart des goujarts qu'il n'eust une cappe, manteau ou casaquin; car les chevaulx, habillements et armes y estoient à non prix, ne trouvant à qui les vendre, et beaucoup de prisonniers, avec grand nombre de charettes que l'on prenoit, chargées de vivres qui alloient au camp, desquels les paysans de la Voyvre avoient bon marché, et quasi pour neant.

Nous eussions plus long-temps sejourné à Malatour, car il y faisoit bon pour la grande abondance de vivres que nous y avions amassées, encores plus pour l'incroyable et advantaigeuse commodité de faire la guerre, à cause des boys, halliers et grosses houssieres qui nous couvroient au sortir de la ville, à la faveur desquels nous faisions deux ou trois lieues sans estre descouverts de trouppe quelconque, jusques à ce que nous luy fussions sur les bras. Mais M. de Vieilleville, ayant advertissement qu'il y avoit quarante ou cinquante Hespaignols en ung chasteau nommé Conflans, distant de quatre ou cinq lieues de-là, y voulut aller, et fist charger huict charettes d'eschelles, faisant marcher toutes ses trouppes en bataille, et laissa seulement à Malatour quarante ou cinquante soldats de volontaires, avec quarante harquebuziers. Et estant devant Conflans, il le fist sommer, par ung trompette, de se rendre, aultrement qu'il les feroit tous pandre sans misericorde s'il y entroit par force; dequoy il ne falloit aulcunement doubter. Eux, ayants journellement nouvelles des prises et charges que faisoient ceux de Malatour sur leurs gens, et principalement de la deffaicte de Montdragon, pensoient que ce fust une armée qui marchast; qui les fist entrer en telle frayeur qu'ils demandèrent terme de quatre heures pour y adviser.

M. de Vieilleville, qui ne vouloit pas, craignant d'estre descouvert par le camp du marquis Albert, attendre davantaige, les fist sommer pour la seconde fois, avec plus rigoureuses menaces s'ils ne se rendoient, et fist crier par les soldats qui avoient entouré le chasteau de tous costés : « Escalle, escalle! à la sappe, à la sappe! » et tirer harquebuzades aux fenestres, auxquelles n'y avoit une seule barbacane (1); si bien que ce bruict les estonna de telle sorte, qu'ils mirent un drapeau blanc à une fenestre haulte, bien esloignée du traict, demandant deux honnestes hommes pour ostaiges, et qu'ils en envoyeroient deux de leur part pour parlementer ; ce qui leur fust accordé. Ausquels fut respondu, rejectant toutes leurs demandes, qu'ils s'en iroient vies et bagues saulves, et tout ce qui appartient aux soldats, et non aultre chose, sans rien emporter du chasteau ny du villaige, et qu'ils seroient conduicts en lieu de seureté. Et sur ceste capitulation, qui leur fust maintenue et inviolablement gardée, car ils avoient affaire à un seigneur de trop grande foy, ils sortirent et furent conduicts jusques à une lieue près du camp du marquis Albert.

CHAPITRE VII.

M. de Vieilleville surprend la ville d'Etain.

Ceste exécution faicte, il fut adverty que les habitants de la ville d'Estain, appartenant à M. de Lorraine, faisoient de grandes faveurs aux ennemys, et qu'ils leur amassoient grande quantité de vivres, pour puis après les transporter au camp. A ceste cause, il delibera de les surprandre, et partit de Conflans,

---

(1) *Barbacane* : ouverture faite dans le mur d'une forteresse pour tirer à couvert sur l'ennemi.

accompaigné de douze chevaulx seulement, faisant marcher après luy une bonne trouppe de soldats, assez à l'escart et à couvert; mais, quand ils entendroient sonner la trompette, qu'ils s'advanceassent à toutes brides. Aussi fault noter que M. de Vieilleville avoit quatre soldats à pied accoustrés en lacquais, ayant chacun l'espée et la dague sur les reins, et chacun des douze gentilshommes le sien.

Estant devant la porte, il fist appeller le maire et le bailly pour parler à eux. Arrivez qu'ils furent avec quelques harquebuziers assez mal accoustrés, et hallebardiers de mesme, il leur dict qu'ils entretenoient fort mal et ingratement la neutralité, de tant favoriser les ennemys de la couronne de France; car il estoit bien informé que sans leur secours le camp du marquis Albert souffriroit infinies necessitez; et leur deffendoit, de par le Roy, sur peine d'encourir son indignation et d'estre saccaigez, de plus envoyer au camp imperial.

Le bailly, qui estoit imperaliste, et installé en son estat par la douairiere de Lorraine (1), niepce de l'Empereur, luy respondit qu'il faisoit ce que sa maistresse luy commandoit; aussi que si les pauvres subjects perdoient ceste occasion de vendre leurs denrées, que de long temps, ou jamais, il ne s'en presenteroit une pareille.

M. de Vieilleville repliqua qu'il ne luy sauroit faire accroire que M. de Vaudemont, gouverneur de la pro-

---

(1) *La douairière de Lorraine.* Christine, mère du jeune duc de Lorraine Charles III, étoit fille de Christiern II, roi de Danemarck, et d'Isabelle d'Autriche, sœur de Charles-Quint. Elle avoit épousé en premières noces François-Marie Sforce, dernier duc de Milan.

vince, fust de ceste oppinion, veu qu'il sçait bien, et eux aussi, que M. son nepveu, et leur prince souverain, est en France avec le Roy.

Le bailly va respondre qu'il ne se soucioit pas trop de l'intention de M. de Vaudemont en cela, parce que la ville d'Estain et toutes les terres adjacentes estoient dediées et assignées pour le douaire de Son Altesse, et qu'il luy falloit, en bon et fidel serviteur, mesnaiger le bien de sa dame et maistresse.

« Et à nous, dict M. de Vieilleville, ne nous en voudriez pas bailler pour nostre argent? — Ouy dea, monsieur, respondit-il. — Or sus, lacquais, va dire M. de Vieilleville, entrez là-dedans, et nous en apportez pour six escus pour nous et nos chevaulx. Sonnez, trompette, une allaigresse, car vous ferez tantost bonne chere. Les hallebardiers voulurent faire quelque effort pour empescher l'entrée aux lacquais soldats; mais ils furent servis à coups d'espée et de poignard, d'une estrange façon; et les quatre monterent incontinant à mont [1], pour empescher que l'on n'abbatist la herse. Les douze chevaux enfoncent cependant la porte, et se tiennent dedans à la garde des ponts-levys; et tout aussitost la grosse trouppe arrive, qui entre dedans, se faisants, par ce moyen, maistres de la ville. Les hallebardiers, auxquels l'on avoit osté leurs armes, s'enfuyent criants: « Aux armes! les Français sont dedans. » Il y avoit des Hespaignols chez le bailly, environ dix ou douze, qui à ce cry saulterent par sur les murs de la ville pour se sauver: de quoy M. de Vieilleville fust très-marry, et de colere fist pandre le nepveu du bailly, qui leur avoit donné ceste addresse; car il y

[1] *A mont*: en haut.

avoit ung des parants du duc d'Alve, et ung aultre neveu du prince de l'Infantasque, qui venoient des Païs-Bas de parler à la royne de Hongrie, et portoient lettre de sa part et créance à l'Empereur son frere. Il envoya cinq ou six chevaulx après pour les attrapper, mais les bois les leur firent perdre.

La colere toutesfois tant ne le surmonta qu'il ne fist crier à son trompette que l'on n'eust à faire aulcune force ou violance aux habitants de la ville, sur peine de la vie, et qu'il les prenoit en sa protection, pour conserver la neutralité. Il y disna et coucha ; et le lendemain, avant partir, il y laissa M. de Boisjourdan en garnison, avec sa compaignie de chevaux ligiers ; et le logea luy-mesme chez le bailly, affin d'esclairer ses actions, et d'empescher quelque remuement, avec advertissement qu'il luy donna de ne laisser sortir personne sans son congé, et sur-tout qu'ils n'allassent au camp de l'empereur, et n'y portassent aulcune commodité : et de-là s'en revint avec ses trouppes à Conflans. Mais, par les chemins, il rencontra cent ou six-vingts Allemands, qui traversoient sans ordre le grand chemin de Novyon, en leur quartier, qu'il chargea de furie, et les deffit : car il fault noter que tant qu'il fust en campaigne il ne marcha jamais sans l'armet en teste, et la lance en la main : l'on ne peult ignorer que ceux qui le suivoient ne fissent de mesme ; c'est pourquoy, en toute rencontre, il avoit tousjours du bon, et renversoit tout ce qui se presentoit devant par ceste promptitude, ne donnant loisir à l'ennemy de se recognoistre.

3.

CHAPITRE VIII.

M. de Vieilleville force le village de Rougerieules.

Il arriva assez tard à Conflans, avec trente ou quarante prisonniers, et grand nombre de chevaulx, que l'on fust long-temps à reprandre, et à despouiller les morts, qui estoient environ soixante; et y sejourna quatre ou cinq jours pour se raffraichir, et ses trouppes, sans rien entreprendre, et aussi departir le butin. Ces jours expirez, il demanda à tous, tant gendarmes que soldats, s'ils avoient encores une bonne corvée dedans le ventre. Tous respondirent, de franc couraige, que ouy; et leur avoit bien tenu promesse, car, au partir de Verdun, il leur avoit dict qu'il les feroit veoir ce qu'ils ne virent jamais. « Car, disoient-ils, nous n'avions jamais tant pasty, ny veu de la guerre. — Aussi vous estiez, respondit-il aux gens de pied, tous fort pauvres, mal accoustrés, et à pied; maintenant vous reluysez comme l'or, et estes montez comme princes. Si ne vous ay-je pas encores faict veoir tout ce que j'ay en volonté. Or, que demain chacun de vous s'appreste de me suyvre, car je veux sortir d'ici, et approcher l'ennemy de plus près. » Ils respondirent tous unanimement que s'il estoit question d'attacquer enfer, qu'ils le suyvroient et mourroient à ses pieds.

Responce qui luy fust fort agréable : et envoya querir toute nuict M. de Boysjourdan, qu'il avoit laissé

à Estain, et les aultres qui estoient demeurez à Malatour, affin de mettre toutes ses forces ensemble, car
son entreprise estoit fort grande et hazardeuse, pour
laquelle bien seurement executer il avoit envoyé quatre hommes, avec escharpes jaulnes, habiles et fideles,
en campaigne.

Toutes ses trouppes arrivées, après avoir conferé
avec l'un de ses confidents, sous la fidelité duquel et
de ses trois compaignons il avoit tramé ceste entreprise, il part sur les quatre heures après midy, pour
attaquer un villaige distant de Metz cinq quarts de
lieue ou lieue et demye pour le plus, nommé Rougerieules, qui est en la montaigne, et la pluspart du
villaige en pante, où estoient cinq enseignes de lansquenets et aultant de cornettes reithres. Et, quart de
lieue premier que d'approcher le villaige, les trois
aultres compaignons le vindrent trouver, qui luy dirent qu'il y faisoit bon, et que les Allemands estoient
desja en leur *schloffroncq*; qui fut cause que M. de
Vieilleville en bailla l'un à M. le comte dè Sault, avec
ses chevaulx ligiers, et cent harquebuziers; l'autre à
M. de Boysjourdan avec pareil nombre; le tiers au
capitainne Bronvilliers, qui menoit le reste des harquebuziers; et le quart qu'il retint pour luy, ayant
le hôt de la gendarmerie : toutes lesquelles trouppes
vindrent ensemble, bien guydées, par quatre advenues, donner de telle furie dedans le villaige, avec
un si grand bruict de trompettes, tambours et harquebuzades, que tous ces Allemands espouvantez furent surcueillis de si près, qu'ils n'eurent pas loysir de
se recognoistre; et les tuoit-on à taz, par les rues et
maisons, sans misericorde de nostre costé, et sans aul-

cune ou bien petite resistance du leur. Mais affin qu'ils ne donnassent l'alarme au camp du marquis Albert, il avoit, premier que d'enfoncer le villaige, mis sur le chemin du quartier dudict marquis cinquante sallades, que menoit Chazeron, pour attrapper les fuyarts; qui y firent tel devoir, qu'ils les tuerent tous au rays de la lune et en demeura pour le moins six-vingts : quant à ce qui fust tué dedans le villaige, il s'en trouva plus de sept cents. Ceux qui peurent eschapper se sauverent dedans le bois, tirant vers Novyon sur la Moselle, mais bien esloignez de leur quartier, de sorte que le marquis Albert n'en eust nouvelles que au lendemain, encores sur l'heure du disner.

Tout le reste de la nuict, cependant, fust employé à fouiller les maisons, se saezir des hommes qui s'estoient cachez, et prandre les chevaux, dont il y avoit ung nombre qui revenoit à plus de huict cents, et de fort beaux, que l'on appelle roussins de Prusse, et doubles courtaux de Dannemarck, avec une infinie quantité de toutes sortes d'armes, pour lesquelles enlever leurs charriots nous servirent fort à propos.

De ce villaige l'on voyoit la ville de Metz, là bas en la plaine, bien à cler, avec toute l'armée de l'Empereur, et l'ordre et l'assiete du siege et de son camp, comme l'on voit Paris de Montmartre, Rouan du mont Sainte Catherinne, ou de Fourviere Lyon : chose si belle et agréable à veoir, qu'il ne se pouvoit rien desirer davantaige, principalement les esclairs et tonneres de l'artillerie de chasque costé, qui s'entretiroient incessamment, et sur-tout les volées de trente canons de batterie pour la bresche, où les canonniers faisoient une telle et quasi incroyable diligence, qu'en moins d'une heure nous en vismes tirer environ de dix-huict, dont le tremblement du bruict nous soubslevoit et faisoit perdre terre.

L'aube du jour apparue, qui estoit entre six et sept du matin, car c'estoit en decembre, il commanda que chacun en prinst le plaisir, mais en diligence; car ils avoient, disoit-il, affaire à ung trèsmauvais et fort dangereux voisin, et qu'il vouloit partir avant l'heure finie ; et que ceux qui n'avoient dormy dormissent à cheval ; faisant tout aussitost sonner trompettes et battre aux champs : dont bien luy en print. Car, incontinant que le marquis Albert fust adverty de ceste deffaicte, qui luy estoit d'une ruineuse et fort deshonorable conséquence, il fist partir vingt cornettes de reithres, et trente enseignes de lansquenets, avec dix pieces d'artillerie, et luy en personne, pour foudroyer Rougerieules, et tout ce qui estoit dedans ; mais il n'y trouva que le nid, qu'il fist brusler de raige, car nous estions desja à Fresne, et n'avoit sceu ce malheur, comme nous avons dict, par la providence de M. de Vieilleville, que sur l'heure du disner; de quoy adverty, il retourna en son quartier, en telle et si grande collere, que luy enflamerent au cœur tant d'hommes et de chevaux morts, qu'il cuyda tuer à son arrivée son prisonnier M. d'Aumalle; pour le moins, il luy presenta la dague sur la gorge, luy disant, avecques blasphemes et opprobres, qu'il estoit cause que l'on avoit ainsi tué par plusieurs fois ses gens, sur l'esperance de le recourre, et qu'il les faisoit venir exprès pour cest effect: mais il regnioit Dieu que, s'ils y revenoient plus, qu'il le tailleroit en pieces sans misericorde, et le feroit crever à coups de pistolle, ainsi que nous rapporta l'ung des quatre que M. de Vieilleville avoit laissé à Rougerieules, accoustré en paysant, qui faignit que les Français luy avoient osté ses accoustrements d'honneur et ses chevaux, se disant Lorrain et domestique de Son Altesse douairiere de Lorraine; et suivit ledit marquis en son quartier, où, après avoir sejourné jour et demy, et veu ce que dessus, nous revint trouver à Verdun.

CHAPITRE IX.

M. de Vieilleville retourne à Verdun, où il reçoit un ordre du Roi de se rendre à Toul.

On ne sçauroit exprimer de quelle joye et allaigresse M. le mareschal receust M. de Vieilleville, revenant ainsi victorieux, plain de gloire et d'honneur, et avec si peu de perte, qui n'estoit que de cent quatre hommes, la reveue faicte de ses trouppes, mais trop bien vangez d'ung nombre infini de morts, qu'il avoit laissés sans sepulture par les champs en leur place, et tant de chevaux et de prisonniers, que incessamment arrivoient trompettes et tambours du camp de l'ennemy aux portes de Verdun pour les requester. Aussi ces braves et vertueux gestes, conduits par une très-saige et très-advisée providence, ne s'executerent pas sans une indicible fatigue, travail et grand hazard de sa personne, car, trois sepmaines durant, en despit des froidures qui estoient excessives, il ne se coucha jamais en lict, et ne se despouïlla que pour changer de chemise : aussi, par ceste vigilance, il surprenoit tousjours l'ennemy; et bien qu'il fust plus fort que luy au triple, il en avoit ordinairement sa raison. Mais ce qui le contenta merveilleusement, ce fust de veoir le fruict de son labeur en l'eglise de Nostre-Dame de Verdun; car tous les drappeaux de ses victoires, qu'il avoit envoyez par cy-devant à M. le mareschal, y estoient plantez des deux costez de la nef; ausquels il adjousta les unze qu'il avoit conquis à Rougerieules sur le marquis Albert; faisants nombre de vingt et deux, tant de gens de pied que de cavallerie, qui furent envoyez quelques jours après à Sa Majesté.

Or, M. de Vieilleville, après tant de travaulx, faisoit bien son compte de se raffraichir quelques temps, et jusques à ce qu'il fauldroit desloger du tout de Verdun, et donner semblablement loisir de se reposer à tous ceux qui l'avoient accompaigné, et beaucoup paty en toutes les susdictes factions. Mais la huictainne ne passa pas qu'il arrive ung courrier exprès devers luy de la part du Roy, avec lettres qui portoient en substance que, estant adverty que l'Empereur, ne pouvant forcer la ville de Metz, avoit resolu d'attaquer celle de Thoul, et doubtant que son cousin le duc de Nevers ne fust assez fort pour attendre et soustenir ung tel siege, mesme que la ville n'estoit fortiffiée ny remparée en aulcune façon, mais seulement à la vielle mode, si bien qu'on la pourroit emporter d'escalade, il prioit, et neantmoins commandoit, sur tous les services qu'il luy vouldroit faire, de partir, incontinant la presante receue, pour l'aller assister et conforter de son bon conseil, menant avec luy le plus de forces qu'il pourra, et de celles avec lesquelles il avoit si bien rembarré et faict resserrer les trouppes du marquis Albert de Brandebourg, sans toutefois trop affoiblir son cousin le mareschal de Sainct-André, car on ne sceit encores laquelle des deux, au vray, l'Empereur vouldra attacquer, pour les ruses, fainctes et hourvaris (1), dont il a coustume d'user en toutes ses entreprises.

Ceste lettre receue, il delibera de partir incontinant, et ne print que trente hommes d'armes et quarante archers de la compaignie, tous de Bretaigne, d'Anjou et du Meyne, avec cent harquebuziers des plus lestes, et qui luy portoient plus d'affection, et environ cinquante salades bien choisis, des compaignies du comte de Sault et de Boysjourdan, sans prendre aulcun chef ou capitainne desdictes trouppes, se contentant qu'ils fussent tous sous sa charge, affin de laisser tous les capitainnes avec M. le mareschal, duquel il print congé : et ainsi s'en alla au regret de tout le monde.

Et se presentant aux portes de Thoul, M. de Nevers, qui sçavoit sa venue, luy vint audevant, et l'honora de telles parolles : « Monsieur de Vieilleville, vous soyez le très-bien venu ; et remercie très-humblement le Roy de l'honneur qu'il m'a faict de vous avoir envoyé icy pour m'assister ; car il n'eust sceu faire choix de chevallier que j'estime, ny que j'ayme plus que vous, esperant que vous et moy luy ferons ung bon et aggréable service en ce lieu ; et fault que je vous die que je me sens merveilleusement fortiffié de vostre presence. » A quoy respondit M. de Vieilleville qu'il

---

(1) *Hourvaris* : action de donner le change.

avoit très-grande raison d'entrer en ceste créance; car il n'y avoit prince en tout le royaume de qui il receust de plus grande affection les commandements que de luy, et pour lesquels executer il n'espargneroit jamais sa propre vie; et ainsi le cognoistroit à l'espreuve et aux effects.

Le lendemain on entre au conseil, la conclusion principale duquel fust de battre l'estrade, et tallonner tant que l'on pourroit les Albanais et Italiens, qui estoient en grand nombre au Pont-à-Mousson, my-chemin justement de Metz et de Thoul, s'ils s'escartoient à l'accoustumée, faisants de grands dommaiges par leurs incursions aux terres de M. de Lorraine; et s'offrit M. de Vieilleville d'ouvrir le pas à ceste entreprise, avec ce qu'il avoit amené de Verdun qu'il *pleigeoit d'experiance et de valeur;* et en luy baillant cinquante harquebuziers de ceux qui auroient desja practiqué ceste routine, il asseuroit M. de Nevers de les bien faire resserrer, et leur faire payer au double l'interest et les arreraiges de leurs volleries.

CHAPITRE X.

M. de Vieilleville envoie à Pont-à-Mousson un espion qui trompe les ennemis.

Monsieur de Vieilleville avoit amené avec luy deux de ses confidents ou serviteurs occultes, que les soldats et les ignorants appellent espions, car, au contraire, ce sont les vrais guides des armées, ayant laissé les deux aultres à M. le mareschal de Sainct-André; l'ung desquels il envoya secrettement, après le conseil, au Pont-à-Mousson, bien embouché de ce qu'il avoit à respondre aux commeunes interrogatoires qu'on luy pourroit faire, et bien instruict des choses auxquelles il devoit soigneusement prandre garde; ayant, pour couverture et garand de son voyaige, instruction de s'advouer de la maison de la duchesse douairriere de Lorraine, et qu'il alloit de sa part au camp de l'Empereur. Et partit assez tard, exprès pour avoir excuse legitime de ne passer pour ce jour plus oultre, pour descouvrir leurs forces et entreprises, selon son bon esprit.

Ce très-habile homme, au desceu de tous, partit avec son escharpe jaulne, car on ne sçauroit trop secrettement despescher telles gens, et se presenta, en moins de trois heures, aux portes du Pont-à-Mousson, n'estant le chemin que de cinq lieues : l'on s'inquiert d'où il vient, où il va, qui il est, par où il a passé, ce qu'il va faire et negocier, et s'il porte lettres. Il demande estre mené aux chefs, tant estoit asseuré pour leur respondre. Et estant devant eux, qui estoient dom Alphonso d'Arbolancgua, hespaignol, et le seigneur Fabrice de Case Colone, romain, ausquels il respond, sur tous les poincts cy-dessus, si pertinemment, qu'ils ne le peurent surprandre, ny descouvrir sa vacation. Il demande congé de se retirer en son logis, et s'ils ont quelque affaire auprès de la sacrée Majesté, qu'il espere y estre demain, et leur faire bien fidelle service.

Ils luy demandent, puisqu'il a passé à Thoul, s'il sceyt poinct qu'il y soit arrivé des trouppes de Verdun, conduictes par un cavallier français qu'on nomme Vieilleville. Alors il s'escria, disant : « Ho le meschant crapaut français! il fist dernierement pendre à Estain, quant il le surprint, un mien frere qui se tenoit avec le bailly mon oncle, parce qu'il avoit faict evader des Hespaignols par sur les murailles de la ville : que la peste luy creve le cœur! il me coustera la vie, ou j'en auray la vengeance; car c'estoit injustice trop grande, veu que nous sommes tous tenus et obligez de faire service aux princes ausquels nous le devons, comme est l'Empereur et madame sa niepce ma maistresse; car si ces deux seigneurs eussent esté pris, on eust beaucoup decouvert des affaires secrettes de la sacrée Majesté de l'Empereur; et le meschant en a faict mourir mon pauvre frere, et, à ce que j'ay entendu, mon oncle le bailly d'Estain fust en grand danger, n'ayant aultre couleur pour dorer sa meschanceté, que de les accuser d'avoir contrevenu et enfrainct la neutralité : que maudit soit-il éternellement! »

Fabrice Colone et Don Alphonce, qui sçavoient tous les deportements de M. de Vieilleville, et ses victoires, ayants entendu specifier ceste-là entre aultres, remarquerent ses parolles, et, le tirants tous deux à part, luy promettent de le venger de la mort de son frere, pourveu qu'il face ce qu'ils luy diront. A quoy il respond qu'il n'y espargnera nullement la vie; mais il les supplie de luy permettre d'aller devers l'Empereur luy porter la créance de madame sa maistresse, qu'ils cognoissent tous deux. Et luy demandants pourquoy il n'avoit lettres : « Pour ce, dist-il, que ma créance porte ung certain advertissement à l'Empereur des affaires secrettes du roy de France; et si j'estois pris avec léttres, je mettrois la province en combustion, car c'est offenser la neutralité, et moy en danger d'estre pendu, ou d'avoir pour le moins la question. » Ils se paissent de ceste bourde, et comme l'ayant desja, ce leur semble, gaigné, le firent conduire en son logis à l'Ange, avec commandement de luy ouvrir au plus matin la porte qui se nomme de Metz, et le laisser passer sans s'enquerir nullement de luy ny de ses affaires.

Il se présente le matin, au poinct du jour, à la porte, qui luy est ouverte sans aulcune inquisition ; et va au camp, où il demeure tout le reste du jour ; et engeolla si bien le duc d'Alve, qu'il apporte une lettre commune de sa part à Fabrice et Alphonce, touschant les affaires de leur charge; et surtout qu'ils prennent garde aux entreprises d'un capitainne français nommé Vieilleville, qui a fort endommaigé le camp du marquis Albert, et dont l'Empereur a eu depuis deux jours advis certain qu'il est arrivé à Thoul avec des trouppes ; et specialement, leur recommande le porteur, la volonté duquel il a descouverte estre affectionnée au service de sa sacrée Majesté, et qu'ils ne doivent differer de l'employer, car il est à trop bonne maistresse, du sang de leur maistre, pour y faire ung faux bon.

Ceste lettre receue, ces deux le caressent infiniment, luy disant qu'il n'estoit de besoing de leur apporter certifficat du duc d'Alve pour sa fidelité, car dès le jour précedent ils avoient bien consideré son langaige, par lequel ils l'ont jugé comme naturel imperial ; et s'il avoit envye de s'enrichir, il falloit qu'il fist tous ses efforts de leur faire tomber entre mains ce capitaine Vieilleville, qui a tant endommaigé le camp du marquis Albert.

A quoy il respond qu'il ne leur demande chose quelconque, fors que s'il y peust parvenir ils le luy donnent à tuer, affin qu'il en voye le cœur, pour se vanger de la mort de son frère qu'il a faict ainsi mourir ignominieusement, contre tout droict divin et humain ; les sommant, comme bons et fidelles serviteurs de l'Empereur, de donner main-forte à son entreprise ; car ce a esté pour le service de sa sacrée Majesté qu'il a esté ainsi vilennement pendu.

Eux voyants ce zele, encores avec larmes, car il les sçavoit aussi bien ou mieux faindre qu'une femme, n'en doubtent plus, mais l'embrassent à tour de bras ; et avoit, Dom Alphonce, une chaisne d'environ cinquante escus, qu'il luy veult mettre au col : mais il la rejecte comme par colére, disant qu'il ne prendra jamais rien d'eux qu'il n'ait faict à l'Empereur quelque signalé service ailleurs qu'en ceste occasion, en laquelle il a plus d'interest que pas ung d'eux ; car il y va de la vindicte de son propre sang ; les suppliant de ne l'en plus importuner, et qu'ils le laissent faire ; seulement luy donnent congé d'aller trouver en diligence la niepce de l'Empereur, sa bonne maistresse, les asseurant de leur apporter à son retour une bonne nouvelle.

Le reffus de la chaisne, et toutes ses bonnes parolles, firent entrer Alphonce et Fabrice bien avant en la tonnelle, et de telle sorte, qu'ils ne revocquoient plus en doubte sa fidélité, et eussent querellé quiconque leur eust voulu dire du contraire ; mais le laissent aller, en espérance de le reveoir bientost.

CHAPITRE XI.

M. de Vieilleville attire les ennemis dans une embuscade.

Il part, et vient trouver son bon maistre, qui pensoit l'avoir perdu; car il y avoit trois jours qu'il ne l'avoit veu; et, entrants seulets en une chambre, il lui discourut de sa negociation, sur laquelle M. de Vieilleville va projecter ung terrible et merveilleux stratagesme; car il le garda vingt-quatre heures sans qu'il fust veu de personne, fors de quelque valet de chambre qui le servoit; lesquelles passées, il luy dist qu'il allast au Pont-à-Mousson, leur dire que M. de Vieilleville doit partir demain au poinct du jour pour aller trouver sa maistresse qui l'attend à Condé sur Mozelle, et conferer ensemble de plusieurs choses touchant la conservation de l'estat de M. de Lorrainne son fils, qui est en France, pour l'apprehension qu'elle a, si les guerres durent encore long-temps entre ces deux grands princes, que l'on ne fasse danser à sondict fils la Piedmontoise, et qu'il retienne bien ces mesmes parolles; il adjoustera aussi que M. de Vieilleville, qui crainct la garnison du Pont-à-Mousson, mene avecques luy six vingts bons chevaux, dont il y en a quelques-uns de bardez, pour l'accompaigner; mais il luy deffend surtout de ne se haster, affin qu'il ayt loysir de dresser ses pieges et trappuces, autrement ses ambuscades, et qu'il aille seulement le train de son cheval.

Il desloge à unze heures du soir du mercredy, et arrive sur les deux après mynuit du jeudy, leur annonceant ceste nouvelle: mais il les somme de luy tenir promesse de luy donner Vieilleville pour en faire sa volonté. Eux, très-joyeux, qui ne pouvoient entrer en aulcune deffiance, veu son langaige, principallement de la danse piedmontoise, que les deux princes devoreroient à la longue l'Estat du duc de Lorraine, comme ils ont faict celuy de Savoye, et puis sa peine d'estre venu toute nuict, le luy accordent fort liberalement, et se preparent en toute diligence pour le venir attrapper, le tenant desja comme vaincu: car, contre six-vingts chevaux, ils faisoient sortir toutes leurs forces, qui pouvoient estre de trois cents chevaux, et laissoient la moitié de leurs harquebuziers pour la ville, qui estoient environ cinquante.

M. de Vieilleville, d'aultre part, assemble tous les capitainnes de Thoul, en la présence de M. de Nevers, sur l'heure mesme du partement de ce confident, ausquels il faict entendre qu'il a une brave entreprise entre mains; mais qu'il les prie de ne s'ennuyer d'une cavalcade de dix heures seulement, les asseurant qu'elle ne sera inutile, ains en rapporteront ung grandissime honneur et beaucoup de prouffict. Tous s'y accordent en très-grande affection, et s'apprestent en toute diligence. Ils sortent de la ville tous ensemble, et marchent jusques à deux lieues et demye près du pont, devers les bois des Rouziers, et d'ung villaige nommé de Louarn; et estant là, M. de Vieilleville depart les trouppes, et les met en divers lieux par ambuscades, et luy se tient en la plaine avec les six-vingts chevaux cy-dessus, commandant à tous de retenir tout ce qui passera par le chemin, soit de cheval, soit de pied, femmes, filles, bergers ou laboureurs, affin que l'ennemy n'esvantast de ses nouvelles; et à tous ceux qui auroient des chevaux criarts, de leur lier et serrer la langue avec esguillettes ou fisselle : *item,* que, incontinant que l'ennemy se descouvriroit, de faire comme il feroit; et deffense aux trompettes, sur peine de la vye, de sonner s'il ne le commandoit. Et fault noter que, durant l'absence de ce confident, il avoit raudé tout ce païs-là par plusieurs fois, pour mieux en recognoistre les advenues, et, en très-advisé capitainne, poser et dresser ses embusches pour les faire sortir à propos; comme il advint.

Ils n'attendirent pas trois heures après toutes choses ainsy disposées, que l'ennemy parut, descendant le long d'une montaignette. Alors il dist : « Tournons visaige devers Thoul, et faisons semblant de fuir, mais au petit pas; et s'ils galoppent après nous, galoppons aussi jusques à ce qu'ils soient au deçà de nos embuscades ; et cela fait ils sont à nous, sans perdre ung homme. » L'ennemy, les voyant fuyr, va après au grand galop, avec ung merveilleux cry, comme de victoire. Mais quand ils furent au deçà : « Teste icy ! s'écria M. de Vieilleville ; sonne, trompette ! » et baissant les visieres couchent le boys, et commencent à s'approcher. Tout aussitost ils vyrent M. des Clavoles, lieutenant de M. de Nevers à Thoul seulement (car M. de Bourdillon l'estoit de sa compaignie, et au gouvernement de Champaigne), sortir d'ung bois avec six-vingts bons chevaux ; M. d'Orvaulx d'Anjou et M. d'Olivet de Bretaigne, partir à toutes brides avec les cinquante salades de Verdun, et aultres tant qu'on avoit prises à Thoul; puis le baron d'Anglure avec deux cents harquebuziers, tous à cheval, qui menoient ung bruict desesperé, courants comme postillons, deux ou trois tambours battants sur leur mesme chemin, et à leurs trousses : qui les estonna fort et leur fist bientost changer de cry ; car, au lieu de *Victoire*, il s'escrierent : *Tradimento, tradimento!*

Cependant M. de Vieilleville et sa trouppe renversent et portent par terre tout ce qu'ils rencontrent, comme il est croyable d'un effort de gendarmerie advantageusement montée selon les ordonnances de France, de tel choix, et conduicte par un tel capitainne, contre une cavallerie ligiere qui s'arme et se nourrist sur sa paye, tant de lances dedans les flancs, et une infinité d'harquebuzades par les reins et sur les crouppes de leurs chevaux: de sorte que l'on n'oyoit plus crier que : *Misericordia, misericordia! signor Vieillevilla, buona guerra, signori Francezi*. Et commencerent à rendre les abbois, car l'harquebuzerie abbattoit hommes et chevaux, dru comme mousches. Qui fut cause que M. de Vieilleville fist cesser le combat et le carnaige, et se rendirent à sa mercy, quictants leurs armes. Il y en eust deux cents trente de morts sur la place, vingt et cinq de blessés, du nombre desquels estoit Fabrice Colone leur chef, et le reste prisonniers : et n'en sceust eschapper ung seul qui ne fust subject à l'une ou l'autre fortune, tant avoit bien et dextrement M. de Vieilleville enfilé son entreprise.

CHAPITRE XII.

M. de Vieilleville surprend la ville de Pont-à-Mousson.

Après ceste brave et victorieuse execution, M. de Vieilleville pria M. des Clavolles de s'en retourner avec sa trouppe devers M. de Nevers, luy mener le seigneur Fabrice, duquel il luy faisoit present, et de mettre les autres blessez et prisonniers en lieu de seureté : quant aux trois cornettes qui ont esté conquises sur l'ennemy, il luy testiffieroit les avoir veues, mais qu'il ne les luy pouvoit encores envoyer, car il en avoit necessairement affaire pour luy servir en une aultre entreprise qu'il venoit tout presentement de fantasticquer. Et luy demandant le sieur des Clavolles quelle elle estoit, pour en rejouir M. de Nevers, il luy respondit qu'il ne la pouvoit dire ; car si elle luy eschappoit, comme il advient souvent, tout le monde s'en mocqueroit, et luy le premier ; et qu'il n'estoit pas de ces sots qui vendent la peau de l'ours auparavant que de l'avoir pris ; aussi qu'il ne vouloit pas ressembler à Fabrice Colone, qui l'avoit donné à Suligny (ainsi s'appeloit ce confident) pour le tuer ; et il le voyoit en sa misericorde. Ce langaige fist rougir ung petit M. des Clavolles de s'estre tant advancé.

M. des Clavolles party, M. de Vieilleville appella Suligny, auquel il dist telles parolles : « Prenez ma cornette blanche, et mon habillement de teste, et mes brassarts, et vous en allez au Pont-à-Mousson ; et quand vous en serez à quart de lieue, commencez à galopper en criant *Victoire!* et que le seigneur Fabrice a deffaict Vieilleville et toute sa trouppe, et qu'il l'amene prisonnier avec trente ou quarente aultres gentilshommes français; et leur monstrez pour enseignes ce que vous avez. Voilà quatre valets incogneuz qui vous ayderont à les porter, ensemble des tronssons de lances françaises aux banderolles blanches, pour mieux coulourer vostre dire. Faictes, au reste, bonne myne, et m'injuriez tant que vous pourrez, et que devant deux heures vous me verrez le cœur si je ne le rachete de dix mille escus; mais n'oubliez, incontinant que vous serez entrez, de monter sur la porte, et, faisant semblant de pendre mon enseigne et habillement de teste, de vous tenir près des herses, trappes et bacules, de peur qu'on ne les abbatte; et laissez à Dieu le reste. »

Suligny desloge allaigrement pour executer sa charge, en laquelle il ne faillit d'ung seul poinct. Cependant M. de Vieilleville commanda à tous lanciers et harquebuziers de cacher le blanc et prendre les escharpes rouges des morts et tout ce qui porteroit marque imperiale ou de Bourgoigne; et des cornettes hespaignolles conquises, il en donna l'une à porter au sieur de Montbourcher, l'autre au sieur de Thuré, et la troisiesme au sieur du Mesnil-Barré; commandant à tous en general de tuer tous ceux qui sortiroient de la ville pour veoir les prisonniers français, s'ils n'estoient des habitans : et si dom Alphonce s'oublioit tant que de sortir de sa place pour venir congratuler Fabrice d'une si belle victoire, qu'on le retînt sans luy mal faire, fors de le desarmer : « et marchons, dit-il, au nom de Dieu; que si personne ne se desvoye la ville est nostre. »

Tout le monde fust esbahi de ceste parolle, car il ne s'en estoit encores descouvert à personne, et ne sçavoit-on qu'il avoit en l'ame quand il fist ce commandement à Suligny. Toutesfois ils marchent sans desordre, deliberants de se tenir prests, obeyssants et attentifs à ce qu'il avoit ordonné.

Suligny, à l'approcher de la ville, va crier en galloppant avec ses quatre coustilliers (1) : « Victoire ! victoire ! ce meschant dogue franchiman de Vieilleville est defaict et toute sa trouppe ; le seigneur Fabrice l'amene prisonnier à dom Alphonce ; voilà son armet, ses brassarts et son enseigne : il y en a plus de cent morts sur la place, le reste blessé ou prisonnier : si on m'eust voulu croire, on les eust tous taillez en pieces : Victoire ! victoire ! » La joie fut si grande par la ville, j'entends des gens de guerre qui y estoient demeurez, mais bien peu, car la pluspart estoit montée à cheval, d'allaigresse, pour veoir ce Vieilleville et honorer le seigneur Fabrice, parce qu'ils cognoissoient l'homme pour l'avoir veu marchander la vye de M. de Vieilleville pour la vindicte de son frere pendu à d'Estain, qu'il n'avoit jamais veu toutesfois, mais c'estoit de l'invention de M. de Vieilleville ; de sorte que dom Alphonce, voyant l'armet et les brassarts, qui estoient comme d'ung grand prince, tant de tronssons de lances et banderolles blanches, et la cornette blanche, il n'en demande plus davantaige, mais, se transportant de joye, monte luy-mesme à cheval, et vint au-devant de Fabrice, accompaigné de vingt hommes d'armes. Orvaulx et Olivet, tous chargez de rouge, viennent au-devant

---

(1) *Coustillier* : valet d'armée qui portoit la coustille ou coutelas de l'homme d'armes, et qui marchoit toujours à *ses côtés*.

de luy, criants de loing : *Victoria! victoria! los Francesez son todos matados* (¹). Luy, s'amusant au cry et à ce langaige, s'advance tousjours ; mais ils se departent et l'investissent, tuants tout ce qui le suivoit, sans espargner les staffiers, que l'on appelle en notre langue lacquets, et l'arrestent prisonnier : il en venoit incessamment après luy à la file, mais c'estoit autant de tué.

M. de Vieilleville commande à Mesnil-Barré de luy bailler la cornette qu'il portoit, qui estoit celle mesme de sa compaignie, et la mettre au milieu des deux aultres ; et fut dict à un nommé Le Grec, qui parloit hespaignol comme naturel, s'il ne crioit victoire à l'approche de la porte qu'on luy donneroit de la pistolle en la teste : Mesnil-Barré estoit destiné pour cela. Alors M. de Vieilleville commande de doubler le pas ; et quand ils furent à la portée de harquebuze, tout le monde commence à gallopper. Le Grec estoit devant, qui disoit merveilles en hespaignol ; de sorte que la garde, qui estoit hespaignole, et assez pietre, voyant dom Alphonce estre des courreurs et criants, faict largue, et laisse entrer tout ce qui se presenta. Mais on ne leur donna pas loisir de rehausser le pont, car ils furent tous taillez en pieces, en changeant de langaige ; et commença-t-on à crier, *France! France!* Nos harquebuziers survindrent aussi-tost, qui prindrent la garde de la porte. Et se fist M. de Vieilleville, par ceste brave ruse aussi-tost executée que pensée, maistre de la ville.

A ce cry de *France* il y eust plusieurs Hespaignols malades qui se sauverent de vitesse et à pied, avec

---

(¹) *Los Francesez son todos matados* : les Français sont tous tués.

leurs medecins et aultres gens qui n'estoient poinct
de combat. M. de Vieilleville se logea au logis de Fabrice Colone, qui estoit fort bien garny de toutes
commoditez, et tous les aultres à loge qui peult. Le
reste de la journée se passa à fouiller les caves, greniers et magazins, où il fust trouvé une merveilleuse
quantité de toutes sortes de vivres, que la duchesse
douairriere de Lorraine y avoit faict venir pour favoriser et raffraichir, par soubs main, l'armée de l'Empereur son oncle, en laquelle elle les faisoit conduire
fort aisément et secrettement par la riviere; et n'estoient les batteaux sur l'eau plus hault de trois heures.
Et en furent arrestez unze chargez de farines, de bled
et de vins, qui devoient partir sur les neuf heures au
raiz de la lune; mais ils nous servirent bien.

CHAPITRE XIII.

*Dom Alphonse, battu et fait prisonnier, meurt de chagrin
d'une lettre qu'il reçoit du duc d'Albe. — Colère de l'Empereur sur le peu de succès du siége de Metz.*

QUANT à domp Alphonce, il fust trouvé le lendemain roidde mort sur son lict, tout vestu; car il ne
fust pas en la puissance d'ung gentilhomme néapolitain, duquel nous avons parlé cy-devant, nommé Je-
han-Vincent de La Porte, aultrement le seigneur
Roux, de le faire depoüiller; et ne tint à l'en advertir
et presser par plusieurs fois, parce qu'il luy avoit esté
baillé en garde par M. de Vieilleville son capitainne
et son maistre, qui l'en rendoit fort soigneux: non pas

que le froid fust cause de sa mort, car le gentilhomme,
et six soldats qu'il avoit pour ceste garde, entretenoient
le feu si grand en la chambre, que l'on n'y pouvoit
quasi durer; mais la raige et le creve-cœur de s'estre
laissé si ligierement tromper, luy ravirent ainsy vio-
lemment la vie. A quoy ayderent fort la peur et la
honte de se jamais représenter devant la face de son
maistre, lequel estoit desja irrité contre tous les principaux seigneurs et capitainnes de son armée, ainsy
que luy avoit escrit le duc d'Alve, le jour precedent
de sa prise; et estoient les lettres de ce subject, car
nous les vismes traduites par Le Grec d'hespaignol en
français, ausquelles il y avoit quelques traicts de grande
rizée : et commenceoient, après quelques salutations
et recommandations, selon leur style, de ceste façon :

« L'Empereur saichant au vray que la bresche estoit plus que raisonnable, et que pas ung de ses capitaines ne s'advanceoit de l'enfoncer, il s'y est faict
porter par quatre lansquenets; et l'ayant veue, il a
demandé en grande colere : « Comment, playes de
Dieu! n'entre-t-on point là-dedans? Elle est si grande
et si à fleur de fossé : vertu de Dieu! à quoy tient-il? »
Je luy ai respondu que nous avions avertissement très-
certain que le duc de Guyse avoit faict faire derriere
la bresche ung retranchement fort large et spacieux,
garny, au reste, d'ung milliasse d'artifices de feu, qu'il
n'y a armée qui ne s'y perde. Et puis : « Mort-Dieu,
dist-il, que ne l'avez-vous faict essayer? Vous arrestez-
vous à ce que l'on vous rapporte? » J'ay esté contrainct
de luy repliquer que nous n'avons pas affaire à Dure (1),

---

(1) *Affaire à Dure :* Duren, ville du duché de Juliers. Charles-Quint
l'avoit prise sans beaucoup de résistance.

Ingolstat, Passau, ny aux aultres villes d'Allemaigne qui se rendent n'estant qu'à demy combattues; car là-dedans il y a plus de dix mille braves hommes, soixante ou quatre-vingts grands seigneurs, et neuf ou dix princes du sang royal de France, comme Sa très-sacrée Majesté a peu cognoistre par les sanglantes et victorieuses saillies qu'ils ont faictes sur nous, tousjours à nostre perte et grand desavantaige. Il s'est, sur ceste remonstrance, haulsé de colere plus que jamais, disant: « Ha! je renye Dieu! je voy bien que je n'ay plus d'hommes: il me fault dire adieu à l'Empire, à toutes mes entreprises et au monde, et me confiner en quelque monastere; car je suis vendu et trahy; ou, pour le moins, aussi mal servy que prince portant tiltre de monarche sçauroit estre; et, par la mort-Dieu, devant trois ans je me rendray cordelier. » Vous asseurant, domp Alphonce, que si je n'eusse esté hespaignol, j'eusse quitté sur l'heure son service; car s'il a esté mal servy en ce siege, il s'en fault prendre à Brabançon, lieutenant de la royne de Hongrie, qui a eu le principal commandement en ce siege, d'aultant qu'il est comme français, et la ville de Metz au climat de France; oultre les intelligences dont il se vantoit de plusieurs pacants (1) qu'il avoit là-dedans, du nombre desquels sont les Tallanges, les Baudoiches et les Gornays, des plus anciens gentilshommes de la ville de Metz.

« Et toutesfois nous avons assiégé la ville par le plus fort endroit; d'aultre part, nos mynes, qui ont esté esventées, n'ont poinct joué, mais sont devenues grimaces, de façon que toutes choses nous ont fort mal

---

(1) *Pacants*: nom injurieux donné aux habitans de Metz.

succedé, et réussy contre toute esperance : aussi avons-nous voulu combattre les hommes et le temps : il n'est pas à s'en repentir ; mais c'est le bon, et que pour couvrir son oppiniastreté, il nous en attacque, et rejecte sur nous tous les malheurs et sa faulte ; il voit tous les jours ses gens de pied qui meurent à tas, et principalement nos Allemands, qui sont en la fange jusques aux oreilles. Ne faillez de faire descendre les unze batteaux de raffraichissement que nous envoye Son Altesse de Lorraine, car nostre armée pastit infiniment ; mais, sur-tout, tenez-vous sur vos gardes de Vieilleville, qui est venu à Thoul avec des forces de Verdun ; car l'Empereur en a une merveilleuse apprehension, pour ce qu'il congnoist sa valeur et ses ruses il y a long-temps, jusques à dire que sans luy il seroit roy de France ; car quand il entra au royaume par la Provence, Vieilleville le prevint, et se saisit d'Avignon par un fort rusé stratagesme ; de sorte que le connestable dressa son armée, qui l'empescha de passer plus oultre : si bien que son entreprise et son voyaige revindrent à néant, dont fut contrainct de s'en retourner sur ses voyes, avec grande perte et reprochable honte. Et depuis ce temps-là, Sa Majesté l'a tousjours appellé Lyon-Regnard. Je vous en adverty comme vostre parent, car je serois très-marry que nostre nation donnast au maistre occasion de se fascher, plustost que les aultres, qu'il favorise et respecte plus que nous ; et *adioz, hermano* (1). »

Il fut fort aisé à juger à tous ceux qui leurent ceste lettre, qu'elle estoit la vraye et principale cause de sa mort, ayant forfaict contre tous les poincts y con-

---

(¹) *Adioz, hermano* : adieu, frère.

tenus. M. de Vieilleville fust estrangement marry de ceste advanture, car il en vouloit faire ung present à M. le mareschal de Saint-André, comme il avoit faict de Fabrice Colone à M. de Nevers, s'estant tousjours montré, de son aptitude naturelle, plus curieux d'amis que d'escus.

CHAPITRE XIV.

M. le duc de Nevers vient trouver M. de Vieilleville à Pont-à-Mousson.

Après l'avoir faict enterrer, il alla veoir les unze batteaux cy-dessus mentionnez, qui estoient en la garde, dès l'heure mesme de la prise de ville, de son maistre d'hostel, le sieur de La Besnerie; et furent incontinant deschargez, le tout apporté en la ville, qui nous vint fort à propos, veu le sejour que nous fismes. Mais sur le point d'aller disner, on luy vint dire que M. de Nevers estoit à la porte. L'aise qu'il en receust est quasi inexprimable; et, venant audevant de luy pour le recevoir, il le trouva desja entré, et en plaine rue. M. de Nevers, sans attendre les ceremonies, respects et reverances que l'on defere aux princes, avecques une joye indicible le vint embrasser, luy disant : « C'est moy, monsieur, mon parfaict amy, qui vous doy tous ces honneurs, et qui les meritez mieux que moy, et mon Ordre quant et quant. » Et l'oste de son col pour en entourer le sien; mais, le voulant M. de Vieilleville reffuser, il jura le Dieu vivant qu'il ne disneroit pas avec luy s'il ne le portoit tant que le disner dureroit, disant : « Comment, monsieur, mon parfaict amy, deffaire trois si belles compaignies avec si peu de gens, et conduictes par ung si furieux capitainne que Fabrice Colone; surprendre une telle ville, si bien gardée par ung Hespaignol, le plus rusé de toute l'armée imperiale; le tout, sans perdre ung homme ! Qui pensez-vous qui vous soit comparable ? Je meure si mon Ordre ne me faict honte, et l'honoreray et estimeray toute ma vie mieux, de le veoir pendre seulement une heure sur vostre estomach. » M. de Vieilleville ne sceust que respondre, sinon que tout ce qu'il a faict en sa vye n'est pas digne des louanges qu'il luy plaist luy donner, qu'il attribue plustost à sa bonté et à l'amytié qu'il luy porte que à ses merites. Et làdessus ils vont disner au logis de M. de Vieilleville, où fust magnifiquement traicté M. de Nevers (1), avec les seigneurs qui l'avoient accompaigné, du nombre desquels estoient le marquis d'Isle, son second fils, le sieur de Crecquy, le sieur de Bugnenaux et plusieurs aultres.

Après disner M. de Vieilleville retire l'Ordre de son col, et, l'ayant baisé, le remet avec une grande

---

(1) *Le duc de Nevers* étoit en ce temps-là François de Clèves, premier du nom, qui eut deux fils de son mariage avec Marguerite de Bourbon : François de Clèves, second du nom, qui naquit le 31 mars 1539, et Jacques de Clèves, marquis d'Isles, qui naquit le 1er octobre 1544, suivant les auteurs de l'*Histoire généalogique*. Ce dernier n'avoit par conséquent que huit ans en 1552; l'autre étoit dans sa quatorzième année, et par conséquent plus en état que le cadet de suivre son père à la guerre; ce qui donne lieu de croire, ou que les auteurs de l'Histoire généalogique se sont trompés sur la date de la naissance du marquis d'Isles, ou que l'auteur de ces Mémoires s'est mépris en mettant le cadet à la place de l'aîné.

reverance à celluy de M. de Nevers, qui le receust à grandissime joye, disant là-dessus mille bons propos qui redondoïent à sa louange. Et après luy demande s'il n'estoit pas d'advis qu'ils feissent une despesche commune au Roy de tout ce qui s'estoit passé depuis quatre jours; qu'il l'estoit venu trouver par le commandement de Sa Majesté, pour l'asseurance qu'il a qu'elle en recevra beaucoup de contentement : « car vous avez, dist-il, aultant bravé l'Empereur en la Voyvre et icy, que jamais brave capitainne et valeureux chevalier sçauroit faire, et avec ung merveilleux heur, qui est à tout aultre incomparable. »

M. de Vieilleville, après l'avoir dignement remercié, fut de ceste oppinion; mais il attendoit le compaignon de Suligny, nommé Habert, qu'il avoit envoyé au camp de l'Empereur pour descouvrir et esclairer ses actions et entreprises, affin de faire une bonne despesche au Roy, et le tenir adverty des plus secrets deportements de son ennemy : lequel Habert arriva une heure après; qui les fist resserrer en une chambre seulets avec leurs secretaires, sur les rapports duquel ils despescherent de bien amples lettres au Roy, qu'ils envoyerent à Thoul à M. des Clavolles, qui fist courrir le pacquet; et n'oublierent la mesme lettre du duc d'Alve à dom Alphonce d'Arboulangua, pour faire rire Sa Majesté du vœu de l'Empereur de se rendre moyne, plus par desespoir que par devotion, encores avec blasphême. Quant aux trois cornettes hespaignoles, ils les retindrent en intention d'en faire ce qui sera recité cy-après, et renvoyerent incontinant Habert au camp de l'Empereur, avec l'escharpe jaulne, pour tousjours sentir si le duc d'Alve feroit poinct quelque entreprise sur le Pont-à-Mousson, parce qu'il n'estoit fortiffié qu'à la vieille mode, sans flancs, parapects, boulevarts, ravelins, casesmattes, plates-formes, ny aulcun rempart, où aussi M. de Vieilleville n'estoit nullement d'advis qu'on touschast, et plustost l'abandonner à la premiere nouvelle qui surviendroit que l'ennemy s'y voulût presenter, pour n'offenser la neutralité, ny donner occasion à l'Empereur de se saezir des aultres villes de Lorrainne, ny faire danser à ce jeune prince la piedmontoyse.

CHAPITRE XV.

M. de Vieilleville enlève un convoi de vivres destiné pour l'armée de l'Empereur.

LE lendemain, qui estoit le troisiesme jour d'après la prise, M. de Vieilleville mist en avant qu'il falloit sortir en campagne avec les cornettes hespaignolles, pour servir de gluaux à ceux de l'armée imperiale qui se seroient escartez, de s'y venir ranger et s'y perdre : ce que M. de Nevers trouva le mieux du monde, et en voulut estre ; mais M. de Vieilleville insista fort au contraire, et qu'il ne failloit ainsi hazarder les princes : « Vous debatez pour neant, dist M. de Nevers; car vous n'executerez poinct ceste gaillarde entreprise que je ne participe au plaisir; et me demets totalement de toute authorité, et ne veux marcher et combattre que sous la faveur de vostre bonne et heureuse fortune. » Ainsi ils sortirent environ trois cents chevaux, que lanciers, que harquebuziers, et environ cent pistolliers acoustrez à la reithtre, avec les escharpes rouges de la deffaicte de Roziers, et les susdictes cornettes : de sorte que de loing on les eust pris pour trouppes hespaignoles, flamandes ou de Bourgoigne; et vindrent jusques à Corney, my-chemin du Pont-à-Mousson à Metz, sans rien rencontrer par les chemins, ny dedans le villaige; qui fut cause qu'ils passerent oultre, et envoyerent les cent reithtres devant battre l'estrade, Le Grec avec eux, si on rencontroit des Hespaignols, et Suligny qui portoit la cornette de feu Alphonce, qui parloit allemand, la grosse trouppe marchant après. Et à demye-lieue du villaige vingt ou trente chevaux parurent, lesquels, voyant escharpes et cornettes rouges, font debander trois hommes de leur trouppe pour nous venir recognoistre. Le Grec s'advance, qui parle à eux hespaignol, dont ils furent bien aises. Ils demandent nouvelles de dom Alphonce; il respond qu'il est en ce gros hôt qu'il leur monstre derriere. Ils vont faire leur rapport à leurs compaignons qui s'approchent sans deffiance. Les sieurs d'Orvaulx et du Mesnil-Barré, qui menoient la trouppe, les investissent et arrestent, leur faisant, sans coup frapper, rendre les armes : de quoy ils furent bien esbahis. De marcher plus oultre, il n'y avoit pas grande seureté; car nous n'estions qu'à deux lieues du camp de l'Empereur : toutesfois M. de Vieilleville fut d'advis que l'on pouvoit passer encores quelque demye-lieue plus oultre, tirant vers le Pont-à-Maygny, qui est sur la riviere de Seille, qui entre dedans Metz : ce qui fut suivy. Mais par ce chemin on rencontra plus de cent hommes de cheval, et aultant de pied, par petites trouppes, et plus de soixante charrettes chargées de vins, d'avoine et d'aultres vivres que l'on menoit au camp, qui toutes furent arrestées, et plusieurs des hommes tuez, de peur qu'ils allassent donner l'allarme et nous faire suyvre. Et y avoit ung grandissime plaisir en telles rencontres, car ils s'y venoient ranger librement, ou nous attendoient sans se doubter d'aulcune hostilité, et se trouvoient cependant investis, avec risée et mocquerie.

Or il fust question de faire retraicte, car il estoit basse heure; mais d'aller au Pont-à-Mousson il n'y avoit ordre, car nous en estions à quatre grandes lieues, et neigeoit excessivement; de sorte qu'il fust resolu de retourner à Corney, et y demeurer; encores que ce logis fust fort incommode, à cause des incursions ordinaires que les gens de l'Empereur y avoient faictes; mais ils n'y venoient plus, n'y trouvant rien plus à prandre: il y avoit encores des fourraiges; et rien que du pain pour les pauvres habitans, encores bien peu, ny pas ung lict; car l'on avoit tout transporté en l'armée pour la commodité du siege. Mais nostre esperance estoit sur le charroy que nous avions pris, qui portoit grande abondance de beaucoup de sortes de vivres, principalement d'avoine pour les chevaux.

Arrivez que nous fusmes à Corney, tout chacun s'embesoigna aux barricades, et les prisonniers si bien resserrez, qu'il estoit impossible qu'ils eschappassent, car ils estoient liez et attachez, et principallement les Wallons, qui sont de toutes les provinces des Païs-Bas, que l'on appelle Flamans-Hennuyers, et Bourguignons. Quant aux Hespaignols, Italiens et Allemands, M. de Vieilleville les faisoit plus favorablement traicter; car les aultres sont ennemis mortels du nom français, encores qu'ils en soient sortis et que nous usions d'un mesme langaige; mais la muance (1) des seigneurs nous a ainsy alterez d'amytié, et envenimez les ungs contre les aultres, comme nous avons dit ailleurs.

En ce pauvre logis la nuict se passa fort joyeusement, et avec bonne chere, car le vin ne manqua poinct, et d'aultres sortes de vivres en abondance, jusques à la volaille et des fruicts qui estoient en ces charrettes. Mais M. de Vieilleville se deplaisoit de veoir M. de Nevers sans lict; et, après l'avoir prié de patienter, qu'une nuict estoit bien-tost passée, il luy demanda le mot: ce qu'il reffusa, disant qu'il aimeroit mieux mourir que d'aller contre sa parolle: « Car vous sçavez bien, monsieur, mon parfaict amy, que j'ai protesté, au partir du Pont, de combattre sous vostre bonne fortune, et ne me mesler de rien; et me vois reposer sous l'asseurance de vostre bonne grace. » Et se jecte tout vestu sur un fagot de paille; et beau feu.

M. de Vieilleville, après l'avoir remercié de ceste déference, va donner ordre pour les gardes; et donna le mot à ceux qui commandoient à quatre corps-de-gardes qu'il avoit posez aux quatre advenues du villaige, et aux gentilshommes qui estoient ordonnez pour les rondes. Plus, il fit dresser un corps-de-garde devant le logis de M. de Nevers, sans bruict, et un aultre devant le sien. Cela faict, il se retira, non pas pour gueres dormir, car il fust quasi toute la

---

(1) *Muance*: changement.

nuict sur pied, et fist les rondes de devant et d'après mynuict; car, ayant ce prince en charge, il ne s'en pouvoit fier qu'en soy-mesme.

CHAPITRE XVI.

M. de Vieilleville enlève un autre convoi destiné pour la bouche de l'Empereur.

Le jour esclos, il vint en la chambre de M. de Nevers, qu'il trouva desja prest à sortir; auquel il demanda s'il n'estoit pas d'advis qu'ils allassent encores battre l'estrade devers le Pont-à-Maigny ; car c'estoit le chemin par lequel il venoit beaucoup de vivres et de bons [1] de Nancy, de Nomeny, et du ban de Disme, au camp de l'Empereur, soubs la faveur et passeports de sa niepce, qui n'y espargnoit sa peine ni la despence ; et qu'ils n'estoient nullement descouverts pour Français, qui leur estoit ung grand moyen de bien endommaiger l'ennemy, et avec peu de perte. A quoy s'accorda fort aisément M. de Nevers.

Là-dessus M. de Vieilleville commande que chacun repaisse et fasse bien disner les chevaulx, et qu'ils en avoient pour dix bonnes heures de taillé; puis ordonne des prisonniers, qui furent incontinant conduicts au Pont-à-Mousson, et de ce qui devoit demeurer pour la garde du villaige, avec deffenses expresses de ne laisser sortir ung seul habitant, dont on sçavoit le nombre, principalement qui prinst le chemin de Metz, sur peine d'estre tué.

[1] *De bons* : de secours de toute espéce.

5.

Tout cela ainsy bien ordonné, l'on marche, comme sur les huict heures du matin du 23 decembre de la mesme année, en toute allaigresse et esperance de se faire riches, et de rencontrer pour le moins de quoy faire bonne chere : qui ne fust poinct vaine, car nous ne fusmes pas esloignez d'environ deux lieues du village, que nous rencontrasmes six charrettes chargées de vin et d'aultres vivres exquis, que Son Altesse envoyoit par singularité à l'Empereur son oncle, comme pour sa bouche (car il y avoit douze saulmons du Rhin, la moitié en paste), conduictes par huict gentilshommes et vingt soldats; lesquels, quand ils nous veyrent ainsy rouges, commencerent à se rejouir et s'escrier, disant : « Voilà l'escorte que l'Empereur nous envoye! » Et s'advancent pour nous venir bien-veigner, demandants qui commandoit en ceste trouppe. Mais ils furent esbahis qu'on les arreste, et qu'on leur tire criant : *France!* Les harquebuziers furent tuez, et les gentilhommes mis à pied et en seure garde. Et pour ce qu'il pouvoit estre environ midy, on fist collation en plaine campagne; où furent beus quatre poinssons de vin, qui estoit excellent, et departy aux plus apparants de ces pastés de saulmon. Les gentilshommes dirent qu'il y avoit une charrette chargée de fruicts dedans des tonnes neufves, et une aultre de pains de bouche aussi dedans des tonnes, et que tous ces raffraischissements estoient de la part de la ville de Nancy et du grand-maistre de Lorraine, qu'ils envoyoient à l'Empereur pour le gratiffier, et que les unze batteaux qui avoient esté arrestez au Pont-à-Mousson estoient de la part de tous les Estats de Lorraine, pour recommander à Sa Majesté toute la province; que quand Son Altesse en sceust la desconvenue elle en cuyda mourir de raige et de despit; mais qu'elle saiche encores ceste-cy, ils s'asseurent qu'elle en mourra.

CHAPITRE XVII.

Colère de l'Empereur contre M. de Vieilleville.

Lors l'ung d'entre eux, nommé Vignaucourt, va demander si ces trouppes n'estoient pas de M. de Vieilleville. « Pourquoy, respond M. de Vieilleville, sans se faire cognoistre, le demandez-vous?—Pour ce, dist-il, qu'il a pris le Pont-à-Mousson avec les enseignes et escharpes rouges, de quoy l'Empereur est en extreme colere; car j'estois hier à son lever, et je l'ouys jurer que si jamais il le peut attraper, qu'il le fera empaler, disant telles parolles : « Ce traditor, lyonvulpe de Vieilleville, a pris le Pont-à-Mousson avec mes enseignes et devises, et tué de sang froid mon pauvre domp Alphonce d'Arboulangua, et faict tuer tous les malades de mon armée qui y estoient, et pris les unze batteaux de vivres que les Estats de Lorrainne m'envoyoient; mais je jure au Dieu vivant que, si jamais il tombe entre mes mains, je luy apprendray à user de telles perfidies, et se servir de mon nom, de mes armes et enseignes, pour me ruyner. Il n'y a prince au monde, pour puissant et valeureux qu'il soit, qui n'y fust surpris et trompé : qu'il s'asseure bien qu'il n'en aura pas meilleur marché que d'estre empallé; et le condampne de ceste heure, si jamais je le puis tenir, à ce supplice. Et vous aultres, je parle à vous qui commandez en mon armée, quelles gens estes-vous, que vous ne faites quelque entreprise sur ce meschant? car, à ce que j'entendy encores hier par quelqu'un qui m'est fidelle, qu'il court les champs tous les jours, ayants tous ses soldats l'escharpe rouge, cornettes, enseignes hespaignolles et de Bourguigne, sous l'ombre desquelles il faict mille assassinats sur mes gens; car personne ne s'en deffie: ne voilà pas une grande meschanceté? Par la mort-Dieu! vous n'estes pas hommes d'endurer telles traverses, et ne faictes cas ny de mon honneur ny de mon service. » A ce courroux et très-furieuse colere, il sourdit ung fort grand murmure parmy tous les princes et grands seigneurs qui estoient en sa chambre, et en sortirent bien faschés. Que s'il ne se prand garde, il y aura bientost entreprise sur luy, car ils sont fort envenimez, principalement les Hespaignols, à cause de la mort de domp Alphonce d'Arboulangua, que l'on a faict si cruellement mourir. »

M. de Vieilleville répliqua que domp Alphonce fust trouvé mort sur son lict, sans que personne luy ayt aydé à mourir, et que M. de Vieilleville aymeroit mieux n'avoir jamais esté que d'avoir commis une si grande meschanceté: toutesfois il ne se donne pas peinne de toutes les menaces de l'Empereur, mais que pour sa réputation il fera tousjours mentir le plus grand prince d'Hespaigne quand il le vouldra accuser d'une telle inhumanité. Vignaucourt congneust bien, à ce langaige que c'estoit M. de Vieilleville qui parloit; qui luy fist tenir bride à ses discours, aussi qu'on luy fist signe: lequel, et les aultres gentilshommes lorrains, veyrent prandre devant eux encore dix ou douze chevaux chargés de vivres, qui venoient des pays dessusdicts trafficquer au camp de l'Empereur; car, voyants ces cornettes rouges arborées, ils ne se deffioient pas de leur malheur, et beaucoup de soldats et d'aultres gens qui estoient desvalizez et arrestez, car ils alloient au camp de l'Empereur, ne pensants pas trouver si près l'ennemy.

Là-dessus M. de Vieilleville dist à M. de Nevers qu'il se failloit retirer puisqu'il ne se presentoit rien pour combattre, et qu'ils avoient du temps assez pour gaigner le Pont-à-Mousson: à quoi M. de Nevers s'accorda. Et comme ils eussent desja entré au grand chemin, et à demye lieue de Corney, ils veirent en la plaine ung homme qui venoit derriere au grand galop; qui fust cause qu'ils firent alte en le surattendant.

Et à l'approche, ils cogneurent que c'estoit Habert; lequel dist à M. de Vieilleville, tout haut, qu'il se retirast en diligence, ou au Pont, ou à Thoul, et qu'il se gardast bien de coucher à Corney; car, sur la mynuict, il aura plus de trois mille harquebuziers, et mille chevaux sur les bras, que le prince de l'Infantasque conduict, « ayant juré à l'Empereur de vous amener mort ou vif, et tout tel vous faire empaler; qui vous a condempné de sa propre bouche à ce supplice; car il est en une incroyable colere de la guerre que vous luy faictes avec ses enseignes, armes et devises, et stomacqué merveilleusement que vous ayez faict tuer domp Alphonce de sang froid, que sans fin il regrette. — Vous soyez le bien venu, Habert, dist M. de Vieilleville, car vous m'apportez une très-agreable nouvelle. » Et addressant sa parolle à M. de

Nevers, le pria de se retirer au Pont ou à Thoul, qu'il n'estoit pas raisonnable de hazarder ung tel prince; et que quant à luy il estoit resolu d'attendre ce prince avec toutes ses piaphes; puis, haulssant sa parolle : « Voulez-vous pas, tous qui estes icy, faire espaule à ma resolution? Aussi bien n'avons-nous poinct encores faict la guerre par-deçà, ayant toujours usé de ruses et de surprises. » Ce disant, il prend les cornettes rouges et les mist en pieces, et commanda à tous de cacher les escharpes hespaignoles, et s'accoustrer des marques françaises. Sur quoy tous luy respondirent unanimement et d'une voix qu'ils mourroient à ses pieds, et deschirerent tout ce qu'ils avoient de rouge sur eux.

Mais M. de Nevers va prandre la parolle, disant qu'il ne consideroit pas les forces qui devoient venir, et que peult-estre Habert ne les avoit pas toutes descouvertes; et puis, en ung village non muré ny fossoyé, auquel on entre par les derrieres des maisons comme dedans du beurre, c'estoit se perdre, ce luy sembloit, assez temerairement, et qu'il n'y avoit aulcune apparence de tenir. « C'est tout ung, respond M. de Vieilleville; j'ay trouvé une invention, que, quand je la vous auray dicte, vous jugerez avecques moy que je defferay une armée, ou pour le moins je les mettray à vau-de-routte. » M. de Nevers la voulut bien apprendre, et le pria de la luy communiquer.

Alors il luy va dire : « Voyez-vous bien, monsieur, ce taillis qui est à ung quart de lieue de Corney, et ce grand bois qui est à une demye sur la gauche? Je m'en voy poser en chacun d'eux cent bons chevaux, lesquels, quand ils verront toute ceste harquebuzerie et cavallerie acharnée à nostre villaige, sortiront de furie, l'une ambuscade après l'aultre, et chascune à deux trouppes, avec ung grand bruict, pour leur donner sur la queue. La raison de la guerre veult qu'ils prennent l'espouvante si grand que le plus hardy gaignera la fuite, et y eust-il cent princes de l'Infantasque, qui ne se monstreront pas en cela plus hardys que leur nom ne le porte; car fantasque (¹) en italien, c'est une chambriere en français. Et m'en laissez seulement faire, j'espere, avec l'ayde de Dieu, conduire si bien le tout, que j'en auray, en moins de deux heures, ma raison : si aultrement mal baste, vous sçavez, monsieur, qu'une genereuse mort toute la vie honore. »

Quand M. de Nevers entendit ce langaige, il cogneust bien que M. de Vieilleville estoit determiné à sa resolution, et que de l'en penser distraire c'estoit quasi entreprendre de destourner le cours d'une riviere; joinct qu'il y adjousta de son jugement, car il estoit experimenté guerrier, par lequel il trouva que deux cents beaux chevaux, sortans de divers lieux, à diverses trouppes de cinquante chevaux chacune, et la nuict, pouvoient bien estonner plus grandes forces que celles dont l'on avoit adverty; avec la forte et vive resistance que l'ennemy trouveroit dedans le villaige, il y avoit très-apparente raison de tenir, et qu'il en vouloit estre de moitié. Mais, sur l'instante priere que luy faisoit M. de Vieilleville de se retirer, alleguant que le soing qu'il pourroit prendre de la personne d'ung si excellent prince pour le tirer du hazard, luy romproit peut-

---

(¹) *Fantasque.* En italien c'est *fante*, et non *fantasche*, qui veut dire chambrière. Le nom du général espagnol est d'ailleurs estropié, comme nous l'avons fait observer dans une note précédente. Ce n'étoit point le prince de l'Infantasque, mais le duc de l'Infantado.

estre quelque desseing, qui apporteroit à toute l'entreprise ung fort dangereux changement, le suppliant très-humblement de s'absenter, il respondit resolument, quoy qu'il dust advenir de luy, qu'il en verroit la fin, et qu'en meilleure compaignie, ny pour ung meilleur effect, ne pouvoit-il mourir, et qu'on luy faisoit un extreme tort et desplaisir de luy en parler pour l'en divertir.

Ce que voyant, M. de Vieilleville, tout resjouy, luy dist telles parolles : « Je vous asseure, monsieur, que ceste vostre resolution a renforcé nostre trouppe de plus de cinq cents hommes ; et espere en Dieu que nous ferons ceste nuict ung très-grand et très-signalé service au Roy sous vostre charge. Gaignons doncques vitement le villaige, affin de faire repaistre les deux cents hommes et deux cents chevaux que j'ay desja tirez et choisis en mon cœur, pour les loger de bonne heure aux lieux que j'ay projecté. »

CHAPITRE XVIII.

M. de Vieilleville est averti que les ennemis marchent en force pour le combattre. — Utilité des espions.

Toutes les trouppes marchent allaigrement devers le villaige, en ardante deliberation de combattre, mais incroyablement aises et resjouys de ce que M. de Nevers en vouloit estre, et qu'il demeuroit ; car s'il s'en fust allé, il remenoit avec luy quarente braves gentilshommes qui l'avoient accompaigné jusques au Pont, lesquels eussent plustost crevé que de se laisser forcer en la barricade qui leur eust esté commise, car ils avoient le cœur et la cuyrasse de bonne trempe, et à l'espreuve de toutes les peurs et apprehensions de mort, de quelque frayeur qu'elle se fust offerte : aussi estoient-ils des meilleurs et plus anciennes races de noblesse de Bourgoigne, Champaigne et Picardie, et tels qu'un grand prince se les peut et doit choisir pour estre honoré en sa suicte, et pour la garde et seureté de sa personne.

Or, comme nous estions à mille pas près du villaige de Corney, nous vismes à la main droicte ung homme à pied, en la plaine, qui venoit droict à nous à grande course, traversant les champs et seillonnant les bleds verds, car il y a peu ou poinct de hayes en ce pays-là ; qui fust cause que M. de Nevers et M. de Vieilleville firent alte pour sçavoir ce qu'il vouloit dire et de quelle part il venoit, et quel il estoit, car, en criant et appellant, il faisoit signe de son chapeau.

A l'approche, nous le recognusmes pour le maire de Villesaleron, auquel M. de Vieilleville avoit tant faict de bien à la deffaicte de Montdragon à Malatour : et quand il fut près il s'escria tout hault, disant en son pathois : « Sauvez-vous, monsieur de Vieilleville, car, par le nondé (1), le marquis Albert, qui sceyt que vous vous retirez en ce villaige, et que vous y avez couché la nuict passée, partira devant trois heures pour vous y surprendre ceste nuict, avec quatre mille hommes de pied, deux mille chevaux et six canons pour battre le village en ruyne et le foudroyer. —Dis-tu vray ? respond M. de Vieilleville. —Ouy, par la mort

(1) *Par le nondé* : par le nom de Dieu.

de monsieur ; car, quand j'ay veu l'artillerie marcher droict au Pont-à-Moulin, j'ay passé incontinant la Mozelle à pied, car elle est si glacée qu'elle porte, pour vous en venir advertir. » Alors M. de Nevers va dire que le plus seur estoit de gaigner le Pont, et que trop en a qui deux en meine. M. de Vieilleville, à son très-grand regret, fust bien de cest advis ; et fust dist que, sans s'arrester au villaige, on tirast de long droict au Pont sans se y arrester, et qu'il y avoit du temps assez, et qu'on n'y laissast chose quelconque de quoy l'ennemy se peust prevaloir, et qu'il n'y demeurast ame vivante. Aussi rendist-on aux huict gentilshommes lorrains leurs chevaux, avec permission de se retirer ; ce qu'ils firent, car ils n'estoient pas de bonne prise, ne portants poinct les armes contre le Roy.

Mais Vignaucourt, en prenant congé, ne se peult garder de dire à M. de Vieilleville qu'il ne s'esbahissoit plus s'il avoit tousjours du bon et s'il faisoit de si belles choses, puisqu'il avoit de si braves et hardis espions ; car il regnioit Dieu s'il n'avoit veu hier celluy qui se nomme Habert en la chambre de l'Empereur, qui s'advouoit du colonel Bastien Schartel qu'il avoit laissé malade à Strasbourg ; et l'aultre, dernier venu, il l'avoit veu vendre depuis quatre jours pain et vin au camp du marquis Albert de Brandebourg. « Vignaucourt, mon amy, respond M. de Vieilleville, tout homme qui se mesle de conduire la guerre, s'il n'est garny de tels confidents et serviteurs occultes, n'aura jamais honneur en ses entreprises, et sera tousjours en reputation de mal-habile homme et tenu pour un sot, en dangier, au reste, d'estre le plus souvent surpris en ses mesmes ambuscades : or, adieu, Vignaucourt ; si vous trouvez le prince de l'Infantasque par les chemins, vous luy direz qu'il nous trouvera à Thoul, mais que, s'il ne nous prend en quatre jours, qu'il ne nous prendra jamais, car M. le connestable est à Sainct-Dizier avecques cinquante mille hommes et trente pieces d'artillerie, qui marche à grandes journées pour secourir M. de Guyse. » Ainsi s'en retournerent ces Lorrains dire maulvaises nouvelles à leur maistresse la douairiere de Lorrainne, et que ses beaux presents estoient tombez en tierce main, qui se mocquent, pour tous remerciements, des menaces de l'Empereur et de sa niepce.

CHAPITRE XIX.

M. de Vieilleville retourne à Pont-à-Mousson.

Nous passasmes doncques le village, dedans lequel M. de Vieilleville pria le maire de demeurer jusques au lendemain, pour luy rapporter au vray de toutes choses, et de bien observer tout ce qui se feroit par les trouppes, le nombre d'icelles et leurs chefs ; et, pour luy servir de couverture et d'excuse legitime d'estre demeuré, il luy laissoit un muy de vin et un sommier chargé de vivres, des derniers pris ; et si d'adventure le marquis l'interrogeoit qui l'a meu de venir là, il luy respondra que, saichant qu'il y avoit entreprise, il avoit amené des vivres pour ses soldats. Le maire luy dict que ceste excuse estoit très-bonne, mais qu'il en avoit une aultre plus seure ; car son hoste de la nuict passée estoit son frere, et qu'il pourra dire qu'il l'est venu veoir parce qu'il est malade. M. de Vieilleville fust fort aise, et luy recommanda la fidelité sur-tout, et de n'oublier à dire qu'ils alloient à Thoul, et que demain il luy donneroit de l'argent pour sa peine. Le maire se mist à genoulx devant luy pour le remercier, ainsy qu'ont accoustumé faire les paysants quand on les contente si largement contre esperance, et plus que le merite ne requiert; car, avec la charge de vivres et le muy de vin, il luy donna aussi le cheval.

Nous arrivasmes assez tard au Pont-à-Mousson avec toutes nos prises, qui estoient grandes, riches et fort commodes pour la bouche : quant aux prisonniers, il y en avoit dix ou douze d'estoffe, et de beaux chevaulx. Chacun reprit son vieil logis. L'ordre fust promptement donné pour la garde de la ville; et, affin d'y obliger les habitants, on les intimida que le marquis Albert avoit faict entreprise sur la ville et qu'il la vouloit saccager, mais qu'ils s'asseurassent que tout ce qu'il y avoit là de Français creveront plustost que cela advienne, et qu'ils demeureront là exprès pour les garder, et n'iront poinct à Thoul ; mais aussi que de leur costé ils s'esvertuent de faire bonne garde. Ceste invention de M. de Vieilleville les anima tellement à ce devoir, que toute la nuict l'on ne voyoit que gens et feux par les rues ; et les femmes apportoient en nos corps-de-garde la collation de vin et des confitures : aussi que c'estoit la vigile de Noël, que l'on ne dort gueres, les ungs, comme les vieux, par devotion, mais la jeunesse par desbauche et riblerie.

CHAPITRE XX.

M. de Vieilleville reçoit avis de la marche infructueuse des ennemis.

Le matin, jour de Noël, environ l'heure de la messe du poinct du jour, où M. de Nevers et M. de Vieilleville avec grande compaignie assistoient, le maire de Villesaleron se presenta à la porte de la ville, monté sur le cheval de charge qui luy avoit esté donné; et estant amené devant eux, car on le fist entrer sans ceremonie d'aultant qu'il estoit cogneu, ils luy firent dire tout ce qu'il en sçavoit, et à la verité; lequel commencea à parler ainsy :

« Messieurs, arsoir (1), mon frère et moy, avec quatre de nos voisins, montasmes au clocher, où nous ne fusmes pas trois heures que nous veismes bien loing en la grande plaine, car la lune estoit fort claire, environ douze chevaulx qui venoient bon train droict au villaige. Je descendis incontinant, et, ayant basté mon cheval, je m'en voy au grand galop devers eux : ils me crient en langaige français que je demeurasse. Estant demeuré, ils s'approchent et me demandent qui je suis, d'où je viens, et où je vas ainsy la nuict. Je leur responds que je suis le maire de Villesaleron, à deux lieues d'icy, la rivière entre deux; que j'estois venu veoir mon frère qui se tient à Corney, lequel estoit malade; mais maintenant qu'il se porte bien,

(1) *Arsoir* : hier au soir.

je m'en retourne la nuict, de peur de rencontrer le jour quelque soldat qui m'oste mon cheval. « Et comment as-tu eschappé que les Français qui sont au village ne te l'ont osté? — Il n'y a personne, dis-je lors. — Te mocques-tu, par le sang-Dieu? Il y en a plus de sept cents que meine La Vieulxville. — Par Dieu, messieurs, il n'y en a pas ung, et n'ay poinct ouy parler de La Vieulxville; mais il y en a bien ung qui s'appelle Vieilleville : que maudict soit-il! car il brusla ma grange à Villesaleron, quand il deffit Montdragon à Malatour. Vous le cherchez volontiers, puisque vous parlez français. — Nous le cherchons pour le prandre, ce meschant-là : nous sommes à M. de Brabançon. — En la bonne heure, dis-je lors. Mais M. de Nevers et luy sont partis, à trois heures après midy, avec toutes leurs trouppes, pour s'en aller à Thoul. Et faut qu'ils ayent eu quelque advertissement, car ils ont deslogé à fort grand haste. » Alors je ne vey jamais mieux renasquer (1), disant : « Mort-Dieu, que dira l'Empereur? Mais te moques-tu poinct? — Messieurs, s'il vous plaist me donner ung homme, que, s'il y trouve seulement ung goujart, faictes-moy pandre sur le champ. — Trompette, dict ung homme maranges (2), va-t'en avecques luy; et s'il ment donne-luy de l'espée tout au travers du corps. » Le trompette s'advance avec deux aultres qui le suivent, et allasmes nous quatre, à toutes brides, au villaige : et quand ils l'eurent bien revisé de toutes parts, ils trouverent que j'avois dict la verité; qui fust cause qu'ils s'en retournerent devers leurs gens en la même

(1) *Renasquer*: blasphémer. — (2) *Ung homme maranges*: un Flamand.

diligence, et moy avec eux. Nous arrivez, et ayants faict leur rapport, ils commencerent à regnyer Dieu d'une estrange sorte, disants les ungs : « Ha! marquis Albert, tu n'auras pas ta revanche de Rougerieules; retire hardiment ton artillerie; » les aultres : « Ha! prince de l'Infantasque, tu as perdu tes vingt mille escus, car tu ne livreras pas Vieilleville à l'Empereur; mais, qui sommes si malheureux que d'avoir failly M. de Nevers! c'estoient cinquante mille escus de ranson. Allons vistement faire retourner tout le monde, pour ne perdre poinct de temps ny les pas, en despit de Dieu, de tant donner de fascherie à l'Empereur; il fault qu'il se retire par force : car, par la mort-Dieu! luy et nous sommes assiegez, et non pas les Français. Que mauldite soit cent pieds sous terre l'entreprise, et que la peste puisse crever le cœur à tous ceux qui luy donnerent jamais ce conseil! car c'est sa ruyne et la nostre. » Là-dessus ils s'en allerent, les ungs devers le marquis Albert, pour faire retirer son artillerie et ses trouppes, car c'estoit peine perdue; les aultres devers le prince de l'Infantasque et Brabançon, pour mesme effect : et de moy, je pris à gauche, faisant semblant d'aller à Villesaleron; mais quand je les vey un peu esloignez je m'en retournay à Corney, pour venir dire en toute verité ce que vous avez ouy.. »

Ce rapport contenta merveilleusement M. de Nevers, M. de Vieilleville et toute l'assistance, qui ne fust sans admirer l'ordre du langaige de ce maire, et la subtilité de ses remonstrances, attendu sa basse qualité. Mais ce pacquet courut incontinant par toute la ville de bouche en bouche, si bien que gentilshommes, soldats, bourgeois, et toutes sortes de gens, furent si ravys d'allaigresse, que l'on ne pensa plus que à se resjouyr. Et donna à ce maire M. de Vieilleville vingt escus, M. de Nevers dix, disant tout hault que chacun devoit luy donner quelque chose selon son moyen, car nous estions tous perdus sans luy : et luy-mesme fist la queste, pressant les plus aisez de user de quelque liberalité en son endroict, et qu'il meritoit plus que l'on ne luy sçauroit donner : qui valut beaucoup à ce maire, car on avoit honte de reffuser ung prince.

CHAPITRE XXI.

M. de Vieilleville partage le butin fait sur les ennemis.

Toutes les festes de Noël s'escoulerent en telle resjouïssance, et avec la meilleure chere du monde, sans aulcun soing ny soulcy, et à departir le butin, tant des chevaulx, qui se vendoient à bon compte, que des prisonniers, que l'on ransonnoit sans grande rigueur (car la pluspart furent renvoyez sur leur foy, et avec terme), et une infinité d'aultres hardes qu'on laissoit à non prix : et estoit l'argent qui en provenoit distribué par M. de Vieilleville avec telle discretion et respect des qualités et merites, que chacun demeura contant; et plustost donnoit du sien. Mais sa providence ne pouvoit permettre que, parmy tant de festes, allaigresses et contentements, on negligeast ce qui estoit du devoir de la guerre; car il envoyoit tous les jours deux hommes, l'ung au plus matin, l'aultre après disner;

par de là Corney bien avant, pour descouvrir les entreprises de l'ennemy, qui nous en rapportoient de si agréables nouvelles, qu'elles accroissoient à souhaict nos aises et plaisirs; et ce doux pacquet nous arrivoit deux fois le jour, qui nous entretenoit en incomparables delices : et y jouoit-on à la chance à trois dez, et à la raffle, des chevaulx d'Hespaigne, coursiers de Naples, barbes, sardes et roussins, aussi liberalement que s'ils n'eussent esté qu'asnes de moulin.

Il y en eust qui voulurent faire le semblable de quelques prisonniers, parce qu'ils estoient de païs incogneus et d'estranges regions, sans aulcune esperance d'en tirer ung seul denier de ranson, sinon qu'ils se disoient des environs du destrie (1) de Gilbathar, mais en Europpe, et par consequent chrestiens; mais M. de Vieilleville s'en courroucea fort asprement, et les cuyda tuer quand il les surprint sur le faict, trouvant trop inhumain, tant estoit homme de bien, que l'on turquisast ainsi le christianisme, et par les mesmes chrestiens : il mist tous les prisonniers en liberté sans rien payer, et chassa ces barbares joueurs, leurs maistres, de sa suicte, sur peine de la vie s'ils y estoient trouvez deux heures après le commandement; et s'il y eust eu une strapade en la ville, ils se pouvoient bien asseurer d'y servir d'exemple d'une telle abomination.

(1) *Destrie* : détroit.

CHAPITRE XXII.

M. de Vieilleville apprend que l'Empereur a levé le siége de Metz.

[1553] LE dimanche suyvant, premier de janvier, que l'on appelle premier jour de l'an 1553 (car nous comptions en ce temps-là le milliaire à la Resurrection, et non à la Nativité), trois soldats vindrent à la porte, qui se disoient Italiens de Naples, et demandoient à grande priere l'entrée, car ils estoient malades, fort maigres et attenuez. Le caporal en vint advertir M. de Vieilleville, qui luy commanda de les amener au logis de M. de Nevers, et qu'il s'y en alloit.

Arrivez qu'ils furent, c'estoit environ les trois heures après midy, M. de Vieilleville leur demanda d'où ils venoient; ils respondirent du camp de l'Empereur, et qu'ils estoient si malades, povres et languissants, que, quand ils l'ont veu s'en aller à Théonville, et lever le siege, ils sont venus icy, ne pouvants plus suyvre, se fiants en la bonté et courtoisye du Français pour trouver quelque favorable secours en leur extresme necessité, et qu'ils feront service au roy de France toute leur vie, sans jamais changer de party; aussi qu'ils ont des parants en France qui respondront de leur fidelité. « Comment, dict M. de Vieilleville, l'Empereur a-t-il levé le siege? » Lors, l'ung d'eux, nommé Pierre-Paul da Torre, et le plus apparant, va dire en corrompant son langaige pour se mieux faire entendre : « Seigneur, faictes-nous jecter tous trois en un feu ardant, si ce que je veux vous dire ne contient verité; qui est que ce matin l'Empereur est party de son logis, nommé La Horgue, et avec quinze cents chevaux, qui sont du marquis Albert, qu'il a pris pour son escorte, a passé le Pont-à-Moulin, tenant le chemin de Théonville; et demain le duc d'Alve et Brabançon doivent aussi desloger. Le marquis Albert partira mardy, qui doit demeurer le dernier pour soustenir tous les efforts et saillies de ceux de dedans, jusques à ce que l'armée, qui est au-delà de la Mozelle, soit entierement passée. Et je scey bien que cela ne se peult faire, et que, pour le moins, toutes les tantes et pavillons du duc d'Alve, et le charroy de l'artillerie, ne demeurent, avec un grand nombre de soldats : car c'est la plus grande pitié qu'il est possible, de veoir les corps morts qui sont sur la terre, tant d'hommes que de chevaux; et les vivants y sont à demy enterrez dedans les boues et fanges que les pluyes et neiges fondues y ont causées; et n'avons en toute nostre vie veu une si hydeuse et espouvantable chose. Aussi l'Empereur vouldroit estre mort, et maudict plus de cent fois en une heure l'entreprise et tous ceux qui la luy ont conseillée. Faictes-nous presentement mourir s'il n'est vray, et si vous n'entrez demain à ceste heure dedans la ville sans aulcun hazard ny danger; car le duc d'Alve sera desja à telle heure rendu à Théonville, et y envoyez qui vous vouldrez : vous nous tenez; s'ils rapportent du contraire, donnez-nous la mort plus cruelle que par le feu, si faire se peult. »

M. de Vieilleville luy dict qu'il le croyoit, et qu'il voyoit bien, à leur façon et asseurance, qu'ils ne venoient pas pour tramer quelque meschanceté, mais qu'ils se rendoient d'une franche volonté au service du Roy, et qu'ils estoient les bien-venus. Puis, addressant sa parole à M. de Nevers, il luy dict : « J'ay tousjours bien pensé que l'Empereur estoit trop vieil, goutheux et valetudinaire, pour despuceller une si belle jeune fille. » M. de Nevers, n'entendant ce propos, luy demanda ce qu'il vouloit dire. « Je fais, monsieur, une allusion, respondit-il, de la ville de Metz à ce mot allemand *metzie*, qui signifie en français pucelle. » M. de Nevers trouva ceste allusion de gentille et spirituelle invention, et fort facecieusement rencontrée, qu'il n'oublia d'en faire son profict en la despeche qu'il fist sur le champ au Roy, pour avoir cest honneur d'advertir le premier Sa Majesté de ceste très-joyeuse et très-heureuse nouvelle, sur la parolle des Italiens, et envoya en l'instant son pacquet à Thoul, à Vigenayre, par son chevaucheur d'escurie, avec commandement exprès que, à quelque heure qu'arriveroit le porteur, qu'il prînt la poste et allast en toute diligence, jour et nuict, presenter ses lettres à Sa Majesté.

Ces Italiens comblerent la ville d'aise et de joye, et de repos ; et ne se soucia-t-on plus de faire corps-de-garde, ny de mettre sentinelles aux clochiers. M. de Vieilleville les bailla en charge au sieur Roux, qui les traicta fort favorablement ; bien aise d'avoir de ses patriotes, et qu'ils estoient *tutti terrazzani*, c'est-à-dire tous d'une ville. Mais pour ce soir-là ils soupperent à la table de M. de Nevers, que M. de Vieilleville traictoit en son logis, comme tousjours, pour en compter ; qui leur fust d'une grandissime recreation ;

car ils representerent à la compaignie tout ce qui se fist d'une part et d'aultre durant le siege, comme s'ils y eussent esté.

Le lendemain, sur les six heures du matin, arriva ung gentilhomme, nommé Courteville, que M. de Guyse envoyoit devers le Roy pour luy porter ceste bonne nouvelle de la retraicte de l'Empereur; lequel dict à messieurs toutes choses conformes au dire des Italiens, et qu'il devoit partir dès hyer, sinon que mondict sieur de Guyse attendoit que le duc d'Alve et Brabançon fussent partis, craignant que l'Empereur eust faict ceste feinte, suyvant sa coustume, pour les mettre en desordre, et s'en prevaloir; lesquels sont deslogés ce matin avant le jour, et ont rompu le Pont-à-Moulin de peur d'estre suyvis : mais on n'a laissé de leur donner sur la queue bien serré, et y en est demeuré beaucoup; et a-t-on trouvé cent cinquante cacques de pouldre au logis de Brabançon, qui ont esté bruslées parce qu'il estoit impossible de les tirer en la ville, à cause des fanges et fondrieres : et sans douze cents chevaux que le duc d'Alve laissa derriere pour soustenir, ils n'eussent pas emmené leur artillerie; et que c'estoit une hydeuse et espouvantable chose à veoir, que les morts qui estoient sur la terre et dedans les tantes et pavillons, qui sont semblablement demeurez. De sorte qu'il n'y avoit aulcune differance entre son dire et celuy des Italiens. Dequoy M. de Nevers fust très-aise, pour estre asseuré de n'avoir envoyé au Roy une faulce nouvelle : qui fust cause qu'il print Pietre-Paul à son service en estat d'escuyer; car il estoit bon homme de cheval, entendant fort bien le maneige et à dresser chevaux; et donna à ses deux compaignons moyen de faire service au Roy, les faisant enrooller hommes d'armes de sa compaignie. Encores fust-il plus aise quand il vit son chevaucheur arrivé, qui l'asseura que Vigenaire estoit party à une heure après minuict, en bonne deliberation de faire extresme diligence; qui fist esperer à M. de Nevers que son advertissement seroit premier que celuy de M. de Guyse.

Et pour ce que Courteville arriva sur l'heure de la messe, on fist chanter le *Te Deum*, pour louer Dieu d'une si belle victoire; car en une sanglante bataille l'Empereur n'eust sceu plus perdre d'hommes, que l'on nombroit à près de trente mille hommes, tant des saillies furieuses et ordinaires que faisoient nuict et jour ceux de dedans, de la froidure, famine et aultres incommodités, que de la peste, qui seule en devora plus de quinze mille, sans compter une infinité de soldats qui se desroboient de malaise, maladie et pauvreté, pour se retirer: de sorte que ceste bastonnade fust comptée pour la plus grande que receust l'Empereur en toute sa vie; après laquelle aussi il perdist le courage (1), sans jamais oser plus rien entreprendre de grand; et se relaissa de toutes affaires d'importance, et quasi du monde, pour penser desormais en sa conscience, et regarder à son salut; et authorisa le prince d'Hespaigne son fils de la surintendance de son conseil et maniement de toutes charges.

(1) *Il perdist le courage.* Charles-Quint n'abandonna le timon des affaires que trois ans après, en 1556. Il fit en 1554 de grands efforts en Flandre, où il se mesura avec Henri II, et perdit la bataille de Renty.

CHAPITRE XXIII.

Le duc de Nevers voulant aller à Metz trouver le duc de Guise, M. de Vieilleville lui conseille de différer son départ.

Courteville partit sans vouloir disner, pour aller trouver la poste à Thoul. M. de Nevers, incroyablement aise que son secretaire eust pris les devants, dist à M. de Vieilleville qu'il ne falloit plus doubter que le siege ne fust levé, et qu'il brusloit d'une extresme envye de veoir M. de Guyse, le priant instamment de partir pour aller à Metz, et tout promptement, car ils y arriveroient de bonne heure. A quoy M. de Vieilleville respondit que, pour ce jour, il n'estoit pas raisonnable, encores que l'envye qu'il avoit de veoir M. de Guyse n'eust sceu surpasser la sienne de veoir M. le prince de La Roche-sur-Yon ; car on trouveroit M. de Guyse très-empesché en une infinité d'affaires, comme de faire suyvre l'ennemy de toutes parts, d'escrire au Roy ung ample discours de ce qui sera survenu depuis le partement de Courteville, qui n'a emporté que le gros de la nouvelle; de sortir luy-mesme pour exercer charité envers les malades qui seront demeurez dedans les tantes et pavillons; plus, de forcer le marquis Albert de desloger; *item,* de licencier tant d'honnestes hommes qui l'ont assisté en ce siege, et leur donner lettres de faveur au Roy, et tesmoigner de leur devoir ; oultre ce, de remercier les princes et seigneurs de leur assistance. Et quand il n'y auroit aultre consideration que de laisser évaporer le mauvais air de peste, et donner loisir d'enterrer les morts, encores fauldroit-il attendre jusques à jeudy : ce sera l'ung des empeschements de M. de Guyse, de contraindre les habitants de s'employer en ce charitable devoir. D'aultre part, il seroit trouvé fort estrange du Roy et de toute la France, mesme de M. de Guyse, qui est parent, de partir de ceste ville sans la descharger de ceste garnison. « Et suis bien d'advis, monsieur, que tout presentement vous commandiez à tout ce que vous avez de gens de s'en retourner à Thoul, reservant ce que vous voulez mener avec vous à Metz. Et quant à moy, j'ay desja ordonné que tout ce que j'ay amené de Verdun se y en retourne dès aujourd'huy, horsmis dix gentilshommes que j'ay retenus plus que de mon train ; et tout maintenant je les vas faire partir. Et pour le dernier poinct, qui est aultant et plus considerable que les precedents, quelle apparance y a-t-il d'arriver en une ville sur le tard, ainsy pleine, dehors et dedans, de frayeur et de combustion ? nous nous rendrions subjects à mille dangiers et inconvenients, et dignes d'estre toute la nuict sur la place, n'ayants poinct envoyé devant pour faire nos logis, et en une ville si chargée de gens. Par ainsy, monsieur, remettez la partye à jeudy, si vous me voulez croire. »

M. de Nevers, vaincu de toutes ces pertinentes raisons, ne sceust que repliquer ; et, suyvant l'advis de M. de Vieilleville, qu'il trouva de merveilleux jugement, commanda au sieur de Laigny de faire partir tout aussi-tost ce qu'il avoit amené de forces, et nomma les gentilshommes qui estoient de la retenue. Ainsy le

Pont-à-Mousson fust delivré ce jour-là, lundy deuxiesme de janvier, de sept ou huict cents hommes, et tous les hostes contants, suivant la coustume de M. de Vieilleville.

Le mercredy ils adviserent d'envoyer quatre ou cinq hommes devant pour faire les logis et advertir M. de Guyse de leur venue, et que le lendemain ils seroient à son disner; qui leur manda qu'ils avoient choisy jour opportun pour lev enir visiter, car, si plustost, il n'eust sceu les recevoir comme il eust bien desiré; car en toute sa vie, ny durant mesme le siege, il n'a esté si afferré ny empesché que depuis dimanche dernier, jour du partement de l'Empereur; aussi que le marquis Albert n'est pas descampé, mais il est très-aise qu'ils seront venus à temps pour avoir leur part du plaisir de le veoir desloger sans trompette, sur le project qu'il a faict de luy donner, demain sur le midy, une gaillarde estrette (1). Mais il les prie de venir de bonne heure, pour l'extresme envye qu'il a de baizer les mains de M. de Nevers, et d'embrasser bien serré le *Lyon-Vulpe* de l'Empereur, qui luy aydera à festoyer son grand amy, qui ne l'a prins ny livré, comme il avoit promis.

Ceste créance receüe dès le mesme mercredy au soir, ils furent très-aises; et considera bien M. de Nevers que s'ils se fussent advancez de partir, comme il en avoit la volonté, qu'ils n'eussent apporté que de l'ennuy à M. de Guyse, disant tout hault qu'on ne peult jamais faillir à suyvre le conseil de M. de Vieilleville, et que chacun s'apprestast à partir demain avant le jour.

(1) *Estrette :* attaque.

Le jeudy au plus matin, cinquiesme de janvier, nous partismes du Pont-à-Mousson pour aller à Metz, tous resjouys de veoir les princes, seigneurs, capitainnes et tant de braves hommes qui y estoient, ensemble la bresche et toutes les aultres batteries que l'Empereur avoit faict dresser contre la ville ; et pouvoit nostre trouppe revenir à six vingts chevaulx.

CHAPITRE XXIV.

Le duc de Nevers et M. de Vieilleville vont à Metz.

Monsieur de Guyse, qui sçavoit l'heure de nostre arrivée, envoya au-devant de M. de Nevers les sieurs d'Antragues, de Sainct-Phale, de Sainct-Luc, lieutenant, enseigne et guydon de sa compaignie, qui toute quasi y estoit, avec lesquels s'abbanderent les sieurs vidame de Chartres, de Maligny, de La Trimoille, le comte Benon, le comte de Charny, le comte de Créance, le vidame d'Amiens, de Crevecœur, et plusieurs aultres qui nous rencontrerent auprès de Fristau ; et entrasmes en la ville avec ceste trouppe, qui estoit d'environ sept cents chevaulx. Et estants en la grande place, que l'on appelle le Champ-Passaige, M. le prince de La Roche-sur-Yon se trouve là aussi à cheval, et avec bonne trouppe ; à la rencontre duquel M. de Nevers mist pied à terre, et tous semblablement, pour s'entresaluer et carresser.

Ces embrassades finies on remonte à cheval ; mais M. le prince de La Roche-sur-Yon dict à M. de Nevers qu'il luy desroberoit pour ceste fois M. de Vieilleville son bon cousin, et qu'ils seroient aussi tost que luy au logis de M. de Guyse, par une aultre rue; voulant luy-mesme le presenter à part, pour avoir une particuliere faveur : et y arrivasmes demye-heure après. Incontinant que M. de Guyse le veid : « Çà, dist-il en riant, que j'empale, doibs-je dire, que j'embrasse le Lyon-Regnard de l'Empereur. Je jure à Dieu, monsieur de Vieilleville, que vous estes un fort brave et valeureux guerrier ; et ne doit-on repputer, après l'injure et la rudesse du temps, le deslogement de l'Empereur qu'à vous et à vos armes ; car vous avez, de-çà et de-là la rivière, affamé son armée; somme, vous luy avez faict mille maux : Dieu soit loüé qu'il ne vous tient pas, car il les vous eust bien rendus. » Puis, addressant la parolle à M. de Nevers : « Allons disner, monsieur, parce qu'il nous fault tenir ung mot de conseil pour faire descamper cest yvrongne (1). Il a traicté plus rudement mon frère d'Aumalle que s'il eust esté Turc ou barbare, jusques à luy faire porter sa chemise trente-six jours ; encores il a esté si meschant, que les commodités et raffraichissements d'habits que je luy envoyois, il les prenoit pour luy, le laissant tousjours vestu en valet et muletier ; à la fin il l'a envoyé en un chasteau sien, que l'on appelle Forpach, parce qu'il est malade, non toutesfois par civilité qui soit en luy, ni par consideration chrestienne, mais de peur qu'il ne meure et qu'il perde sa ranson, l'ayant desja mis à soixante mille escus, et dix mille pour sa garde. »

(1) *Cest yvrongne* : le marquis Albert de Brandebourg.

CHAPITRE XXV.

Le duc de Guise tient un conseil où il propose d'attaquer le marquis Albert. — Avis de M. de Vieilleville sur ce projet.

LA-DESSUS ils vont disner, où se trouva grande compaignie de princes et seigneurs qui y estoient demeurez pour l'amour des nouveaux venus. Et fust le traictement assez magnifique pour une ville qui avoit esté assiegée depuis le 19 d'octobre jusques au premier janvier, qui sont deux mois entiers et douze jours, aussi que M. de Guyse y avoit pourveu et faict donner bon ordre, pour le respect de M. de Nevers et de M. de Vieilleville, et d'aultres grands qui les avoient accompaignez.

Après le disner, il fut question d'entrer au conseil pour adviser à l'entreprise cy-dessus mentionnée. Et sans ceremonie, M. de Guyse, ayant appellé vingt-cinq ou trente des principaux, et tout debout sans tenir rang, mais comme en tourbe, propose qu'il failloit necessairement chasser le marquis Albert de devant Metz, aultrement qu'il ne pensoit pas se pouvoir vanter que le siege fust levé, veu que les portes du Pont-Yffroy et du Pont-aux-Mores estoient encores assiegées; et qu'il avoit projecté en son esprit de faire sortir le sieur de Randan, avec deux mille chevaux ligiers, par l'une desdictes portes, et le vidame, avec huict cents hommes d'armes, par l'aultre et par le

Pont-à-Moulin, qu'il avoit faict desja racoustrer de planches seulement, parce que le duc d'Alve l'avoit faict rompre de peur d'estre suyvy, faire passer trois mille harquebuziers conduicts par les capitainnes Gourdan, Favaz, Ambres et Glenay; et, tous à la fois, donner une cargue avec telle furie qu'ils la sçauront bien conduire, et qu'il luy sembloit malaisément la pourroient-ils soustenir, et que cet effort inopiné les feroit haster de partir et enfiler la fuitte.

Toute l'assistance favorisa ce dessein, principalement ceux qui estoient deputez pour l'executer, et là presents, pour l'envye qu'ils avoient de mordre et d'acquerir repputation, et entre aultres les princes; mais, par cas d'adventure, M. de Guyse demanda à M. de Vieilleville ce que luy en sembloit; surquoy il respondit ainsi :

« Monsieur, tout ce que vous avez proposé est fort bon; aussi les princes, seigneurs et capitainnes icy presents, le vous ont faict paroistre par une joyeuse demonstration; mais ne doubtez pas que le marquis Albert, estant desjà le cinquiesme jour qu'il est demeuré après les aultres, ne se tienne sur ses gardes, et qu'il n'ait donné ordre sur les advenues de son camp par lesquelles on le peult assaillir, et qu'il n'y soit retranché avec le dangier de quelques pieces de campaigne, car il n'a envoyé que sa grosse artillerie à Théonville; n'estant demeuré derriere que pour avoir le loisir de la mettre en seureté, et celle de l'Empereur; car, à ce que j'entends, tout ce charroy et attirail n'a peu faire qu'une lieue par jour. Et d'aultre part, puisqu'il s'est deffaict de M. d'Aumale vostre frere, l'envoyant en ung lieu de seureté, il fault que vous croyez que c'est sur quelque mauvaise intention, et que, vous vous cognoissant prince genereux, il n'attand aultre chose, sinon que le veniez assaillir, pour jouer à quicte ou double. Vous n'ignorez poinct, au demeurant, qu'il ne soit ung très-experimenté guerrier et fort grand capitainne : quatre ou cinq batailles qu'il a gaignées depuis ung an vous en doivent donner suffisant tesmoignage; et les troubles qu'il a semez par toute la Germanie, forçant les evesques de Brambergue, de Freybourg, de Trieves et des villes de Francfort et de Nuremberg, luy payer plus de cinq cents mille escus, le tout à la barbe et en despit de l'Empereur et des aultres princes de l'Empire; somme, c'est ung fort determiné homme; et vous supplie de vous garder de ses trappuces. Mais le danger qui peult arriver de ceste votre entreprise est merveilleusement considerable; car vous tirez hors de la ville, et le plus beau et le meilleur, voire toute la fleur de vos forces. Que sçavez-vous s'il a intelligence avec les habitans, qui se feront tuer cent fois pour le recouvrement de leur liberté? Son armée est de quinze ou vingt mille hommes: il vous mettra cinq ou six mille reithres au-devant durant ce combat; voilà les habitans aux portes ou à la bresche, qui n'est comme poinct gardée, ny encores remparée; et envoyera tout ce qu'il a de gens de pied, qui sont plus de dix mille, par le Pont-à-Moulin, qu'il semble que vous luy avez desja faict preparer pour la forcer; et quant au combat des gens de cheval d'une part et d'aultre, les siens, ainsi aguerris et desesperez, ne sont pas aisés à deffaire; de sorte que, combattans et meslez ensemble, il est à craindre que vainqueurs et vaincus n'entrent pesle-mesle dedans; et voilà, d'une sorte ou d'aultre, une ville que vous avez avec tant d'honneur et de gloire si triomphamment gardée contre toutes les forces de la chrestienté, en hazard d'estre surprise et perdue en moins de deux heures; ne pouvant oster de ma fantaisie, voire de mon ame, qu'il n'est poinct là sans cause, et qu'il demeure exprès sur quelque maligne et pernicieuse occasion. C'est, monsieur, ce que je vous en puis dire, et vous supplie très-humblement le prandre de bonne part. — Je jure le Dieu éternel, monsieur de Vieilleville, dist lors M. de Guyse, que l'Empereur, qui vous cognoist il y a long-temps, et qui sceyt bien juger des hommes, ne vous a poinct surnommé *Lyon-Regnard* pour neant; car vous tenez de la hardiesse et valeur de l'un, et estes accort, prévoyant et advisé comme l'aultre; et, me desistant de mon entreprise, je m'arreste resolument à vostre saine oppinion, qui est fondée sur des raisons invincibles: mais comme puis-je endurer honnestement qu'il sejourne tant devant ceste ville? Car c'est chose seure que les vivres ne luy manquent poinct.

« Monsieur, repliqua M. de Vieilleville, mon advis est, sauf le vostre meilleur, que vous devez faire passer dedans l'isle du Saulsy (j'ay esté autrefois en ceste isle, elle est devant le Pont-des-Mores), trois grandes coulevrinnes, et en mettre quatre aultres sur la chaussée que l'on appelle Vaudrinot, desquelles pieces on battra comme en butte dedans son camp; et que les canoniers ne se lassent de tirer incessamment, sans bracquer ny myrer, mais seulement à coups perdus et en ruyne. S'ils y sont demain au poinct du jour, je veux perdre la vie. Et affin que l'on tire nuict et jour, il fault que les canoniers, alternativement, s'entre-raffraichissent : ils sont desjà hors de tout danger, car la riviere les couvre, et vous savez que les Allemants sont fort maulvais nageurs ; et pendant que ceste execution se fera, nous chasserons l'ennemy avec estonnement en criant, *le Roy boit*, sans perdre ung homme. Aussi bien en est-il aujourd'huy la veille. »

CHAPITRE XXVI.

Le duc de Guise fait canonner le camp du marquis Albert, et l'oblige à se retirer.

Il n'eust pas sitost achevé de parler, qu'il sourdist ung grand bruict, comme de joye et d'allegresse parmy toute l'assistance, et qu'il ne se pouvoit mieux adviser. Mais M. de Guyse, le rompant par sa parolle, va dire : « Je meure, monsieur de Vieilleville, si vous n'estes admirable au dire et au faire, et ne manqueray aujourd'huy que toutes les pieces ne soient menées aux lieux par vous designez ; car il est impossible qu'il n'en advienne comme vous l'avez predict. »

Incontinant ils sortent de la salle ; et fust faict commandement à tous les capitainnes de gens de pied d'envoyer une escouade de leurs compaignies, pour tirer à force de bras les pieces susdictes de dessus les murailles, plates-formes et des granges (car il n'y avoit poinct de chevaux, et que bien peu de pionniers qui ne fussent malades), pour les mener aux lieux cy-devant nommez ; et aux canoniers, de faire traîner les cacques de pouldre et boulets qui y estoient necessaires. En quoy la diligence fust si grande, qu'entre unze heures et midy on le commanda ; et à deux heures après midy on commencea à tirer de telle furie, que l'on voyoit des clochers et plus haultes maisons, estants M. de Guyse, M. le prince de La Roche-sur-Yon, M. de Nevers, M. de Vieilleville et plusieurs aultres, au clochier de la grande eglise, mouvoir et remuer ces yvroignes aussi dru et menu, comme qui jecteroit de l'eau chaulde en une fourmilliere. De quoy ces princes rioient si fort qu'ils en tomboient en spasme et estaze ; car la batterie estoit si continue, qu'ils ne sçavoient de quel costé se tourner. Il se presenta ung trompette, qui sonna pour parlementer ; mais les harquebuziers qui accompaignoient l'artillerie le firent bientost reculer ; et s'enfuyst à pied sans avoir audiance, car son cheval luy fust tué ; aussi ne luy vouloit-on faire aultre mal.

Les aultres princes estoient dans le clochier de l'abbaye de Sainct Vincent, et tous ces seigneurs sur les murailles, qui en eurent le plaisir. Et vismes le marquis desloger en diligence; mais, comme brave guerrier, il laissa trois mille chevaux en bataille hors la portée de nostre artillerie, pour soustenir jusques à ce que tous ses gens de pied, tout le bagaige et le reste de l'attirail de son armée fust hors de dangier. On les voyoit prandre le hault de la montaigne de Sainct-Quentin, parce que la plaine devers la Dompchamp estoit si fondriere, qu'ils n'eussent pas faict demye-lieue en demy jour.

Quand ces trois mille chevaux se retirerent, nous jugeasmes bien que tout estoit saulvé, et qu'ils avoient pris par le haut des montaignes, au-dessus de Hourppy, le chemin de Théonville. Cela advint sur les cinq heures du soir; et tous benissoient la venue de M. de Vieilleville, qui, par son bon conseil, avoit saulvé la vye à mille honnestes hommes pour le moins, sans les aultres dangereux inconvenients qui eussent peu survenir par une telle et si furieuse meslée de combattants. M. de Guyse fist donner cinquante escus aux canoniers qui avoient faict ung merveilleux devoir. Il envoya incontinant au camp du marquis ung homme pour luy rapporter au vray ce qu'il y auroit veu; lequel l'asseura qu'il n'y avoit plus ame vivante, et qu'ils avoient esté si pressez de partir et hastez d'aller, qu'ils n'avoient pas eu loisir de despouiller leurs morts, qui estoient environ soixante, ny les scelles de leurs chevaux que nostre artillerie avoit tuez; et en compta unze en ung endroict seulement, auprès de l'abbaye Sainct-Martin: et, pour tesmoignage, il apporta deux paires de chausses, ung manteau et une scelle d'armes faicte à la reithre: qui fust cause que M. de Guyse loua grandement le conseil de M. Vieilleville. Et ne fault poinct demander de quelle joye et allaigresse l'on souppa, et en quelle aise et contentement l'on festoya la vigille des Roys.

Mais le matin, jour des Roys, M. de Guyse, qui avoit, comme l'on dist, martel en teste du propos qu'avoit tenu M. de Vieilleville au conseil le jour precedent, que les habitants se feroient tuer cent fois pour le recouvrement de leur liberté, vint en la grande eglise, seul avec M. de Gonnor, gouverneur de la ville, et ses gardes, et commanda à tous les chanoines de s'assembler en leur chapitre incontinant; où il entra après eux, et leur fist jurer promptement le serment de fidelité au Roy et à la couronne de France, et leur en fist, à tous, signer l'acte qu'il avoit faict dresser suyvant le stille accoustumé, sans oublier la clause qui dict que, s'ils sçavent quelque chose dicte, faicte, ou à faire, contre Sa Majesté ou son service, qu'ils en viendront advertir le gouverneur et son lieutenant-general, sur peine de la vye, comme attaincts et convaincus de crime de leze-majesté. Ce qu'ils firent, non sans grande crainte et esbahissements; car ils ne pouvoient imaginer à quelle fin, veu que le Roy, ny M. le connestable ne leur avoient poinct tenu ceste rigueur.

Il en fist aultant en l'Hostel-de-Ville, où le maître-eschevyn, les sept paraiges, et les traeze comparurent en diligence, et signerent tous particulierement, et envoya des maistres des requestes par les monasteres non seulement, mais par les couvents, pour faire le semblable : car moynes quelquefois, entre aultres les mandiants, soubs bigotize et faincte devotion, ne laissent pas de faire de terribles remuements, et de troubler ung estat, principalement quand ils s'enyvrent d'ambition. Ceste novalité, toutesfois, mit tous les habitans en rumeur, esbahissement et grande frayeur pour leur estre chose inaudicte, et ignorants à quoy elle tendoit.

CHAPITRE XXVII.

Etat misérable des soldats impériaux qui furent trouvés dans le camp après la levée du siége de Metz. — Retour de M. de Vieilleville à Verdun. — Le Roi offre l'amirauté au maréchal de Saint-André. — M. de Vieilleville le détourne d'accepter cette charge.

Nous sejournasmes en la ville jusques au lundy, en très-grande lyesse, qui eust esté comble et parfaicte sans les grandes pitiez que nous veismes au camp du duc d'Alve, qui estoient si hydeuses, qu'il n'y avoit cœur qui ne crevast de douleur; car nous trouvions des soldats, par grands trouppeaux, de diverses nations, malades à la mort, qui estoient renversés sur la boue; d'aultres assis sur grosses pierres, ayants les jambes dans les fanges, gelées jusques aux genoux, qu'ils ne pouvoient ravoir, criants misericorde, et nous priants de les achever de tuer. En quoy M. de Guyse exerça grandement la charité; car il en fist porter plus de soixante à l'hospital pour les faire traicter et guerir; et, à son exemple, les princes et seigneurs firent le semblable; si bien qu'il en fust tiré plus de trois cents de ceste horrible misere. Mais à la plupart il failloit coupper les jambes, car elles estoient mortes et gelées. Quant aux bois de licts de camp, de toiles rompues, et aultres toiles découppées, vieils corcelets, espées rouillées, et morrions à la lansquenette, qui y furent semblablement trouvez en grande quantité, ce fut le butin des pionniers, des varlets et des goujarts, qui les apportoient en la ville pour en faire leur proffit; car aultres que ceux-là n'y daignerent toucher, pour le grand et presque infini nombre de toutes sortes d'armes, et des plus belles, qui estoient là dedans à vil prix.

Doncques le lundy, neufiesme de janvier, nous partismes de Metz; ne me voulant étendre à speciffier ny particularizer les adieux, qui furent si longs et ennuyeulx, que depuis le matin jusques à l'après-disnée n'estoient encores parachevés, ny des offres d'amytié, de service, et d'aultres courtoysies de langaige qui furent là reiterez: en somme, M. de Guyse alla conduire M. de Nevers, qui prenoit le chemin du Pont-à-Mousson, environ demye-lieue; et M. le prince de la Roche-sur-Yon vint accompaigner M. de Vieilleville jusques à Rougerieules, avec bonne trouppe; puis nous laissa aller coucher à Villesaleron, chez le maire, qui nous fist ung brave traictement à la rustique, que je compare aux nopces de quelque riche de villaige; car il se trouva si heureux de le festoyer en son logis, qu'il n'y espargna ny le verd ny le sec: aussi n'y perdit-il pas ses bonnes cheres, car il sçavoit bien à qui il avoit affaire.

Le mardy, nous vinsmes disner à Fresné; et après disner, M. le mareschal de Saint-André se trouva au-devant de nous, à une bonne lieue de Verdun. L'aise mutuel de ceste rencontre ne se peult exprimer; car il est impossible de dire qui estoit le plus contant des deux. Ainsi arrivasmes à Verdun quelque espace de temps devant soupper; attendant lequel, M. le mareschal luy monstra une lettre qu'il avoit receue du Roy le jour precedant, quasi à l'aube du jour, par courrier exprès, à laquelle il n'avoit voulu faire réponse, que premier il n'eust eu son advis et un bon conseil : qui estoit que le Roy l'advertissoit de la mort de l'admiral d'Annebaud (1), et qu'il n'avoit voulu pourvoir de son estat, encores qu'il en fust fort pressé par quelques-uns qu'il cognoissoit, que à son reffus, et qu'il ne luy eust fait entendre lequel des deux il vouloit choisir, ou d'admiral ou de mareschal, parce qu'ils sont incompatibles, ne les pouvant ung homme tenir tous deux; toutesfois, qu'il luy sembloit que l'estat d'admiral estoit plus honorable, de plus grande authorité et estendue, et estoit d'advis qu'il le print.

M. de Vieilleville luy demanda lequel des deux, en saine conscience et en son ame, il aimeroit le mieux : qui luy respondit qu'il choisiroit l'estat d'admiral ; car il n'y en a que ung en France, et qu'il y a quatre mareschaux, et quand il n'y en a que trois, le connestable faict toujours le quatriesme, qui ordinairement les precede tous. Mais à l'admiral personne ne commande, et en une armée de mer, le Roy y estant en personne, tous les estats de France, quels qu'il soyent, luy cedent et obeïssent, jusques à donner le mot en toute l'armée et en la mesme maison du Roy : usurpant ceste prérogative en vertu de son estat d'admiral sur le grand-maistre de France, auquel seul appartient ceste authorité à cause du sien. Mais M. de Vieilleville repliqua : « Oüy bien, sur la mer seulement ; car sur terre il n'a nulle seance ny commandement; mais, qui plus est, il n'y tient aulcun rang ; et s'il vous souvient, à l'entrée du Roy à Paris, le grand-maistre ne

(1) *De l'admiral d'Annebaud.* Ce seigneur étoit mort le 2 novembre 1552.

luy voulut pas ceder sa place ; et quand il voulut, au reffus de cela, marcher entre le connestable et les mareschaux, M. le connestable luy dict qu'il ne mettroit poinct de barre entre luy et les mareschaulx, et qu'il ne l'endureroit pas ; car les connestable et mareschaux de France n'estoient que ung corps ; de sorte qu'il fust contraint de bailler son anchre à porter à ung gentilhomme, qui se placea à la queue des gentilshommes de chambre, et fist le malade pour ne se trouver en ceste cérémonie. D'aultre part, sa jurisdiction est bien esloignée du soleil, car elle est à Dieppe, et celle des mareschaux de France est sur la table de marbre, dedans le palais de Paris, que l'on appelle la mareschaussée, avec des privileges infinis, si honorables et si grands, que je m'esbahy comme il vous est tombé en l'esprit de vouloir quicter vostre estat pour aspirer à cestuy-là. Et puis, je vous prie, à qui commanderiez-vous, estant admiral, qu'à des mariniers, pilotes, et quelque nombre de capitainnes de la marine, qui ont plustost reputation de corsaires, pirates et escumeurs de mer, que de gens de bien ? Là, où vous commandez à ung grand nombre de braves gentilshommes, capitainnes de gensdarmes, qui sont tous de qualité, de riches seigneurs, et de grande extraction, mesmes les princes, jusques au Daulphin et aultres fils de France, qui, estants capitainnes, sont, à cause de leurs compaignies de gensdarmes, sous le commandement des mareschaux de France ; et tant s'en fault qu'ils dedaignent ou reffuzent d'y obeyr, qu'ils le repputent à très-grand honneur, comme faisants chose appartenante et attachée à leur devoir. Somme, tout l'estat militaire de ce royaume, de gendarmerie, cavalerie ligiere, de gens de pied, commissaires et controlleurs, payeurs de compaignies de l'ordinaire et extraordinaire de la guerre, et tout ce qui en depend, est sous vostre authorité et jurisdiction. Mais, bien plus, vous estes juge souverain du poinct d'honneur de la noblesse de France, qui est infinie ; car quand il survient quelque querelle parmy eux, leur appoinctement ou le duel est en vostre disposition, comme aussi tous les capitainnes et gens de guerre estants generalement soubs l'obeyssance de ceste couronne. Quant à la mer de Levant, l'admiral n'y a que veoir, car le gouverneur de Provence s'intitule admiral de Levant, prenant ceste qualité comme incorporée à son gouvernement, et la senechaulcée quant et quant, qui sont trois estats en ceste province-là qui ne se departent jamais. Et n'en veux aultre temoignage que quand le feu admiral, ayant passé le destroit de Gilbathar avec cinquante ou soixante voiles, et avoir mouïllé l'anchre à la coste de Provence, assez près de Marseilles, il se voulut faire recognoistre, et envoya dire au baron de la Garde, lors general des galeres, qu'il le vînt trouver avec huict ou dix galeres, ayant quelque entreprise devers Nice pour le service du Roy ; il luy fist responce qu'il n'y pouvoit aller sans le commandement de M. le comte de Tandes, gouverneur et seneschal de Provence, et admiral de Levant, et qu'il n'en recognoissoit poinct d'aultre pour superieur, ny qui luy peust ou deust commander.

« L'Admiral, irrité de ceste dedaigneuse responce, luy remanda qu'il ne faillist d'obeyr à son commandement, ou qu'il luy feroit cognoistre à ses dépens la vertu de son pouvoir d'admiral, et qu'il y parroisteroit. Cestuy-cy, comme bien entendu aux affaires du monde, luy fist responce que son pouvoir ne s'estendoit que au-delà du destroict de Gilbathar, qui estoit toute la mer Occéane, aultrement de Ponant; mais qu'au deçà, qui est la mer Mediterrannée, qui se nomme de Levant, il n'avoit ung seul poulce d'authorité; et puisqu'il le prenoit par-là, et usoit de menaces, s'il s'approchoit plus près du port de Marseilles, qu'il mettroit tous ses vaisseaux à fond. Ainsi s'en retourna d'Annebaud avec sa courte honte; et ne trouva le feu roy François ce traict aulcunement maulvais, et ne s'en fist que rire. Car l'admiral d'Annebaud n'avoit entrepris ce voyaige que de gayeté de cœur, voyant le temps beau et calme, car en cœur d'esté, pour passer en la mer de Levant qu'il n'avoit jamais veue, et n'y avoit de sa vye flotté, en esperance de gaigner et d'attrapper quelques corsaires et pirates de toutes nations, dont ceste mer-là est ordinairement couverte; et vouloit avoir des galeres françaises pour faire l'entrée du combat à la rencontre d'aultres galeres, ou turquesques ou hespaignoles; mais, pour ce coup-là, il fust mal obey. Or, pour revenir à ceste grandeur que vous avez alleguée, qu'en une armée de mer le Roy y estant, l'Admiral dispose et ordonne ainsi par-dessus tous de toutes choses, cela est si rare, que vous n'en devez faire aulcun estat; et de vostre vye vous n'en avez veu qu'une, du temps du feu Roy, qui fust si malheureusement conduicte qu'elle revint à rien, et n'en fismes aulcun effort; mais nous y perdismes par le feu ce monstrueux carragon (¹) qui menaçoit le Ciel, et faisoit fuyr, par son horrible gran-

(¹) *Carragon :* vaisseau.

deur, les balaines; mesme ce roy n'en mist jamais une seule sus; comme aussi n'ont pas faict, en leurs temps, les roys Loys douziesme, Charles huictiesme, ny Loys unziesme son pere : car, à la verité, ce n'est pas le faict du Français que la marine. Si nous estions en Hespaigne, Portugal ou Angleterre, vous auriez grandissime raison de poursuyvre l'estat d'admiral, car il y est le premier de tous, d'aultant que leurs principales forces sont au navigaige; mais estant Français, je vous prie, monsieur, ne changez jamais vostre lance, vostre cheval de bataille, ny vos esperons dorez, à une voile, boulingue ou trinquet : encores n'est-ce pas tout; car il y a un seul poinct, que si l'estat d'admiral valoit une duché de Bretaigne ou de Normandie, vous ne vouldriez pour mourir l'accepter, qui est que vous seriez privé de la presence de vostre maistre, que vous avez plus chere que tous les biens du monde, veoire que vostre propre vye; car vous ne le sçauriez veoir que huict ou dix jours toute l'année si vous vouliez exactement exercer vostre estat, et sans reproche y faire vostre devoir. »

Quand M. le mareschal l'eust ainsi ouy discourir, il s'esmerveilla grandement de sa suffizance et memoire, et renoncea sans regret à l'admirauté. Mais parce qu'il sembloit que le Roy, par ses lettres, le priast de l'accepter, et la preferer à l'estat de mareschal, il pria M. de Vieilleville de luy escrire tout ce qu'il luy avoit dict, comme par forme d'advis, et qu'il feignist d'escrire encores à Metz, et que sa lettre fust dattée du jour qu'il en partit, affin que Sa Majesté recogneust que le reffus qu'il en faisoit provenoit du conseil de M. de Vieilleville, qui estoit fondé sur tant de pregnantes et invincibles raisons; car il ne vouloit donner aulcune occasion à son maistre de se fascher. Ce que M. de Vieilleville luy accorda : et ainsi fust le courrier despesché dès le mesme soir, pour partir le lendemain au poinct du jour, comme il feist. A ce conseil M. le connestable se prevalust; car il feist donner l'estat d'admiral à son nepveu de Chastillon, colonel des bandes françaises, duquel fut pourveu son frere Dandelot. Mais, si M. le mareschal l'eust accepté, ledict sieur connestable eust faict tomber son estat de mareschal à son fils aisné Montmorency : qui nous fist bien juger qu'il avoit dicté la lettre que le Roy en avoit escrite à M. le mareschal, et que l'estat d'admiral est moindre que de mareschal.

CHAPITRE XXVIII.

M. de Vieilleville retourne à Duretal. — Il y apprend que MM. de Guise et de Nevers avoient demandé pour lui le gouvernement de Metz.

Après le partement du courrier, ainsi qu'il desiroit, M. le mareschal delibera de desloger, voyant son sejour desormais inutile à Verdun. Et trois jours durant l'on ne vacqua à aultre chose que à faire les appresses necessaires pour cest effect; et à donner ordre pour licentier ou retenir les capitainnes et compagnies les plus propres pour y demeurer en garnison, faire semblablement la monstre generale, tant des gens de cheval que de pied; qui fust faicte au contentement de toutes qualités de gens de guerre, et bien payez; et sur-tout, de choisir une bonne garnison pour sa compaignie (affin d'en descharger la ville), qui fust establie à Moulins en Bourbonnais, où M. de Chazeron, guydon, la mena; et ceux qui vouloient avoir congé de s'aller raffraichir en leurs maisons n'en furent poinct reffusez.

Ainsi M. le mareschal s'en alla, laissant le sieur de Thavanes gouverneur à Verdun, qu'il y avoit trouvé instalé par le Roy lors de l'investiture de la ville: et l'accompaigna M. de Vieilleville jusques à Chaalons-sur-Marne, où ils sejournerent deux jours; et au departir, M. le mareschal print le chemin de Paris, et M. de Vieilleville celluy d'Orleans, par Chaumont en Bassigny, pour se rendre en sa maison de Durestal; où, arrivé, il sejourna environ trois mois, se raffraichissant après tant de travaux et fatigues mentionnées cy-dessus, et se donnant du bon temps par la mutuelle visite de luy, de ses parans, voisins et amys.

Quinze jours après Pasques 1553, le secretaire Malestroit luy escrivit que M. de Guyse et M. de Nevers avoient dict au Roy merveilleuses louanges de luy; et qu'ils ne cognoissoient personne en toute la France plus digne du gouvernement de Metz; et avoient non-seulement conseillé, mais supplié Sa Majesté, de l'en honorer: mais, parce que cela estoit trop peu, eu esgard à ses insignes merites, ils estoient d'advis que l'on incorporast les villes de Thoul et de Verdun à ce gouvernement, alleguants que ceste frontiere, qui est la plus importante clef de France, seroit desormais hors de toute crainte et soupçon, mais très-asseurée estant sous la charge et le commandement d'un chevalier d'honneur qui jamais ne feist faulte, ny par malice ny par ignorance. Ce que le Roy a fort volontairement accordé; mais que M. le connestable estoit venu à la traverse, qui l'en avoit diverty, disant que seroit faire ung grandissime tort à l'honneur et reputation de M. de Gonnor de l'en desposseder si ligierement, ayant porté tant de fatigues et de peines durant le siege, et faict preuve de sa valeur à la veüe de tous les princes, seigneurs et capitainnes de France; et qu'il se presentoit ung aultre moyen de bien advancer M. de Vieilleville, qu'il ne peult nier estre digne de très-grande recompense, en ung gouvernement qu'il aura plus agréable, et sans comparaison plus beau que celluy de Metz, et beaucoup plus à sa commodité; car il fera service à Sa Majesté estant en sa maison. Et luy ayant demandé le Roy où c'estoit, il respond : « En Bretaigne, car M. d'Estampes est fort valetudinaire, et tant abbattu en longues maladies, qu'il ne peult gueres vivre. L'on donnera, par sa mort, le gouvernement en chef à M. de Gyé, qui en est desja lieutenant en son absence, et par ceste promotion l'on baillera sa lieutenance à M. de Vieilleville. » Ce que le Roy a trouvé fort bon; et le commandement de ceste despesche est desja donné à M. de l'Aubespinne, l'un des quatre secretaires des commandements. De quoy il a bien voulu advertir par courrier exprès, pour prévenir celuy de Sa Majesté, affin qu'il pensast à la responce qu'il y vouldra faire; et le prie qu'il ne s'attende, ny se fye en M. le mareschal; car il vouldroit qu'il n'eust ny l'un ny l'autre, tant a grande peur de le perdre. La lettre n'estoit signée ny dattée.

Quand M. de Vieilleville l'eust bien considerée, il

trouva bien estrange que le Roy eust preferé l'oppinion d'un seul homme aux remonstrances, prieres et
requestes de deux grands princes, et qu'il s'estoit
laissé gaigner de ceste façon; et se resolut de faire
une brave responce là-dessus à Sa Majesté, quand son
courrier seroit arrivé, qu'il attendoit en grande devotion.

CHAPITRE XXIX.

M. de Vieilleville reçoit une lettre du Roi, qui lui offre la lieutenance générale de Bretagne. — Réponse de M. de Vieilleville à la lettre du Roi.

Le lendemain du jour de l'arrivée du courrier de
Malestroit, celuy du Roy arriva avec lettres de Sa
Majesté; qui ne contenoient que le mesme langaige
de M. le connestable touchant le gouvernement de
Bretaigne seulement, sans toucher en façon quelconque de celuy de Metz, comme si jamais il n'en
eust esté parlé; et le prioit Sa Majesté de venir à la
Cour, s'estant fort esbahy que de Metz il soit allé en
sa maison sans y passer, comme tous les aultres qui
luy ont fait service en ce siege, et luy principalement, qui a si bien faict valoir le pouvoir qu'il luy
avoit donné de tenir la campaigne et s'y faire obéir,
pour retrancher les vivres de l'armée de l'Empereur;
dequoy portent ung très-grand tesmoignage les vingt
et cinq cornettes et enseignes de cavallerie que de fanterie qui luy furent envoyées en novembre et decem-

bre derniers, et une infinité d'aultres braves exploits de guerre qu'il a faicts, au rapport de tous les princes, seigneurs et capitainnes qui estoient dedans Metz pour son service; et, en attendant qu'il le vienne trouver, il luy envoye le brevet de la reserve de la lieutenance au gouvernement de Bretaigne, signé de sa main, advenant la mort du duc d'Estampes qu'il tient pour certainne et en brief, estant oultré de maladie comme il est, et incurable, au rapport de tous les medecins et chirurgiens de Paris et des siens mesmes. *De Sainct-Germain-en-Laye, du 22 apvril 1553, après Pasques.* Signé HENRY; et contresigné DE L'AUBESPINE.

A laquelle lettre M. de Vieilleville fist une modeste responce; car il ne pouvoit doubter que le Roy ne la monstrast à son compere. Toutesfois il ne se peut tant commander, qu'il ne donnast tacitement une attaque aux ruses de M. le connestable, qui mettoit son advancement sur la mort d'aultruy, et luy en sourratoit (1) ung aultre que tant de princes luy avoient voué et sollicité, et qu'il pouvoit exercer du jour au lendemain, et tout aussi-tost qu'il en seroit pourveu, ainsi qu'il se peut veoir par le double d'icelle qui s'ensuict :

« Sire, j'ay receu les lettres desquelles il a pleu à Vostre Majesté m'honorer, ne la pouvant assez dignement ny très-humblement remercier de ceste très-favorable souvenance, ne vous ayant jamais fait service qui vous ayt deu convier à me tant bien heurer que, de vostre propre mouvement, vous m'ayez pourveu d'une si honorable charge, et sur ceste intention prin-

(1) *Sourratoit* : déroboit.

cipalement que je vous ferois service, n'estant esloigné de mes terres, et comme en ma maison : ce que j'accepterois très-volontiers, pour le regard seulement de la main et de la bonne volonté dont ce bien me procede, sinon qu'il y a quatre poincts qui, à mon grand regret, m'en divertissent, dont le moindre trouvera très-legitime excuse de mon reffus en la prudente discretion de Vostre Majesté. Le premier, que si M. d'Estampes, qui est l'ung des seigneurs de France que j'honore et respecte aultant, et avec lequel je converse le plus, vient à sçavoir, comme il ne peult faillir, ceste survivance, il fuyra avecques horreur ma frequentation; et de moy, je m'en reculeray tant qu'il me sera possible, pour n'offencer ma reputation; car s'il luy survenoit quelque sinistre desastre, on me le pourroit à bon droict imputer; joinct que je vous donne certain advertissement qu'il se porte très-bien, et du tout hors de dangier; aussi que j'ai deux ans plus que luy, qui m'esloigneroit bien fort de la grande esperance que vous, mon Roy, mon souverain seigneur et très-bon maistre, m'avez tousjours donnée, et d'en veoir bientost les fruicts et évenements. Le second, que j'ay tant de parents et d'amis en Bretaigne, qui ne sont des moindres de la province, que si quelqu'un venoit à faire faulte, se fiant en nostre consanguinité et alliance, ou contre vostre Estat, ou contre les loix et droict commun, je suis si ennemy de la faveur et connivence, que je ne me pourrois contenir de faire estroitement observer vos édits et ordonnances, et en tirer exemplairement, en tenant la main forte à la justice, la punition de leurs offences; et je repputerois à grande honte de veoir ainsi en infames traicter mes amys et parents. Et quant au tiers, parce qu'il semble par vos lettres que Vostre Majesté me veuille releguer, voire confiner en ce gouvernement de Bretaigne, comme quelque sexagenaire ou casanier qui n'a plus la force ny vigueur de vous faire service en la campaigne, mais seulement se pourmener par ses terres et en sa maison, je prendray la hardiesse de l'asseurer que je suis encores en ma plus vive et verte force, n'ayant que quarente et deux ans; avec telle volonté de mourir à vostre service, que je secherois comme une fleur cueillie, d'estre en une charge que je ne veisse l'ennemy, ou que je n'en eusse bien souvent des alarmes, voire à la bouche du canon; ce qui ne m'adviendroit en Bretaigne : car toute mon occupation seroit de m'aller pourmener sur la coste, à veoir le flux, reflux et vagues de la mer, sans avoir l'ennemy en teste : car les Anglais sont vos amys, et l'Hespaignol n'y a faict jamais descente depuis que la duché est incorporée à vostre couronne. Et pour venir au quatriesme, il me seroit trop dur, Sire, et du tout insupportable, d'obéyr et estre sous le commandement de mon subject; et y a assez de froidures entre M. de Gyé et moy, à cause de nos terres, sans nous donner occasion d'en faire naistre d'aultres. Mais par ce, Sire, que je suis bien adverty que l'on vous en avoit proposé ung aultre que Vostre Majesté avoit fort liberalement accordé en ma faveur, je suis esbahy de celluy qui s'est venu jecter à la traverse pour en detourner vostre affection, et frustrer et annéantir la promesse que vous en avez faicte avec meure consideration, suyvant vostre accoustumée prudence, à deux grands princes : quiconque soit, il ne peult dire que je vueille courir

8.

sur la fortune d'aultruy ; car il souviendra bien à Vostre Majesté que jamais Gonnor n'eust eu le gouvernement de Metz si je l'eusse voulu accepter ; mais je l'ay reffusé avec des remonstrances et raisons, et que si elles eussent esté suyvies, vous seriez aujourd'huy paisible monarque de toute l'Austrasie. Par ainsy j'oseray tousjours maintenir, soubs le respect et permission de Vostre Majesté, que le gouvernement de Metz m'appartient, et que Gonnor n'en a esté, et n'est que mon lieutenant, veu que le reffus que j'en feis estoit pour ce que je voyois, comme vous l'avez cogneu depuis, que par l'investiture des trois villes, et y avoir planté des gouverneurs en vostre nom, vous avez perdu la jouissance et domination de plus de soixante villes, dont plusieurs portent tiltre d'archeveschez et d'eveschez. Ce que j'en dis, Sire, n'est à aultre fin que pour rememorer Vostre Majesté des choses passées, et de la pure affection que j'ay tousjours portée à l'honneur et accroissement de vostre Estat, sans regarder à mon prouffit particulier ; ne me pouvant assez esmerveiller de la subtile ruze de celuy qui a si finement faict escrouler vostre promesse faicte à deux si grands personnages, pour me loger en ung cymetiere sur l'esperance des morts, et me faire tousjours valet : car je ne prendray jamais gouvernement que je ne l'aye en chef ; vous suppliant très-humblement ne trouver maulvays ce que je vous en escry ; remettant à vous faire entendre le reste de mes doléances quand j'auray cest honneur d'estre en vostre presence, qui sera dedans huict jours, Dieu aydant : et en attendant cest honneur et felicité, je supplieray le Créateur de vous donner, Sire, en toute prosperité et santé, très-bonne et très-longue vye. De Durestal, ce premier may 1553.

Vostre très-humble et très-obéissant subject et serviteur,   Vieilleville. »

CHAPITRE XXX.

Le Roi prend la résolution de donner le gouvernement de Metz à M. de Vieilleville.

Après que le Roy, estant en son cabinet, eust ouy lire ceste lettre par M. de l'Aubespine, Sa Majesté entra en fort grande colere, disant que l'on abusoit trop de sa bonté, et qu'il n'y avoit poinct d'apparence de tant faire souster (¹) M. de Vieilleville; et confessoit que à luy, premier que à pas ung, il avoit donné le gouvernement de Metz, et que l'aultre ne l'avoit que à son reffus; que s'il l'eust reffusé comme luy, l'Empereur n'eust jamais assiegé Metz, car il n'eust sceu passer le Rhin, ny osé s'y presenter : et quant au gouvernement de Bretaigne, il n'estoit pas raisonnable de le plus faire valeter, car il avoit assez obéy pour commander en son rang; mais qu'il ne pouvoit croire que M. de Gyé fust son subject. Sur quoy M de l'Aubespine respondit que le lieutenant civil d'Angiers, nommé de Lesrat, qui poursuyvoit l'office de president presidial en la senechaussée d'Anjou, l'en pourroit amplement esclaircir; lequel promptement faict venir, car il se pourmenoit en la grande salle comme tous aultres postulants qui attendent la relevée du conseil. Sa Majesté luy demanda si le chasteau du Ver-

(¹) *Souster :* attendre.

gier ne tenoit pas de son chasteau d'Angiers, qui luy respondit que ouy, en arriere-fief; mais qu'en proche fief il tenoit de M. de Vieilleville, à cause de sa barronnie de Mathefelon.

Quand le Roy eust entendu ce discours, il commanda assez en colere que l'on allast querir M. le connestable, disant qu'il disposoit fort mal ses affaires, et que c'estoit mettre la Bretaigne en combustion d'y installer Vieilleville avecques Gyé, estants ainsy incompatibles, et beaucoup d'aultres propos qui ne sont à reciter, touchant les passions et affections des personnes, principallement celles pour lesquelles suyvre on neglige et offence grandement le service du maistre.

M. le connestable arrivé, le Roy luy va dire assez hagardement telles parolles : « Savez-vous qu'il y a, mon compere? Je veux resolument rendre à M. de Vieilleville le gouvernement de Metz que je luy avois donné il y a un an, lorsque nous en partismes, mesme en vostre presence, car il luy appartient. Et si on l'eust cru quand il le reffuza, ma couronne seroit augmentée de la moitié. Vrayment vous accommodez bien mes affaires en Bretaigne de le y vouloir faire lieutenant en l'absence de M. de Gyé! Lisez ceste lettre, et escoutez parler le lieutenant d'Angiers. Je vous prie que je ne sois plus contredict, car je veux que cela soit, et que l'on ne me donne poinct d'occasion de me fascher davantage; car si Gonnor n'en sort incontinant que Vieilleville, qui sera icy bien-tost, s'y presentera pour y entrer, je jure au Dieu vivant que ce ne sera pas tout ung; car je veux estre obey en mon rang, et ne prands nullement plaisir que l'on me donne tant de traverses. »

CHAPITRE XXXI.

M. de Gonnor est rappelé, et M. de Vieilleville part pour Metz.

Quand M. le connestable veid son maistre en telle colere, il ne replicqua une seule parolle, mais commanda à M. de l'Aubespine de luy lire ceste lettre. La lecture faicte, « et bien, dist le Roy, cela n'est-il pas plus que raysonnable ? Or advertissez-en Gonnor ; car je veux resolument qu'il en sorte. » Puis addressant sa parolle au lieutenant de Lesrat : « Dictés-luy ce que vous me venez de dire. » Qui n'y faillit pas. Ce que bien entendu, le connestable respondit qu'il ne sçavoit pas les differends d'entre les deux maisons, et que cela estant il n'y auroit poinct d'apparence de les mettre ensemble en une charge, et qu'il alloit presentement despescher à Metz, faire entendre au sieur de Gonnor l'intention de Sa Majesté.

Sa despesche fust aulcunement desguisée ; car s'il l'a luy eust faicte si rude comme le Roy l'avoit prononcé, c'estoit assez pour le mettre au desespoir d'estre cassé d'une telle charge sans forfaict ; mais il luy escrivit qu'il feignît d'avoir esté bien malade, et qu'il suppliast Sa Majesté de luy permettre de s'en venir en sa maison, pour changer d'air et s'y raffraichir ; et que la peste estoit bien forte dedans Metz et aux environs ; qu'il ne s'y vouloit plus tenir ; que, à ceste cause, il pleust à Sa Majesté d'y envoyer quelque honneste et experimenté gentilhomme, digne de la charge, pour luy venir lever le siege, auquel il mettroit toutes choses en main avant partir. Celluy qui portoit en poste ce pacquet, nommé Courcou, avoit commandement de la diligence, et de luy dire à part que M. le connestable le tiroit de-là pour l'installer au gouvernement de Bretaigne.

Ce Courcou fist telle diligence, aussi qu'il n'y a que vingt et quatre postes de Paris à Metz, que M. de Vieilleville et luy arriverent en ung mesme jour à la Cour. Le congé fust incontinant accordé à M. de Gonnor, et M. de Vieilleville proclamé gouverneur de Metz par la propre bouche du Roy, qui luy fist une faveur inestimable; car, affin qu'il fust bien venu et receu en toute allaigresse par les capitaines et soldats, dont y avoit vingt et quatre compaignies de vieilles bandes, deux de harquebuziers à cheval, deux de cavallerie ligiere, à toutes lesquelles on devoit deux mois, et une de gensdarmes à laquelle on devoit deux quartiers, Sa Majesté fist prendre toutes ces monstres en son espargne, qui estoit une faveur inaudicte; car on a accoustumé d'en prendre assignation sur les receptes generalles des provinces de France, et oultre ce, cinquante mille francs pour les reparations, et dix mille escus de present que le Roy luy faisoit, le tout pris aux mesmes coffres : de quoy toute la Cour s'esmerveilla grandement; et disoient bien que c'estoit une faveur incomparable; que de ce regne personne n'avoit encores receu somme qu'il emporta (trois cents quinze mille livres) avec luy, que conduisoient tresoriers et leurs commis, par charroy, qui en estoient responsables. Estants à Thoul, M. de Vieilleville fist assembler tous les gens d'eglise, de justice, capitainnes et les principaux habitans, en la presence desquels, le gouverneur y estant, il fist lire son pouvoir, de l'ampliation duquel ils furent merveilleusement esbahys; car il soustrayoit tellement toute l'authorité aux gouverneurs de Thoul et de Verdun, qu'ils ne se pouvoient plus appeler ny intituler que capitainnes de leurs villes.

CHAPITRE XXXII.

M. de Vieilleville prend possession du gouvernement de Metz.

Nous vinsmes de-là au Pont-à-Mousson, où le sieur de Mesvretin, lieutenant de cent chevaux ligiers de M. de Gonnor, nous attendoit avec toute la compaignie, puis à Metz, où M. de Vieilleville fust receu avec grandes magnificences, estant venu ledict sieur de Gonnor audevant de luy, environ demye-lieue, accompaigné de plus de cinquante capitainnes (car en France le lieutenant et enseigne d'une compaignie de gens de pied, porte ce tiltre; aux aultres nations, non, et s'appellent seulement le seigneur lieutenant, et le seigneur enseigne, principalement en Italie). Et il y avoit lors à Metz vingt et quatre compaignies vieilles, de gens de pied, qui estoient à la françayse, soixante-douze capitainnes, qu'il faisoit merveilleusement beau veoir; car ce n'estoient qu'espées dorées et argentées aux fourreaux de velours, et bouts d'argent, collets de maroquin de toutes couleurs, à passement d'or et d'argent, bonnets de velours à petites plumes des couleurs de leurs maistresses, jusques aux fers d'or sur les escarpes de velours, qui avoient en ce temps-là grand vogue; et leurs soldats, quasi tous, morrions et fourniments dorez, et les corselets gravez, avec les bourguignotes de mesme, et les picques de Byscaye aux poignées de velours, houppes de franges de soye.

En cest équippage nous trouvasmes vingt bataillons d'environ dix enseignes en la plaine audevant de la porte Sainct-Thibault, et ung aultre en la grande place du Champ-Passaige, où estoient aussi les compaignies du sieur de Gonnor, et d'harquebuziers à cheval du capitainne Lancque; et ne fault poinct demander s'il fust tiré, ny de quelle allaigresse on bransloit la picque, car sa renommée les rejouïssoit; et, oultre ce, il apportoit la monstre des deux mois qu'on leur devoit, et celle du mois de juin ensuyvant : et avec telles fanfares nous fusmes accompaignez jusques à la place de la grande eglise où estoit en bataille la compaignie de gensdarmes de M. le prince de La Roche-sur-Yon, qui estoit encores demeurée du reste du siege, de laquelle estoit lieutenant M. de Biron qui la conduisoit. Et mist pied à terre M. de Vieilleville pour aller saluer M. le cardinal de Lenoncourt, qui l'attendoit à la grande porte de son palais episcopal, pour luy donner à disner, à M. de Gonnor, aux maistre de camp general des bandes françayses de deça les Monts, sergent-major, de mesme aux plus apparants capitainnes et à quelques gentilshommes de nom, qui, par maladie, n'avoient peu suyvre M. de Guyse allant à la Cour.

Le lendemain matin il distribua toutes ses lettres à ceux à qui elles s'addressoient, qu'il avoit faict venir en son logis; en la presence desquels il fist lire son pouvoir, comme prenant possession de son gouvernement; et furent tous esmerveillez de la grande puissance et authorité y contenues; car il donnoit mort et vye, ce que M. Gonnor ne pouvoit faire; car il n'eust ozé faire mourir ung capitainne sans en advertir le conseil privé du Roy, et y envoyer le procès tout instruict, ny semblablement donner grace : les gouverneurs de Thoul ne tenoient rien de luy, et faisoient faire les monstres à leurs postes; ce qu'ils ne firent plus, et avoient chacun ung sergent-major que M. de Vieilleville cassa sur l'heure, et les fist rayer de dessus l'estat du Roy; ordonnant que celuy de Metz auroit la sur-intendence sur les capitainnes et soldats des trois villes, et qu'il y feroit ses cavalcades et visites, selon que les affaires et necessitez s'y presenteroient.

A l'après, les monstres générales furent faictes, et le lendemain les payements. Mais parce que l'on avoit accoustumé de bailler à chacun des capitainnes tout le payement de sa compagnie, qui en usoit à son plaisir, appoinctant ses favoris, et malcontantant les aultres, qui n'estoit sans en laisser couler en ses bouges (1), à cause des passe-volants, qui sont valets et gens de boutique qu'ils arment et desguisent en soldats, pour les faire passer à la monstre, M. de Vieilleville rompit et annulla ceste coustume comme abusive, pleine de larcin et grandement prejudiciable au service du Roy, et ordonna que, selon les roolles que retiendroient devers eux les commissaires et controlleurs des guerres,

---

(1) *En ses bouges* : en ses poches.

la monstre faicte, les soldats seroient appelés par nom et surnom, passeroient devant eux, et seroient payez en leur presence, affin que, les envisageant, ils cogneussent à peu-près quelles gens c'estoient, et de quelles forces on pouvoit faire estat.

Ceste ordonnance apporta une fort grande commodité aux habitans de la ville; car ils ne pouvoient estre payez de ce qu'ils prestoient aux soldats, sinon par la misericorde de leurs capitainnes; là, où estants payez en plaine salle, où tous les marchands se trouverent par publicque proclamation qui en fust faicte, les commissaires et controlleurs qui assistoient aux payements eurent commandement; mesme les tresoriers, de les payer, sinon du tout, au moins de la moitié. Mais bien plus, il fust enjoinct aux susdicts tresoriers, quand ung marchand leur apporteroit une cedule, ou des parties arrestées par le soldat, de les prendre et d'en deduire la somme sur sa monstre. De quoy M. de Vieilleville receust mille benedictions du peuple et du soldat; car le bourgeois estoit, pour l'advenir, asseuré de sa debte, et le soldat hors de la cruaulté de son capitainne, qui lui en faisoit passer beaucoup, et bien souvent jouoit sa monstre, luy faisant accroire qu'il n'estoit sur le roolle qu'à cent sols ou six francs de paye : le fourrier qui participoit au butin, ou pour mieux dire larcin, desguisoit ainsi les matieres.

Finalement, M. de Gonnor remist toute sa charge entre les mains de M. de Vieilleville, avec les inventaires de toutes munitions de vivres, pouldre, artillerie de calibres, salpetres, bales, boulets, grenades, cercles et tous aultres artifices à feu, et ung infini nombre d'aisses (1) semées de poinctes, de dagues et d'espées, chausses-trappes et mille inventions pour la deffence d'une bresche, qui est admirable, dont il semble que le duc d'Alve, par la lettre qu'il avoit escrite à domp Alphonce d'Arboulangua, ci-devant inserrée, avoit eu advis; car sans doubte une armée s'y fust perdue. Et attribuoit-on toutes telles inventions au sieur de Sainct-Remy, provenceal.

Ledit sieur de Gonnor partit doncques le sixiesme après nostre arrivée, et recommanda à M. de Vieilleville le sergent-major de la ville, nommé le capitainne Nycollas, et le prevost, qui s'appelloit Vaurés, l'asseurant de leur prud'homye, deligence et fidelité, aultant que l'on en sçauroit désirer pour le service du Roy, en leurs charges, et les louoit ainsi en leur presence; qui le fist entrer en deffiance qu'ils ne valloient gueres. Toutesfois il respondit que ce luy estoit ung très-grand heur d'avoir deux tels officiers sur qui il se pouvoit reposer.

(1) *D'aisses* : de planches.

LIVRE SIXIÈME.

PRÉFACE.

Ayant deliberé de traicter des plus memorables actes de M. de Vieilleville en son gouvernement de Metz, qu'il exercea environ dix-huict ans, je ne me veux pas assujettir à tellement suyvre le fil de l'histoire, que tousjours l'ordre du temps y soit entierement observé, mais seulement faire ung brief recueil de ses traicts principaux, et de ceux qui seront les plus dignes d'estre presentez devant les roys, et tous grands princes. Aussi que durant ceste espace de temps, qui est fort long, il n'y sejourna pas assiduellement : car le Roy, pour l'approcher de sa personne, et se prevaloir de son conseil, luy donna ung lieutenant. Mais pour les trois premieres années, durant lesquelles sa residence y fust quasy ordinaire, j'ay entrepris de reciter comme il se maintint et gouverna, de quel soing et diligence il mania ceste charge, et avec quelle authorité il se fist aymer et obeyr.

Je ne me veux obliger non plus à cotter les jours ny les ans ausquels il executa ses braves gestes, car seroit entreprendre sur les croniqueurs, ou les imiter ; et ce que presentement je produicts, ne s'appelle ny croniques ny annales, mais une simple histoire, vernye de sa vérité ; et me contenteray seulement de deduire de poinct en poinct ses genereuses actions, selon et ainsi qu'ils me viendront en memoire.

CHAPITRE PREMIER.

Etat de la ville de Metz après le siége.

Et pour commencer, je vous diray qu'il trouva les capitainnes, soldats et toute la garnison enflée de vaine gloire d'avoir soustenu ung si long siege contre ung si puissant Empereur, que journellement on y faisoit à coups d'espée, par les tavernes et en plaine rue, pour la manutention des valeurs, à qui auroit faict en ce siége plus de service au Roy : quelquefois les capitainnes l'entreprenoient pour les soldats, et les soldats s'y faisoient souvent tuer pour leurs capitainnes; si bien qu'il failloit appoincter par sepmaine cinq ou six querelles pour le moins, au grand mespris de toute discipline militaire, et du respect que l'on doit porter aux armes, principallement en une ville frontière, et de telle importance que ceste-là.

En quoy il print une inexprimable peine, accompaignée d'un extresme dangier, tant pour le regard de sa personne que d'une ouverture à quelque sedition : l'apprehension de laquelle lui donnoit plus d'esmoy que tout autre inconvenient qui en eust peu arriver ; ayant toujours preferé, tant estoit homme de bien, le service de son maistre à sa propre vye : car sourdant une mutinerie, par le moyen des rigoureuses ordonnances qu'il y vouloit establir, la ville eust esté en grandissime hazard, ayant l'ennemy dehors et dedans : dehors, le comte de Mansfelt, lieutenant-général pour l'Empereur en la duché de Luxembourg, qui avoit de grandes forces esparsées par les villes de son gouvernement, toujours au guet et trop proche voisin; car il n'y a de Theonville à Metz que quatre lieues. Dedans, les habitans crevoient de raige et de despit d'estre ainsi forcez en leur publicque liberté, pour le recouvrement de laquelle ils eussent, par manière de dire, hazardé leurs ames, tant s'en fault qu'ils y eussent espargné leurs propres vyes. Car leur esperance de se veoir jamais aultres estoit fort petite, puisque l'Empereur s'estoit ainsi retiré avec sa courte honte, et que ses espouvantables forces estoient devenues vaines et inutiles sans ung seul effect, avec bien peu d'apparance d'en pouvoir, en toute sa vie, remettre de pareilles; car il se trouve que son armée devant Metz estoit de plus de cent mille hommes.

Mais ce qui plus leur faisoit mauldire leur miserable condition, estoit la foule insupportable de leurs hostes (car il n'y avoit qualité d'Eglise, de noblesse ou de justice qui en fust exempte), avec ceste perpetuelle inquietude d'en avoir tousjours; qui ne se pouvoit faire sans une grandissime, voyre totale ruyne de leurs linges, meubles et aultres ustenciles, oultre la privation interne de leur particuliere liberté; car qui loge soldat n'est jamais maistre de sa maison. A quoy fault adjouster la mortelle apprehension de l'honneur de leurs femmes, filles et aultres parentes: de sorte qu'il est plus que croyable qu'ils se fussent precipitez en tous dangiers et perils pour se tirer d'une telle servitude. Ce que M. de Vieilleville, comme très-avisé, consideroit fort bien. Mais de tollerer aussi telles et si ordinaires insolences, il se fust jugé luy-mesme indigne de commander, et eust pensé offenser grandement son honneur s'il n'y eust donné l'ordre qui y estoit necessaire : qui fust cause qu'il se resolut, quoy qu'il en deust réussir, de desployer ses vertus et se faire craindre et obeir.

Et pour y parvenir, il feist assembler tous les capitainnes en chef, ausquels il feist entendre son intention, sans oublier toutes les remonstrances qui luy semblerent necessaires pour coupper chemin à telles indignitez, et qu'il ne les pouvoit plus tolerer. Et tout en l'instant leur fut faicte lecture de l'ordonnance qu'il vouloit faire publier, pour le fait des armes, dès le mesme jour, et des peines qui y estoient indictées (1) à tous ceux qui y voudroient contrevenir. De quoy personne, de quelque qualité qu'elle fust, n'estoit exempte ny exceptée, eussent-ils esté ses parants.

Eulx, congnoissants son humeur, et qui avoient bien pezé et meurement consideré ses remonstrances sur le dangier que apporteroit au service du Roy la continuation d'une si desbordée licence, qui leur pourroit estre imputée, luy requirent qu'elle fust publiée au plustost, et que tous respondoient unanimement de leurs soldats, se repputants très-heureux d'estre commandez par ung si digne seigneur et valeureux chevalier, promettants faire si bon service au Roy sous sa charge, qu'il auroit occasion de s'en louer et contenter ; avecques espérance que le grand credit qu'il avoit auprès de Sa Majesté feroit recognoistre leurs services ; de quoy ils le supplioient très-humblement. Ce qu'il leur promist d'une très-cordiale affection, sur laquelle ils s'asseurerent ; mais ils eussent bien desiré

(1) *Indictées* : annoncées.

qu'il luy eust pleu moderer en quelque chose la rigueur qu'il avoit tenue aux monstres dernieres.

« Comment! dist-il, estes-vous esclaves de l'argent? Je vous advisé que vous ne ferez jamais acte digne de vertu, si ce vice vous domine; car l'avarice et l'honneur sont incompatibles. Faictes seulement bon et fidele service, et vous remettez en moy de la recompense. Mais sur-tout prenez garde de ne me faire trouver en les testiffiant, menteur ny donneur de parolles, principalement à ung si grand Roy; et faites estat, mais très-resolu, que de tout ce que j'establiray et ordonneray en ceste ville, je ne m'en retracteray jamais; et plustost la mort. » A quoy ils acquiescerent, et luy offrirent, en toute humilité, service. Ainsi, au contentement d'un chacun, l'assemblée se leva.

Et estoient les noms des capitainnes, tous des vieilles bandes françayses, tels qui s'ensuivent, à trois cents hommes pour enseigne :

Les capitainnes Gourdan, Haucourt, La Cahusiere, Bahuz, Pierre Longne, Vicques, La Volvenne, Verdun, Abooz, Soleil, Sainte Marie, Ambres, La Grange, Glenay, Favas, Ambures, Roiddes, Voguedemar, Bethune, La Molle, La Mothe-Gondrin, Salcede, Sainte-Colombe et Bonnavin, qui tous acquirent, par leur vertu et saige conduite en ce siege, louange et repputation d'éternelle memoire.

Sur tous lesquels, et leurs compaignies, commandoit en estat de sergent-major le capitainne Nicolas de Bragme, que M. de Guyse y avoit instalé; qui estoit une fort honorable charge : mais, vaincu d'avarice et de presomption, il en abusa; dont mal luy en print, comme nous dirons.

CHAPITRE II.

Fermeté de M. de Vieilleville à maintenir le bon ordre dans la garnison de Metz.

Les choses ainsi à souhaict composées, ils disnerent tous avecques luy, comme aussi firent les sieurs de Biron, de Guron et de Montendre, lieutenant, enseigne et guydon de la compaignie de M. le prince de La Roche-sur-Yon, qu'il avoit retenue exprès à Metz pour avoir quelques forces de son costé; et avoit envoyé querir à Verdun la compaignie de chevaux ligiers de M. le comte de Sault, qu'il y amena luy-mesme à toute joye avant le partement de M. de Gonnor. Et oultre ce, M. de Lanques, capitainne de cent harquebuziers à cheval, qui estoit demeuré en garnison à Metz, s'estoit venu presenter à luy pour luy faire très-humble service, avec offre de sa vie; et n'en fist pas moins le sieur de Mesvretin, lieutenant des cent chevaulx ligiers de M. de Gonnor, qui estoient aussi demeurés du reste du siege, les ayant tous deux fort dextrement gaignez.

Et après disner l'ordonnance fust publiée, premierement à la porte de son logis, en la presence des capitainnes cy-devant nommez, puis par les carrefours et aux trois places de la ville. Et quand elle fust publiée en la grande place, qui se nomme le Champ-Passaige, toute la cavallerie susdicte estoit en bataille avecques ses chefs; qui fist cognoistre à tous la volonté qu'un chacun avoit de luy porter obeïssance, mais bien davantaige, car les plus mutins et revesches furent surpris par ceste veue de si grande frayeur, qu'ils excitoient les aultres à faire joug à ceste ordonnance, prevoyants le moyen qu'il avoit de bien chastier les autheurs d'une sedition.

En laquelle place il se voulut bien luy-mesme trouver, sur son brave cheval Yvoy, au milieu de sa garde, vingt-cinq de chaque costé, des plus beaux hommes que le comte de Nanssau luy avoit envoyez, choisis en trois regiments de lansquenets, qu'il faisoit merveilleusement beau veoir avec leurs belles halebardes à longues dagues, et de nouvelle façon, accoustrez à leur mode et de ses couleurs jaulne et noir, desquelles il ne changea jamais, car madame de Vieilleville les luy avoit données estant encores fille, du nom de mademoiselle de La Tour.

Il ne se peult dire au reste de quel respect ceste ordonnance fut observée et obeye; car, de deux mois après la publication d'icelle, il ne s'esmeut une seule querelle, fors de deux soldats qui au jeu se castillerent, dont l'un tua l'autre en plaine rue; mais tous deux, tant le mort que le vif, furent decapitez pour servir d'exemple : et poursuivit M. de Vieilleville si vivement ceste execution, qu'il contraignit le capitainne Pierre Lanque de representer à justice le soldat vivant, qui estoit de sa compaignie et retiré chez luy, sur terribles peines; qui n'y faillit pas, encores qu'il fust des plus capricieux de toute la garnison, et l'amena luy-mesme au prevost avant l'heure expirée, après ce rigoureux commandement ; lequel soldat veit trancher la teste à celluy qu'il avoit tué, et passa de mesme incontinant après. Ce brave traict de justice humilia merveilleusement les soldats, et le fist beaucoup redoubter.

CHAPITRE III.

Sa sévérité à faire punir les coupables.

Il fut adverty que quelques soldats, sous ombre d'aller tirer par les champs au gibier, se jectoient sur les marchands qui apportoient vivres en la ville, et les desvalisoient de l'argent de leurs marchandises. Il en fist attrapper trois sur la mynuict en leurs logis; et tout à l'instant, sans bruict, furent presentez à la question, qu'on leur donna si roidde, qu'ils accuserent sept de leurs complices, lesquels furent pris chaudement (car en leurs licts), estant luy-mesme en personne en toutes ces captures, avec sa garde, et quelque nombre de harquebusiers; car il ne s'en vouloit remettre au prevost ny au sergent-major, se deffiant de leur prudhomie, bien qu'ils fussent presents, ayant oppinion qu'ils les eussent plustost faict évader que arrester, selon leur coustume, et pour de l'argent.

Ces voleurs, au nombre de dix, furent amenez secrettement et à la mesme heure en son logis, trouvez saezis d'escharpes rouges, criants à la rencontre des marchands, par leur propre confession, *Bourgoigne! Bourgoigne!* quatre marchands qui leur furent representez, et recognus; leur procès faict et parfaict; trois d'iceux condamnez à estre rompus sur la roue, et le reste pendus et estranglez. Et affin de n'estre poinct importuné par leurs capitainnes qui les eussent peu requester, car c'estoient soldats de valeur, l'exécution en fust faicte à huict heures du matin du jour ensuyvant. De quoy tout le monde fust grandement estonné (car l'ordinaire des executions de justice est après midy), et principalement leurs capitainnes, qui en sceurent plustost la mort que l'emprisonnement, qui estoient La Molle et Bonnavin.

De cela s'ensuivit une ordonnance qui fust publiée à son de tambour et cry public, que tous soldats n'eussent à sortir de la ville, pour quelque occasion que ce fust, sans son congé et passeport, sur peine de la vie; et deffence aux gardes des portes de les laisser passer, sur mesme peine, de quoy les caporaux seroient responsables : ce qui fut fort soigneusement observé; dont advint ung fort grand repos et utilité à la ville; car les marchands voyants la seurté y estre telle, y amenoient des vivres de toutes parts en grande abondance, et de toutes sortes.

Ceste grande justice donna une tremeur merveilleuse à toute la garnison; et ce qui le rendoit plus redoutable et mieux obey, provenoit de ce que, à ses mesmes domestiques, il estoit plus rigoureux qu'aux aultres; car l'un de ses lacquais, qui l'avoit servy sept ans, pour avoir seulement donné l'alarme à toute la ville environ minuict, voulant forcer le logis d'une paillarde, fust pendu et estranglé le lendemain matin sans misericorde, devant la maison où il avoit commis l'insolence; et l'un de ses cuisiniers ou pasticiers, qui s'estoit marié à Metz, tenant cabaret, pour avoir enfrainct une aultre ordonnance de n'aller audevant des paysants apportants leurs denrées en la ville, mais les laisser venir en la place du Champ-Passaige pour les debiter et vendre, eust l'estrapade, c'est-à-dire trois traicts de corde bien roiddes; et estoit si haulte qu'il en cuyda mourir; pour le moins, ses membres luy furent toute sa vie inutiles.

CHAPITRE IV.

M. de Vieilleville reçoit les plaintes des habitans contre la garnison.

Il n'y a qui ne saiche qu'en une ville assiegée les capitainnes ausquels le lieutenant de roy donne des cantons ou quartiers en garde avec leurs compaignies, n'en soient exactement soigneux, affin d'avoir cest honneur de luy venir rapporter soir et matin, et à toutes heures, ce que l'ennemy a entrepris sur les fossez ou murailles qui leur sont commises, et la prompte et vive resistance qu'ils y ont faicte, sur esperance de quelque remuneration, ou pour le moins d'une louange; mais il ne fault poinct aussi doubter des forces et violences qu'ils exercent parmy ceste charge; car ils contraignent leurs hostes, quelquefois avecques le baston, de venir aux remparts charger ou porter la hotte jour et nuict; mais Dieu sceyt quel mesnage ils font cependant en leurs maisons avec leurs femmes et filles, et n'y va rien moins que de leur vye si elles en font plainte: pour lesquelles s'approprier, il se trouve souvent des peres et maris tuez, que l'on faict acroire estre advenu par le canon.

Par ceste impieté, qui n'est que toute gaillardisè entre les gens de guerre, il se trouva environ six-vingts, que femmes que filles, dérobbées durant le siege, que les capitainnes et soldats tenoient cachées, comme prisonnieres, en chambre, qui respondoient avec menaces à leurs peres, maris et freres, qu'elles estoient mortes; et quelque plainte qu'ils en fissent à M. de Gonnor, ils n'en sceurent jamais avoir la raison, pour n'avoir eu peult-estre la hardiesse de commander ouverture estre faicte des logis, craignant quelque sedition qu'il n'eust peu appaiser, ou bien qu'il participoit au butin; car il en estoit de grand vie (1), encores qu'il en eust une qu'il permettoit impudamment estre appellée madame de Gonnor; ou que, voulant forcer les capitainnes à ceste raison, ils luy eussent pu dire qu'il leur en monstroit l'exemple, et qu'il falloit que la justice commenceast par soy-mesme : car il la tenoit contre le gré de sa mere, et en estoit le pere mort de desplaisir, la luy ayant ravie ung mois ou deux après qu'il fust instalé au gouvernement.

Ceux-cy, voyants la magnanimité et grandeur de couraige de M. de Vieilleville, accompaignée d'une certaine et comme divine rondeur de conscience qui n'espargnoit jeunes ny vieux, domestiques ny estrangiers, nobles ny aultres, par une admirable et incorruptible integrité de justice, consulterent par ensemble de luy presenter une requeste, aux fins de recouvrer ce qu'ils avoient de plus cher. Et se trouverent, suyvant ceste resolution, ung matin, leur remonstrance en main, si à propos, qu'il n'estoit venu

(1) *De grand vie*: affamé.

encores ung seul capitainne à son lever. Laquelle ayant leue, « Comment, dist-il, voicy desja la demie-année quasi expirée que je suis en ceste ville, avez-vous tant attendu à poursuivre la reparation de ce tort qui est des plus grands que l'homme sçauroit recevoir? »

A quoy ils respondirent qu'ils n'avoient osé plus-tost, craignants d'estre repoussez en leur plainte, ainsi qu'il leur estoit advenu souvent du temps de M. de Gonnor. « Vrayment, dist-il, j'ay peu d'occasion de me louer de vous, d'avoir balancé ma conscience avec celle de mon predecesseur. Toutesfois contentez-vous que, premier que je dorme, je vous feray faire raison de vos honneurs que l'on vous détient ainsi miserablement, pourveu que vous sachiez les lieux où elles sont. » A quoy respondit l'un d'entre eux nommé Bastoigne, qui y avoit sa femme et sa sœur, et celle de sa femme, trois fort belles personnes, et de vingt-cinq ans seulement la plus aagée, qu'ils le sçavoient maison pour maison. — Retirez-vous donc aux vostres, et vous trouvez sur les neuf heures du soir ceans, et je les vous remettray toutes entre mains, ayant choisi une telle heure affin que les tenebres (car c'estoit en octobre) couvrent la honte de vos parentes et la vostre; car si elles sortoient le jour à la veue d'un chacun, elles en seroient à jamais remarquées; et tenez la chose secrette jusques à l'heure dicte, de peur qu'on ne les escarte. » Ainsi s'en vont ces pauvres habitants, louants Dieu de toute affection de leur avoir donné ung tel et si debonnaire gouverneur.

M. de Vieilleville, pour executer une si saincte et louable entreprise, commanda aux capitainnes Gourdan, Sainte-Colombe, Salcede, Sainte-Marie, Ambres, Vicques et Ambures, qui luy estoient vouez à la mort et à la vie, de luy fournir entre huict et neuf heures du soir cent harquebuziers chacun, oultre les gardes ordinaires, et les mener en personne en sept les plus grandes rues de la ville, qu'il leur nomma, et y poser des corps de garde le long d'icelles, de quatre cents pas de distance entre chacun; plus au sieur de Guron, enseigne de la compaignie de M. le prince de La Roche-sur-Yon (car M. de Biron s'en estoit allé à la Cour) de mener sa compaignie en la place du Champ-Passaige, montée et armée, et s'y tenir en bataille jusques à son premier mandement; au sieur de Mesvretin, la sienne, en la place devant la grande eglise; et au sieur de Lancque, aussi ses cent harquebuziers en la petite place : qui furent tous prests à l'heure dicte.

CHAPITRE V.

Exemple de sévérité et de justice.

Les postulants ne faillirent de s'y trouver pour le conduire aux maisons où estoient celles qu'ils cherchoient. Et voyant toutes choses preparées et les advenues si bien bouchées que personne ne pouvoit eschapper, il attacque, de premiere abordade, le logis du capitainne Roïddes, avec ses gardes et aultre suicte de nombre de gentilshommes, qui tenoit la femme d'un notaire nommé Le Coq et fort belle, brise et met la porte dedans, ayant, auparavant donner l'alarme, faict entourer toute la maison. Le capitainne, qui desja se couchoit avecques ses délices, se voulut mettre en deffence à ce bruit, mais il fut adverty que M. le gouverneur y estoit en personne ; qui l'estonna, et s'en vint jecter à ses pieds, luy demandant ce qu'il luy plaisoit, et en quoy il avoit forfaict : qui luy respondit qu'il vouloit avoir une poulle qu'il tenoit en mue il y avoit plus de huict mois. Le capitainne, qui sçavoit mieux faire que parler (car il estoit vaillant homme), ne comprenant pas ceste parolle, jure et regnie Dieu qu'il n'avoit poulle, coq, chappon, ny poulets en sa maison, et qu'il n'en nourrissoit poinct. Toute l'assistance se print à rire de ceste sotte responce ; mesme M. de Vieilleville en modera sa colere, luy disant : « Malhabile homme que vous estes, n'avez-vous pas la femme de Me Pierre Le Coq ? Est-ce aultre chose qu'une poulle ? Rendez-la-moy tout à ceste heure, ou je vous feray demain matin trancher la teste ; et le jure et proteste sur mon honneur et sur ma vie. »

Un soldat, favori des siens, nommé Caussains, oyant ceste demande, sort promptement pour destourner la beste à vingt ongles, la faisant sortir par une petite porte qui respondoit en une ruelle fort estroite ; mais un lansquenet de sa garde, exprès posé là, les arresta tous deux : Caussains met la main à l'espée ; le lansquenet, qui s'aidoit dextrement bien de la halebarde, luy faict voler l'espée et la dague des poings, et oultre ce, redoublant le coup, le porte par terre, luy oste ses armes, et le battit bien ; dequoy on fut fort esbahy, car il estoit brave et furieux soldat qui avoit combattu deux fois en duel, tousjours vainqueur et sans blessure, fort dispos de sa personne, bondissant comme un chevreuil, et très-adroict aux armes, qui se faisoit au demeurant redoubter en toute la garnison par sa valeur; mais pour ceste fois il practiqua le très-ancien departement des plus nobles armes que l'on donnoit jadis aux nations principales de la chrestienté, qui estoit, aux Français la lance, aux Suysses la picque, aux Poullonnais l'espée à deux mains, archiers d'Angleterre, pistolliers de Danemarch, aux Italiens l'espée et le poignard, aux Hespaignols l'arquebuze, et aux Allemands ou lansquenets la halebarde; car, en moins de quatre desmarches, il luy fist perdre toutes ses escrimes; et s'il ne l'eust requis de la vie il l'eust assommé de l'ast (1), mais il n'en endossa seulement que trois ou quatre coups, le laissant en un très-piteux estat; car, d'entrée de combat, il l'avoit blessé en la teste, sur l'espaule et en une main, de la dague et de la garde de sa halebarde.

Durant ce combat, la femme se sauve de vîtesse chez son mary, tesmoignant par ceste fuitte son innocence et la force faicte à son honneur. Ce que rapporté à M. de Vieilleville, il fist lascher le capitainne Roiddes, que l'on menoit desja prisonnier pour estre decapité au poinct du jour.

Le reste des capitainnes, advertis de tant de corps-de-gardes et de ce collere, demeurerent tous entredicts, ne pouvant imaginer l'occasion qui l'avoit enflammé; mais on leur rapporte que c'estoit à cause des femmes que l'on detenoit concubinairement par force. Les coupables, effrayez de ce rapport, et qu'on leur

(1) *De l'ast*: du bois de la hallebarde.

avoit dict que le capitainne Roiddes avoit esté tué à cause de la sienne, pour ne tomber en tel inconvenient, ouvrent les portes aux leurs, et les font sortir en diligence de leurs maisons : si bien que l'on ne voyoit que femmes et filles par les rües, qui se retiroient à course chez leurs peres et maris. Ce nonobstant, M. de Vieilleville voulut estre conduit par toutes les maisons et les visiter, pour contenter les habitants; qu'ils trouverent ouvertes et vuides de toutes gens. En quoy il passa six bonnes heures : et après avoir licentié toute la cavallerie, et faict rompre les corps-de-gardes extraordinaires, il se retira, entre trois et quatre après minuict, en son logis pour se reposer; aussi que de toutes parts vindrent advertissements ausdicts habitants, en sa presence, que ce qu'ils cherchoient s'estoit rendu en leurs maisons.

De ce bien il en nasquist un aultre, que vingt et deux religieuses de bonne part et d'ancienne noblesse du pays de Lorraine et d'ailleurs, que les grands de l'armée avoient enlevées, durant le siege, des abbayes de Sainct-Pierre, Saincte Glossine, des Pucelles, Sœurs Collettes et de Saincte-Claire, et puis données, se retirants en France, à leurs favoris, se sauverent quant et quant par ceste esmeute, et se vindrent rendre, contre toute esperance, en leurs monasteres et couvents. Dequoy il receut infinis remerciements de plusieurs gentilshommes lorrains ausquels elles appartenoient, avec offre de leur vie quand ils en sceurent la nouvelle; car on n'avoit jamais sceu descouvrir le lieu où elles estoient prisonnieres, et les tenoit-on mortes ou menées en France; car elles estoient fort belles.

CHAPITRE VI.

M. de Vieilleville nomme un maître échevin de Metz.

Il y avoit sept races de gentilshommes en la ville de Metz, qui de toute ancienneté, et par octroy et privilege special de l'Empire, avoient usurpé l'estat de maistre-eschevin sur tout le reste des habitants, qui est le supresme de la ville, et jugeoient en dernier ressort : que si quelqu'un des habitants en vouloit apeller en la chambre imperiale de Spire, les aultres six poursuivoient cest appel à vive force, et se bandoient contre l'appellant jusques à le ruiner, car ils estoient riches et de grand moyen ; de sorte que cela revenoit à une espece de tyrannie, d'aultant que personne ne leur osoit contredire ; et duroit l'exercice de cet estat seulement un an, auquel nul autre ne pouvoit aspirer ny parvenir s'il n'estoit des susdictes sept races ; et les appelloit-on les sept Parraiges, mesme leur secretaire s'appelloit le secretaire des sept. Mais bien plus, ils estoient si enflez de la gloire de ceste préeminence, que, quand on baptisoit leurs enfants, le baptesme finy, les parrains, par grande sottise, luy souhaittoient d'estre une fois en sa vie maistre-eschevin de Metz, où pour le moins roy de France ; et avoient pour assistance treize conseillers qu'ils choisissoient à leur poste, et par faveur les faisoient continuer tant qu'il leur plaisoit, excluants un grand nombre d'honnestes citoyens de tels grades et honneurs, et le plus souvent les vendoient.

Mais M. de Vieilleville, voulant abolir ceste espece de tyrannie et leur faire perdre la douce memoire de leur ancienne liberté, qui les pouvoit tousjours nourrir en quelque esperance du recouvrement d'icelle, et avoir perpetuellement la grandeur et support de l'Empire en la fantaisie, attendit le temps de la création du maistre-eschevin pour leur en faire entendre son advis. A laquelle création il y avoit bien des fanfares et plusieurs grandes ceremonies; car tous les habitants, nobles et aultres, ce jour-là estoient en allaigresse et yvrognerie, à la mode du pays, feux de joye par toutes les rües, trompettes et haultbois. Et le maistre-eschevin, se retirant du palais en son logis le jour de sa création, jectoit à poignées de l'argent par les rües et dedans les boutiques, le peuple criant : Vive monsieur le maistre-eschevin! La cloche qui s'appelle la Muette sonnoit à grand branle quasi tout ce jour-là, qui est si grosse qu'elle estourdit la ville; car elle et le grand clocher qui la loge appartiennent à la ville, et non aux chanoines, encores qu'il tienne à la grande eglise, estant celuy où sont leurs cloches pour le service divin de l'aultre costé.

Un mercredy après disner, dont le lendemain se devoit créer le maistre-eschevin, tous les gentilshommes des sept Parraiges se vindrent presenter devant M. de Vieilleville, qui pouvoit faire nombre de soixante, en assez brave équippage, mais approchant plus de la grossiere mode de la Germanie, que du garbe (1) françaís,

(1) *Garbe* : mot italien qui veut dire bon ton, bonne grâce.

auquel le maistre-eschevin qui sortoit d'année, parla de ceste façon :

« Monseigneur, nous sommes venus vous supplier très-humblement de nous tant honorer que de vous trouver demain au palais à l'election que nous avons deliberé faire d'un maistre-eschevin de Metz, suivant nostre coustume et les anciens statuts à nous octroyez il y a plus de sept cents ans, par special privilege du Sainct-Empire, et confirmez par les très-sacrez empereurs qui ont regné depuis ce temps-là, n'ayants voulu entrer en ceste création sans estre favorisez de vostre assistance, de laquelle le maistre-eschevin qui doit estre esleu s'en trouvera plus honoré, et en conduira plus heureusement sa charge. » A quoy M. de Vieilleville respondit ainsy : « Il me semble, mes amis, que vous devez plustost me demander si j'ay agréable ceste création, et si elle prejudicie en rien à la grandeur du Roy et à son service, que de me prier d'y assister ; car Sa Majesté ne trouve nullement bon qu'il se fasse aucune chose en ceste ville qui contrevienne ou qui rabbaisse son authorité ; ce que faict directement ceste vostre entreprise, puisque vous la voulez tenir des empereurs, avec lesquels il n'a rien de commun, principalement avec Charles d'Austriche qui luy est mortel et capital ennemy, ayant tasché, par tous moyens qui ne vous sont incognus, de rendre la protection qu'il avoit embrassée de l'Empire, odieuse à toute la chrestienté, et faict, oultre ce, tous ses efforts de luy ravir ceste ville, de laquelle les princes electeurs et tous les Estats de la Germanie luy avoient faict present, pour le remunerer en partie de la liberté qu'il leur avoit acquise par la force de ses armes, les mettant hors de la servitude en laquelle ils estoient reduicts par la tyrannie de celuy que je viens de nommer. Doncques ne trouvez estrange si je casse et annulle tout ce qui se faict de par luy et en son nom. Et vous deffends, sur la vie, de passer plus oultre en ceste vostre eslection; car tout presentement j'en veux eslire et nommer un qui tiendra son estat de l'authorité du Roy, et luy feray prester, en vos presences, le serment de fidelité à la couronne de France. D'aultre part, vous alleguez qu'il y a sept cents ans que ce privilege vous est confirmé par les empereurs. Quelle apparence y a-t-il que sept lignées jouyssent perpetuellement de cest estat, et que cent ou six-vingts honnestes familles, qui sont de toute ancienneté en ceste ville, en soient, par vostre tyrannique usurpation, excluses et privées?

» A ceste cause, j'ordonne que Michel Praillon, qui est un fort honneste bourgeois, et très-affectionné au service du Roy, soit maistre-eschevin de Metz pour ceste année, et dès à present je le nomme et establis pour tel. Que si demain vous venez au palais pour veoir proceder plus amplement à sa création, vous y serez receus comme nobles citoyens de la ville, simplement et sans aultres presidents de qualité, et m'y trouveray pour cest effect: aussi que je veux desormais vous faire perdre à tous le goust et l'appetit de ces mots de *très-sacré Empereur, très-sainct Empire et Chambre imperiale de Spire*, que vous avez si souvent en la bouche, et y mettre en leur place ces braves noms de *Roy très-chrétien, très-redoutable Majesté Royale, l'invincible Couronne de France, et la Cour souveraine du parlement de Paris*; et sur ceste conclusion, qui est irretractable, et qui ne se peut forcer, retirez-vous en vos maisons jusques à demain que vous orrez sonner la Muette. »

Il est impossible d'exprimer de quelle angoisse cest arrest transpercea le cœur de toute ceste trouppe, mais de telle force et violence, qu'ils devindrent comme muets ; car un seul d'eux ne sceust advancer une seule parolle pour servir de replique : ce qu'il ne falloit trouver estrange, veu le grandissime subject qu'ils avoient d'en tomber malades jusques à la mort, se voyant ainsy perdre, en moins d'un sixte d'heure (1), la possession si authentique d'un tel privilege, duquel ils avoient jouy l'espace de plus de sept cents ans sans aulcun contredict, et se retirerent avec un merveilleux silence, sans faire bruict, fors que des pieds, en prenant congé. Alors je dis au maistre-eschevin, nommé Androuyn, desja fort ancien, qui avoit esté nourry assez long-temps en la cour de l'Empereur, qu'il devoit bien amener avec luy le grand doyen de l'église de Metz, Brimeval, qui est imperial pour la vie, pour plaider sa cause ; mais il me respondit que le chancellier de l'Empereur, Granvelle, n'y eust de rien servy, et qu'il cognoissoit M. de Vieilleville et ses resolutions ; aussi qu'il ne pensoit pas qu'il cassast ces vieux statuts de luy-même, mais qu'il en avoit commandement exprès du Roy. Et sur l'asseurance que je luy donnai du contraire, et que, de soy-mesme et de sa seule authorité, il faisoit ceste translation de l'eschevinaige sans en avoir aucun commandement, il broncha ; et sans ceux qui le cotoyoient, il fust tombé par terre ; si bien qu'il le fallust porter en son logis et

(1) *D'un sixte d'heure :* de la sixième partie d'une heure.

mettre au lict, où au bout de deux jours il mourut en bon et vray patriote, zelateur de la manutention des statuts de sa cité. Mais à muance de seigneurs, changement de loix, principalement quand cela advient par la force et par les armes, qui extirpent du tout en tout la memoire des predecesseurs, pour y enraciner celle de leur nom.

CHAPITRE VII.

Fêtes données aux principaux habitans de Metz par M. de Vieilleville.

Le lendemain, M. de Vieilleville se trouva au palais pour la création du maistre-eschevin, où pas ung des sept parraiges n'assista, légitimement excusez par l'extrême maladie du sieur Androuin, dernier possesseur de l'estat. Et en ceste assemblée Michel Praillon fust proclamé maistre-eschevin avec toutes les cérémonies accoustumées, sous l'authorité du Roy, prestant le serment de fidelité à Sa Majesté et à la couronne de France; la resjouissance encore plus grande par les habitans, de veoir cet estat reduict à la bourgeoisie, avec esperance d'en pouvoir estre honorez quelquefois en leur vie. Et ne fault demander si la Muette eust bien des affaires.

Et parce que Michel Praillon fut surpris, car plustost eslu qu'adverty, et qu'il ne peut donner l'ordre au festin accoustumé en telle création, M. de Vieilleville festoia la compaignie qui de toute anciennetté y devoit estre appellée : qui sont, l'evesque quand il se trouve en la ville, les princier, grand doyen, chancelier, archidiacre, et aultres dignitez avec tous les chanoines de la grande église ; les traeze, les sept parraiges, et les plus notables bourgeois, ausquels il adjousta une vingtaine de ses plus favoris capitainnes. M. le cardinal de Lenoncourt, evesque de Metz, s'en excusa, parce que son nepveu, le sieur de Maleroy, devoist estre créé maistre-eschevin, suivant les anciens statuts, faché extrêmement de les veoir abolis, disant qu'on les avoit ostez de la noblesse pour y surroger les vilains : et s'en alla le mesme jour, de raige et de despit, en une maison épiscopale nommée Vich, distante de Metz de huict lieues. Mais on ne laissa pas de faire très-bonne chere, et de boire à la bonne santé du Roy. Le festin fut très-somptueux, et selon sa mode accoustumée de traicter. Il estoit de douze plats garnis, et à chasque service, au lieu de violons et de haultbois, l'on oyoit une scopeterie de deux cents harquebuziers par dehors, en la cour du logis, qui faisoient filer leurs harquebuzades jusques à ce que le service fust assis ; ung maistre d'hostel pour chaque plat, pour éviter la longueur. Eh quoy toutes choses furent si bien conduites par la providence du sieur de la Besnerie, premier maistre d'hostel, que la compaignie en eust ung merveilleux contentement, pour n'avoir jamais veu une telle magnificence.

Et pour rendre ce festaige agréable à tous, et qu'il en fust memoire, il exempta, incontinant après disner, tous les chanoines de Metz en général, dont il y a trois colleges, les traeze, et plus de soixante maisons bourgeoises, et toutes les veuves, de plus loger gens de guerre, de quelque qualité qu'ils fussent, tresoriers, commissaires et contrôlleurs des guerres, d'artillerie, des reparations ny aultres, commandant au grand mareschal des logis de la ville et fourriers de toutes compaignies, tant de cheval que de pied, de faire resserrer leurs soldats et changer de quartiers, affin d'entretenir son ordonnance. La pluspart de l'assistance se mist à genoulx pour le remercier d'une si grande courtoisie et gratuite; car ils estoient merveilleusement fatigués de leurs hostes, benissants à haulte voix, et louants de ceste heureuse journée, et de la création du nouveau maistre-eschevin, qui leur avoit apporté ceste inesperée beatitude et felicité.

Ceste volontaire exemption de logis; l'industrieuse recousse des femmes et filles; la remise de l'eschevinaige en la bourgeoisie, avec l'administration d'une tant équitable justice, par laquelle le moindre de la ville trouvoit promptement sa raison contre le plus grand, rejectant toute acception de personne, gaignerent de telle façon les cœurs des habitans, qu'ils oublierent les regrets de leur liberté, et ne pensoient plus que à devenir bons Français. Et pour se faire congnoistre tels, ils accuserent à M. de Vieilleville quelques-uns des leurs, qui dressoient des memoires pour envoyer à la Chambre imperiale de Spire, et aux Estats de l'Empire, se plaignants des torts que leur faisoit le gouverneur de Metz; et qu'il avoit supprimé et aboli l'estat de maistre eschevin; lesquels furent surpris de nuict en ung logis, transcrivant encores leurs mynutes, et constituez prisonniers au nombre de six. L'autheur de ceste despesche, et celluy qui portoit la charge de faire le voyaige, portant beaucoup d'aultres instructions, faulces toutesfois, furent menez la nuict en tel lieu que l'on n'en entendist oncques plus parler, car ils furent noyez. Aux aultres quatre, qui estoient gentilshommes, on fist une fort rigoureuse reprimande, et que s'ils retomboient de leur vye en pareille faulte, on les jecteroit en la riviere, avec confiscation de leurs biens, et bannissement perpetuel de toutes leurs familles et races hors de la ville et pays messin ; et que quand le gouverneur les foullera en quelque chose, c'est au Roy qu'il se fault aller plaindre et non ailleurs : aussi qu'ils avoient fort mal entendu le traict de l'eschevinaige ; car ce n'est pas l'abolir ny le supprimer que de le transferer en aultre main. Et pource que leurs memoires et instructions, qui furent tout en l'instant bruslez en leur presence, estoient faulces, et qu'ils attaquoient l'honneur de M. le gouverneur, ils en furent quictes pour une recognoissance et confession qu'ils firent de leur faulte, et à genoux, sans rien escrire toutesfois ny enregistrer, puis renvoyez avec serment d'estre pour l'advenir meilleurs Français, ce qu'ils promirent; se submettants à toute rigueur de justice si jamais plus ils tomboient en ceste oubliance.

CHAPITRE VIII.

Exploits de la garnison de Metz.

Si M. de Vieilleville polissoit bien le dedans de la ville, il purgeoit de mesme la campaigne de tous coureurs, voleurs et picoureurs; car il avoit dressé ung estat par lequel il faisoit sortir à tour de roolle, par sepmaine, soixante salades et deux cents harquebuziers, pour aller à la guerre, aux lieux où il les faisoit conduire par experimantez capitainnes, guydez par surs et capables guydes; et estoit si fidellement servy en ses advertissemens, qu'ils s'en revenoient tousjours avecques la victoire, nombre de prisonniers et riches butins. Travaillant de telle sorte les garnisons de Théonville, Luxembourg, Arlon, la maulvaise Aisse, le mont Saint-Jehan, et jusques à La Marche-en-Famine, que depuis le mois de may 1552, qu'il entra en son gouvernement, jusques en febvrier ensuivant, il se trouva plus de douze cents ennemis morts, et n'en perdismes jamais que six-vingts-dix. Aussi n'y envoyoit-il pas des bisoignes et fiolants; mais luy-mesme prenoit la peine de les choisir à la myne et à la reputation, dès le soir, pour les faire partir à la poincte du jour. Ce qui leur haulsoit le couraige et animoit à la vertu encores plus, de ce qu'il les nommoit tous par leur nom; et estoit ordinairement present au sortir de la porte, les recommandant aux capitainnes qui en avoient la charge.

Quant aux prisonniers, il estoit dict par la capitulation d'entre luy et le comte de Mansfelt, qu'ils ne seroient gardez plus de trois jours, et seroient quictes de leur ranson en payant leur solde d'un moys, de laquelle les deux gouverneurs certiffieroient, sous leur seing, la valeur et sans fraude, par le tambour ou trompette qui les viendroit requester, et douze sols par jour pour toute despence : de façon que la guerre ne fust jamais si bien demenée aux forts de Bouloigne, ny en Piedmont, qu'elle estoit en ces Marches-là : de-quoy nos soldats recevoient un grandissime plaisir et prouffit; car le comte de Mansfelt, voyant une si grande force conduicte par si aguerris capitainnes que les nostres, avec l'instruction d'un chef si determiné, fust contrainct d'envoyer devers la royne de Hongrie, regente des Pays-Bas, pour avoir du secours: qui luy envoya le plus beau et le meilleur de tout ce qu'elle avoit en son gouvernement, sous la conduicte du comte de Maisgue. Et ce renfort arrivé, qui estoit de huict cents hommes d'armes des ordonnances de Bourgoigne, et de sept ou huict enseignes de Wallons, la guerre s'eschauffa furieusement. Mais nous avions tousjours du meilleur; car M. de Vieilleville despendoit si prodigalement en espions, que les Bourgoignous, Wallons mesmes, principalement d'un villaige nommé Maranges (¹), luy donnoient des advis, et si certains, que bien souvent il envoyoit prandre les ennemys dedans leurs ambuscades.

Et n'y avoit foire, marché, assemblée, non pas des nopces, qui se faisoient à quinze et vingt lieues dedans le pays de l'ennemy, tirant en Flandres, que M. de Vieilleville n'y envoyast deux ou trois cents chevaux, avec aultant de braves harquebuziers, pour leur servir de hault-boys, et les resveiller. Et quand le comte de Mansfelt envoyoit après pour leur coupper chemin, il n'avoit pas si-tost faict ce project que son voisin n'en fust adverty; qui despeschoit incontinant nouvelles forces pour les soustenir et desgaiger; et c'estoit à telles rencontres qu'il se faisoit de belles

---

(¹) *Maranges.* Souvent, comme on l'a vu plus haut, on donnoit aux Flamands le nom de ce village.

armes, mais tousjours la victoire de nostre costé, tant nous estoit favorable la bonne fortune de M. de Vieilleville. Et avons veu, pour ceste fois, amener à Metz trente charriots chargez de toille de Hollande, de vins, de draps de laine et de soye, avec quarante ou cinquante marchands prisonniers, et aultant de gens de guerre, que de cheval, que de pied, et à peu de perte. Dequoy il ne se fault esbahir; car le capitainne Groze, sergent-major general des bandes françaises de deçà les Monts, qui menoit mieux les gens de pied que tout autre qui jamais de son temps s'en mesla, estoit ordonné chef par M. de Vieilleville en toutes ces factions et entreprises; et commandement à tous de luy obéyr, quels qu'ils fussent, et de ne rien entreprendre qu'avec son conseil et meilleur advis.

Le comte de Mansfelt voyant la fortune luy rire si mal, et qu'il ne faisoit entreprise qui peust réuscir selon son intention, et que, au contraire, la garnison de Metz endommageoit infiniment les pays et subjects de l'Empereur son maistre, sans y pouvoir donner ordre, avec perte ordinaire de beaucoup d'hommes, se desmist fort volontairement de sa charge soubs l'honneste couverture de maladie, et laissa son gouvernement entre les mains du comte de Maisgue, qui l'accepta à toutes joyes. Mais il n'y acquit pas plus d'honneur que son predecesseur, comme nous dirons en son lieu.

CHAPITRE IX.

L'évêque de Metz est privé du droit de faire battre monnoie.

Le princier et le chancellier de la grande eglise de Metz donnerent advis à M. de Vieilleville, se ressentants de la gratuite exemption de leurs logis, que le cardinal de Lenoncourt faisoit informer secretement sur ses actions, et comme il avoit renversé beaucoup de choses en son gouvernement qui desrogeoient à la protection que le Roy avoit prise des villes imperialles de deçà le Rhin, dont celle de Metz estoit la principale, et beaucoup d'aultres déportements qui leur estoient incognus; mais qu'ils l'en avoient bien voulu advertir pour l'obligation qu'ils ont à son service, encores que l'aultre soit leur evesque, affin qu'il y prenne garde et qu'il donne ordre à ses affaires. Dequoy il les remercya, ne doubtant poinct de leur bonne volonté, et qu'il le cognoissoit il y a long-temps pour un grand remueur, comme ayant esté nourry quasi toute sa vie en cour de Rome; mais il leur demanda à qui se devoit presenter ceste information, ou au Roy ou à l'Empire.

Dequoy ils ne le purent resouldre, fors qu'ils pensoient que c'estoit au privé conseil du Roy. « Or, à qui que ce soit, dist-il, je luy veux donner encores plus de subject qu'il ne pense, pour ampliffier sa plainte et ses memoires. » Et tout à l'instant il envoya querir les maistres des monnoyes, tant de l'evesque que du maistre-eschevin, qui avoient privilege, de toute ancienneté, de battre et de forger de la monnoye au coing de leurs armes, avec divises faictes à plaisir, pour perpetuer, quant au maistre-eschevin, sa memoire, et quant à l'evesque, pour illustrer sa maison.

Eux arrivez, il leur remonstre qu'il a infinies plaintes des grandes malversations qu'ils exercent en leurs charges, dont luy-mesme s'est bien apperçu, car quelque payement que l'on fasse de l'argent de France, soit aux monstres des gens de pied, aux reparations, ou à la fonte de l'artillerie, et aultres despences pour le service du Roy, qui sont faictes en beaux escus, testons, demy-testons, sols, demy-sols, carolus et autres especes françaises, devant la huictaine expirée l'on n'en sçauroit trouver une seule : « Si bien qu'il est croyable, voire tout évident, que vous ne faictes que commuer, alterer et billonner tout l'argent qui vient de France; et ne void-on en leur place que jocondales, dalars, florins de Rhin, gros de Metz à la marque de l'evesque, bacses et aultres menues monnoyes de Lorrainne et Metz, mesme de Bourgoigne, sur lesquelles vous faictes un infini prouffict, au grand detriment, voire pernicieuse ruyne de toute ceste garnison, et mespris du service du Roy; qui est cause que je vous deffends, sur peine d'estre pendus et estranglez, de ne plus fabriquer, forger ny battre aulcune monnoye, de quelque coing que ce soit. » Et envoya sur l'heure le prevost rompre et abbattre leurs fourneaux, allambis, chappelles, creusets, poisles, chaudierres, presses, coings, et tous aultres instruments servants à ce mestier, en presence de ces deux chanoines qui veirent le devoir du prevost susdict; et après son rapport il leur dist que s'ils escrivoient à leur evesque, qu'il pouvoit bien encores adjouster à ses memoires et informations ceste suppression de grandeur, et qu'il n'estoit pas raisonnable de souffrir ny donner un compaignon au Roy ; aussi qu'ils commettoient beaucoup de pernicieux abus en leur estat ; car il avoit descouvert qu'ils faisoient fort privement d'un carolus de Lorrainne à l'espée, une demye-reale d'Hespaigne de deux sols et six, avec un seul coup de marteau ; et sinon qu'ils estoient tous deux bourgeois de Metz ayants femmes et enfants, il les eust faict pendre sur le champ. Mais il leur remit et pardonna leurs fautes, et se retirerent bien estonnés : comme aussi firent les chanoines, qui ne pouvoient imaginer de quel goust le cardinal pourra bien avaller ce très-angoisseux morceau d'une si fascheuse suppression, qui estoit toute sa grandeur, et qui le rendoit comparable aux archevesques-electeurs du Sainct-Empire, et qu'il affermoit dix mille florins de Rhin par an la rente de ceste monnoye, qui pouvoit bien faire croire à un chacun qu'ils ne l'eussent jamais mise à ce tault, sans l'esperance d'y commettre beaucoup d'abus ; qui fut l'un des plus utiles et necessaires reglements et traicts de police que M. de Vieilleville fist en son gouvernement, et duquel le Roy receust aultant de plaisir et de satisfaction quand il en fust adverty.

Mais le cardinal, quand il en sceust la nouvelle, se cuyda deffaire soy-mesme, car il estoit fort violent en toutes ses actions. Et partit de Vych, en grand trouble d'esprit, pour venir à Nancy faire sa plainte à M. de Vaudemont, gouverneur de Lorrainne pour M. le duc son neveu, estant lors en France. Et commencerent à mynuter beaucoup de memoires pour faire remettre sus, ou par le Roy, ou par aultre voye, ceste suppression ; alleguants qu'elle estoit aultant prejudiciable à l'utilité et grandeur du duc qu'à tout aultre; et esperoit le cardinal, qu'ayant uny et conjoinct M. de Vaudemont à sa cause, ils feroient debouter M. de Vieilleville de son siege, et tomber son gouvernement en tierce main qui seroit plus à leur devotion. Je les laisseray pour un temps en ce poinct, ayant de meilleures choses à deduire, puis je les remettray bientost sur le trotouer ; car ils habillerent bien à rire au Roy et à son conseil, et encores que M. le cardinal de Lorrainne tint leur party, auquel ils s'estoient addressez.

CHAPITRE X.

M. de Vieilleville obtient une compagnie de cinquante hommes d'armes.

[1554] LE secretaire Malestroit despescha ung courrier exprès devers M. de Vieilleville, pour l'advertir de l'extresme maladie de M. de Humieres, gouverneur de monseigneur le Daulphin, et du grand nombre de poursuivants pour sa compagnie de cinquante hommes d'armes ; et encores que le Roy la luy eust vouée, toutefois que M. le connestable estoit venu à la traverse, qui avoit rompu ce cop, alleguant qu'il estoit plus que raisonnable que le fils aisné dudict sieur de Humieres, le sieur de Conté, en fust pourveu et preferé à tout aultre; et que seroit bientost oublier les grands services du pere en telle et si honorable charge, qui est des premieres en France, que de l'en priver; et que M. de Vieilleville se pourroit passer pour ceste fois, attendant mieulx, de la compaignie de chevaux-ligiers du sieur de Gonnor, de laquelle il est desmys, qui est desja à Metz toute portée, sans qu'il luy en couste ung double pour en dresser une nouvelle. De-quoy il l'a bien voulu advertir, d'autant qu'il s'est apperceu que ceste remontrance a aulcunement re-froidy la bonne volonté du Roy : et qu'il donne ordre à ceste affaire en diligence, affin que ceste belle occasion ne luy eschappe; mesme qu'il sceyt bien que le connestable a poussé le couraige de M. le Daulphin, encores enfant, de la demander au Roy son seigneur et pere, pour le fils aisné de son gouverneur, s'il en arrive fortune; et qu'il n'oublie pas de luy dire, ainsy luy a-t-il faict la bouche, qu'il luy plaise ne l'en reffuzer, veu que c'est la premiere requeste qu'il luy a encores jamais faicte : langaige que le Roy a eu fort agréable, et qui a porté un grand cop à son préjudice.

M. de Vieilleville, sur cest advertissement, mé despescha devers le Roy en toute diligence, avec une lettre faicte de grand ruze; car il obligeoit Sa Majesté à tenir sa premiere parolle, et ne se laisser gaigner par qui que ce soit; car il estoit bien informé qu'il la luy avoit donnée; dont la teneur s'ensuit :

« Sire, ayant esté adverty que, sur l'extresme maladie de M. de Humieres, il vous ait pleu me tant honorer que de me pourvoir, s'il en arrivoit inconvenient, de sa compaignie de cinquante hommes d'armes, j'envoye Carloys devers Vostre Majesté pour l'en remercier très-humblement, ne pouvant imaginer par quelle sorte de peine et service je pourray jamais recognoistre ny acquicter la très-heureuse souvenance qu'il vous plaist avoir de vostre très-humble et très-fidel subject et serviteur, auquel vous avez faict paroistre comme l'on se doict asseurer sur la parolle et promesse d'un grand prince ; car, encore que je soye fort éloigné de mon soleil, vostre discretion, toutesfois, a faict rayonner sur moy le bien et advantaige qu'il vous avoit pleu me promettre il y a plus de dix ans ; et ce qui plus me faict desirer de hazarder, voire perdre la vye en quelque bon effect pour vostre service, provient de ce que, de vostre seul et propre mouvement, vous m'avez en cela preferé à tout aultre, au grand regret et crevecœur de ceulx qui sont ennemis jurez de mon advancement. Car il n'y a aulcune apparence de me vouloir reduire à la cavallerie ligiere, après avoir commandé six ou sept ans à cent hommes d'armes soubs un mareschal de France, et plus de quinze ans à cinquante soubs un gouverneur de Bretaigne ; qui seroit d'évesque devenir mulnier ; et plustost renoncerois-je à jamais porter les armes. Ledict Carloys vous fera plus amplement entendre mes justes doléances là-dessus, ensemble quelques autres particularitez que je vous supplieray très-humblement vouloir effectuer : et sur ceste asseurance, je prieray le Créateur, Sire, etc. Votre très-humble et très-obéissant subject et très-fidel serviteur,

VIEILLEVILLE. »

J'arrivai si à propos à Sainct-Germain-en-Laye,

que M. de Humieres n'estoit encore mort. Et ayant en toute diligence presenté mes lettres au Roy, au sortir du jeu de paulme, sans chercher aultre faveur, il les print de ma main, qui n'est l'ordinaire toutesfois des grands princes, et les font tousjours lire par un tiers; car on leur faict acroire que l'on peult empoisonner une lettre par la pouldre que l'on met sur l'escriture, aussi qu'il y a dangier pour un Roy de prendre ainsy de toutes mains. Mais me cognoissant, il n'en fist point de difficulté. Et après les avoir leues, il dist telles parolles : « Il est plus que raisonnable, car il a trop attendu : ses bons services me le commandent ; et la luy donne et asseure, sans jamais la revocquer, si l'aultre meurt, quoyque l'on en puisse grommeler. » Et puis me demanda : « Quelles sont les particularités que vous avez à me dire, que vostre maistre me prie effectuer ? »

A quoy je respondis que c'estoit touchant la compaignie de chevaux ligiers de M. de Gonnor : « Que puisqu'il l'avoit laissée, M. de Vieilleville vous presentoit un aultre capitainne en sa place, qui vous sera, comme il espere, agréable, qui est M. Espinay son gendre, auquel vous avez tant faict d'honneur que de luy avoir donné commandement sur trois ou quatre cents gentilshommes volontaires, au voyaige d'Allemaigne, lesquels il a fort heureusement commandez et conduicts, et à vostre veue, tandis que le voyaige a duré : que s'il plaist à Vostre Majesté la mettre entre ses mains, son beau-pere vous en respondra, qui ne se donne pas grande peine au reste que M. de Gonnor la veuille reprandre ; car sondict fils a cinquante mille livres de rente pour en dresser une toute nouvelle : il se contente seulement qu'il vous plaise luy en commander une commission, affin qu'il employe sa jeunesse à vostre service, pour satisfaire à la grande volonté qu'il a d'y finir sa vie.—Accordé, dist le Roy, de très-bon cœur, et en riant. » Là-dessus, M. de l'Aubespine arrive, qui eust commandement des deux commissions, tant de la compaignie de gensdarmes que de chevaux ligiers, qui furent scellées extraordinairement, car en la chambre de M. le chancelier, n'estant encores M. de Humieres mort; mais il mourut avant que je partisse, car il falloit que j'en veisse la fin.

Ainsi je partis avec toutes mes commissions, et une responce de Sa Majesté fort favorable, qui mettoit M. de Vieilleville en très-grande esperance de mieulx, s'y offrant l'occasion, et m'ordonna cent escus pour mon voyaige; qui me fist bien paroistre qu'il affectionnoit mon maistre, veu qu'il n'estoit nullement question de son service, mais seulement pour les affaires particulieres de celuy qui m'avoit depesché.

CHAPITRE XI.

Arrivée de madame de Vieilleville et de madame d'Espinay sa fille, à Metz.

A mon arrivée à Metz, il eust nouvelle que madame de Vieilleville, qu'il avoit envoyée querir, estoit desja acheminée jusques à Orleans, accompaignée de M. et de madamoyselle d'Espinay, avec une bonne trouppe de gentilshommes d'Anjou et de Bretaigne : de quoy il fust très-aisé, fort contant aussi de ce que j'avois faict depescher la commission des chevaux ligiers en forme de commission nouvelle, sans faire aulcune mention du sieur de Gonnor, et faict coucher sur l'estat du Roy, le tout exprès pour mettre les sieurs de Mesvret et de Florennes, lieutenant et enseigne, hors d'esperance d'estre continuez en leurs places, saichant qu'il en avoit d'aultres affectionnez ; et me commanda de le tenir secret, car il leur vouloit faire croire qu'ils n'estoient pas cassez, et que leur monstre estoit assignée à Chaallons.

Adverty qu'il fust que la susdite trouppe estoit au Bassigny, il commanda prandre cent harquebuziers à Thoul pour aller audevant et servir d'escorte, et envoya au Pont-à-Mousson bon nombre de cavallerie. Or, m'arrester au discours du magnificque racueil dont elle fust receue, il me sembleroit par trop superflu ; car si aux estrangiers il n'y espargnoit chose quelconque, il seroit du tout incroyable qu'il eust peu tenir bride à la bienvenue et reception de tout ce qu'il avoit en ce monde de plus cher. Et quand il eust voulu moderer les choses, il luy eust esté fort malaisé, voire quasi impossible ; car tous les capitainnes, tant de cheval que de pied, brusloient d'un si grand desir de veoir honorer l'espouse et la fille de leur gouverneur, et M. d'Espinay semblablement, pour leur valeur, reputation et bonne renommée, que toute la cavallerie en general sortit, sans en advertir M. de Vieilleville, par la porte Mozelle, pour aller audevant d'eulx jusques à Corney, distant de Metz de trois lieues. Et se mirent tous en bataille sur leur passaige :

et les capitainnes de gens de pied dresserent aussi, à
son desceû, ung bataillon de deux mille soldats en la
plaine de Fristau, pour les recevoir avec leur trouppe.
Mais, qui plus est, toutes les dames, damoyselles,
bourgeoises et aultres femmes de la ville, sortirent par
la porte Champenoise pour les bienveigner : de sorte
que madame de Vieilleville fust contraincte de descendre de son charriot, et faire mettre pied à terre à
toutes les damoiselles qui estoient en deux aultres co-
ches, fort bien montez et en superbe équippaige, pour
mutuelliser tant de courtoisies. Tout le clergé semblablement voulut aller audevant avec les ornements
accoustumez en une procession; mais il le deffendit
en bien grand colere, et fist rompre ceste entreprise,
comme n'appartenant qu'aux princes, encores souverains. Mesme les abbesses avecques leurs nonains s'y
estoient preparées, tant estoient toutes sortes de gens
resjouis de ceste bien venue, à laquelle ung chacun
vouloit faire paroistre, par singulier devoir, l'affection cordiale et intime qu'ils portoient à M. leur gouverneur. Tesmoignage très-manifeste de ses louables
et vertueux déportements, sans aigreur, corruption
ny violence en sa charge. Aussi, à la verité, il ne fust
jamais concussionnaire, et ne print de sa vye par les
villaiges du pays messin, qui sont en grand nombre,
riches et opulants (estant ceste contrée, que l'on appelle le Vau-de-Metz, merveilleusement fertile), vins,
foins, avoynes ny aultres fruicts quelconques, sans
payer, comme il l'eust bien peu faire sans contredict
ny recherche, mais les conservoit tous comme s'ils
eussent esté ses subjects; et n'y avoit capitainne, de
quelque qualité qu'il fust, qui eust osé entreprendre

11.

d'y enlever par force aulcune chose, mais bien y achepter sa commodité, et la payer au gré et contentement du paysant.

Doncques en ceste belle compaignie de femmes, madame de Vieilleville et madamoyselle d'Espinay sa fille entrerent à pied en la ville, ayant leurs trois charriots à leur queue, que toutes ces femmes remplirent de boucquets, guirlandes, chapelets et brassarts de roses, et de toutes aultres fleurs, car c'estoit au mois de may 1554. Et les femmes de villaiges par où elles passoient, depuis le Pont-à-Mousson où elles avoient disné, leur apportoient tant de fruicts et aultres singularitez du pays, que l'on ne pouvoit fournir à les prandre. Et marchoient devant elles, le tambour battant et enseignes desployées, tous les capitainnes et soldats ayant rompu leur bataillon, en ranc de cinq à cinq, où les harquebuzades tonnoient d'une terrible sorte. Et les vindrent recevoir à la porte Saint-Thibaud M. de Marillac, maistre des requestes de l'hostel du Roy, qui exerceoit lors l'estat de president à Metz, le maistre-eschevin, les traeze, les commissaires des guerres, des vivres et de l'artillerie, et tous les tresoriers et controlleurs des estats et charges, avec plusieurs gentilshommes de la ville et notables bourgeois.

Mais M. d'Espinay demeura bien loing derriere, faisant sa bande à part, qui entra par la mesme porte, comme ung brave seigneur, monté sur ung furieux coursier, en très-riche équippaige, à la teste de toute la cavallerie qui luy estoit venue audevant, et des gentilshommes de la suicte, où les trompettes ne l'espargnerent pas. Et en ce bel ordre ils les amenerent au logis de M. de Vieilleville, qui les attendoit, accompaigné des abbez de Saint-Arnoul, de Saint-Vincent, de Saint-Martin et de Saint-Eloy, semblablement des maistres-de-camp et sergent-major general des bandes françaises de deçà les Monts, de huict ou dix anciens capitainnes, et d'aultant de gentilshommes de nom. Et estoit le bruict si grand, par toute la ville, des tambours, trompettes, harquebuzerie, canonades, principalement de la Muette et de toutes les aultres cloches qui sonnoient à grand branle, que l'on n'eust pas ouy tonner; pour le moins fort malaisément on s'entr'entendoit parler.

Le soupper fut bientost, mais sans comparaison plus riche, magnifique et somptueux que le festin du maistre-eschevin, d'aultant qu'il y avoit trois fois plus de tables, et qu'il estoit tout maigre, premier des Rogations, où il se trouva du poisson, par le bon ordre que le sieur de la Besnerye y avoit donné en temps opportun, en merveilleuse abondance, et admirable en son recouvrement, comme en trente saulmons du Rhin, quarante brochets et environ soixante carpes, le tout apporté de Strasbourg, et de monstrueuse grandeur, sans le poisson commun des rivieres de Metz, la Mozelle et la Seille. Et oultre ce, M. de Duilly, chef de l'une des plus anciennes et illustres maisons de Lorrainne, du nom du Chastelet, et grand seneschal dudit pays, et gouverneur du duc, avoit presté son nom et deux de ses gens à M. de Vieilleville, pour aller à Anvers querir la charge de deux chevaulx de marée, qui en apporterent de toutes les sortes qu'on sçauroit desirer.

Tant que le soupper dura il ne fust nouvelle d'aulcune harquebuzade ny d'aultre bruict guerrier; mais la doulce et harmonieuse musique entretint la compaignie; car M. de Vieilleville s'en delectoit bien fort, ne trouvant occupation au monde, parmy la guerre et tant d'importantes affaires, qui plus luy regaillardissoit l'esprit; mais il l'entretenoit parfaicte et en prince; car avecques ung dessus et une basse-contre, il y avoit une espinette, ung joueur de luth, dessus de violes, et une fleute-traverse, que l'on appelle à grand tort fleuste d'allemand; car les Français s'en aydent mieulx et plus musicalement que toute aultre nation; et jamais en Allemaigne n'en fust joué à quatre parties, comme il se faict ordinairement en France.

Les tables levées, on se jecta au bal et toutes aultres dances, où l'on passa quasi toute la nuict, car il n'ennuyoit à personne. Et telle fut la reception de madame de Vieilleville et de ses enfants, au grand contentement de toute la compaignie, qui se retira merveilleusement satisfaicte, ne sachant par quel bout commencer pour hault louer une telle magnificence.

CHAPITRE XII.

M. d'Espinay est fait capitaine d'une compagnie de chevau-légers.

Le lendemain matin, M. de Vieilleville envoya querir M. d'Espinay, M. de Thevalle son nepveu, jeune gentilhomme de belle esperance, et M. de La Boullaye, gentilhomme normand fort vaillant et très-advisé, qui l'avoit tousjours suivy en la compaignie de M. le mareschal de Saint-André; et ayant la commission des chevaulx-ligiers en la main, il luy dist telles parolles : « Mon fils, voilà ung present que le Roy vous envoye en recompence des services que vous luy avez faicts aux forts de Boüloigne et au voyaige d'Allemaigne, qui est une compaignie de cent chevauxligiers pour vous entretenir tousjours à son service, et vous donner moyen de luy en faire. Mais en voicy ung aultre que je vous fais semblablement, qui est M. de la Boullaye, gentilhomme que j'ayme beaucoup à cause de sa valeur et merites, que je vous donne pour lieutenant : croyez-le, et vous servez de son conseil ; car il vous sçaura bien conduire en toutes vos entreprises et factions. Voilà aussi vostre cousin de Thevalle que je vous donne pour enseigne ou cornette : entr'aimez-vous bien, comme proches parents que vous estes, et vous aquererez parmy les grands beaucoup d'honneur et de reputation. Vostre compaignie est quasi toute preste : dedans trois jours vous monterez à cheval, et vous mettrez en bataille en la place du Champ-Passaige ; mais je veux que vos premiers serments se facent entre mes mains, et non entre celles d'ung commissaire des guerres ; et allez regarder, dès ceste heure, à bien dresser vos équipaiges, et ordonner de vos casacques. »

De reciter l'aise de tous trois, ny les remerciements qu'ils firent à M. de Vieilleville, il ne seroit pas seulement trop long, mais impossible ; car à tous trois cet advancement de grade et d'honneur estoit inopiné, n'en ayant jamais ouy parler. Mais ils s'entr'embrasserent, en sa presence, fermement, et se jurerent la foy de jamais ne s'abandonner, ains de vivre et mourir ensemble. Et sortirent de la chambre si alaigrez, que tout le monde qui en ignoroit la cause ne pouvoit imaginer d'où leur pouvoit proceder tant d'aise et de contentement.

Mais la nouvelle en fust bientost repandue, car il y avoit grand presse à se faire enrooller en ceste nouvelle compaignie, à cause de la faveur. En quoy il ne fust pas pris ung seul homme, membre ny aultre, de celle de M. de Gonnor, dont ils furent bien estonnez, car ils s'attendoient, ou que M. de Vieilleville seroit leur capitainne, ou que le Roy leur en donneroit ung aultre, et qu'ils seroient tousjours entretenus à Metz. Mais il leur donna honnestement congé, avec lettres qu'il escrivit par Mesvretin au Roy, portant tesmoignage du bon service qu'ils avoient faict à Sa Majesté.

Doncques le dernier de may audit an, M. d'Espinay se presenta en bataille au Champ-Passaige, avec sa compaignie fort bien montée, et en un très-brave équipaige; et affin que l'on ne pensast poinct qu'il eust emprunté hommes, chevaulx et armes de celle du sieur de Gonnor, M. de Vieilleville commanda à Mesvretin, lieutenant, de se mettre en bataille en la mesme place et vis-à-vis l'une de l'aultre; car ils n'estoient encores partis, contraincts de payer leurs debtes avant desloger; mais il y avoit trop à dire des deux, d'aultant que l'on eust pris ceux-cy pour argoulets ou carabins, et celle de M. d'Espinay pour vraye gendarmerie.

CHAPITRE XIII.

M. de Vieilleville forme sa compagnie d'hommes d'armes. — Il envoie plusieurs partis contre les ennemis.

Le dixiesme de juin ensuyvant, arriverent à Metz les sieurs de Guyencourt, enseigne de la compaignie de feu M. de Humieres, le sieur de Montz, guydon, et le sieur de Vadancourt, mareschal de logis, avec environ vingt-cinq gentilshommes de ladite compaignie, ayants tous leur équippaige de guerre comme s'ils eussent marché en armée qui campe. Ils furent fort humainement receus par M. de Vieilleville; et demandant où estoit le lieutenant, il luy fust respondu par Guyencourt qu'il estoit demeuré sur l'esperance d'estre des premiers advancez en la maison de M. le Daulphin quand on dresseroit son estat, qui devoit estre bien-tost. « C'est doncques à vous, monsieur de Guyencourt, dist lors M. de Vieilleville, que je donne ma lieutenance ; à vous, monsieur de Monts, mon enseigne ; et à vous, monsieur de Vadancourt, mon guydon ; et à tous les gentilshommes qui m'ont tant aimé que de me venir trouver, s'ils n'estoient hommes d'armes en vostre compaignie, je veulx qu'ils soient enroollez pour tels en la mienne. »

Quand ils se virent ainsi honorez et accreus en charge, ils protesterent de jamais ne l'abandonner, mais vivre et mourir à son service, avecqué remercyements infinis, se louants de sa grande bonté et courtoisie, qui les avoit bien recompencez par ceste décretion (1) de leur voyaige, de l'entreprise duquel ils ne se repentoient nullement, et sur tout les dix-neuf des vingt-cinq gentilshommes qui n'estoient qu'archiers en l'autre compaignie. Et donna au plus apparant des six hommes d'armes, nommé Maucourt, l'estat de mareschal des logis; de sorte que l'on n'avoit veu de long-temps petite trouppe si contente que ceste-là. Et fust ce département ainsi faict à la descente de cheval, et à l'heure mesme qu'ils se presenterent devant M. de Vieilleville; qui furent menez au quartier qu'il avoit desja ordonné et designé pour sa compaignie.

Sa compaignie enfin se fist fort belle, et des plus de toutes les ordonnances de France pour cinquante hommes d'armes; car de toutes parts il venoit des gentilshommes pour s'y faire enroller. Et quand sa commission eust esté de deux cents hommes d'armes, en moins de deux mois il l'eust rendue complette; et plusieurs gentilshommes de Lorrainne s'y presenterent; mais il n'en receust jamais ung seul pour le soupçon des rondes; car c'est aux gensdarmes et aultres de cheval à les faire. Et deffendit expressément aux capitainnes des gens de pied d'en prendre en leurs compaignies pour le dangier des sentinelles, car par ces deux moyens les villes se vendent et se perdent; et, à vray dire, il n'estoit besoing de se servir d'estrangiers; car il se trouvoit assez de braves hommes naturels français qui y faisoient la presse, mesme que pour une volée, vingt hommes d'armes des plus lestes de la compaignie de M. le mareschal de Saint-André, se casserent, et vindrent trouver M. de Vieilleville; qui

(1) *Décrèt* : décision.

furent fort bien receus; parmy lesquels il y avoit cinq ou six gentilshommes néapolitains, d'ancienne extraction, qui luy avoient de tout temps voué leur service et la vye, qu'il appointa à leur contentement; car ayant perdu leurs terres et moyens pour suivre le party de France, il leur donnoit la table, et à leurs chevaulx les provisions necessaires, affin qu'ils s'espargnassent la solde, qui estoit ung fort beau et advantageulx appoinctement, qu'ils ne trouverent jamais auprès dudict sieur le mareschal qu'ils avoient servy fort long-temps.

Estant doncques sa compaignie parfaictement complette, il ne la laissa nullement oisive, mais leur fist veoir de la guerre à souhait ; car, quatre mois durant, avec M. d'Espinay et ses braves chevaux-ligiers, ils tourmenterent tant les garnisons de la duché de Luxembourg, qu'ils n'osoient plus sortir de leurs thesnieres (1), et enduroient que l'on emmenast leurs bestiaux, sans se presenter à les venir rescourre; car ils estoient tousjours battus: et alloient souvent les nostres au-delà de la portée du canon, et près des murailles, pour les sommer, avecques injures, de sortir et de venir au combat: en somme, ils firent une guerre si forte et si ennuyeuse au comte de Mesgue, qu'il eust volontiers quicté sa charge, jusques à demander trefve à M. de Vieilleville, qui se mocqua de ceste ouverture; lui mandant, par le trompette qui luy avoit apporté une lettre de sa part, tendante à ceste fin, qu'ils meriteroient tous deux une honteuse dégradation d'armes et de tout honneur, d'entrer, estants serviteurs, en ceste particulière capitulation, veû que leurs maistres

(1) *Thesnieres* : tanières.

s'entreguerroient à toute oultrance devers la frontiere de Valenciennes, où ils avoient leurs deux armées prestes à se donner bataille, et qui s'escarmouchent incessamment ; et qu'il avoit faict en sa demande ung pas de clerc et non de guerrier; le renvoyant encores estudier en l'Université de Louvain, d'où il estoit n'agueres sorty.

Ce comte, qui fort honteux recogneust sa faulte, eust voulu estre mort, et renvoya le trompette le supplier de n'en parler jamais, et qu'il luy pleust luy rendre sa lettre. Ce que M. de Vieilleville luy accorda fort liberalement, à la charge toutesfois qu'il luy ammeneroit une somme de marée d'Anvers. Dequoy le comte s'acquicta; mais on ne mangea jamais marée avec plus grande risée ; car sans doubte il s'estoit grandement oublié, d'aultant que deux serviteurs seront tousjours reputez lasches et couards, voire perfides, de s'entrembrasser et caresser, et voir leurs maistres s'entrebattre les armes au poing.

CHAPITRE XIV.

Le comte de Mesgue se met en marche avec un gros détachement de la garnison de Thionville pour attaquer les troupes de M. de Vieilleville.

Advint que, sur la fin de septembre audict an, le president Marillac s'en voulut retourner en France, ayant passé ses deux années en cest estat : et pour luy servir d'escorte, M. de Vieilleville le fist accompaigner de la meilleure part de sa cavallerie, et de grand nombre de harquebuziers à cheval. Dequoy adverty le comte de Mesgue jour et demy devant ce partement, pour se revanger aulcunement de tant d'incursions que ceux de Metz avoient faictes sur ses limites et plus avant, feist entreprise, avec tout ce qu'il peust amasser de forces, de venir enlever le bestail de la ville, qui estoit en grand nombre et de toutes sortes, paissant en la plaine sous la faveur du canon, et nous venir braver jusques dedans nos portes; laquelle il conduisit si secrettement que nous n'en eusmes jamais nouvelles, jusques à ce qu'ils parurent au sortir de Théonville.

Ayant eu cest advis, M. de Vieilleville fist incontinant monter à cheval le reste de ce qui estoit demeuré de sa compaignie et de celle de M. d'Espinay; et parce que son lieutenant et enseigne conduisoient l'escorte du president, il commanda à M. Dorvaulx de prendre son drappeau, et se mettre à la teste de ce reste, et à M. d'Espinay de marcher aussi avec ce qui restoit de la sienne, et à M. de Thevalle de prendre sa cornette et faire deux trouppes, qui ne pouvoient monter ensemble à plus de sept-vingts chevaulx; et puis fist sortir trois cents corselets, pour gaigner en diligence un chasteau nommé la Dompchamp, gardé par les nostres en nombre de quinze ou vingt soldats soubs un capitainne nommé La Plante. Et quant à luy, après avoir faict fermer toutes les portes de la ville et prins les clefs, il vint loger à celle du Pont-Yffroy, pour estre adverty de quart en quart d'heure des entreprises de l'ennemy; et y fist apporter son disner, ayant avec luy M. de Boisse, maistre-de-camp general des bandes françaises, et le sieur de Croze, sergent-major, aussi general desdictes bandes; et posa quelques capitainnes sur les murailles, les enchargeant de s'y pourmener; renforcea les corps-de-garde, et ordonna que tous soldats fussent en armes le long des rues, et commandement à tous habitants de se resserrer en leurs maisons, et n'en sortir sur peine de la vye, et d'estre tuez s'ils se trouvoient par les rues. Le reste des capitainnes estoit avec luy, et environ trois cents harquebuziers, s'il estoit besoing de quelque renfort, et puis sa garde.

Il disne sur les neuf heures, entre les portes dudict pont, tous ces capitainnes avec luy, et plusieurs gentilshommes prets à monter à cheval, suivant le rapport qui leur viendroit, qui ne tarda gueres; car M. d'Espinay luy manda qu'il avoit envoyé recognoistre l'ennemy jusques au Chasteau-Bruslé, distant de Théonville environ quart de lieue, où il ordonnoit de ses trouppes, et que, sur son honneur, il y avoit huict enseignes de gens de pied, et de huict à neuf cents hommes de cheval bien montez, et armez à écu, avec le bas de saye, là où default le harnoys, à la façon des ordonnances de Bourgoigne, et qu'en ce hôt de cavallerie on avoit compté environ traeze drapeaux, que d'enseignes, que de guydons; mais que d'attendre une si grande force il n'y avoit aulcune apparence avec si petite trouppe, tant s'en fault qu'on la doive attaquer, et qu'il estoit resolu de se retirer devers la Dompchamp, soubs la faveur de trois ou quatre pieces de campaigne qui y sont, et les y attendre; au moins il verra leur contenance et l'ordre qu'il vouldra tenir pour le combat, et qu'ils pourront estre arrivez dedans trois heures, car ils ne marchent que le pas pour surattendre leurs gens de pied : cependant il le supplie de luy commander son intention là-dessus.

Incontinant après ce rapport, celuy de M. Dorvaulx survint, qui estoit tout semblable; mais qu'il estoit d'advis qu'ils se devoient tous joindre ensemble; car un si grand hôt les trouvant ainsi separez leur pourroit passer par sur le ventre, et qu'il avoit logé les corselets le long d'une vieille et longue tranchée, pour y estre favorisez contre la cavallerie de l'Empereur, avec trente ou quarante harquebuziers à cheval qui luy restoient de l'escorte du president, en un boys que l'ennemy ne pouvoit descouvrir, qui donneroient en queue s'il les venoit charger; mais qu'en tout évenement il n'y avoit ordre d'attendre de si grandes forces, et qu'il luy pleust luy commander sur ce sa volonté, mais bientost, car devant trois heures il les auroit sur les bras.

CHAPITRE XV.

Victoire de M. de Vieilleville sur les troupes du comte de Mesgue.

Monsieur de Vieilleville, fort fasché de ces rapports qui tendoient tous à une retraicte, print une terrible resolution; car il fist desmonter environ soixante-dix harquebuzes à crocq de dessus leurs chevalets, et les fist porter par ses gardes, qui estoient grands et puissants hommes, et d'aultres qu'il fist choisir parmy les bandes : invention qui a tousjours esté depuis praticquée aux gens de pied en ce royaume, que l'on appelle mousquetaires. Et commanda au capitaine Croze de prendre cent harquebuziers, qui estoient là tous prests, et gaigner en toute diligence un petit villaige ou hameau au-dessus de la Dompchamp, nommée Honeppy, qui est si avant dedans les boys, qu'il en est tout couvert, et mener avec luy dix ou douze tambours, et s'y tenir coy, sans aulcunement se faire paroistre, encores que l'ennemy ne puisse venir à eux qu'il ne costoye et passe tout auprès du villaige ; mais incontinant qu'il les verra aux mains qu'il en sorte, et s'advance en diligence, faisant battre aux tambours la charge et l'allarme, et qu'il mette de furie ses harquebuziers en besoigne.

Ce commandement faict, il endosse ses armes dorées, fait lacer son armet garny de son riche pannache de plumes jaulnes et noires ; et prand sur son harnoys sa casaque de toille d'or à broderie de feuilles moresques de velour noir, et sort de la ville, en la garde de Dieu, monté sur son cheval Yvoy, en tres-sumptueux et magnificque équippaige, laissant la charge de la ville et de tout son gouvernement à M. de Boisse duquel nous avons parlé cy-dessus, qu'il avoit esprouvé pour valeureux et très-saige capitainne, et fort respecté de tous les capitainnes de Metz, et qu'advenant sa mort, la ville seroit tousjours conservée pour Sa Majesté.

Ainsy il marche, déterminé de mourir, ayant ses soixante-dix mousquetaires après luy, qui doubloient le pas, et n'avoient que pour tirer cinq coups, tous apprestez en cartuches.

Arrivé qu'il fut devers ses trouppes, elles se resjouyrent d'une merveilleuse allaigresse de sa presence; et, sans plus mettre les choses en longueur, discours, ny en doubte, tous unanimement prindrent resolution et couraige de combattre et mourir. Et sur ceste ardante volonté, qui fust très-agréable à M. de Vieilleville, il ordonna de toutes ses trouppes, comme experimenté capitainne, et saichant bien faire la guerre à l'œil, ayant meslé les mousquetaires parmy sa cavallerie; qui a esté aussi une aultre invention qui a bien servy depuis à quelques chefs d'armées foibles de gens de cheval. Et adverty que l'ennemy marchoit en bataille droict à eulx, n'en estant qu'à demy-quart de lieue, il s'advance seulement au pas, disant qu'il falloit charger des premiers; car s'ils donnoient loisir à l'ennemy de les recognoistre, ils estoient sans doubte deffaicts.

Et sur ceste resolution, ils baissent les visieres, couchent le boys (1), et attaquent ce gros hôt, qui faict le semblable de son costé en esperance de les renverser tout aussi-tost, car la partie estoit mal faicte de dix contre un. Mais les mousquetaires, dequoy l'ennemy ne se doubtoit pas, tirent; et aultant de coups aultant d'hommes et de chevaux par terre; qui les espouvanta merveilléusement. M. de Vieilleville, là-dessus, charge de furie avec sa trouppe, ayant M. d'Espinay et M. de Thevalle à ses costés, qui renverserent tout ce qu'ils rencontrerent. Les mousquetaires rechargent, qui firent un grand abbatiz, et une seconde bresche dedans ce hôt, plus grande que la premiere. Croze faict bruyre ses tambours, et sort de furie du villaige

(1) *Couchent le boys* : mettent leurs lances en arrêt.

avec ses harquebuziers, qui leur donnent en flanc. Le chevalier de La Roque vient de l'autre costé à toutes brides, qui les estonne; car il les charge bien rudement et à l'improviste. Eux, mal advisez et peu guerriers, avoient laissé leurs gens de pied bien loing derriere, comme par mocquerie et mespris de nostre trouppe, disants que ce n'estoit que une poignée de gens, et qu'il n'estoit besoing de tant de forces pour les deffaire.

Si bien que, pressez par le devant de nostre cavallerie, et de tous costez par Croze et Lancque, aussi que les trois cents corselets, dont la pluspart estoient halebardiers, conduicts par le capitainne Damezan, s'advancent à la charge, qui firent une terrible et très-sanglante execution, ils prennent le spavente, mesme que les mousquetaires avoient mis à pied ou tuez les chefs et plus apparants, qui estoient à la teste de leur hôt, qui fut cause de leur desordre, se retrouvants sans commandeur; et s'estonnent de telle frayeur, qu'ils tournent teste et enfilent la guerite, fuyants devers leurs gens de pied; mais ils furent poursuivis si furieusement, qu'ils les rompent eulx-mesmes au lieu d'en tirer du secours. Il se trouva ung grand nombre de chevaux des leurs sans maistres, que nos soldats prindrent pour courir après ce bataillon de fantachins. Mais M. de Vieilleville avec son fils et son neveu, suivis de toutes leurs trouppes, les avoient desja mis à vau-de-routte, avec l'ayde que y avoit auparavant faicte leur cavallerie.

Jamais on ne veid un si confus embarassement, par faulte de bonne conduicte et d'experience. Il en demeura plus de quinze cents sur la place, et le reste prisonniers, hormis ceux qui se sauverent dedans les bois, après lesquels M. de Vieilleville deffendit de courir.

Quant à ceulx de leur cavallerie, il en demeura environ trois cents de morts et six-vingts prisonniers; et voyoit-on le reste fuyr le long d'une montaignette sur le chemin de Théonville; mais on n'alla pas après. Le sieur Duplessis-Greffier, qui avoit suivy la victoire avec les aultres hommes d'armes de sa compaignie, luy apporta une enseigne de gens de pied, et un guidon de gendarmerie. Il commanda de chercher les aultres par les champs pour les envoyer au Roy; et luy en fust apporté jusques à saeze drappaulx. Et n'y avoit gueres de soldats des nostres qui n'eust ou ung ou deux prisonniers: seulement deux garses de soldats, qui estoient allées de bon matin au bois, en touchoient trois devant elles, qui n'est pour rire, mais pure verité, comme les bergeres leurs moutons; car ils avoient jecté leurs armes pour mieux fuyr, et deux d'iceux estoient blessez.

Le comte de Mesgue s'enfuit par les bois, devers la Mozelle, où trouvant un batteau seul que menoit ung pescheur, se lance dedans, luy troisiesme, et se sauverent à Théonville.

Telle fut la fin de ce combat, le jour et feste de Saint-Michel audit an; après lequel, ne se presentant plus personne qui fist teste, M. de Vieilleville envoya un trompette devers celuy qui commandoit à Théonville; que ceulx qu'il envoyeroit enterrer leurs morts ne recevroient aulcun desplaisir, et qu'ils y pouvoient venir en toute seureté.

CHAPITRE XVI.

M. de Vieilleville est nommé chevalier de l'Ordre.

Après ceste très-heureuse victoire, M. de Vieilleville s'achemine devers Metz, ayant faict ramasser toutes ses trouppes, desquelles, la reveue faicte, il ne se trouva que huict morts, douze blessez et quatorze chevaulx, dont le coursier de M. d'Espinay en estoit l'un; mais il fut tué en la charge des gens de pied, qui le garda de courir fortune.

Estant en la ville, il vint droict à la grande église, où il mit pied à terre pour louer Dieu, ayant desja envoyé advertir les chanoines de s'y trouver. Ce qui fust bien solennellement et en grande dévotion exécuté. Toute l'artillerie, au reste, qui estoit sur les plates-formes, joua; la Muette et toutes les aultres cloches de la ville sonnerent long-temps à grand bransle; et fut le bruict si grand de ceste allaigresse, que ceux de Théonville le pouvoient bien entendre; car le cours de la Mozelle qui costoye leur ville le leur portoit; de sorte que de long-temps Metz ne s'estoit veue en telle rejouissance. Et après avoir donné bon ordre pour la garde de si grand nombre de prisonniers, et faict prandre la liste d'iceux par chasque compaignie, il alla soupper, où tous les capitainnes qui avoient esté du combat se trouverent, et grand chere, mais toujours louant Dieu ; car telle estoit la coustume de ce brave seigneur, qui ne l'oublioit jamais en toutes ses actions.

Le lendemain, il despescha le capitainne d'Amezan devers le Roy, pour luy porter en poste les drappaulx, tesmoins de la victoire que Dieu luy avoit donnée, affin de l'advancer en credit et le faire cognoistre à Sa Majesté et aux grands ; car il l'aimoit, le cognoissant vaillant et hardy gentilhomme, et fort prompt en l'execution de ses commandements, jusques à entretenir deux de ses enfants aux bonnes lettres à Strasbourg, et pour apprendre la langue germanique ; aussi qu'il avoit bonne part en ceste victoire ; car s'il eust failly de faire marcher en diligence, et à propos, les trois cents corselets dont il avoit la charge au combat, le bataillon de huict enseignes bourguignonnes, qui n'estoient qu'à demy-rompues, se fussent ralliées à la faveur d'un bois, qui nous eussent bien donné de l'ennuy ; mais il les prévint fort vaillamment, et les chargea d'une terrible furie : d'aultre part, il estoit de fort illustre extraction des pays de Béarn, qui le rendoit encores plus recommandable.

Il trouva, faisant ses diligences, à la poste de Chasteau-Thierry, un gentilhomme serviteur du Roy, nommé Andresiz, qui apportoit la depesche de l'Ordre à M. de Nevers, pour en honorer M. de Vieilleville, l'ayant esleu de ce ranc le jour de Saint-Michel, auquel on crée les chevaliers de l'Ordre ; et n'y en avoit eu que quatre en ceste création : car en ce temps-là il estoit, comme nous avons toujours dict, fort rare : qui estoient M. de Vaudemont, M. de Vieilleville, M. de Bourdillon, et le frère de M. de Langey ;

Martin du Bellay, qui avoit faict de grands services en Piedmont.

Advanture certes fort considerable, que le mesme jour que M. de Vieilleville avoit obtenu une si belle victoire, le Roy, se souvenant de luy, l'avoit receu de son propre mouvement en la compaignie des freres de son Ordre.

Arrivé que fut le capitainne d'Amezan à la cour, qu'il trouva à Amiens de retour de Valenciennes, il s'addressa à M. le mareschal de Saint-André, qui le presenta au Roy; et ses lettres veues, qui contenoient au vray le discours de la deffaicte, et les drappeaux receus, Sa Majesté envoya querir M. le connestable pour le rejouir d'une si bonne nouvelle, et luy monstra les enseignes de gendarmerie et de gens de pied, si semées d'aigles à double teste, de croix rouges, des armes d'Hespaigne, d'Austriche et de Bourgoigne, qu'il n'y manquoit rien. « Et bien, luy dist le Roy, que dictes-vous de Vieilleville? N'est-ce pas un vaillant et très-asseuré capitainne, d'avoir assailly avec si peu de gens de telles forces, et par sa très-saige conduicte en avoir eu sa raison, sans comme poinct de perte? Quant à moy, je tiens ceste victoire pour miraculeuse. J'ay un fort brave serviteur en ce gentilhomme-là. »

M. le connestable, auquel ces louanges n'estoient pas trop agréables, respondit assez froidement qu'on ne luy pouvoit veritablement oster qu'il ne fust ung fort brave chevalier, et très-experimenté capitainne; mais que c'estoient hazards et advantures de guerre qui peuvent arriver aux moins rusez et experimentez capitainnes du monde; car, depuis que le spavente se met en une trouppe, cinq cents en defferont cinq mille, fussent-ils Rolands. « Tout ce que vous voudrez, dist le Roy; mais il a acquis ung merveilleux honneur à la nation françoise et à ma couronne. Que s'il eust pleu à Dieu que ceste nouvelle fust venue lorsque nous estions à Valenciennes devant l'Empereur, je luy eusse envoyé tous ces drappeaulx pour le faire crever de rire. Mais c'est le bon que vous ne vouliez pas qu'il eust l'Ordre ? — Vostre Majesté, Sire, me pardonnera s'il luy plaist, respond M. le connestable; mais seulement je dis qu'il ne le demandoit pas, et n'en avoit escrit à personne, aussi qu'il est absent, et que la coustume porte que l'on ne l'envoye jamais gueres aux absents s'ils ne sont princes ou estrangiers, comme vous avez faict à M. de Vaudemont. »

Le capitainne d'Amezan nota bien toutes ces parolles, qui les rapporta fort fidellement en son retour, avec un present de trois cents escus et une lettre de retenue en estat de gentilhomme servant, et pour tel fust couché sur l'estat du Roy, et en servit Sa Majesté avant partir. Quant au sieur d'Andresiz, il trouva M. de Nevers auprès de Mezieres, en sa comté de Rethelois, auquel il presenta toute la despesche du Roy; et l'ayant veue, il fust très-aise pour le regard de M. de Vieilleville, disant qu'il y en avoit une vingtaine en ce royaume qui ne l'ont pas si bien merité que luy, et qu'il se sentoit fort obligé au Roy de l'avoir choisy pour en honorer de sa part ung si brave et vaillant chevalier. Mais il fust encore plus ravy de joye d'entendre par le sieur Duplessis-Greffier la deffaicte, ou route pour le moins, de toutes les garnisons du gouvernement de Luxembourg, que M. de Vieilleville avoit despesché en poste devers luy pour la luy faire entendre, et arriva ung jour après la venue d'Andresiz : qui fust cause que ledit Andresiz passa plus oultre, de quoy il fust très-marry ; car il fust frustré de l'esperance du present de M. de Vieilleville, qui ne luy pouvoit faillir s'il fust venu jusques à luy.

Et par lequel sieur Duplessis M. de Nevers envoya à M. de Vieilleville toute la despesche du Roy, et les mesmes lettres que Sa Majesté luy avoit escrites, avec demonstration de joie incroyable d'une si heureuse victoire, et qu'il sembloit que Dieu et le Roy eussent conféré ensemble de faire en un mesme jour deux si bons effets : Dieu de donner la victoire, et le Roy ung si honorable guerdon ; et puisqu'il estoit choisy pour l'honorer de l'Ordre, qu'il estimoit à grand heur, il le prioit de prendre sa commodité ; et parce qu'il sçavoit que sa residence estoit très-requise à Metz, il estoit content d'aller jusques à Ligny, voire à Thoul, plustost que de l'incommoder, et que là il feroit venir M. de Vaudemont, ayant aussi le pouvoir de l'Ordre pour luy, affin de les despescher ensemble, et que, luy assignant le jour, il ne fauldroit, toutes choses cessantes, de s'y trouver, et qu'en mille fois meilleur endroit il le voudroit bien gratiffier.

A quoy M. de Vieilleville fist responce, par le mesme sieur Duplessis qu'il luy renvoya, qu'il le remercioit très-humblement de tant d'honneur, ne luy ayant jamais faict service qui le deust convier à telle bienveillance et gratiffication ; mais il le supplioit de l'excuser s'il ne prenoit l'ordre de sa main ; car quand le roy François le fist chevalier de l'accolade de l'espée, il protesta de ne jamais prandre le collier du grand ordre de Saint-Michel; si Dieu luy faisoit ceste sainte grace de l'en rendre digne par ses merites et bons services, que de la main de monseigneur le Daulphin, son seigneur et maistre, qui est aujourd'huy, par la grace de Dieu, regnant; et que d'aultre part, de le prandre en la compaignie de M. de Vaudemont, qui s'est non-seulement associé, mais animeusement bandé avec le cardinal de Lenoncourt pour luy courre sus et luy ravir son estat, il ne s'y pouvoit nullement plier, et plustost du tout le reffuseroit; le suppliant très-humblement d'avoir son excuse très-agréable. Et finissoit sa lettre par très-humbles et très-affectionnées offres de son service, et toutes aultres soubmissions que l'on peut defferer à un grand prince.

Quand M. le duc de Nevers eust veu ceste responce, il en fust merveilleusement fâché et desplaisant, se voyant privé du contentement que desja il se promettoit de la veue de M. de Vieilleville, car il l'aimoit et honoroit beaucoup. Mais, trouvant ses excuses assez legitimes et pertinentes, il renvoya ledit sieur Duplessis, avec une très-honneste lettre qui contenoit l'extreme regret qu'il portoit de ce reffus.

CHAPITRE XVII.

Mauvaise conduite du sergent-major et du prévôt de Metz.

LE capitainne Nicolas de Bragme, sergent-major de Metz et du pays messin, et le prevost Vaurre, desquels nous avons parlé sur la fin du cinquiesme livre, faisoient leurs orges, comme l'on dict, en leurs charges, avec oppinion que leurs déportements n'estoient descouverts, parce que M. de Vieilleville leur faisoit infinies faveurs, à cause qu'il ne se pouvoit passer du service de ces deux hommes, pour l'experience que chacun d'eulx avoit en son office, et de la soigneuse diligence qu'ils y exerceoient; car Nycolas, pour la discipline militaire, n'avoit gueres son pareil, et prenoit grande peine et plaisir à dresser le soldat en la grace du port de ses armes, à l'admonester de son devoir, et le reigler en l'ordre de sa faction. Et oultre ce, ordonnoit un bataillon quand il venoit quelque grand à Metz, français ou estranger, à qui M. de Vieilleville vouloit donner plaisir en toutes ces sortes de façons, que jamais ceulx qui en ont faict les livres ont sceu figurer, et alloit visiter jour et nuict les corps de garde sur les murailles et dedans de la ville ; que s'il y eust trouvé quelque desordre ou deffaillance, les caporaulx estoient en danger de courre une maulvaise fortune.

Quant au prevost, il n'y en avoit poinct en toute la France qui eust plustost instruict un procès-criminel, ny plus ruzé pour surprendre un prisonnier en ses responces : très-hardy au demourant, et fort prompt aux captures, car il y hazardoit sa vie, sans rien apprehender ou recognoistre. Et suivit une fois quatre soldats qui avoient coupé la gorge à une fille après l'avoir violée, à quart de lieue de Metz avec dix archers seulement jusques à Sainct-Dizier, qu'il ramena en la ville, et les fist executer sur la roue. Et ne fault trouver estrange si tels devoirs obligeoient M. de Vieilleville à les aulcunement favoriser; mais sous ce pretexte ils commettoient beaucoup d'abus. Celluy qui s'ensuit estoit bien grand et très-pernicieux; car il entretenoit et nourrissoit les voleurs en plusieurs pays et contrées, et principalement sur les confins du gouvernement de Metz.

Il y avoit une capitulation faicte entre les gouverneurs de Metz et de Luxembourg, pour coupper chemin à mille voleries qui se commettoient en leurs gouvernements soubs l'ombre de faire la guerre; que tout capitainne, sergent, caporal ou aultre, menant soldats en campaigne busquer fortune, seroit tenu de les avoir tous nommez et enroollez en un certificat signé du gouverneur, par lequel il les advouoit à la solde et service de son prince; et puis, sans ledit certificat, ils estoient sans remission, d'une part et d'aultre, pandus et estranglez : en oultre, que tout soldat trouvé saezy des deux escharpes, la blanche et la rouge, estoit rompu sur la roue, comme trahistre et assassinateur ; et n'en avoient pas meilleur marché s'ils avoient l'escharpe jaulne, qui est de Lorrainne, avecques la leur.

Or, ceste capitulation avoit esté vivement poursuivie par M. de Vieilleville, parce que plusieurs lansquenets des environs de Treves, qui avoient esté du regiment du colonel Jacob Wen-Ausbourg, aussi natif de ce pays-là, s'en estoient cassez, et se jectoient par trouppes en la campagne pour nous courre sus; trouvants plus de prouffict de faire la guerre en toute liberté, que d'estre sous le commandement de quelqu'un, et bien montez. Mais s'ils prenoient de nos soldats, ils les menoient à Luxembourg, faisants quelque tribut au gouverneur pour les retirer et advouer, qui estoit fort aise de nous nourrir des ennemis et y gaigner.

Nos capitainnes en prindrent par les forests jusques à vingt ; et n'ayants poinct de certifficat, ils estoient livrez au sergent-major et au prevost, comme estants de leur gibbier, pour les faire pugnir selon la capitulation. Mais ces deux mattois venoient rapporter à M. de Vieilleville qu'ils les avoient faict noyer, sans faire bruict, *comme gens qui ne valoient pas les pendre*, aussi que leurs compaignons en seroient plustost attrappez, car ils n'auront pas le soing ny l'advis de prandre certifficats, et que seront aultant de morts, par ce moyen moins d'ennemis : cependant ils les faisoient évader pour de l'argent, mais beaucoup ; car ils se racheptoient à grosses sommes, et les faisoient sortir en plain jour, travestis en paysants, et en compaignie de ceulx qui apportoient l'argent de leur delivrance ; lesquels retournoient tout aussi-tost à la volerie, nous faisants par ce moyen beaucoup de dommaige ; car ils avoient esté fort long-temps au service de France soubs ledit colonel, et connoissoient si bien nos façons, le pays et nostre langue, qu'ils osoient bien aller jusques aux portes de Troies, de Rheims et de Chaallons, sans guydes ny truchements, avec l'escharpe blanche, prandre des marchands et d'aultres riches prisonniers, où ils gaignoient un bien infini, tant pour leur rançon que pour leur despouille ; car marchands qui vont à l'emploicte sont toujours bien garnys et montez ; et dura ceste praticque environ quatorze mois, sans aultrement estre tout-à-faict descouverte, mais seulement par soupçon, duquel encores que M. de Vieilleville eust quelque vent, *si ne* vouloit-il, pour les respects que dessus, rien esmouvoir et en attendoit faire que plainte (1) : somme qu'en cest espace de temps ils firent de ceste façon évader plus de cent prisonniers.

Ils entretenoient une aultre praticque bien meschante; que si quelqu'un venoit à plainte d'ung soldat, eux, qui avoient le commandement d'y donner ordre et d'en faire le chastiment, l'envoyoient incontinant advertir qu'il s'escartast pour un temps si l'offence estoit ligiere, attendant que son appointement se fist; mais si elle estoit capitale ils luy faisoient ung trou en la nuict affin qu'il évadast, le tout pour de l'argent.

CHAPITRE XVIII.

M. de Vieilleville prend la résolution de les punir.

Il escheust au capitainne La Cahuziere d'aller à la guerre à son tour, selon l'estat qu'en avoit dressé M. de Vieilleville, ainsi que nous avons dict. Et estant en campagne, prend le chemin de Rougerieules pour s'en venir à Sainct Myhel, où il fust adverty qu'il y avoit des courreurs qui prenoient la route de Bar-le-Duc, pour aller, à son oppinion, en Champaigne attrapper quelques marchands. Il pouvoit avoir environ trente harquebuziers et aultant de corselets passablement montez, et marche tant qu'il trouve la piste des ennemis; et les descouvrant en un vallon, il separe sa troupe en deux, puis les charge si furieusement et à l'improviste, qu'il les deffaict, mais si bien, que de

(1) *Faire que plainte :* qu'on en portât plainte.

cinquante qu'ils estoient il en demeura vingt sur la place, douze prisonniers; le reste le gaigne à la fuicte.

Il retourne à Saint Myhel pour repaistre; et, envisageant les prisonniers, il en recogneust ung qui aultrefois avoit passé par ses mains, auquel il dict : « Comment mort-D... tu as esté noyé, et toutesfois te voilà encores ! vertu de D... quelle piperie est cestecy ? » Le soldat qui commandoit à ceste trouppe estoit allemant, parlant toutesfois fort bon françois, et parant du colonel Jacob; luy confesse qu'il a esté autrefois son prisonnier, mais qu'il esperoit en sortir pour sa rançon comme il a faict, et bien payée au sergent-major de Metz. « Et pour combien ? dist le capitainne. — Pour mille escus, respond-il; aultrement il m'eust faict noyer. Mais j'en ay gaigné depuis ce temps-là plus de six fois davantaige; et si ay encores des marchants françaïs prisonniers, que je pris dernierement allants à Rheims, à la foire de la Cousture, qui m'en fourniront plus de six mille : par ainsi, faictes-moy bonne guerre. » Alors le capitainne s'escrie, disant : « Ha bon larron, traditor Nycolas! je regnie D... je te feray pandre. » Et puis s'addressant au soldat : « Où est ton certifficat ? — Je n'en ay poinct, dist-il; car nous ne sommes ny à l'Empereur ny au roy de France, mais soldats de fortune, qui la cherchons partout où nos advertissements nous guident; et est nostre principale retraicte en l'archevesché de Trieves, en la mesme cité, et mesme archevesque prince electeur. »

Le capitaine La Cahuziere ayant entendu ce soldat, se contentant de vingt ou trente chevaulx de butin, de ses douze prisonniers, des armes et accoustrements des morts, serre vistement bagaige et faict brider, et s'en retourne de colere à Metz, bien deliberé de faire le procès du capitainne Nycolas, et d'en demander très-instamment à M. de Vieilleville la justice.

Arrivé qu'il fust à Rougerieules, s'advance au galop laissant sa trouppe derriere, car elle estoit en seureté, et se presente à M de Vieilleville, auquel il fait sa plainte, luy recitant tout le faict, et le langaige de mot à mot que luy avoit tenu le chef de la trouppe qu'il a deffaicte entre Bar-le-Duc et Sainct-Myhel, qu'il pensoit estre noyé; de quoy il demande très-humblement justice.

M. de Vieilleville, très-esbahy, luy commande de ne publier nullement ce qu'il luy avoit dict, pour plusieurs raisons qu'il luy fera bientost entendre, mais sur-tout qu'il mette ses prisonniers en seure et secrete garde en son logis, à ce qu'ils ne soient veus ny recogneus de personne, et qu'il s'en retourne en diligence devers ses soldats, pour les emboucher à part de son instruction avant qu'ils entrent en la ville.

Ce que ce capitainne executa fort exactement : et entrerent tous ses soldats en la ville, sans que personne sceust qu'ils eussent des prisonniers; et firent courir le bruit qu'ils n'avoient pas eu du bon. Mais il estoit en grand cœur de sçavoir les raisons que luy avoit remises M. de Vieilleville; car il se feust plustost deffaict soy-mesme, que le capitainne Nycolas ne l'eust esté, de luy avoir sourratté de ceste façon mille escus; et se presentant devant luy avec asseurance d'avoir executé en toute fidelité son commandement, il le supplia de l'en esclarer (1).

(1) *Esclarer:* éclaircir.

M. de Vieilleville luy dist qu'il avoit envoyé devers M. de Nevers, pour le supplier de luy envoyer son prevost de Champaigne, affin de faire le procès au sien et au capitainne Nycolas; et qu'il se deffie qu'ils facent quelque menée pour ung prisonnier, nommé La Trousse, qu'ils tiennent il y a plus de deux mois; car, encores qu'il leur a esté commandé de le faire executer, ils ont toujours dilayé; et est bien adverty qu'ils ont envoyé des lettres que le prisonnier a escrites au sieur de La Trousse, prevost de l'hostel du Roy, duquel il se dict parant, ce qui est croyable, car ils portent le mesme nom; et veult descouvrir où tend ceste longueur; car ils ont esté si temeraires qu'ils luy ont demandé sa grace, qui est entierement contrevenir au devoir de leur charge; et par ce seul traict d'oubliance il les juge dignes de mort; et premier que la sepmaine passe il les luy rendra pendus.

Cahuziere, ayant ceste parolle d'ung tel homme, n'eust pas voulu changer sa qualité avec celle d'un grand prince, et le remercia très-humblement. Làdessus le capitainne Nycolas entre en la chambre; et, ayant faict la reverence à M. le gouverneur, il s'addresse au capitainne La Cahuziere pour l'embrasser et caresser, luy disant qu'il estoit marry de sa fortune, et qu'il n'avoit pas eu du bon en ses entreprises. Mais l'aultre se deffaict de ceste embrassade, et se destourne de peur qu'il le joigne. M. de Vieilleville se leve, et le tire à part, luy demandant pourquoy il avoit ainsi rejecté le capitainne Nycolas; et sembloit qu'il voulût descouvrir ce qu'ils avoient entrepris de cacher. Il respondit qu'il s'en estoit ainsi reculé par horreur et dedaing, parce qu'il sentoit desjà le bourreau, puisque luy-mesme l'avoit condampné à estre pendu. De quoy M. de Vieilleville se print bien fort à rire : puis, s'addressant au capitainne Nycolas et au prevost, il leur dist qu'il trouvoit estrange ceste longueur sur l'execution de La Trousse, et que si dedans vingt-quatre heures l'on n'y mettoit une fin, qu'il se fascheroit de telle sorte qu'il y paroistroit. A quoy ils respondirent que demain à quatre heures après midy il ne seroit pas en vie : ce qu'il leur commanda assez rigoureusement.

CHAPITRE XIX.

Le prévôt et le sergent-major de Metz sont arrêtés.

LE lendemain, à deux heures après midy, on mene La Trousse en la place du Champ-Passaige où se font les executions de justice, pour y estre troussé; mais les mattois luy avoient faict prandre ung manteau dessous lequel il avoit les mains non liées, et faignoit d'estre lutherien, pour s'excuser de porter une croix; n'ayant poinct, au reste, de corde au col. Or, le sergent-major est tenu d'assister à toutes les executions de justice, avec une escouade de soldats que chasque capitainne doit fournir à son tour. Mais il ne s'y trouva poinct, ny le prevost semblablement, laissant ses archers en la charge de son greffier.

Quand le greffier eust achevé de lire son dictum, La Trousse se valse (1) et jecte du haut en bas de l'eschele, laissant le manteau entre les mains du bour-

(1) *Valse :* se renverse.

reau, prend la course, se fourre parmy la populasse et se saulve; car soldats, archers et tout le monde luy faict largue (1). Il vient à la porte Mozelle, quartier de son capitainne Pierre Longue, où tous ses compaignons, qui desja le pleuroient, car il estoit lancespessade, luy ouvrirent le passaige à grande joye, et s'en va, sans que jamais il fust possible de le rattrapper, encores que plus de vingt chevaulx allassent après, et par divers chemins.

M. de Vieilleville estoit en sa chambre, disputant avec des ingenieurs sur le plan d'une citadelle qu'il avoit projecté de faire bastir à Metz, quand on luy vint faire ce rapport : de quoy il entra en un merveilleux colere, et commanda au sieur de Beauchamp d'Angiers, capitainne de sa garde, d'aller prandre le prevost : et se trouvant le capitainne La Cahuziere fort à propos, il eust commandement de se saczir du capitainne Nycolas, qui n'eust pas pris de telle affection une cent fois meilleure charge; mais il n'oublia de faire sceller tous ses coffres et inventorier ses meubles.

Ces deux galants arrestez furent mis en diverses prisons, pour obvier à la conference ; ausquels le president de l'Aubespine, qui avoit succedé à Marillac, esbaucha le procès, attendant le prevost de Champaigne nommé Alzau, mais de telle sorte, que d'entrée de jeu il leur presenta la question : qui confesserent, comme gens delicats qui n'ont pas accoustumé de souffrir, qu'ils avoient touché chacun mille escus, le greffier du prevost quatre cents, et le bourreau deux cents, pour donner lumiere et faveur à ceste évasion ; mais qu'ils esperoient que M. de Vieilleville leur fe-

(1) *Largue* : large.

roit grace et misericorde en consideration de leurs bons services, et qu'il n'y alloit poinct du service du Roy, ny d'aultre chose qui leur eust peu estre imputée à tradiment ou perfidie, mais seulement vouloient sauver ung enfant de bonne maison, nepveu d'un prevost de l'hostel du Roy, l'un des chefs de justice de France, duquel ils dependoient tous deux; et supplioient le president de luy remonstrer leurs raisons, à ce qu'il en eust pitié, et esgard à leurs personnes et qualitez, et luy-mesme de leur estre pour l'honneur, et au nom de Dieu, aydant. Mais le tout envain; car le president leur respondit qu'il pensoit bien que s'il n'y avoit aultres bourriers (1) en leurs fleustes que l'evasion de La Trousse, ils seroient en esperance de quelque remission; mais il se trouvoit tant d'aultres charges, que à male peine en pourront-ils reschapper. Eulx, ne se doubtants poinct du faict de La Cahuziere, demandent quelles. A quoy il respondit que le prevost general de Champaigne les leur dira incontinant après son arrivée, qui sera dans deux ou trois jours; et les laissa en ceste convulsion de leurs cinq sens; car nous n'avons plus severes juges, ny plus fideles tesmoins de nos actions, que nos consciences.

(1) *Bourriers*: ordures.

CHAPITRE XX.

Ils sont punis du dernier supplice.

Trois jours après ceste premiere interrogation, le prevost Alzau arrive, qui, après la reverence faicte à M. le gouverneur, et les lettres de M. de Nevers presentées, fust envoyé au president de l'Aubespine, qui luy fist veoir tout ce qu'il avoit advancé en ce procès. Mais il requit incontinant qu'ils fussent mis ensemble, et qu'il n'y avoit plus de dangier de les laisser coucher en ung mesme lict; car leur confession de La Trousse les condamnoit assez.

Et estants logez ensemble aux prisons ordinaires, le prevost Alzau les vint trouver, accompaigné du capitainne Beauchamp, que suyvent dix ou douze lansquenets de la garde. Et tout à l'instant arrive le capitainne La Cahuziere avec son prisonnier nommé Hansclavez, qui leur fust presenté.

Incontinant que le capitainne Nycolas l'eust veu il s'escria, disant: « Ha! monsieur le prevost Vaurre, nous sommes perdus: je vous disois bien qu'ayant donné ceste bourde à M. le gouverneur, de l'avoir faict noyer, nous devions envoier après dedans les bois pour le faire tuer; mais vous ne voulustes pas : et voilà nostre condampnation. »

Le prevost Alzau dist à toute l'assistance qu'il ne falloit pas grandes escritures pour l'instruction de leur procès, car ils confessoient plus qu'on ne vouloit; et sur le champ commande de leur mettre les fers aux pieds; ce qui fust faict en sa presence. Puis vint faire son rapport à M. de Vieilleville, pour en ordonner ce qu'il luy plairoit.

Auquel il commanda de leur demander qu'estoient devenus quarante prisonniers qui leur furent baillez pour estre executez suivant la cappitulation, ayants esté pris sans certifficat ou adveu, et leur monstrer par escrit les jours et les mois qu'on les leur a delivrés à diverses fois, et leurs noms, ensemble le registre qu'ils ont tenu de leur mort, suivant l'usance de justice, et qui en a esté l'executeur; *item*, s'ils n'ont pas eschelé en plain mynuict les murailles de l'abbaye de Saint-Pierre, et enlevé deux religieuses de là-dedans, et leur demander où elles sont, en leur monstrant la requeste de l'abbesse; et au cas qu'ils reffusent de confesser verité, leur donner la question tout incontinant.

Le susdict prevost retourne devers eux, qui execute ce commandement avecques une extreme rigueur. Eulx respondent que les soldats qu'il demande ont passé par le chemin de Hansclavez; car de les avoir tuez il n'y eust eu apparence, d'aultant que c'estoit nourrir la garnison de Metz en oisiveté, et leur faire oublier le mestier de la guerre, parce que la vraye et naturelle garnison de la duché de Luxembourg s'estoit quasi du tout retirée, ne voulant plus combattre pour avoir à faire à trop forte partie, et que le comte de Mesgue avoit suscité ceulx-cy, affin de nous entretenir des ennemis qui ne luy coutoient rien; mais encores il y gaignoit, car il en tiroit beaucoup de daces et de tributs, jusques à prendre le dixiesme de leurs butins. Et supplioient M. de Vieilleville d'avoir pitié d'eulx, et leur faire misericorde, attendu la pureté de leur intention, qui ne tendoit que à tousjours entretenir le soldat français en l'exercice de sa valeur.

Et quant aux deux religieuses, ils voyent bien, puisqu'on les recherche de cela, que l'on pourchasse leur mort; car il n'y a capitainne, ni quasi soldat, qui n'ait sa garce, et qu'ils n'eussent jamais faict ceste entreprise s'ils n'y eussent esté appellez par elles-mesmes; car desja, durant le siege, on les avoit cachées chez le vidame de Chartres : de dire où elles sont, ils ne le peuvent, et pensent qu'elles se sont retirées, lors de l'esmeute, de leur emprisonnement. Le capitainne Nycolas supplie le prevost Alzau de ne faire aulcun desplaisir à la sienne, car elle est grosse de trois mois.

Alzau retourne avec son greffier et toutes leurs responces, sur lesquelles M. de Vieilleville commande d'assembler le conseil, où il voulut que les plus anciens capitainnes assistassent; car les maistre-de-camp et sergent-major généraulx Boisse et Croze s'en estoient allez il y avoit plus d'un mois. Et eux assemblez, le capitainne Nycolas fust condampné à estre desgradé des armes et de tout l'honneur, puis pendu et estranglé.

Ils commancerent l'execution de ceste sentence par le despouiller de tous ses habillements de noblesse; car estant bel homme, de belle taille, et d'aige moyen, il se delectoit fort, comme voluptueux et adonné à l'amour, de toutes sortes de draps de soye, jusques à porter sur ses escharpes de velours des fers d'or; au lieu desquels habillements il fut, depuis la teste jusques aux pieds, acoustré en paysant. Et luy osta-t-on les armes qu'on luy avoit rendues et ceintes une demie-heure auparavant en venir là. Et sur le poinct que l'on vouloit le mener au supplice, qui estoit designé en la place de la grande eglise, M. de Vieilleville, de ce adverty, envoya dire que, pour le respect des armes, et qu'il avoit commandé à tant de capitainnes l'espace de vingt ans en lieux signalez, qu'il vouloit qu'il fust estranglé en la prison, et son corps ainsi travesty porté sur une table en la place devant la geolle. Ce qui fust faict; et y demeura depuis huict heures du matin jusques à quatre après midy. Spectacle digne de grande pitié, de veoir un tel homme, roidde mort, estendu sur une table, avec un vieil chappeau tout percé, destainct (1), et sans rabat, vieilles guaistres et sabots, qui depuis vingt ans n'avoit porté que bas de soye et souliers de velours, et tousjours couvert de fers d'or.

Quant au prevost Vaurre et son greffier, qui avoient veu toute la tragedie du sergent-major, ils furent menez en la place susdicte pour y estre executez. Puis le bourreau fust fouetté par son valet autour de la potence, et aux quatre coings de la place, après cela remis en son office par faulte d'aultre.

Ainsi finirent ces deux miserables, qui avoient grande authorité en tout le gouvernement de Metz et pays messin; car à Thoul et Verdun ils avoient des lieutenants, et y faisoient quelquefois leurs cavalcades avec bonne escorte, pour faire reluire leur grandeur. Le corps du greffier fut porté sur le grand chemin de Metz au Pont-à-Mousson, et pendu à un arbre. Mais

---

(1) *Destainct* : déteint.

les deux aultres, pour le respect de leurs qualitez et estats, furent enterrez en l'eglise des cordeliers, l'un sur l'autre, en une mesme fosse.

CHAPITRE XXI.

M. de Vieilleville fait mettre en liberté des marchands que l'on retenoit injustement en prison.

Après ceste execution, le capitainne La Cahuziere fist instance fort aspre de ravoir la rançon de Hansclavez, que luy avoit ainsi sourratté le capitainne Nycolas, et maintenoit que l'argent estoit dedans ses coffres qu'il avoit faict sceller lors de sa prise, à l'ouverture desquels M. de Vieilleville voulut estre present, pour obvier aux abbus : et fut à la verité la somme de mille escus trouvée, non pas celle de Hansclavez, car incontinant qu'il avoit faict un cop de main, il l'envoyoit à Cusset ou Busset en Auvergne à sa femme, mais c'estoient les mille escus du prevost de l'hostel, La Trousse, qu'il n'eust pas loisir d'escarter ; et furent trouvez en une bourse rouge, avec une lettre dudict prevost, de telle substance :

« Monsieur de Bragme, je ne vouldrois pour rien escrire à M. de Vieilleville pour la delivrance de mon neveu ; car estant chef de justice, comme je suis en ce royaume, il me feroit rougir de honte de requester un si meschant homme ; car je congnois son integrité estre telle, qu'il ne pardonneroit pas à son propre frere, en dangier de me faire perdre mon estat, veu la creance que le Roy a en luy ; mais, si de vous-mesme vous le pouvez faire évader, suivant l'authorité que vous avez sur les soldats, je vous supplie, et M. le prevost Vaurre, d'y ouvrir vos cinq sens, et vous y évertuer ; et pource que vous ne pouvez executer cela tous seuls, je vous envoye deux mille six cents escus pour gaigner les hommes que vous pouvez enployer à ceste entreprise ; et s'il n'y a assez, je vous jure, en foy d'homme de bien, de vous rembourser de ce que vous aurez fourny davantaige : et gardez ceste lettre pour gaige de ma parolle. »

Ceste lettre veue, l'on jugea bientost qu'il n'eust poinct fallu d'aultre tesmoignage, ny meilleure preuve pour advancer le procès de ces miserables, s'il estoit à faire. Et commanda M. de Vieilleville qu'elle fust mise avec les aultres pieces du procès : puis il ordonna que les mille escus fussent delivrez au capitainne La Cahuziere ; mais il n'oublia, comme charitable et plain de bonté, d'ordonner que tous leurs meubles, armes et chevaulx, fussent vendus en pleine place, et à l'encant, pour estre l'argent qui en proviendroit distribué aux pauvres necessiteux et honteux, par les maisons, et le reste envoyé à l'hospital : ung aultre, sans cérémonie, et d'aulthorité absolue, les eust mis en ses bouges. Il donna la charge de ceste charité à quatre notables bourgeois de la ville, reputez gens de bien et conscientieux ; de quoy ils devoient rendre compte devant le president de l'Aubespine ; qui s'en acquiterent fort chrestiennement, sans en vouloir tirer aulcun salaire pour leurs vacations : et y en avoit pour plus de six mille francs, leurs serviteurs, domestiques préalablement payez.

Ceste despesche faicte, il s'advisa d'ung aultre traict quasi aultant charitable que le precedent; car il fist amener devant luy Hansclavez, auquel il dist, en la presence des aultres prisonniers, qu'il le feroit pendre et tous ses compaignons, s'il ne rendoit les huict marchands françaiſ qu'il s'estoit vanté avoir pris, allants à la foire de la Cousture de Rheims, et qu'il luy bailleroit un trompette pour envoyer devers le comte de Mesgue pour les amener; luy commandant avec rigoureuses menaces de luy en escrire en diligence, aultrement que c'estoit faict de leur vie. Ils se prosternerent tous à genoux, implorants sa grace et misericorde, s'offrants et promettants de faire tout qu'il luy plairoit. Et trois jours après le partement du trompette, les susdits marchands furent ramenez à Metz, et renvoyez en leurs maisons, sans qu'il leur coustast ung double, ny pour ranson ny pour despens. De quoy ils se sentirent très-obligez à M. de Vieilleville; et parce qu'ils estoient cogneus de beaucoup de marchands de Metz, ils trouverent bientost le moyen de se monter et deffrayer par les chemins. Et affin que la courtoisie fust mutuelle, M. de Vieilleville renvoya Hansclavez, et ses unze compaignons (qui tous, hormy luy, avoient plustost mine de harpaille et d'ivrongnes que de soldats), francs et quictes de toutes choses, avec leurs armes et chevaux: mais il leur fist faire serment de ne jamais porter les armes contre la nation française, ny faire la guerre au pays messin. Ce qu'ils signerent; et fut en leur presence enregistré, avec promesse aussi qu'on leur feist, s'ils y estoient trouvez, qu'il n'y pendoit que la roue.

CHAPITRE XXII.

Le gardien des observantins de Metz trame une conjuration pour livrer la ville au comte de Mesgue.

[1555] J'ay dict au cinquiesme livre que quand les moines, principalement les mendiants, et sur-tout les cordeliers et jacobins, s'enyvrent d'ambition, ils sont fort prompts à troubler ung Estat : ce qui est confirmé bien amplement par le discours qui s'ensuict.

Il y avoit des cordeliers à Metz, qui n'estoient pas de l'ordre de Saint-François, car on les appelloit, comme il me semble, observantins (1), et estoient tous d'une ville des Pays-Bas qui se nomme Nyvelle. Le gardien alloit souvent visiter ses parants, et soubs umbre de ceste visitation il se presentoit à tous les voyages devant la royne de Hongrie, regente en Flandres, qui en tiroit beaucoup de nouvelles, tant de l'estat de Metz que d'Allemaigne, quelquefois de France, et luy servoit, en somme, d'un bon espion.

Elle, voyant ses allées et venues si libres, ouvre son esprit à plus haultes choses, et luy demande s'il y avoit moyen d'entreprendre sur la ville de Metz, et par quelle façon on y pourroit parvenir. Le moine, qui ne manquoit d'entendement, luy respondit qu'il n'estoit pas trop malaisé; car premierement toute la noblesse est mal contente, à cause de l'eschevinaige

---

(1) *Observantins.* Les observantins étoient de l'ordre de Saint-François.

dont on l'a privée; les soldats se faschent de veoir ainsi traicter leurs compaignons, car il s'y faict de grandes executions de justice : et oultre ce, ils crevent de raige et de despit de vivre en si perpetuelle crainte ; car s'ils avoient seulement injurié un bourgeois, ils sont asseurez pour le moins de la prison; et s'ils l'outraigent, il n'y escheoit que la strapade (1).

Que si elle luy veult donner une trentaine de soldats fideles et aguerris, qu'il fera acoustrer en cordeliers, qui entreront en la ville deux à deux, à diverses fois, par l'espace de deux mois, il espere faire ung grand et signalé service à l'Empereur son frere; car elle envoyera des forces au comte de Mesgue, qui se presenteront à l'escalade du costé du pont Yffroy cependant que tout le monde ira estaindre le feu qu'il aura faict mettre par artifice en cent ou six-vingts maisons, dont il sceit l'invention; et en moins d'une heure les moynes viendront sur la muraille pour favoriser l'escalade et soustenir devant et derriere tout l'effort qui s'y pourra presenter, car les remparts sont estroicts. Il ne fault doubter que la ville ne soit vostre; car de ce costé la muraille est basse, et s'asseure qu'il y aura plus de mille soldats qui se revolteront pour butiner, quand ils auront crié *Liberté! liberté! à mort! à mort! tue! tue ce meschant Vieilleville!* Mais il la supplie de tenir la chose bien secrette, sans la descouvrir à personne vivante, jusques à ce que sa trame soit bien enfilée.

---

(1) *La strapade* : ancien supplice militaire. On lioit à un soldat les mains derrière le dos; on l'enlevoit avec une corde au haut d'une longue pièce de bois; ensuite on le laissoit tomber presque à terre. La secousse qu'il éprouvoit par cette chute lui disloquoit presque toujours les bras et les jambes. Estrapade vient du vieux verbe françois *estreper* qui veut dire briser.

Cependant, premier que rien entreprendre, il veut estre asseuré de l'evesché de Metz : ce qu'elle luy accorda incontinant, en luy donnant une assez riche bague pour asseurance de sa parolle, avec cinq cents escus (car elle pensoit estre desja dedans) pour faire les provisions des trente soldats travestis en moynes, qui devoient entrer en la forme que dict est; et en mena sur l'heure trois avec luy, qui portoient tiltre de capitainne.

Ce diable de moyne fist telle diligence, qu'en moins trois sepmaines tout son compte estoit rendu en son couvent, bien logé et nourry, de mesme ayant gaigné et attiré à sa cordelle tous ses moynes naturels, en nombre de vingt, soubs grandes et certaines promesses des abbayes et aultres dignitez de son evesché; lesquels, avec tous les aultres faulx cordeliers, faisoient de cérémonieuses sanctimonies par les eglises et maisons, qu'il estoit impossible de les descouvrir pour soldats.

Or, M. de Vieilleville fut adverty par un serviteur et agent occulte, fort habile et très-fidele, qu'il entretenoit secrettement dedans Luxembourg, que la royne de Hongrie envoyoit douze cents harquebuziers lestes et bien choisis, huict cents bons chevaux et grand nombre de noblesse des Pays-Bas, au comte de Mesgue, qui avoit commandé que l'on fist en son gouvernement jusques à vingt mille pains de munition, et qu'il y avoit quelque entreprise; mais il ne pouvoit descouvrir où, et qu'en tout évenement, il se tint sur ses gardes : qu'il est vray qu'il a veu deux cordeliers de moyen aige se retirer en ung cabinet avec ledict comte, et y estre pour le moins deux bonnes heures; mais il n'a jamais pu sçavoir d'où ils sont, sinon que le bruict commun est qu'ils viennent de Bruxelles : toutesfois il n'en sceit rien au vray, n'ayant voulu faillir de luy donner cest advis affin qu'il y pense.

CHAPITRE XXIII.

La conjuration est découverte.

Monsieur de Vieilleville, ayant receu ceste lettre, tout aussitost, sans bruict, vient avec quelques capitainnes de sa garde au grand couvent des cordeliers; et, suivant sa providence et son esprit penetrant, il faict venir le gardien, auquel il demande quel nombre il a de religieux, et s'ils y sont tous; qu'il les veut veoir en la nef de l'eglise comme ils se mectent quelquefois en station : ce qui fut faict; où il ne trouva rien à redire.

Après il va aux observantins et demanda le gardien; mais il luy fut respondu qu'il estoit allé à Nyvelle en l'enterrement de son frere. Il veult semblablement sçavoir le nombre, et où ils sont. Trois ou quatre luy respondirent qu'ils estoient par ville, faisants la queste pour le couvent. Mais, s'appercevant à leurs visaiges pasles qu'ils estoient un peu estonnez, il entreprend de fouiller les chambres et le couvent; faisant fermer toutes portes, et entrant en une chambre, il y trouva deux faulx cordeliers malades couchés en beaux draps, et leurs chausses descouppées à la soldate, et pourpoincts de couleurs sur leurs licts. Incontinant ils furent saezis; et pour ce qu'aux extremes dangiers il

fault user d'extremes remedes, on leur faict, avec
grands coups, menaces de la mort qu'ils voyent toute
presente, et les poulces dedans le chien de la harquebuze, dire promptement quels ils sont et pourquoy
ils sont là, qui les y a faict venir, et sur quel subject et
occasion : ils confessent librement, plustost que d'endurer tant de mal, qu'ils ne sont pas cordeliers; encores qu'ils ayent la teste raze, mais que la royne de
Hongrie leur a commandé de faire tout ce que le gardien leur dira; ils ne sçavent toutesfois en quoy il
les veult employer; ils esperent à son retour de Luxembourg, où il est allé, de le sçavoir. A ceste responce
M. de Vieilleville se doubta que les deux moynes qui
avoient conféré avec le comte de Mesgue estoient de
céans; et sort incontinant pour commander que l'on
ferme toutes les portes de la ville, horsmis du pont
Yffroy, qui est celle qui mene à Luxembourg; et com-
met à la garde du couvent le capitainne d'Amezan,
avecques nombre de harquebuziers, à la charge de
n'en laisser sortir ung seul, mais ouvrir aux aultres
cordeliers qui estoient espars par la ville, et les arrester prisonniers à mesure qu'ils arriveroient : ce qu'il
executa fort fidelement. Et envoya le prevost poursuivre l'instruction du procès, suivant les responces des
deux faulx cordeliers malades, et parachever la visite
generale de tout le couvent, sans y rien espargner;
puis s'en vint à la porte du pont Yffroy que gardoit le
capitainne Salcede, d'où il mande à madame de Vieilleville qu'elle disne sans l'attendre, s'enquerir où il est,
ny ce qu'il faict; et envoye toute sa suicte, jusques à
ses gardes, disner semblablement, demeurant avecques
gentilhomme, ung paige et ung laquais, parmy

les soldats qui estoient de garde à la porte ; qui se doubterent bien qu'il y avoit quelque entreprise.

Il envoye dire au capitainne Salcede s'il n'avoit disné qu'il fist apporter son disner tel qu'il estoit, sans y rien adjouster de surcroist, mais tout incontinant, et qu'il le mangeroit soubs la porte, de laquelle il ne vouloit partir tout le jour qu'il n'ait veu entrer quelqu'un qu'il attend, et que peult-estre il y couchera avec le corps de garde, et qu'il ne s'en enquiere pas davantaige, mais qu'il s'advance de venir en toute diligence avec ce qu'il a, n'eust-il que des aulx et des raves à l'hespaignole, car il estoit natif d'Hespaigne.

Salcède, bien esbahy, le vint incontinant trouver avec son ordinaire, qui estoit passablement bon ; car c'estoit le plus pecunieux capitainne de la France. Et n'eurent sitost achevé de disner, que la sentinelle faict dire qu'il voyoit de loing deux cordeliers venir, à grand trot de cheval, par le chemin de Théonville.

M. de Vieilleville, à ce rapport, prand incontinant une halebarde, sort en diligence hors la porte, et se presente à la barriere, suivy seulement de deux soldats, deffendant à tout le reste de la garde, capitainnes et aultres, de l'accompaigner.

Le moyne, qui le recognoissoit, s'estonne de le veoir en cest estat, faisant office de soldat, et met pied à terre. Mais il luy commanda d'aller au logis de Salcede, et qu'il a quelque chose à luy dire, le y faisant conduire avec son compaignon par deux soldats. Entrez qu'ils furent là dedans, il faict sortir tout le monde, fors le capitainne Salcede et son lieutenant, le capitainne Ryolas. Alors M. de Vieilleville commencea à parler : « Et bien, monsieur le cagot, vous venez de conferer avec le comte de Mesgue? Il fault resolument me dire tout ce que vous avez negocié ensemble, ou mourir tout à ceste heure ; mais si vous confessez verité, je vous donneray la vye, quand bien vous auriez attenté à la mienne propre. D'aller en vostre couvent, il n'y a plus d'ordre : il est plain de soldats, et tous vos moynes sont prisonniers, dont il y en a de faulx qui m'ont confessé ne l'estre poinct, mais soldats, et qu'ils sont venus par le commandement de la royne de Hongrie. Or sus, dictes vistement la verité, ou entre-confessez-vous tous deux, car vous ne vivrez pas encores une heure. »

Quand ce povre gardien sentit, par ces propos, qu'il avoit eu beaucoup de lumiere de sa trame, il se prosterne à genoux ; mais il nye avoir en rien forfaict, et que ces deux hommes dont il parle sont ses parents, qui ont tué leur frere pour la succession, et qu'il les a amenez à Metz en habit de cordeliers pour les sauver. « Voyez, dist M. de Vieilleville, si ce meschant sceyt desguyser le harang-sor! » Ce disant, il entre un soldat de la part du capitainne d'Amezan, qui lui rapporte qu'il estoit entré depuis son partement six aultres cordeliers, qui avoient soubs leurs habits chausses et pourpoincts découppez à la soldate, qu'il a semblablement arrestez prisonniers. « Et bien, dist M. de Vieilleville, addressant sa parolle au gardien, ceulx-là ont-ils aussi tué leur frere? Je jure au Dieu vivant que vous me direz presentement ce qui couve là-dessoubs, ou je vous feray bien souffrir du mal avant mourir. » Et commanda en l'instant au capitainne Ryolas de le prendre et lyer, en attendant que le prevost vienne pour luy donner la question.

Le cordelier, voyant qu'il ne peult plus reculer, et que son tradiment est plus qu'à demy descouvert, se prosterne derechef luy demandant pardon, et que la gloire du monde et l'ambition l'ont deceu, mais qu'il luy dira verité pourveu que son bon plaisir soit luy donner la vie. M. de Vieilleville respond qu'il aura sa vie et la verité quand il luy plaira, car il en sceyt les moyens; toutefois, s'il jure de confesser toutes choses sans rien dissimuler ny pallier, mais de lui declarer au vray comme il va de toute ceste entreprise, il luy promet, foy de gentilhomme d'honneur, de le renvoyer en son païs, franc et quicte de sa vie et de toute honte, et de pardonner en sa faveur à tous ceulx qu'il a employés en ce : et luy monstra les lettres de son agent de Luxembourg, sur lesquelles le moine demeura esperdu; qui fut la plus urgente et pregnante occasion qui le forcea de venir au poinct; car il n'y avoit plus que tenir : aussi que la luy monstrant il lui dist qu'il estoit venu exprès à la porte faire le soldat, de peur de faillir à l'attrapper.

Alors, comme à demy condampné, commencea à lui dire qu'il voyoit bien que Dieu l'assistoit et gardoit la ville pour luy; car sans cest advertissement elle estoit perdue pour le Roy, et acquise dès ce jour mesme à l'Empereur, et que toutes les trouppes mentionnées au susdict advertissement estoient à six lieues de Metz, au dessoubs du mont Sainct-Jan, et se devoient rendre, sans passer par ville quelconque, à neuf heures du soir, aujourd'huy, contre les murailles de la ville, devers le Pont-Yffroy : « Car, dist-il, je devois mettre le feu en cent ou six-vingts maisons de l'autre costé de la ville; et est chose bien certaine que tout le monde y eust accouru pour l'estaindre; durant lequel tumulte et estonnement les forces susdites devoient venir à l'escalade, que les trente religieux soustiendroient et favoriseroient d'un costé sur le rampart, qui n'est gueres large en cest costé-là, et mes vingt moines de l'autre : ils ont avec eux douze charrettes d'eschales, de la mesure qu'il les fault. »

M. de Vieilleville commanda au capitainne Ryolas de le resserrer en lieu secret, sans le laisser veoir ny communiquer à personne, et qu'il le commettoit prisonnier en sa garde; lequel, pour n'y faillir, le lya bien serré en une garderobbe, où personne n'entra tandis qu'il fut en sa chambre.

CHAPITRE XXIV.

M. de Vieilleville sort de Metz avec une partie de la garnison pour attaquer les troupes du comte de Mesgue.

Tout incontinant, M. de Vieilleville print sur ce rapport une merveilleuse et terrible resolution, comme il estoit prompt et diligent en tels inopinez evenements; car il appela M. de Guyencourt son lieutenant; auquel il commanda de faire subitement monter à cheval toute sa compaignie en armes, au son de la sourdine seulement, et envoye advertir M. d'Espinay et le chevalier de Lancque de faire le semblable. Il s'arme quant et quant, et fait dire aux capitainnes de Sainte-Coulombe et Sainte-Marie de prendre trois cents harquebuziers, et se trouver tous à la porte du Pont-Yffroy pour le suivre, où il vouloit aller, sans autre connoissance de cause, et amener quant et quant une vingtaine de tambours, et aux capitainnes La Caluziere et La Mothe-Gondrin, deux cents corselets, portants tous halebardes.

Voilà toute la ville esmeue sans en sçavoir l'occasion : cependant ung chacun se prepare en toute diligence pour n'estre des derniers au rendez-vous ; car il n'eust pas espargné son frere s'il eust failly à son commandement ; et ordonna au capitainne Saint-Chamans, sergent-major, non moins habile que son predecesseur, mais plus homme de bien, de faire porter tout incontinant sur chacune des plates-formes des portes de Saint-Thibaud, de Mozelle, Champenoise et des Allemants, cinquante fagots, et y mettre le feu entre six et sept heures du soir, ny plustost ny plus tard ; qu'il y prenne soigneusement garde ; et, plustost qu'il y aict faulte, qu'il contraigne tous les habitans de ces quartiers-là d'y obeyr par toutes voyes et manieres, jusques au baston ; car c'est pour le très-urgent et très-exprès service du Roy.

Toutes les trouppes se trouverent à la porte du Pont-Yffroy, où il estoit armé de toutes pieces, qui avoit desja sorty le pont, monté sur son Yvoy, en attendant, avec dix ou douze gentilshommes de sa maison, aussi armez. Et voyant tout ce qu'il avoit ordonné : « Or suz, marchons, dist-il, sans bruict et en diligence, et je vous feray veoir avant quatre heures de terribles choses, Dieu aydant. » Cela dict, on marche sans trompette ny tambour, et venons à la Domchamp, qui est à une lieue de Metz. Il appelle le capitainne La Plante qui estoit le premier guide du monde, et qui cognoissoit le pays et toute ceste contrée jusques à Bruxelles, mieulx que les mesmes habitants, et le fit monter à cheval.

Il luy descouvre, en marchant, en la presence de M. d'Espinay et de tous les autres chefs, le secret de l'entreprise des ennemis, et aussi de ce qu'il a deliberé faire, et qu'ils sont soubs le mont Sainct-Jan, à six lieues de Metz, et croit qu'ils sont maintenant deslogez pour executer leur entreprise. Il demande d'estre mené en quelque bois sur leur chemin, et s'y embuscher avec tout ce qu'il veoid de trouppes; sinon il a deliberé de combattre, encores que les ennemis soient trois contre ung.

La Plante lui jure qu'il le va mener en ung lieu, sur leur chemin de Metz, où avec la moitié moins de force il mettra une armée à vau-de-routte, et qu'il n'y avoit que une lieue de là où ils estoient: de quoy tout le monde se resjouist d'une incredible allaigresse.

Doncques ils se diligentent tous; et les fist entrer dedans ung bois assez long et spacieux, au bout duquel, tirant vers Metz, il y avoit un gros villaige. Puis quand M. de Vieilleville l'eust bien revisé, et recongneu toutes les advenues et sorties, car il y avoit plusieurs chemins de tous lesquels il n'y en avoit que ung qui menast à Théonville, distant delà trois bonnes lieues, il mect M. de Guyencourt à l'entrée dudit bois en embuscade avec la moitié de la compaignie; M. de Montz et M. de Vadancourt avec le reste en ung aultre endroit assez à l'escart; et à chacune trouppe cinquante harquebuziers et quatre tambours.

Il pose cent harquebuziers dedans le villaige, et la

moitié de cent harquebuziers de Lancque, qui devoient sortir par le derriere des maisons, avec aussi huict tambours; et l'autre moictié en ung chemin estroict qui faisoit la separation du villaige et du bois, et cent corselets.

M. d'Espinay fut applacé semblablement, avec la moitié de sa compaignie, en ung autre cartier; et les autres cent corselets, M. de La Boulaye son lieutenant avec M. de Thévalle en ung aultre. De telle sorte que, de mille en mille pas, on pouvoit faire saillye sur l'ennemy pour ne luy donner loisir de se recongnoistre; et les bruicts des tambours pour l'estonner, et luy faire croire qu'il avoit toute la garnison de Metz sur les bras, qui estoit, de reputation connue parmy tous les estrangiers, de quatre mille harquebuziers, douze cents corselets, et de huict cents ou mille chevaux.

Les choses ainsi bien ordonnées, M. de Vieilleville deffendit à tous de n'empescher point le chemin qui menoit à Théonville; aussi n'y avoit-il voulu poser aulcunes forces, n'y d'aller après les fuyards, car les garnisons d'Arlon et de Théonville estoient trop voisines; aussi qu'il fault faire à son ennemy pont d'argent quand il enfile la fuicte; et commanda à La Plante, qui sçavoit parler wallon, flamant et hespaignol, d'aller bien avant en païs, descouvrir où ils pourroient estre, et s'avancer quand il les verroit, pour nous venir advertir, affin que chacun se placeast et rangeast aux lieux qui leur estoient ordonnez.

CHAPITRE XXV.

M. de Vieilleville met ses troupes en embuscade, et défait entièrement celles du comte de Mesgue.

Nous ne fusmes pas heure et demie en ce bois, que le voicy arriver à toutes brides, qui faict son rapport à M. de Vieilleville de ceste façon : « Monsieur, sur une montaigne distant d'icy une lieue je les ay descouverts là-bas en une plaine, et pourront estre ici dedans une bonne heure, car ils marchent bon pas : et fault qu'ils ayent eu nouvelle de l'embrasement de Metz, dont j'ai veu moy-mesme les flammes : Saint-Chamans ne vous a pas failly. Et y a des païsants qui les ont veues, qui s'estonnent que ce peult estre. Ils sont en plus grand nombre que vous ne dictes ; la terre en est toute couverte. Mais je veulx qu'ils soient encores deux fois davantaige ; car ils sont à nous, ayant si bien disposé les ambuscades comme vous avez faict. » Sur ce rapport M. de Vieilleville commande incontinant que chacun se range en son lieu ordonné, et que M. de Guyencourt, qui est à l'entrée du bois, doict faire la premiere charge ; mais il ne la fera que toutes les trouppes ennemies ne soient entierement entrées dedans le bois. Et cela commandé, il s'en va à l'yssue du chemin devers Metz, pour empescher qu'ils n'eschappent de ce costé-là : il n'avoit en tout que quarante chevaulx, où estoient M. Dormault, M. de Pezé, M. de Fontenay, M. de Crapado, M. de Thuré, et plusieurs aultres gentilshommes et sa garde.

L'heure et demie ne passa poinct que nous veismes les avantcoureurs entrer dedans le bois, qui estoient bien environ soixante. Il y avoit de nos halebardiers couchez sur le ventre dedans les taillys (car les harquebuziers estoient bien loin escartez, de peur de l'odeur des mesches), qui les escoutoient deviser en marchants; dont l'un dist : « Allez les haster, mort Dieu ! car nous tardons trop, et qu'il n'y a rien dedans ce bois que des taulpes. Mort Dieu ! que nous serons riches aujourd'huy ! et le grand service que nous allons faire à l'Empereur ! » L'autre disoit : « Nous le ferons rougir, car nous prandrons avec trois mille hommes ce qu'il n'a peu avec cent mille. » L'autre : « Je paillarderay tant ceste nuict que j'en mourray; car il y a de fort belles femmes et filles. »

Voicy toute la flotte arrivée qui s'engoulphe dedans le bois. Les premiers qui marchoient estoient les harquebuziers avec tous les charrois des eschelles et bagages; après venoit une fort belle cavalerie que menoit le comte de Mesgue, mais le tout sans ordre, qui disoit : « Marchons, vertu de Dieu ! en diligence ; car nous avons desja veu les feux. Nostre retardement apportera quelque préjudice à nostre faction : marchons, mort Dieu ! marchons. » Qui fut cause, qu'ils ne tenoient aucun rang, ny une seule forme de bataille. Aussi estoit-ce à qui gaigneroit pays, et marchoient pesle-mesle maistres et valets. Après tous ceulx-là entra dedans le chemin la trouppe des gentilshommes volontaires des Pays-Bas, qui pouvoit revenir à sept ou huict cents chevaulx.

Quand tout fust entré, M. de Guyencourt, qui estoit bien bas esloigné du grand chemin, et derriere toutes les voyes, s'advance au galop avec sa trouppe. Entré qu'il fust dedans le chemin, il commence à crier : *France! France! Vieilleville! charge! charge!* Et puis descoche à toutes brides, la lance en arrest. Ceste noblesse, qui faisoit porter à ses valets leurs lances et habillements de teste, commence à crier et les appeller. Cependant les harquebuziers sortent des bois, qui tirent de flanc en flanc, et en abbattent dru comme des mousches. Les halebardiers sortent d'aultre part, qui les gardent de se joindre; les tambours battent et sonnent l'alarme et la charge de telle furie, et avec si grand bruict, qu'ils ne se peuvent entendre, mais les estonnent. Ceulx qui alloient devant veulent tourner bride et faire teste pour secourir ceste noblesse volontaire; mais la seconde embuscade sort, où les harquebuziers tirent de telle furie, et les corselets avec leurs halebardes les chargent si cruellement, qu'ils les font bien penser à plustost se deffendre que d'aller secourir autruy ; et les tambours menent ung si horrible bruict, qu'ils ne s'entrentendent parler à cause du contre-son que rendent les bois, nommé par les poëtes fabuleusement écho. Le comte de Mesgue s'escrie : « Mort Dieu! nous sommes trahys! Teste Dieu! qu'est-cecy? » et faict myne de vouloir combattre, et s'y prepare. Mais la troisiesme embuscade le charge si furieusemrnt, que luy, sa cavallerie, et les harquebuziers qui marchoient devant, se hastent de gaigner le villaige, esperant y trouver seure retraicte et s'y barricader; mais ils furent estrangement repoussez; car c'estoit la quatriesme embuscade, où l'on avoit posé tout le gros de nos harquebuziers. Aussi furent surcueillis des deux costés par les harquebuziers à cheval du sieur de Lanque, qui estoit la cinquiesme embuscade, si rudement, que le comte de Mesgue fut contrainct, avec sa cavallerie, de rompre ses mesmes harquebuziers, pour essayer de se sauver; car de quelque costé qu'il se tournoit il trouvoit l'ennemy en teste : si bien qu'il ne luy fust possible de dresser ses gens au combat, ny d'estre entendu en ses commandemens, à cause de l'effroy du bruict et estonnement des tambours et cris ordinaires : *France! France! charge! charge! Vieilleville!* Qui fut cause que tous ses soldats se desbandoient pour entendre à la fuite plustost qu'au combat : c'estoit à se saulve qui peult; car toutes nos trouppes de derriere, jointes ensemble, les chassoient devant eulx, tuants tout ce qu'ils rencontroient; dont la pluspart se saulvoit dans les boys sans combattre, après lesquels il estoit deffendu d'aller ny d'entrer dedans, mais toujours moissonner devant soy, et tuer tout.

Le comte de Mesgue, voulant gaigner le chemin qui alloit à Metz, comme estant troublé et tout hors de soy, s'advance par une determinée resolution de s'y enfourner; mais M. d'Espinay le vint charger en flanc avec sa compaignie, et M. de Vieilleville en teste; qui le vous rembarrent de telle façon, que la pluspart se jecte à terre pour gaigner les bois, et prennent tous le chemin de Théonville, duquel ils sçavoient les rouittes et brizées il y avoit long-temps. Et receust le comte, par ces dernieres embuscades, la sixiesme et la septiesme, une merveilleuse honte et dommaige; car ils laissoient tous quasi leurs chevaulx, parce qu'ils ne pouvoient aisément brosser au travers des taillis; et en fut tué grand nombre de sa trouppe; et beaucoup de prisonniers. Mais M. de Guyencourt eust les plus riches; qui pouvoient monter en toute la deffaicte à quatre cents cinquante; et de morts sur la place unze cents quarante-cinq : qui fut une très-heureuse victoire, sans perdre que quinze hommes et bien peu de blessez. Aussi marchoient-ils en telle confusion et désordre, qu'une bien grosse armée s'y fust perdue; car les maistres estoient pesle mesle avec leurs valets, et n'y en avoit ung seul des nobles qui furent chargez des premiers par l'embuscade de M. de Guyencourt, qui eust armet en teste, ny qui portast sa lance: aussi furent-ils tous tuez ou pris en fuyant; ce qui donna l'espouvante à tout le reste. Et advint ceste deffence ung jeudy d'octobre l'an 1555, traeze mois après celle du jour et feste de Saint Mychel cy-dessus mentionnée, par la diligence et saige conduicte de M. de Vieilleville; car en un jour il descouvrit l'entreprise et print le trahistre moyne vendeur de sa ville, et deffit ceulx qui l'estoient venu achepter. Que s'il se fust remys sur ung tiers pour prendre le galant, la ville sans doubte estoit perdue.

M. de Vieilleville, qui n'oublioit jamais rien en faction d'importance, principalement où il avoit commandement général, sort avecques M. d'Espinay et toute la cavallerie hors des bois, et se tient en bataille du costé de Théonville pour obvier à tous inconvenients, comme celuy qui ne negligeoit jamais son ennemy, et pour donner aussi loisir aux soldats de despouiller les morts, resserrer les prisonniers, et arrester les chevaulx eschappez, se saezir du bagaige et du charroy, où celuy des eschales ne fut pas oublié, en quoy se passa plus d'une heure. Et le rapport venu que tout alloit bien, et que c'estoit fait, il commanda de sonner la retraicte, prenant le chemin de Metz, ayant deux lieues ou environ, marchant tousjours en bon ordre à la lueur de la lune qui nous esclairoit en ciel fort espare (1), n'estant qu'au second jour de sa plenitude. Mais il envoya deux hommes de cheval devant, annoncer sa venue, dont l'un devoit aller reseveillir les chanoines de la grande eglise (car il estoit environ minuit) pour s'y trouver, affin de louer Dieu d'une si heureuse victoire avant se retirer; l'autre, dire à madame de Vieilleville qu'elle ne fust en peine de lui. Ce qui fut faict, et les louanges fort solemnellement parachevées, où la musique ne fut pas espargnée: elle s'y trouva aussi et madamoyselle d'Espinay; et plusieurs dames et damoyselles de la ville, qui sceurent que toutes deux y alloient, se leverent semblablement en diligence pour les y accompaigner: somme, la rejoüissance fut si grande et universelle par toute la ville, que toutes sortes de gens ne dormirent gueres ceste nuict-là, mais la passerent en une incredible allaigresse; car beaucoup de bourgeois dresserent des tables devant leurs portes, faisant boire à la mode du pays, que l'on appelle carroux, tous les passants.

(1) *Espare :* net.

CHAPITRE XXVI.

Le comte de Mesgue, après sa defaite, envoie un trompette à Metz pour réclamer quelques-uns des siens.

Le lendemain vendredy, le prevost se presenta devant M. de Vieilleville avec le procès des cordeliers tout instruict; par lequel ils estoient tous convaincus de crime de leze-majesté, et qu'il ne restoit plus qu'à ordonner de quelle mort, en quel temps et en quel lieu il luy plaisoit que l'execution en fust faicte. Il y en avoit en tout cinquante, que le capitainne Damezan tenoit prisonniers bien serrez en leur mesme couvent.

Sur quoy il luy dist qu'il n'estoit pas raisonnable que les trente soldats qui estoient venus pour l'entreprise moureussent, encores qu'on les pouvoit faire pendre pour espions, estant entrez en la ville travestis et desguisez en cordeliers; mais, attendu la générosité de leur couraige, d'avoir si prodigallement hazardé leur vye pour acquerir honneur et faire service à leur prince, qui eust esté très-grand si Dieu n'y eust pourveu, il la leur remettoit, et leur faisoit grace fort libéralement, pour le respect et en faveur des armes. « Toutesfois, affin qu'il leur en souvienne, je ne veulx pas, dist-il, qu'ils s'en retournent sans recevoir quelque ligiere honte; qui sera que demain matin vous les ferez partir de la grande eglise, les testes nues, trois à trois, chascun un baston blanc en la main, vestus du long habit de cordelier; et porteront leurs frocs

sur leurs bras, comme les chanoines leurs aulmusses;
et seront conduicts par vos archers le long de la grande
rue de Fournicaut, qui les feront passer par la petite
place, puis par le Champ-Passaige, pour les mener à la
porte du Pont-Yffroy : votre trompette marchera devant, à cheval, qui sonnera à chaque carrefour; et
dira à haulte voix ces mots : « Sont les moynes de la
royne de Hongrie qui devoient surprendre ceste ville
et l'abrazer; mais Dieu, par sa sainte grace, y a pourveu; et pour ceste leur meschante entreprise, ils sont
bannys à jamais de la ville de Metz et pays messin,
et condampnez, s'ils y sont rencontrez et pris, à estre
pendus et estranglez. » Vous leur baillerez toutes ces
parolles par escrit en bonne forme; mais qu'il n'y ait
faulte que demain tout ce que dessus ne soit, sans
rien oublier, fort bien executé, (ce que le prevost promist sur sa vye), et de commencer à sept heures du
matin. »

Il n'eust pas sitost faict ce commandement, que le
capitainne Ryolas luy vint dire qu'il y avoit à sa porte
ung trompette qui avoit faict desja trois chiamades,
et s'il ne luy plaisoit pas qu'on le luy amenast, ce
qu'il accorda; aussi qu'il sceust qu'il estoit au comte
de Mesgue. Luy arrivé, M. de Vieilleville luy demanda : « Et bien, que dict le comte de Mesgue? Il
a bien eu du moyne, n'est-il pas vray ? »

Le trompette se retient sans ozer faire aucune responce; mais il l'encouraige par ces mots : « Parle hardiment, trompette; ne sceys-tu pas bien que gens de ta qualité ont puissance de tout dire? pour le moins je le te permets. ». Le trompette, s'asseurant par ceste parolle, va
respondre : « Ouy, par Dieu, monsieur, nous avons

bien eu du moyne. Que mauldicte soit la moynerie et à tous les diables donnée, quand elle se meslera d'aultre chose que de prier Dieu! M. le comte, mon povre maistre, en est au lit malade; et disoit ce matin, quand il m'a despeché, que ce n'est qu'aultant d'hommes perdus que de rien entreprendre sur ce lyon-vulpe de Vieilleville, et que c'estoit grande folye à luy de marcher pour executer une entreprise qui n'est tramée que par des femmes et des moynes, où il a perdu tant de braves capitainnes, et si grand nombre de gens de bien et d'illustres hommes; et proteste bien à Dieu, et le jure, qu'il ne tombera jamais en cest inconvenient. Il m'a baillé, monsieur, ce roolle de gens de réputation, pour sçavoir s'ils sont morts ou prisonniers. »

CHAPITRE XXVII.

Punition des soldats ennemis qui s'étoient cachés dans le couvent des cordeliers observantins.

Monsieur de Vieilleville, à la veue de ce roolle, faict faire en l'instant ung cry public, à son de trompettes et de tambours, par toute la ville, que tous capitainnes, tant de gens de cheval que de pied, gendarmes, chevaulx ligiers, soldats et tous aultres qu'il appartient, ayent à faire venir, sur les trois heures après midy de ce jour, tous les prisonniers qu'ils prindrent hyer en la journée des embuscades, en la place du Cham-Passaige, et n'en retenir ou cacher ung seul, sur peine de la vie, sans nul excepter.

A l'heure dicte, l'on amena quatre cents compaignons prisonniers en la grande place du Champ-Passaige, qui furent tous rangez en bataille, à dix par ranc, entourez de quatre cents harquebuziers d'ung costé, et d'aultant de corselets de l'aultre ; et à la teste, M. de Vieilleville à cheval avec M. d'Espinay, M. de Thevalle et cinquante gentilshommes de sa compainie ; qui commanda au trompette de passer par les rancs et les visiter, pour veoir s'il ne pourroit poinct recognoistre ceulx qu'il demandoit. Ceste visite faicte, il se prand à plourer, disant qu'ils n'y estoient pas, et que l'Empereur et la royne de Hongrie perdirent hyer plus de trente grands seigneurs des Pays-Bas et de la Franche-Comté, signalez serviteurs et favoris de Leurs Majestez, entre aultres le fils aisné du comte de La Chaulx, le sieur de Bourlemont, le sieur de Roolle, le sieur de Vergy, le sieur de Mondragon, le sieur du Ludre, le sieur de Crouy, le bastard du duc d'Ascot, le fils du chancelier Nigry, le fils du marquis de Bergues, le fils du comte d'Ornes, le sieur de Martigny, le frere du comte d'Arambergue, le jeune Brabançon et plusieurs aultres grands seigneurs : « Et fault, dist-il, qu'ils soient morts, puisqu'ils ne sont icy, car ils estoient en la trouppe et ne sont pas à Théonville. Il est vray que toute ceste nuict, et environ l'aube du jour, il y en est arrivé plus de trois cents, et encores y en arrivoit-il quand je suis party ; et en ay rencontré plus de trente, à deux et trois lieues d'icy, que j'ay remys et radressé en leur chemin. »

M. d'Espinay, qui avoit l'esprit fort gentil et delyé, luy dist que peult-estre il faisoit le fin avecques ses larmes, et qu'ils pouvoient estre là ; mais il vouloit saulver leur rançon, d'aultant qu'ils estoient grands seigneurs et de riche et illustre maison, pour la reduire avec le commun des aultres menus prisonniers. Mais M. de Vieilleville l'asseura que non, et que véritablement ils n'y estoient pas, car il les cognoissoit tous horsmys deux ou trois, et que nécessairement ils sont morts, ou saulvez à travers les bois.

M. de Vieilleville demanda au trompette si le comte de Mesgue ne vouloit pas bientost tirer ses prisonniers, et que, s'il n'y donne ordre, il est resolu de leur faire ung maulvais party ; car la garde n'en vault rien, à cause des pratiques et secrettes intelligences, ayant desja descouvert qu'il y en a plusieurs qui ont beaucoup de parants en la ville. A quoy le trompette respondit que dedans trois jours on apportera la rançon de ceulx qui sont de son gouvernement ; mais il le supplie d'avoir patience pour les aultres, qui sont des Pays-Bas, et que au plustost il y sera pourveu. Et fust, sur ceste responce, commandé aux prisonniers, par cry public, estant encores en bataille, d'escrire par le trompette pour le recouvrement de leur liberté ; lequel s'en vouloit aller et partir sur l'heure mesme, encores qu'il fust bien tard, desdaignant porter tant de lettres, le tout de raige et de despit de veoir ainsi mal se porter les affaires de son party ; mais il ne luy fut pas permis, car on vouloit qu'il veid la mascarade des faulx moynes, qui se devoit faire le lendemain, affin qu'il en feist son rapport au comte de Mesgue, et par tout son gouvernement.

Le samedy matin le prevost ne manqua de son devoir, et les fist partir, à l'heure dicte, du lieu, et en la façon d'habits qu'il luy estoit commandé. Les ungs portoient la teste basse de honte, les aultres plus haulte, estants costoiez de ses archers, le trompette marchant à la teste, qui publioit à son de trompe, par tous les carrefours, leur folle entreprise : et furent ainsi villez (1) par toutes les places et grandes rues de la ville, puis rendus à la porte du Pont-Yffroy, pour s'en aller à Théonville, où le trompette du comte de Mesgue les mena. Mais il y avoit fort grand presse à veoir ceste mascarade qui estoit assez plaisante; car hommes et femmes y accouroient de toutes parts pour participer en la risée. Au sortir de la porte, le prevost leur bailla une lettre close et bien cachetée, pour porter au comte de Mesgue; mais elle ne contenoit autre chose que leur sentence cy-dessus mentionnée, de beaucoup toutesfois plus augmentée et en meilleure forme; aultrement il n'en eust jamais sceu la verité.

Ceste drollerie ainsi despeschée, il fut ordonné que le gardien et ses vrais moynes, en nombre de vingt, seroient menez prisonniers en la tour d'Enfer, pour en descharger le capitainne d'Amezan, et resserrez en bonne et seure garde, affin de pleurer leurs peschez, attendant le coup de la mort à laquelle ils estoient condampnez. Mais il ne leur fust rien prononcé, car ils s'assuroient tousjours sur la parolle que M. de Vieilleville leur avoit donnée; aussi qu'ils avoient oppinion que les trente avoient payé pour tous eulx, par ceste amande honorable, qui estoient gens de guerre et de faction, et que l'on auroit esgard à ceux qui, ne l'estant poinct, ne pouvoient faillir : telle estoit leur esperance d'en sortir à plus doulce composition, et, pour toute rigueur, d'estre renvoyez en leur pays et maisons.

(1) *Villez* : vilipendés.

CHAPITRE XXVIII.

M. de Vieilleville demande permission au Roi de faire un voyage à la Cour.

A L'APRÈS-DISNÉE du mesme jour, qui estoit le troisiesme après la deffaicte, il depescha le sieur Duplessis devers le Roy pour l'en avertir, semblablement le supplier de luy donner congé d'aller trouver Sa Majesté pour deux mois seulement, ayant esté plus de trois ans en son gouvernement privé de l'heur de sa presence, qui luy revenoit à ung extreme ennuy, et qu'il luy pleust faire choix de quelque honneste homme pour y commander jusques à son retour.

Il estoit poussé au pourchas de ce congé pour quelques raisons de fort grande importance, dont la premiere, qu'ayant donné sa parolle au gardien qu'il ne mourroit poinct luy confessant la verité, comme il fist, il eust pensé que son honneur eust esté engaigé (1) s'il estoit executé en sa présence. Toutesfois il vouloit resolument qu'il mourût, pour oster de ce pays-là, voire du monde, ung si effrayable incendiaire; car il luy eust semblé veoir tousjours sa ville en un feu ardant s'il eust vescu; et vouloit que les moynes passassent semblablement, pour avoir esté si ingrats et perfides de consentir à telle meschanceté contre une ville en laquelle ils estoient nourris comme domes-

---

(1) *Il eust pensé que son honneur eust été engaigé.* Cette manière d'éluder une parole donnée semble indigne du caractère de Vieilleville.

tiques, et fort bien entretenus de vivres et de vestemcnts, par son ordonnance mesme; et y contribuoit, pour servir d'exemple, et y faire acheminer les aultres.

La seconde raison, qu'il vouloit necessairement faire bastir une citadelle, en la construction de laquelle il sçavoit bien qu'il auroit plusieurs opposants : M. le connestable pour le premier, à cause de la despence excessive qu'il y conviendroit faire, qui ne reviendroit pas à moins de unze cents mille francs; car il y avoit en l'enceincte d'icelle, par le plan qu'il en avoit dressé, trois esglises qu'il falloit desmolir pour en faire des granges pour l'artillerie, et des magazins pour toutes sortes de vivres et de munitions, et deux cents cinquante maisons que le Roy devoit achepter, pour mettre tous les habitans dehors, afin qu'il n'y eust que les capitainnes et soldats logez dedans. Puis, il avoit esté secretement adverty que M. de Guyse s'en alloit, devant l'an expiré, estre lieutenant-general pour le Roy, avec une grosse armée en Italie, pour le recouvrement du royaume de Naples; qui luy seroit fort contraire, car on cherchoit argent de toutes parts, et imposoit-on de terribles daces et subsides sur tout le royaume pour l'acheminement de ce voyaige: de sorte que sa presence estoit très-requise et necessaire pour debattre sa cause contre deux si grands et puissants adversaires : car en faire ouverture par lettres et pacquets, c'eust esté peine perdue, que ses malveillants eussent incontinant renversée et peult-estre tournée en mocquerie, de mettre le Roy, qui estoit desja du tout espuisé de finances, en une telle despence, ayant esté contrainct depuis le voyaige d'Allemaigne, d'entretenir ordinairement une armée sur la frontiere de Picardie.

La troisiesme raison, qu'il avoit esté adverty que le cardinal de Lenoncourt, appuyé de la faveur du cardinal de Lorraine, le tenoit sur les rancs à la Cour, en toutes les compaignies où il se trouvoit, par langaige de mespris, ne luy pouvant faire aultre mal ; car le Roy et son conseil l'avoient debouté de toutes ses demandes : esperant bien M. de Vieilleville que sa seule presence le feroit taire pour le moins.

Doncques ledit sieur Duplessis-Greffier partit ledit jour après disner, avec sa despesche, qui ne contenoit seulement que créance, ayant le discours à part de la deffaicte; de laquelle il pouvoit bien parler, car il estoit de la premiere embuscade avec M. de Guyencourt, et en veid le commencement et la fin, estant tousjours des premiers à la charge, car il ne manquoit de valeur et d'entendement : aussi M. de Vieilleville luy portoit fort bonne volonté ; n'estant, d'aultre part, sa maison distante du chasteau de Durestal que d'une petite lieue, et son subject : quant au congé, il n'avoit aultre charge que de le solliciter, et d'en presser Sa Majesté, sans alleguer aultre chose que l'ennuy et desplaisir que peut prandre ung serviteur d'estre trois ans et plus sans veoir son maistre; et que traeze mois estoient passés qu'il avoit esté honoré de l'Ordre, et seroit desormais temps qu'il l'allast prendre de la main de Sa Majesté, pour accomplir le vœu qu'il en avoit faict; car les aultres raisons cy-dessus n'avoient esté communiquées à personne. Nous le laisserons doncques aller porter ceste bonne nouvelle, et en faire ses diligences, attendant de le reprandre bientost.

CHAPITRE XXIX.

M. de Vaudemont propose à M. de Vieilleville un mariage pour sa fille.

Pour vous dire que le mesme jour, sur le tard, et et quasi heure de soupper, M. le grand senneschal de Lorrainne et gouverneur du duc, duquel nous avons parlé cy-dessus, se presente à la porte Mozelle avec vingt-six ou trente chevaulx, ayant avec luy M. de Duilly son fils: de quoy M. de Vieilleville fust incontinant adverty par le mesme capitainne de la porte, Pierre Longue, estants desja les gardes assises et les clefs portées au logis du gouverneur.

Et après qu'on luy eust ouvert, M. de Vieilleville se vint trouver sur le passaige de son hostellerie, pour le recevoir et mener soupper avec luy; et estants ensemble, ils deviserent de plusieurs choses, entre aultres que M. de Vaudemont estoit fort desplaisant de l'oppinion qu'il avoit prise qu'il se fust bandé ou associé avec le cardinal de Lenoncourt pour luy courre sus, ainsi qu'il avoit veu par une lettre qu'il avoit escrite à M. de Nevers, et qu'il avoit charge dudit sieur de Vaudemont de l'asseurer qu'il n'y avoit jamais pensé. Sur quoy M. de Vieilleville luy respondit qu'il auroit grande occasion de se contenter de M. de Vaudemont, et de luy demeurer toute sa vie très-humble serviteur, s'il luy faisoit tant d'honneur que de luy escrire ce qu'il luy venoit de dire.

Il n'eust pas sitost achevé ce langaige, que M. le grand senneschal luy presente une lettre de M. de Vaudemont bien signée : *Vostre bon cousin et meilleur voisin et amy, NYCOLA de LORRAINNE,* et cachettée du cachet de ses armes, contenant, oultre la créance du susdict sieur senneschal, qu'il le supplioit de croire qu'il ne se confederera jamais avec des prestres, pour courre sus aux chevaliers d'honneur, portants principalement tiltre de gouverneur et lieutenant de Roy, et que seroit directement se bander contre sa qualité et sa mesme vacation; et que au reste il fist estat de son amitié à jamais et bonne volonté, et qu'il avoit sur luy toute puissance, y estant de nouveau obligé par la fraternité de l'Ordre, dont il avoit pleu au Roy les honorer tous deux et en une mesme volée.

Quand M. de Vieilleville eust veu ceste lettre, il en fust merveilleusement resjouy, voyant la recherche que ce prince faisoit de son amitié, et n'attendit pas à luy faire responce par M. le grand senneschal, mais dès le soir mesme il depescha devers luy ung gentilhomme, pour estre le lendemain à son disner à Nancy, avec une très-honneste lettre, par laquelle il le supplioit très-humblement ne trouver maulvais s'il l'avoit creu, à quoy il ne pouvoit nullement pecher ny offencer Son Excellence, veu les advertissements qu'il en avoit de la Cour par plusieurs de ses amys, au nombre desquels il y avoit ung prince du sang et ung mareschal de France; mais il se doubte bien que les vantances du cardinal, dont il est plain, les ont faict tomber en ceste erreur et vaine créance; et puisqu'ainsi estoit qu'il le vouloit honorer de son amitié, il le supplioit très-humblement de la luy vouloir continuer, et s'asseurer en recompence qu'il ne trouvera jamais gentilhomme en tout cest univers qui luy fasse plus humble ny affectionné service, ny qui de plus cordiale volonté reçoive ses commandemens que luy, pour les executer de toute sa puissance et moyens, sans y espargner sa propre vie. Ceste despesche faicte, le pere et le fils soupperent avec luy, et leur fist dresser à chacun une chambre en son logis, qui estoit le palais episcopal; car, dez que le cardinal de Lenoncourt fust sorty de Metz par desdaing de l'eslection du maistre-eschevin Praillon, M. de Vieilleville s'y logea, où l'aultre n'y entra jamais depuis.

Le dimanche matin, M. le grand senneschal le vint trouver en sa chambre; et, entrants tous deux en la salle, il luy presenta une seconde lettre de M. de Vaudemont, qui contenoit le desir du susdit senneschal d'entrer en son alliance, et luy demander madamoyselle de Vieilleville sa seconde fille, qui est à la Cour au nombre et en l'estat des filles de la Royne, pour le sieur Duilly son fils unique et seul héritier; et luy sembloit qu'il ne pouvoit mieux faire que de la marier en Lorraine pour avoir tousjours auprès de luy l'une de ses filles; car il voyoit bien que le gouvernement de Metz luy estoit ung heritaige pour jamais, y ayant tant faict d'insignes et valeureux gestes, braves et admirables deportements, qu'il n'estoit pas en la puissance du plus grand prince de France de l'en deposseder; aussi qu'il logeoit sa fille en une fort illustre et des plus anciennes maisons de toute la duché de Lorrainne, où il y avoit vingt mille bonnes livres de rente; dequoy par sa mesme lettre il respondit sur tous ses biens et sur son honneur, ne luy voulant poinct louer le jeune gentilhomme, car estant de ceste heure auprès de luy, il en sçaura luy-mesme mieux juger que personne, et de ce que l'on doibt esperer d'ung si beau commencement; bien veult-il assurer, en foy de prince, que incontinant que M. de Lorrainne son neveu aura sa compaignie de cent hommes d'armes des ordonnances de France, il luy en fera donner la lieutenance : et sur ceste verité, il se recommande, etc.

CHAPITRE XXX.

Henri II apprend la dernière victoire remportée sur les Impériaux par M. de Vieilleville.

CESTE lettre, à la verité, remua bien fort l'esprit de M. de Vieilleville; car il luy desplaisoit par trop ne luy pouvoir, sur ceste nouvelle reconciliation d'amityé, accorder sa demande; car il avoit, en son ame, voué sa fille à M. le comte de Sault, sans toutesfois luy en avoir jamais rien descouvert; mais, pour le lyer au pays messin, et l'obliger à soy, il avoit faict par son credit eriger en gouvernement une petite ville de l'évesché de Metz, nommée Marsal, et l'en avoit créé gouverneur à cent cinquante francs par moys, qui estoit ung assez bel estat pour l'entretenir, avec celluy de sa compaignie de cent chevaulx ligiers; et y avoit desja deux ans que M. de Vieilleville le y avoit instalé, faisant en ceste charge fort bien son devoir, avec deux compaignies de gens de pied tirées de la garnison de Metz pour la garde de la place, qu'il faisoit semblablement fortifier parce qu'elle estoit sur la frontiere d'Allemaigne.

Mais, bien plus, pour l'affection qu'il portoit au comte de Sault, encores qu'il fust fort esloigné de son climat, car il estoit de Provence, il avoit faict la sourde oreille à plusieurs riches seigneurs d'Anjou qui la luy avoient demandée pour leurs fils aisnez, ayants des terres et maisons voisines des siennes : comme les sieurs de Monsoreau, de Château-Roux, de Serran, de Vezins et d'aultres ; de sorte qu'il n'estoit pas sans peine de forger une responce pour contenter ce prince, qu'il voyoit, par ses honnestes offres, affectionner bien fort ce mariage. A la fin il se resolut de dire au grand senneschal que dedans deux mois il lui feroit responce, et qu'il vouloit aller à la Cour, où il esperoit estre bien-tost, et parler à sa fille premier que de rien conclure sur la seconde lettre qu'il luy avoit apportée de la part de M. de Vaudemont : qui ne fut sans le remercyer très-affectueusement de ceste recherche, et qu'il luy avoit une grandissime obligation qu'il n'oubliera jamais. Dequoy le grand senneschal se contenta. Et après luy avoir faict véoir, et à son fils, beaucoup de singularitez de la ville, et s'estre pourmenez sur les remparts, ils allerent disner, où ils furent si magnifiquement servys, que tous ces gentilshommes lorrains s'esmerveillerent grandement de l'exquisition et abondance des vivres, et de l'ordre du service, sur-tout de l'excellence des vins ; car ils n'avoient de leur vie beu du vin blanc d'Anjou, ny clairet d'Orleans, desquels jamais ses caves, tandis qu'il fust à Metz, ne furent desgarnies, et des mieulx choisis, plus pour les estrangiers que pour luy, et principalement pour les seigneurs d'Allemaigne, quand ils le venoient visiter. Et durant leur disner, ceste musique complette, de laquelle nous avons parlé, les entretint affin qu'il ne leur ennuyast; après lequel on paracheva la journée en plusieurs sortes de passe-temps, pour revenir soupper de plus belle.

Le lundy matin, il s'en retourna à Nancy fort content avecques sa trouppe, comme n'estant hors d'esperance de parvenir au poinct pretendu, ainsi qu'il fist par une grande ruse et subtile dexterité : ce que nous remettons à dire en son lieu pour reprendre le sieur Duplessis-Greffier, qui arriva le mesme jour 24 d'octobre audit an, et le quatriesme jour après la deffaicte de la journée des embuscades, devers le Roy, qu'il trouva à Fontainebleau, et fort à propos, pour ôter Sa Majesté de la peine en laquelle ung courrier de la part de son ambassadeur aux Pays-Bas, nommé Le Fresne, de la maison d'Aluye, l'avoit mise par une lettre dont la teneur s'ensuict :

« Sire, je ne veulx faillir de donner avis à Vostre Majesté que le fils du chancelier Nigry et le sieur de Bourlemont sont arrivez, ce jourd'huy mardy 22 d'octobre, devers la royne de Hongrie, qui luy ont apporté une nouvelle si estrange et fâcheuse, qu'elle s'est retirée en sa chambre, menant ung extresme dueil; à laquelle personne ne parle, et n'y entre-t-on poinct. Dequoy tout le monde est en peine : car on ne peult descouvrir le fonds de ceste nouvelle ; mais son medecin, qui m'est fort bon amy, m'a dict, comme en passant, et sans s'arrester, que le gouverneur de

Metz a deffaict plus de trois mille hommes des siens, à deux lieues de Théonville, parmy lesquels il est demeuré de grands seigneurs de Flandres et de la haulte Bourgoigne. Mais ce qui aggrave et augmente plus son ennuy, dont il croit qu'elle en mourra, est que le fils de son favory, M. de Brabançon (Vostre Majesté sceyt ce que je veulx dire), y a esté tué. Ledit medecin, cela dict, s'en est allé bien-viste, et m'a mis le doigt sur la bouche. Je ne suis pas prest d'avoir audience pour l'affaire qu'il a pleu à Vostre Majesté m'envoyer par Nambu : elle m'excusera, s'il luy plaist, de ceste longueur ; mais aussi-tost que les grands regrets de ladite dame seront esvaporez, je ne laisseray passer l'occasion d'executer vos commandemens. Sire, je prieray Dieu, etc. De Bruxelles. »

CHAPITRE XXXI.

Sentimens du Roi sur cette victoire.

Le Roy, pour se relever de l'inquietude où ceste despesche l'avoit mis, fist incontinant appeler M. de l'Aubespine pour escrire à M. de Vieilleville, et luy envoyer la mesme lettre de son ambassadeur par courrier exprès, affin de l'esclarcir en toute diligence du contenu en icelle. Mais M. le mareschal de Saint-André arrive là-dessus, qui luy presente ledict sieur Duplessis-Greffier, avecques telles parolles : « Sire, louez Dieu. Voicy des nouvelles terribles et miraculeuses de Metz ; car, par la vaillance et très-saige conduite de M. de Vieilleville, douze cents hommes en ont deffaict plus de quatre mille. Qu'il plaise à Vostre Majesté escouter ce gentilhomme qui tout presentement arrive de sa part. »

Si on eust donné au Roy une duché il n'eust pas esté plus aise ny content. Et ayant tendu la main audit Duplessis, qu'il baisa les genoux en terre, il envoya querir M. le connestable, MM. les cardinal de Lorraine et duc de Guyse; puis luy demanda ses lettres, qui portoient seulement créance; lesquelles il presenta à Sa Majesté: et eulx arrivez, il luy commanda de parler. Lors il commencea son discours depuis la prise du gardien, à la porte du Pont-Yffroy, qu'il poursuivit avec telle grace, ordre et asseurance, jusques à la mascarade des faulx moynes, sans oublier la diligence de l'assiette des embuscades, la furie du combat, et, de poinct en poinct, toutes les circonstances, en la mesme forme et maniere qu'il est contenu aux chapitres cy-dessus, que le Roi, et toute l'assistance, à chambre pleine, en receurent ung incredible contentement.

Mais M. le connestable demanda où étoient les enseignes, guydons et cornettes de si grandes deffaictes. Ledit sieur Duplessis luy respondit qu'il n'y en avoit poinct, et qu'il sçavoit bien qu'en une entreprise secrette comme ceste-là on ne porte jamais de drapeaux; car il ne fault qu'une seule enseigne arborée pour la descouvrir.

Le Roy, comme à demy-fasché de ceste demande, luy dist qu'il s'amusoit à mettre les choses en doubte, et ne consideroit pas que la vigilance, diligence et soing incomparable que M. de Vieilleville a eu de sa charge, a saulvé la ville de Metz du feu, et d'estre perdue pour la couronne de France ; car s'il eust mis, par negligence, la prise du moyne à quelque aultre, elle estoit du tout abbrazée ; car il ne luy falloit, y estant entré, que une heure pour jouer son jeu ; et adjousta Sa Majesté ces mots : « Je meure, si M. de Vieilleville n'est digne de manier ung empire ; ayant grand honte, de ma honte, de le laisser long-temps crouppir en si basse charge. » Puis demanda au sieur Duplessis quelle aultre chose il avoit à luy dire : qui luy respondit que M. de Vieilleville supplioit très-humblement Sa Majesté de luy donner congé de la venir trouver, ayant desja passé trois ans et plus qu'il n'a jouy de l'heur de sa presence, et qu'il luy plaise faire élection de quelque homme d'honneur pour y commander tandis qu'il sera absent : aussi qu'il luy semble n'estre pas chevalier de l'Ordre, encores qu'il y ait traeze mois qu'il en ait esté honoré, si Sa Majesté ne luy en mect le colier sur les espaules, suivant le serment et le vœu qu'il en a faict, pour lequel maintenir il reffuza de le prandre de M. de Nevers.

A quoy Sa Majesté repliqua qu'il estoit plus que raisonnable, et qu'il avoit semblablement une extrême envie de l'approcher de sa personne, commandant à M. de l'Aubespine de luy faire une bien ample depesche suivant cela : et sur le champ M. de La Chappelle-Byron fust choisy pour aller à Metz y commander en son absence, avec commandement de s'apprester en diligence pour s'y acheminer ; et fut dict au gentilhomme qu'il eust à suivre M. de l'Aubespine, pour prandre de luy par escrit le discours qu'il avoit faict au Roy de la journée des embuscades, affin de le faire imprimer. Mais il en tira ung de son sein, signé Vieilleville, qu'il presenta à Sa Majesté. « Comment! dist le Roy, puisque vous l'aviez, que ne me l'avez-vous donné d'entrée? — Pour ce, Sire, respondit-il, que je me suis tant fié en ma memoire, et en ce que j'ay veu en combattant, que j'ay pris la hardiesse de le reciter devant Vostre Majesté ; en quoy je ne seray poinct surprins d'aulcune obmission, ou de bien peu de changement. » Ce que le Roy voulut esprouver, commandant à M. de l'Aubespine de le lire : qui fut trouvé tout conforme à son recit. De quoy Sa Majesté le loua bien fort, et toute l'assistance. Et fut envoyé incontinant ce discours à l'imprimeur pour le mettre en lumiere ; mais le Roy mesme en voulut faire l'intitulation qui estoit telle :

« La journée des embuscades, faicte par le sieur de Vieilleville, chevalier de l'Ordre du Roy, gouverneur et lieutenant-général pour ledict seigneur à Metz, capitainne de cinquante hommes d'armes de ses ordonnances, et conseiller en son privé conseil, sur le comte de Mesgue et ses troupppes de Luxembourg, le 20 d'octobre 1555, entre Metz et Théonville ; ensemble, la mascarade des faulx cordeliers de la royne de Hongrie, et de leur folle entreprise. » Chose qui estoit très-plaisante à veoir ; car on y adjousta en rihme et en prose beaucoup d'aultres gaillardises.

Ledict sieur Duplessis séjourna deux jours à la Cour, auquel fut faict present de cinq cents escus, et couché sur l'estat du Roy en office d'eschanson, et en servit Sa Majesté avant partir. Mais il ne voulut desloger que premier il n'eust veu M. de La Chappelle-Byron, après avoir dict tous ses adieux, esloigné de trois lieues de Fontainebleau, poursuyvant son voyaige avec son train. Puis print la poste, continuant ses diligences, fort contant et satisfaict en son ame d'avoir esté si heureusement et à souhaict depesché, et d'avoir faict si dextrement sa charge.

Son arrivée à Metz en resjouist quelques-uns et des principaulx; mais toute la garnison quasi, et la pluspart des habitants, s'en attristerent; car il leur entra en la fantaisie qu'il luy en adviendroit comme au sieur de Gonnor, qui n'y peust jamais rentrer depuis qu'il en fust sorty; et ce qui plus les troubloit en ceste apprehension provenoit de ce qu'ils congnoissoient M. le connestable ne luy estre pas favorable, et que M. le cardinal de Lorrainne se laissoit fort posséder au cardinal de Lenoncourt, qui luy estoit ennemy; aussi qu'ils sçavoient tous que le sieur de Gonnor pourchassoit à vive force de rentrer en son gouvernement par subtiles menées et secretes praticques, soustenu en cela par toute la maison de Guyse de laquelle ils estoit créature, et en tenoit son advancement, jusques à le pousser de demander au Roy réparation de son honneur, d'avoir esté jecté de telle façon hors d'une place en laquelle il estoit gouverneur et lieutenant de Sa Majesté, lorsque l'Empereur l'assiegea, où il avoit faict de grandes preuves de ses diligences, fidelité et valeur, n'en demandant aultre juge ny tesmoing que sa seule Majesté; et d'en avoir esté ainsi debouté, il veult sçavoir d'elle en quoy il a offencé; car s'il en demeure là, sans faire paroistre à tous les princes et grands du royaume son innocence, ce seroit une marque d'opprobre reprochable à jamais à sa postérité.

CHAPITRE XXXII.

M. de La Chapelle-Byron arrive à Metz pour y commander pendant le voyage que M. de Vieilleville devoit faire à la Cour.

Or, sur ces doubtes et imaginations, un courier arrive, six jours après ledict Duplessis, de la part de M. de La Chappelle-Byron, qui dist l'avoir laissé à Ligny soubs Bar-le-Duc, et estre venu demander escorte pour passer en seureté les bois de l'abbaye de Rynvault : à quoy M. de Vieilleville fit pourvoir en toute diligence, pour l'envie qu'il avoit de partir; et envoya querir le comte de Sault pour le mener avec luy à la Cour, pensant effectuer sa conception.

On faict marcher de Thoul deux cents harquebuziers, et partent de Metz deux cents chevaulx, conduicts par le chevalier de Lancques, bien qu'il ne fust besoing de tant de forces ; car les garnisons de la duché de Luxembourg estoient si lasses et harrassées de la guerre, qu'elles avoient perdu couraige : veu encore que, depuis la journée des embuscades, M. d'Espinay, avecques ses chevaulx ligiers, soustenu d'environ trente hommes d'armes que menoit M. de Vadancourt, leur avoit donné une terrible estrette (1) à quatre lieues au dessous de Théonville devers Trieves, où il en demeura six-vingts-quinze sur la place, et trente-deux prisonniers qu'il presenta à M. son beau-

---
(1) *Estrette :* attaque.

pere, qui fust infiniment resjouy de ceste belle entreprise, et de ce qu'elle avoit si bien et si heureusement réussi, n'y ayant faict perte que de trois hommes seulement; et de cinq blessez.

Adverty que fut M. de Vieilleville que M. de La Chappelle avoit couché au Pont-à-Mousson le samedy, pour venir le dimanche disner à Metz, il luy fist dresser un bataillon de vingt enseignes de gens de pied, des plus lestes et mieux acoustrés qu'il estoit possible de veoir, à quart de lieue de la ville; car il n'y avoit harquebuzier qui n'eust le morion gravé ou doré, ny picque qui n'eust le corselet et la bourguygnote de mesme : et luy se trouva, accompaigné de M. d'Espinay, de M. de Thevalle, et de quarante ou cinquante gentilshommes, à la teste de ce bataillon pour le recevoir.

Aussitost que l'escorte parut, il marche audevant, et tout le bataillon quant et quant, à vingt pour ranc, tous les capitainnes en chef avec leurs rudaches et espées nues, comme s'ils eussent voulu combattre à la teste; les portenseignes, avec leurs drappaulx, au mytant; et les lieutenants à la queue avec pareilles armes : le tout si bien ordonné, que c'estoit chose merveilleusement belle à veoir, et très-plaisante; car tout ce pays-là est plain et descouvert, sans hayes ny buissons, qui s'appelle la plaine de Fristau.

Quand ce vint à l'approcher, les harquebuziers à cheval de l'escorte tirent; et ne fault demander si ceulx du bataillon respondirent ; et fust la joye fort grande à la rencontre de ces deux seigneurs, qui s'entrembrasserent et caresserent de grande affection ; puis, tournants visaige, prindrent le chemin de la ville par la porte Champenoise, tousjours marchants devant eulx toutes les susdictes trouppes le tambour battant, fanfares de trompette, et scopeterie sans cesse.

M. de Vieilleville, après le disner, qui fut somptueux, luy presenta le sergent-major et tous les capitainnes, ung pour ung, les luy nommant par leurs noms, sans oublier leurs louanges et valeurs, semblablement tous les commissaires et controlleurs des guerres et de l'artillerie, trésoriers, payeurs, munitionnaires, clercs des vivres, et toutes sortes de gens là residents et attachez pour le service du Roy, jusques aux canoniers.

Cela faict, et les lettres du Roy distribuées, et la lecture de son pouvoir faicte en plaine assistance, ils s'allerent pourmener sur les ramparts.

Le lundy matin il commencea à luy faire veoir les granges de l'artillerie, les munitions de toutes sortes, les greniers, les caves et le fonds de tous les deniers que pouvoient avoir les trésoriers de l'extraordinaire de la guerre, des reparations et de l'artillerie, semblablement tous les procès criminels que le prevost avoit entre les mains, instruicts et à instruire, et sur-tout celuy des cordeliers, qu'il luy recommanda très-instamment de faire vuider les premiers, et qu'il falloit necessairement mettre hors de ce monde ung si pernicieux et très-redoutable incendiaire : ce que luy promist M. de La Chappelle, non-seulement sur son honneur et sa vie, mais sur son ame, qui trouva, pour sa part, ceste meschanceté très-estrange et très-dangereuse, après qu'on la luy eust faict entendre. Et furent ainsi conferants ensemble de tout l'estat de Metz, et des grandes intelligences qu'il avoit avec les princes de l'Empire, sans oublier les chiffres d'entre luy et les pensionnaires occultes et agents secrets en Allemaigne de Sa Majesté, par l'espace de trois jours, durant lesquels M. de Vieilleville luy tint fort bonne maison, et à cinq ou six de ses gentilshommes, attendant que ses gens eussent approvisionné son logis. Et dès le lundy mesme il le fist exercer l'estat de gouverneur, comme de donner le mot, decreter toutes les requestes, entendre toutes plaintes, et porter au soir les clefs des portes en son logis, encores qu'il s'en voulût à toute force excuser ; mais il luy fallut passer par-là. Et le quatriesme jour, qui estoit le mercredy, nous partismes pour aller à la Cour, laissant madame de Vieilleville en la garde de son gendre et de son neveu, en esperance de brief retour.

CHAPITRE XXXIII.

M. de Vieilleville arrive à la Cour.

Nostre partement nous fist deux visaiges, l'un fort joyeulx, mais l'aultre fort triste ; car tous les capitainnes, esperants que le Roy recompenseroit leurs services, et qu'il imprimeroit leurs noms en sa mémoire, par le bon rapport que luy en feroit celuy qui leur avoit si long-temps commandé, en estoient très-aises, et l'eussent desja voulu devant Sa Majesté ; mais les habitants en général et de toutes qualitez, sans un seul excepter, y avoient ung regret infini, qu'ils nous tesmoignerent par abondance de larmes en leurs adieux, estants tousjours en l'imaginaire oppinion cy-dessus recitée, pour la crainte qu'ils avoient de le perdre et de ne le reveoir jamais.

Nostre voyage fut de huict jours; et par toutes les villes où il passa on le receut fort honorablement. En quoy le gouverneur de Chaallons, en l'absence de M. de Nevers, ne s'espargna pas, car il vint avec le clergé, gens de justice et les chefs de l'Hostel-de-Ville, audevant de luy plus de demie-lieue. Je laisse les harangues à part que luy firent ces trois estats; mais celle des juges estoit fort excellente.

Estants à Rozay en Brie, il envoya devers le mareschal-des-logis du Roy annoncer sa venue, et luy faire entendre sa trouppe, qui estoit d'environ soixante chevaulx, pour les accommoder; mais incontinant que le cardinal de Lenoncourt, qui tenoit les premiers rancs à la Cour, soubs la faveur de MM. de Guyse, sceust qu'il approchoit, il se retira en une sienne abbaye nommée Barbais, ou Barbeaux, distante d'environ lieue et demie de Fontainebleau.

Enfin nous arrivasmes à la Cour, accompaignez de M. le prince de La Roche-sur-Yon et de M. le mareschal de Sainct-André, qui luy estoient venus audevant environ quart de lieue. Et après s'estre presenté au Roy, qui le receust très-humainement et avec ung fort bon et riant visaige, il se retira en sa chambre qui estoit en la basse-cour, pour se raffraichir et changer d'habits; mais il n'y fust gueres que Sa Majesté ne le renvoya querir. Et estant arrivé, elle le fist entrer en son cabinet, qui fut fermé, où ils furent plus d'une grosse heure; et à l'yssue de-là il trouva tous les plus grands de la Cour, qui attendoient que le Roy sortît, lesquels il salua selon leurs rancs, car il en sçavoit l'usaige. Des ungs il fut receu cordialement, des aultres à la courtisanne; mais de tous il ne se donnoit pas grande peine, puisque son maistre luy avoit faict une telle et si joyeuse demonstration d'aise de sa venue, et d'un si grand contentement de ses services. Tout le reste de la journée se passa en visites, de chambre en chambre; et commencea par celle de la Royne, qui le receust très-humainement, comme firent mesdames Elizabeth et Claude ses filles, et aultres princesses là presentes.

Le lendemain, le Roy luy mist le grand collier de l'Ordre sur les espaules, mais avec telle pompe et cérémonie comme s'il l'eust créé de nouveau chevalier; car il porta luy mesme son grand manteau de l'Ordre et grand collier à la messe, en pareille magnificence qu'au propre jour de Sainct-Michel. Et furent faicts chevaliers de l'Ordre ce jour-là M. de Boüillon (1), fils aisné du mareschal de La Marche, et le comte de Charny, pour luy faire compaignie, qui ne l'eussent esté de long-temps, car ils estoient encore fort jeunes et sans aulcun mérite (2). Eulx aussi, remarquants ceste advanture, l'appellerent tousjours depuis leur pere d'honneur. Il y eust beaucoup de princes et d'aultres grands qui accompaignerent le Roy en ceste magnificence, avec leurs manteaux et colliers; mais M. le cardinal de Lorrainne, qui y devoit par honneur assister, estant chancelier de l'Ordre, n'y comparut

---

(1) *M. de Bouillon.* Henri-Robert de La Marck ne devint duc de Bouillon que l'année suivante (1556), époque de la mort de son père.

(2) *Sans aulcun mérite* : sans aucun service.

poinct, s'excusant sur sa colicque; aussi peu M. le connestable, qui n'y devoit pas toutesfois faillir, comme le plus ancien chevalier de France, se disant tourmenté de sa migraine. Cependant Sa Majesté découvroit assez toutes ces faintises et symultes (1).

CHAPITRE XXXIV.

Plaintes faites par le cardinal de Lorraine, en plein conseil, contre M. de Vieilleville, en faveur du cardinal de Lenoncourt. — Réponse de M. de Vieilleville aux reproches de ce prélat.

Le jour ensuyvant, qui estoit le troisiesme de nostre arrivée, M. le cardinal de Lorrainne, voulant attaquer M. de Vieilleville sur le faict du cardinal de Lenoncourt, luy dressa une subtile partie, car il supplia le Roy de se trouver au conseil, et qu'il avoit un faict d'importance à proposer pour son service. Sa Majesté, ignorant que ce pouvoit estre, commanda d'assembler la compaignie. Et estants selon leurs rancs, au nombre d'environ vingt-cinq ou trente, que princes, cardinaulx, que gouverneurs de provinces, chancelier, quelques evesques et maistres de requestes, il commencea sa harangue, qui devoit estre bien longue, par le progrès de son exorde; mais la dexterité de M. de Vieilleville en retrancha plus de la moictié, comme il s'ensuict :

« Sire, et vous tous, messieurs, qui estes icy as-

(1) *Symultes* : prétextes.

semblez, vous sçavez que de tout temps nos roys ont tellement embrassé la protection et augmentation du Sainct-Siege apostolique, qu'ils se peuvent vanter, par sur-tous les princes et potentats de la chrestienté, qu'il est estably maintenant et conservé en sa grandeur et saincteté par leurs armes et moyens; car ils n'ont point craint de mettre sus de grosses armées sans y rien espargner, et leur faire passer les monts, la mer et aultres dangereux destroicts, pour s'opposer et faire resistance aux ennemis de Dieu et de son Eglise. En quoy ils ont esté si favorablement assistez par nostre Sauveur Jesus-Christ, chef d'icelle, qu'ils sont tousjours retournez victorieux, et ont remis les papes en leurs siéges, qui en avoient esté expulsez par la tirannie des princes leurs voisins. Les uns y sont allez en personne avec leurs armées, comme Charlemaigne qui myst pape Leon, à la confusion du roy de Lombardie; les aultres y envoyerent de braves lieutenants avecques triomphantes armées, comme, de fraische mémoire, le grand roy François, qui y despescha le sieur de Lautrech, pour delivrer le pape Clement de la misere et captivité en laquelle les Hespaignols et Allemants l'avoient reduict avec tout le corps du très-sacré senat de cardinaulx, estant pour lors à Rome. Or maintenant, Sire, et vous tous, messieurs, qu'il se présente une très-grande plainte de l'un des pilliers de ceste très-sainte Eglise, et qui est du bois duquel on faict nos très-saincts peres les Papes, car il porte tiltre de cardinal, de la grande et insuportable oppression qui luy a esté faicte, de l'avoir déchassé et comme banny de son évesché, et en laquelle il n'a osé se trouver ny comparoir, il y a plus de deux ans, pour veiller et faire son devoir sur son troupeau, au grand mespris du Sainct-Siege apostolique non-seulement, mais de toute l'Eglise gallicane.... »

Sur cette parolle M. de Vieilleville se leve, et, s'adressant au Roy, luy va dire tout haut : « Sire, je vous supplie très-humblement vouloir imposer silence à M. le cardinal de Lorrainne, de tant que vous affectionnez le bien de vostre service et ceulx qui y font leur devoir sans reproche, et me tant favoriser que me donner audience; car je vois bien que ce langaige m'attaque et s'adresse directement à moi. » M. le cardinal voulut repartir, mais le Roy, lui faisant signe de la main, commanda à M. de Vieilleville de parler, qui commencea de ceste façon :

« Sire, il n'estoit pas grand besoin que M. le cardinal de Lorraine prînt son theme de si haut, pour tomber sur un si foible et povre subject, qui est pour le faict du cardinal de Lenoncourt; car il n'y a personne en ceste très-illustre compaignie qui n'ait deu penser, à l'entrée de sa harrangue, que nostre sainct Pere et tout le Sainct-Siege apostolique eussent esté assiegez, ou par les Turcs ou aultres ennemis du nom chrestien, et qu'il vouloit persuader Vostre Majesté de mettre sus une grosse armée, et l'exploicter en personne, à l'imitation de nos anciens roys vos predecesseurs, pour les aller secourir.

« Mais piusqu'il n'est question que du faict du cardinal de Lenoncourt, vostre voyaige, Sire, est rompu, et vos finances ne sortiront poinct de vostre espargne pour dresser une armée (plusieurs de la compaignie, à ces mots, se prindrent à soubsrire); car tout présentement j'esclaireray Vostre Majesté des occasions qui le meuvent à se plaindre de moy, que l'on jugera fort aisément estre mal fondées.

» Et pour commencer, Sire, je vous diray que quand je deffendis aux sept parraiges de Metz de créer ung maistre-eschevin, puisqu'ils le tenoient de l'Empire, et que j'en voulois créer ung qui tiendroit son estat de la couronne de France, ainsi que dès lors j'advertis Vostre Majesté et tout vostre conseil, il eut si grand creve-cœur, parce que son neveu le devoit estre suivant les anciens statuts de l'Empire, qu'il sortit de la ville et se retira en une villette dependante de son évesché, nommée Vich, distant de Metz environ huict lieues, et n'y est pas entré depuis; qui est sa premiere plainte, et par laquelle vous voyez, Sire, qu'il s'en est banny et exilé de soi-mesme.

» Et pour venir à la seconde, il avoit, comme seigneur du temporel et spirituel de l'evesché de Metz, droict de monnoye, qu'il faisoit battre et forger au coing de ses armoiries, que je feis casser pour deux raisons. La premiere, que l'on m'eust jugé indigne de ma charge, de tollerer qu'une aultre monnoye que celle de mon Roi et souverain seigneur et maistre eust eu cours en une ville qui luy appartient, de laquelle l'entretenement luy revient à plus de quarante mille escus par moys; car de lui souffrir ung compaignon, il n'y avoit aulcune apparence, et m'eust esté à jamais reprochable, jusques à me pouvoir accuser, par ceste connivence, de quelque participation ou proffit, ou pour le moins d'une trop grande stupidité.

» L'aultre, qui estoit par trop pernicieuse; car les officiers de ceste monnoye estoient gens ramassez d'Allemaigne, de Flandres et de plusieurs provinces de ce royaume, la pluspart faulx-monnoyeurs, souffleurs d'alquemye et billonneux, qui s'estoient venus reffugier à Metz pour éviter les rigueurs de la justice en leurs pays, qu'il recevoit tous ; et ce qui m'en donna lumiere fut un jeune garçon de leur trouppe qui alloit amassant par toute la Lorrainne des carolus à l'espée, desquels, avec deux ou trois coups de marteau, il forgeoit une demie-reale d'Hespaigne de deux sols et six, sans aultre artifice de feu ny de fricasserie : aussi que desja je m'estois apperceu que de tout l'argent que je distribuois aux monstres des gens de pied, qui se font tous les moys, et de celuy que l'on paye pour les reparations tous les dimanches, qui estoit infini, le tout en monnoye française, l'on n'en voyoit, deux jours apres, une seule espece ; et avoient cours, en leur place, sa monnoye et celle de Flandres et de Bourgoigne, et des pays circonvoisins. Ce garçon, avant aller au supplice, me descouvrit toute leur meschanceté ; qui fut cause que je fyz rompre tous leurs fourneaulx, et pandre tout ce que je peus attrapper de ceste canaille. Et fault bien dire que le cardinal y sentoit grand prouffit et beaucoup d'abbus, veu qu'il affermoit sa monnoye dix mille florins du Rhin tous les ans : qui a esté l'un des plus prouffitables et necessaires reglements que j'aye faict en mon gouvernement depuis que m'en avez honoré, et qui luy doit bien souvent revenir au runge (1) : car ce n'est pas enrichir ung Estat d'en énerver douze ou quinze mille livres de rente par an.

« Sa troisiésme plainte, Sire, est qu'il y a trois villettes dependantes de son evesché, Vich, Moyen-

(1). *Au runge* : à la pensée.

vich et Marsal, assez voisines les unes des aultres, et sur le grand chemin de Metz et de Strasbourg, et d'aultres bonnes villes marchandes, où les Bourguignons, principalement les garnisons de la duché de Luxembourg, venoient faire les courses, favorisez des habitans desdictes villettes, dedans lesquelles, après avoir destroussé les marchands, ils venoient départir leur butin. Dequoy j'advertis le susdist cardinal, le priant d'y commettre quelque honneste gentilhomme qui m'advertiroit fidelement, en bon et fidele Français, quand il y auroit gens en campaigne, pour envoyer après, et y donner l'ordre qui y seroit necessaire ; car il ne passoit gueres de gens par-là qu'ils ne fussent volez. Mais il me fist responce que son esvesché estoit en pays neutre, et qu'il ne vouloit pas offencer la neutralité; aussi qu'il seroit mal convenable à ung esvesque de mesler parmy la spiritualité les armes, et faire la guerre. De quoy je m'irritai de telle sorte, que je fis incontinant sortir de Metz deux compaignies de gens de pied, que j'envoyay à Marsal en garnison, et le comte de Sault avecques sa compaignie de chevaulx ligiers, pour y commander et en tout ce pays-là ; qui y faict si bien son devoir, que l'on n'entend plus parler de ces coureurs, ny voleurs. Et davantaige, ayant faict fortiffier Marsal, comme il se trouve aujourd'huy, il favorise merveilleusement la descente des levées de gens de cheval et de pied que vous faictes sortir d'Allemaigne pour le service de Vostre Majesté ; et quant ores il ne me serviroit que de courtine pour la ville de Metz, si l'Empire se vouloit desbonder pour la recouvrer, la despense que je y ay faicte ne seroit pas inutile ny perdue ; et quand cela adviendroit, ce qui ne peult, car je suis trop aimé et respecté des plus grands princes de l'Empire, je creverois plustost qu'aultre que moy se mist dedans, avec promesse que je ose bien advancer à Vostre Majesté d'y faire passer quatre bons mois à une armée imperiale premier que d'y estre forcé, pour vous donner loisir de mettre sus vos forces, et pourveoir à tout vostre estat de Metz et pays messin, et empescher ung siege.

« Quant à sa quatriesme plainte, incontinant qu'il deslogea de la ville de Metz, je me vins camper en son palais episcopal, que je trouvai si dyapré, luisant et enrichy de peintures contre les parois et vitres des salles et chambres, que c'estoit chose très-belle à veoir. Mais je me desdaigné bien fort de son ingratitude, que, jouissant de plus de soixante mille livres de rente des bienfaicts de la couronne de France, et qui sont assiz et situez dedans vostre royaume, toutesfois il n'y avoit une seule remembrance de nos Roys, non pas une povre seule fleur de lys; mais tout estoit remply d'aigles à double teste, avec les armes d'Austriche sur leur estomach; *item* les armes de Lorrainne, et de quelques seigneurs des Pays-Bas, entre aultres du comte d'Aiguemont, escartelées de Lorrainne ou de Vaudemont. Mais ce qui plus m'estonna, fust qu'en sa galerie, qu'il nommoit paradis, les portaicts de cinq ou six empereurs y estoient; entre lesquels je choisis celluy de l'Empereur aujourd'huy regnant, ennemy juré de vostre couronne et grandeur; qui fut cause que je les feis tous abattre et dechirer.

« C'est en somme, Sire, tout ce dont le cardinal de Lenoncourt se peult plaindre de moy, que je soubmets au jugement de Vostre Majesté et de toute ceste très-illustre et incomparable assistance. Mais je vous supplie très-humblement vouloir ordonner qu'il comparoisse en ce lieu, pour dire plus amplement ses griefs : car de se justiffier par la bouche de M. le cardinal de Lorrainne, c'est se targuer de sa grandeur, pensant par ce moyen mettre le droict de son costé, sur esperance de me faire perdre la parolle ; et crois qu'en ceste intention il s'est absenté de la Cour, car il y estoit le jour que je y arrivay ; et encores qu'il ne soit que à une lieue d'icy, il n'y est toutesfois oncques puis venu : de ceste mesme façon il s'est banny de la ville de Metz et de son evesché. »

CHAPITRE XXXV.

Le cardinal de Lenoncourt quitte la Cour et se retire à la Charité-sur-Loire.

Alors le Roy demanda à M. le cardinal s'il n'avoit eu autre subject de l'amener au conseil que cestuy-là : qui luy respondit que Sa Majesté n'avoit entendu que l'une des parties. « Comment ! replique le Roy, vous voyez qu'il n'en veut pas estre cru, et demande que le cardinal de Lenoncourt comparoisse : » et s'addressant à M. le chancelier, luy commanda d'envoyer devers luy à Barbais le sommer de se trouver demain au conseil ; et, pource qu'il estoit de qualité, de deputer quelque noble personne pour accompaigner l'huissier du conseil qui luy signifieroit cest adjournement ; et qu'il faisoit bien cognoistre la foiblesse de son droict et de sa cause, d'y proceder de telle façon, et ne la venir poinct deffendre en personne, estant si près de la Cour comme il estoit, et non malade. Et sur le champ furent ordonnez ung maistre des requestes et ung secretaire du Roy, maison et couronne de France, pour cest effect. Mais Sa Majesté, avant se lever et rompre l'assemblée, prononcea bien hault ces mesmes parolles:

« J'advoue et approuve tout ce que M. de Vieilleville a faict par cy-devant en son gouvernement de Metz, et declare, devant toute ceste assistance, qu'il ne se sçauroit mieux faire en une charge; car toutes ses actions en general redondent merveilleusement au bien, prouffict et conservation de tout mon Estat de de-là, à la gloire de ma couronne, et à l'entretenement de la confederation, intelligence et bonne amitié que j'ay avec les princes et Estats de l'Empire. » Cela dict, il se leva comme en colere.

Mais M. de Vieilleville, après avoir très-humblement remercyé Sa Majesté d'ung si honorable tesmoignaige de ses services, la supplia de s'arrester, et d'entendre encores une parolle (ce que le Roy fist sans se rasseoir); qui estoit que le cardinal de Lenoncourt ne s'estoit pas du tout absenté pour le regard des plaintes susdites, mais plustost de crainte d'estre descouvert en si bonne compaignie de ses actions privées et domestiques, qui estoient aultant desbordées et dissolues que de prelat de France non-seulement, mais surpassoient fort scandaleusement la pudicque modestie requise et ordonnée à ceulx de son bonnet, qu'il reservoit à déclarer avec verité quand il comparoîtroit en ceste assemblée. Là-dessus le Roi s'en va, disant qu'il n'en doubtoit poinct, et qu'il le cog-

noissoit il y avoit long-temps. Mais le cardinal de Lorrainne, qui avoit entendu le tout, deslogea le premier, ayant la main sur l'estomach, se plaignant, ou
faignant se plaindre de sa colicque.

M. Olivier, chancelier de France, qui respectoit
fort les dignes serviteurs du Roy, principalement ceulx
de grand mérite, et de telle qualité qu'estoit M. de
Vieilleville, luy dict qu'il venoit de recevoir de son
Roy ung tel et si grand honneur, qu'il n'y avoit
prince en France qui n'eust bien desiré d'estre gra-
tiffié d'ung pareil, et devoit bien remarquer et se
souvenir à jamais d'une si heureuse journée. Et affin
que la mémoire ne s'en puisse perdre, il commanda au
greffier du conseil de luy despescher en bonne forme
l'arrest ou sentence prononcée par la propre bouche du Roy seant en son conseil d'Estat et privé, que
l'on appelloit en ce temps-là *l'estroict conseil,* et qu'il
y vouloit luy-mesme apposer son attache pour le valider davantaige, et servir d'approbation d'un acte si
nouveau, et non encores advenu depuis qu'il estoit
constitué en l'estat de chancelier. Et adjousta ces parolles : « Mais que vous ayez cest acte, monsieur, en
forme authentique, comme j'espere le vous faire délivrer demain, signé et scellé, vous vous pourrez vanter
de deux choses ; l'une, d'avoir de belles et bonnes armes pour vous deffendre contre toutes les calomnies
et impostures de vos ennemis ; l'autre, que ce conseil
s'est tenu au grand accroissement de vostre honneur
et bonne renommée, et à la confusion de ceulx qui la
vous pensoient oster. » Après ces parolles il s'en alla,
et avecques luy les evesques, presidents et maistres
des requestes qui l'attendoient selon la coustume ; car

les princes et aultres grands avoient suivy Sa Majesté.

Ceulx qui estoient ordonnez pour assister l'huissier en l'execution du résultat partirent au disner, mais trop tard; car le cardinal de Lenonçourt estoit desja deslogé de son abbaye par l'advertissement du cardinal de Lorraine, et retiré à Paris en toute diligence; qui fut cause qu'ils revindrent trouver M. le chancelier, qui se courroucea fort asprement, et leur commanda d'aller jusques-là pour effectuer leur charge, disant qu'il ne s'esbahissoit plus si le cardinal de Lorrainne estoit sorty le premier du conseil avec sa colicque.

Ils obéissent au commandement; mais parce que ces deux cardinaux avoient des picqueurs à relais pour s'entre-advertir, ils ne le y trouverent plus; et sceurent à l'hostel de Rheims, où il avoit logé et couché une nuict, qu'il estoit allé chez son frere, le comte de Nantheuil, qui estoit à Nantheuil soubs Dampmartin-en-Gouelle, ung très-plaisant chasteau en son assiette, et fort superbement basty. Ils donnerent jusques-là; mais s'estants presentés au comte, il leur dist qu'il estoit allé traverser la campaigne, pour prendre la poste, et se retirer droict en son prieuré de La Charité-sur-Loyre. Dequoy ils furent fort esbahys, n'estants pas toutesfois d'advis d'aller après, ny de passer outre; mais s'en retournerent à la Cour faire leur rapport au Roy, à M. le chancelier, et plusieurs aultres des plus grands du conseil, qui tous se prindrent à rire, donnants gaing de cause à M. de Vieilleville, puisque sa partie adverse reffusoit la lice. La risée augmenta encores davantaige quand ils sceurent qu'il vouloit permuter son evesché avec M. le cardinal de Lorrainne.

Telle fut la fin de la dispute d'entre M. le cardinal de Lenoncourt et M. de Vieilleville, qui ne fust jamais advenue si on eust voulu tollerer toutes les grandeurs, entreprises et remuements, dont le susdit cardinal se vouloit authoriser en la ville de Metz et en son evesché, et faire valeter M. de Vieilleville.

Cependant M. de Gonnor estoit aux escoutes de ce qui réussiroit de ce contraste, sur l'esperance que la grandeur de M. le cardinal de Lorrainne, qui embrassoit à vive force la cause de son confrere, feroit débouter M. de Vieilleville de son gouvernement, et par ce moyen y rentrer. Mais il en fut, à son grand regret, frustré, encores que M. le connestable et tous messieurs de Guyse, horsmis le cardinal de Guyse, s'y fussent favorablement bandez. Mais le serviteur fidele, accompaigné d'entendement et de valeur, se targue tousjours contre ses malveillants de la faveur de son maistre, que ses braves et signalez services luy ont aquise, et par laquelle il dissipe, renverse et faict fondre en ung moment tous les aguets, conseils, monopolles et affronts de ses ennemis. Non pas que M. le connestable fust de ce nombre, et qu'il luy voulust aultrement beaucoup de mal; mais seulement il se déplaisoit de ce qu'il tenoit ce gouvernement par aultre moyen que le sien : car telle estoit son humeur, comme nous avons dict ailleurs, qu'il vouloit qu'un chacun fust advancé par sa faveur, affin que tout le monde luy eust de l'obligation, et que ses enfans, dont il avoit nombre, s'en peussent quelque jour prevaloir après sa mort.

En quoy ils estoient tous deux bien appoinctez. Car si le Daulphin eust faict donner, sans le Roy, le plus sublime estat de France à M. de Vieilleville, il l'eust reffusé tout à plat, et ne l'eust pris si cest advantaige ne luy fust venu du propre mouvement de son maistre : car il ne vouloit demeurer à personne vivante obligé, fors à celuy d'où luy provenoit l'honneur et le bien.

CHAPITRE XXXVI.

Supplice des cordeliers de Metz qui avoient voulu livrer la ville au comte de Mesgue. — M. de Vieilleville découvre au comte de Sault le dessein qu'il a de lui donner sa seconde fille en mariage.

Sur la fin de novembre audict an, M. de La Chappelle-Byron fist courir le pacquet qui portoit l'execution du gardien et des vingt cordeliers que nous avons laissez prisonniers en la tour d'Enfer; qui fut telle, que, quand ils sceurent que M. de Vieilleville estoit allé à la Cour, ils entrerent en desespoir de leur vie ; car le sieur de La Chappelle ne leur avoit rien promis, et ne pouvoient ignorer que leur procès ne fust parfaict et tout instruict. Et ung mercredy au soir le prevost leur vint dire qu'ils s'entre-confessassent, et qu'ils ne seroient pas le lendemain à telle heure en vie, et que, pour cest effect, affin qu'ils pensassent en leur conscience, il les tiroit hors des cachots, les laissant peslé-mesle ensemble.

Mais au lieu de cela, le prevost retiré, ils commencerent, comme enraigez, à mauldire le gardien et

quatre aultres des plus anciens desquels il s'estoit aidé
pour séduire et attirer le reste à son entreprise, car ils
devoient avoir chacun une abbaye ; leur disants une
infinité d'injures et d'opprobres, et que leur meschante
et dampnable ambition d'estre evesques et abbez les
avoit ruynez et perdus, au grand scandale de leur
ordre et profession ; puis se haulserent tellement de
parolles par leurs repliques, que, surmontez de colere,
les saeze batirent tant le gardien et les quatre, que le
gardien mourut sur la place, et les quatre furent si
oultrez, qu'il les falut mener le lendemain en une
charrette avecques le mort au supplice. Et furent ainsi
pendus; ausquels firent compaignie dix aultres, et tous
en leurs habits, sans oublier le froc. Les six qui restoient, parce qu'ils estoient fort jeunes, et comme
novices, firent seulement amande honorable, la corde
au col, la torche ardente en la main, pieds nuds et à
genoux durant l'execution de leurs freres et compaignons, puis chassez de la ville avec forban (1), et renvoyez aux Pays-Bas en dire les nouvelles à la royne
de Hongrie : et fust ceste execution faicte devant leur
couvent. De quoy Sa Majesté fust très-aise, ne se pouvant garder de hault louer la prompte diligence de
M. de Vieilleville en la capture du gardien ; car s'il
s'en fust remis en quelque aultre, il ne luy falloit
qu'une heure pour abbrazer la ville et mettre son entreprise à execution ; disant en oultre qu'il n'oublieroit jamais la journée des embuscades, pour estre la
chose la plus digne et memorable qui soit advenue de
trois cents ans en France, tant pour la très-saige conduicte et très-guerriere ordonnance qui en fut faicte,

---

(1) *Avec forban :* avec banissement.

que pour le très-heureux évenement d'icelle. Mais on ne se pouvoit garder de rire de ceste sorte de confession, qui tomba en proverbe à la Cour; car, quand on voyoit paiges ou laquais s'entre-gourmer, on disoit qu'ils se confessoient comme les cordeliers de Metz.

Or, par les chemins de Metz à la Cour, M. de Vieilleville se descouvrit à M. le comte de Sault du desir qu'il avoit qu'il épousast sa seconde fille, madamoyselle de Vieilleville, l'une des filles de la Royne; qui en fut si ravy d'aise et de joye, qu'il luy voua pour jamais toute obeissance et service, et sans qu'il avoit entendu que M. de Duilly, grand senneschal de Lorrainne et gouverneur du duc, la pourchassoit pour son fils, il y a long-temps qu'il luy en eust faict parler et escrire.

Arrivez à la Cour ainsi unanimes et accordants en mesme conception, quand madamoyselle de Vieilleville vint avec la gouvernante des filles de la Royne saluer son pere, où estoit present le comte de Sault, il luy en jecta quelques parolles à la traverse, non pas trop pregnantes, mais elles estoient assez suffisantes pour faire penser à la damoyselle, qui estoit de très-bon esprit, que son pere luy presentoit ung serviteur.

Et dès-lors en avant le comte de Sault alloit souvent en la chambre des filles de la Royne visiter sa maistresse, se mettant en despence, et, comme l'on dict, sur le bon bout, pour se faire valoir; car de toutes les parties qui se dressoient à la Cour parmy la jeunesse, comme de courses de bagues, carrouzelles, à la paulme, combattre à la barriere, et d'aultres exercices dont les jeunes princes et seigneurs se donnent du plaisir, il estoit toujours des premiers, et en rapportoit souvent le prix ; et en ung bal royal il avoit, par sa disposition et bonne grace, la principale vogue : aussi qu'il donna entrée à la Cour à une sorte de dance qui s'appelle *la volte de Provence*, qui n'y avoit jamais esté dancée, laquelle a eu depuis grand cours par tout le royaume : encores disoit-on qu'il l'avoit inventée, car plusieurs l'appelloient *la volte de Sault*, où il y a quelque apparence, pour l'éthimologie du mot et des traicts qui s'exercent en ceste dance : car l'homme et la femme s'estants embrassez tousjours de trois en quatre pas, tant que la dance dure, ne font que tourner, virer, s'entre-soubslever et bondir ; et est ceste dance, quand elle est bien menée par personnes expertes, très-agréable.

Ainsi se passerent les mois de novembre, decembre, janvier et quasi fevrier, horsmis que nous sejournasmes à Paris environ trois sepmaines pour donner ordre à beaucoup d'affaires, principalement de procès d'assez grande importance qui furent jugez à son prouffict, tant pour ce que le droict estoit de son costé que pour les lettres que le Roy, la Royne, M. le chancelier et d'aultres escrivirent en sa faveur.

CHAPITRE XXXVII.

Madame Claude de France conseille à mademoiselle de Vieilleville d'épouser le fils du comte de Duilly, de la maison du Châtelet.

[1556] LE dixiesme de fevrier audit an, nous retournasmes à la Cour, où estoit arrivé M. de Vaudemont dix jours auparavant, qui venoit d'épouser madamoyselle de Nemours; et l'avoit accompaigné M. le grand senneschal de Lorrainne, ayant avec luy, sur l'esperance cy-dessus mentionnée, M. de Duilly son fils. Et pour y parvenir, avant partir de Lorrainne, comme fin et ruzé, il avoit passé par Metz pour faire entendre à madame de Vieilleville beaucoup de choses touchant le mariage de leurs enfants, et qu'il en avoit desja conferé avec M. de Vieilleville, qui avoit remis sa responce à quand il seroit à la Cour, et qu'il le y alloit trouver exprès pour y mettre une fin; la suppliant d'escrire, par son fils là present, à madamoyselle de Vieilleville, pour avoir seulement l'honneur de luy dire de ses nouvelles.

Madame de Vieilleville, qui ne rejectoit nullement ceste alliance, mais qui ne sçavoit pas aussi ce qui s'estoit passé entre M. son mary et le comte de Sault (car il estoit si peu uxorieux qu'elle ne sçavoit jamais de ses secrets que la derniere), s'accorda facilement à la demande du grand senneschal, et donna à son fils une fort favorable lettre qui luy servit d'entrée. Et dès le mesme jour de son arrivée à la Cour, il la vint presenter à madamoyselle de Vieilleville, et sa personne quant et quant; et ne passoit jour qu'il ne continuast son service, assisté en sa poursuicte de plusieurs grandes dames et princesses, mesme que madamoyselle de Nemours dist à madamoyselle de Vieilleville, en la chambre de la Royne, comme en riant, qu'elle estoit bien aise que M. de Vaudemont luy avoit faict amener ung honneste serviteur et de bonne part; la priant, pour le respect du prince qui en avoit pris la peine, de le favorablement traicter et le preferer à tout aultre; et l'en conjuroit sur la nourriture que toutes deux avoient prise ensemble, trois ou quatre ans, sous une mesme maistresse : car elle estoit fille d'honneur de la Royne, qui est un estat reservé aux princesses; et adjousta encores ces parolles: « Souvenez-vous, Vieilleville, que je ne vous dis pas cecy sans cause, car nous pourrons finir nos jours ensemble, estant accordée à M. de Vaudemont, comme vous sçavez, qui me menera bientost en Lorrainne; et je scey bien qu'il est determiné que vous prendrez aussi ce chemin-là. »

Enfin à nostre arrivée le comte de Sault trouva ce rival, qui luy estoit une très-poignante espine au pied. Toutesfois il ne perdist couraige, mais suivoit de très-grande ardeur ses coups, fondé sur la faveur du pere. M. de Duilly, d'aultre part, ne s'endormoit pas en sentinelle, ayant ouvert la lettre que la mere escrivoit à sa maistresse.

Cependant les parties se remectent sus, car c'estoient les jours de resjouissance et de carnaval : les mascarades, le bal, courses de bagues et aultres passe-temps cy-dessus que la jeunesse invente pour la recréation des dames, n'y furent pas espargnez. M. de Duilly, qui estoit un fort honneste jeune seigneur et très-agréable, ne fut pas des derniers pour y acquerir reputation, car pour ung jour il emporta deux bagues, et donna une vive attainte à la troisiesme, y estant fort adroit, et tout de mesme à la dance; car il amena le premier à la Cour les bransles du haut Barrois, qu'il danceoit d'une merveilleuse grace et disposition; et altererent un peu le credit de la volte de Provence; car le Français se delecte et favorise toujours les choses nouvelles.

En somme, ces deux competiteurs et corrivaulx faisoient bien grandes et extraordinaires despences en leur poursuicte; et ne parloit-on d'aultre chose à la Cour que des gaillardes entreprises, mascarades et sumptueuses collations de fruicts rares et exquis, et aultres sortes de confitures, des braves serviteurs de madamoyselle de Vieilleville : en quoy ses compaignes, les aultres filles de la Royne, ne perdoient rien. Mais on ne sçavoit lequel des deux l'emporteroit : toutesfois, sur ce doubte, madame Claude de France, seconde fille du Roy, qui estoit une très-excellente princesse, donna ung terrible revers à l'esperance du povre comte de Sault, et la renversa du tout; car ayant envoyé querir madamoyselle de Vieilleville par ung matin en sa chambre, s'habillant encores, la vint aboucher de ce langaige :

« Vous sçavez, Vieilleville, comme le mariage de M. de Lorrainne et de moy est conclu et arresté, et que incontinant que le Roy, mon seigneur et pere, aura donné ordre à quelques affaires qui luy sont de très-grande importance, nous irons à Paris espouser, suivant les anciennes cérémonies que l'on observe aux mariages des filles de Roy. Et, parce que je me trouverois toute esgarée en pays esloigné du mien, et de ce doux climat de France, sans m'y veoir accompaignée de personnes qui fussent de ma nation, et ausquelles je me peusse fier, j'ay faict choix, en mon cueur, de six damoyselles françaises pour y vivre et mourir avec moy, desquelles vous estes la premiere; car je vous aime d'une si cordiale affection, qu'il m'est impossible de jamais vous oublier; y estant conviée, pour vostre honneste modestie et aultres belles vertus qui reluysent en vous; ayant la Royne, ma dame et mere, remarqué entre les aultres perfections dont vous estes douée, une qui est bien rare en toutes vos compaignes, pour laquelle elle vous loue grandement, et en estes bien avant en ses bonnes graces; qui est que vous n'estes poinct subjecte à faire des affaiteries, comme la pluspart d'elles font; et vostre langue n'a jamais semé ny dressé des querelles parmy les dames ny seigneurs et jeunesse de ceste Cour, comme les leurs. Vous sçavez, Vieilleville, de qui je veulx parler; et auparavant que Pasque soit passée vous en verrez renvoyer plus d'une demie-douzaine chez leurs parents, avec honte, entre aultres deux, qui ont esté si impudentes et mal advisées, d'avoir ozé parler d'ung grand prince et d'une honneste dame et de grand estat, qui est toutesfois une fort femme de bien et d'honneur; croyez que vous en orrez parler bientost à leur confusion. Cependant, Vieilleville, affin que vous n'ayez poinct de regret de passer vos ans à mon service, vous ne serez pas marrie si je vous dis que je vous ay desja faict coucher sur l'estat de ma maison, qui a esté dressé depuis huict jours, en qualité de ma premiere dame d'honneur, vous jurant en foy de princesse que la Royne, ma dame et mere, vostre bonne maistresse, me l'a ainsi commandé; qui a faict grand tort à mon affection; car je voulois que vous tinssiez ce grade de mon propre motif. A ceste cause, je vous veulx bien prier de ne rien promettre au comte de Sault, que bien à poinct, car vous estes vouée ailleurs; et si vous alliez en Provence, tous nos desseings et volontés reviendroient à néant, et aurions toute nostre vie regret, la Royne et moy, de vous avoir tant aimée. » Et là dessus, elle se leva, et la vint baiser, estant toute preste de sortir de sa chambre pour aller au lever de la Royne sa mere.

Il ne fault poinct demander de quelle allaigresse et contentement madamoyselle de Vieilleville receut ceste faveur : et luy baisant, avec une fort humble et basse reverence, la main, luy va respondre de ceste façon, et aux propres termes qui s'ensuivent :

« Madame, je ne sçaurois assez dignement, ny avec trop d'humilité, vous remercier de la très-honorable élection qu'il vous a plu faire de vostre très-humble servante; et ce qui m'oblige de mourir à vostre service, est que de vostre propre volonté, et sans vous en avoir jamais sollicitée, ny employé vivante ame pour cest effect, il vous est souvenu de m'eslever en ung si sublime grade, et me preferer à ung grand nombre d'aultres de plus grand merite que je ne suis, et ausquelles vous estes plus obligée; ne vous ayant jamais faict service qui vous y ait deu attrayer; et ne scey à qui je doy attribuer ceste mienne si heureuse fortune, qu'à vostre debonnaireté premierement, puis au ciel, qui par son influence m'a tant daigné béatiffier.

« Quant au comte de Sault, madame, je ne puis nier que je ne luy sois grandement obligée; mais Dieu, par sa grace, m'a si bien assistée jusques icy, que je suis encores maistresse de mon cueur, avec asseurance que je vous donne, en foy de damoyselle d'honneur et de fille de bien, qu'il ne sortira jamais promesse de ma bouche que celle que mon pere y aura mise : mais je vous veulx bien confesser une verité; que son intention est que je l'espouze, l'ayant amené exprès de Metz pour en faire une resolution; et parce qu'il n'y a plus que dix jours de nopces, car nous approchons de caresme-prenant, il a deliberé de me faire fiancer devant trois jours. Vostre Altesse sceit assez que je n'oserois y contredire : à ceste cause, affin que vous ne soyez frustrée de vostre desseing, ny moy privée du plus grand heur qui me pourroit jamais arriver, je vous supplie très-humblement, madame, et de tout mon cœur, de vouloir faire rompre ce coup, affin que la maistresse et la servante soient de ce très-heureux abouchement unanimement contentes en leurs esperances et desir. »

CHAPITRE XXXVIII.

Le Roi approuve le conseil de madame Claude sur le mariage de mademoiselle de Vieilleville avec le fils du comte de Duilly.

La princesse ayant ceste parolle fust extremement resjouye, et la rebaisa fort et ferme, luy disant qu'elle alloit trouver la Royne pour y mettre la derniere main : et arrivée en sa chambre, luy descouvrit tous les propos de madamoyselle de Vieilleville, sans rien oublier. Toutes deux de ce pas vont trouver le Roy, et entrerent tous trois au cabinet. La conclusion de ce colloque fust d'envoyer querir M. de Vieilleville, pour en sçavoir promptement toute sa conception. Et estant en la presence de Leurs Majestés, le Roy luy demanda qu'il luy dist, en saine conscience, ce qu'il avoit promis au comte de Sault. Lequel respondit que, puisqu'il luy avoit accordé ung lieutenant-général au gouvernement de Metz, en son absence, aux gaiges de cent escus par mois, il avoit choisy le comte de Sault pour le pourveoir de cest estat; et oultre ce, luy promettoit, soubs le bon vouloir de Sa Majesté, ayant faict bon service deux ou trois ans, une place de gentilhomme de la chambre des ordinaires, à trois cents francs par quarte [1], et sa compaignie de cent chevaulx ligiers entretenue, que l'on murmuroit de-

---

[1] *Par quatre :* par quartier.

voir estre bientost cassée, ou pour le moins reduicte à cinquante.

Sur quoy Sa Majesté repliqua qu'il enthérinoit et confirmoit tout presentement ses promesses; et ordonna que les brevets et lettres à ce nécessaires fussent sur le champ dépeschées. Mais il luy demanda s'il luy avoit aussi promis sa fille : à quoy il fist responce qu'il ne luy avoit pas encores donné la parolle, bien l'avoit-il entretenu d'une grande esperance, et que le mariage s'en pourroit conclurre; hault loüant l'extraction, les biens, la valeur et les aultres vertus du comte de Sault, et qu'il penseroit fort bien loger sa fille.

Mais la Royne repartit incontinant là-dessus, disant qu'elle voyoit bien qu'il ne se souvenoit plus de la lettre qu'il luy avoit escrite par sa fille, quand il la luy envoya pour estre à son service : « car, dist-elle, la mesme lettre que je garde encores contient que vous me la donniez pour jamais, et que vous esperiez tant de ses bons services, qu'elle ne sortiroit poinct de mes mains que je ne l'eusse bien pourveue, et que vous en remettiez du tout en ma discrétion et bonté acoustumée envers les filles d'honneur et de maison desquelles le service m'est agréable; qui est cause que, suivant vostre lettre et en recognoissance de ses bons services, je l'ay mariée au fils du grand senneschal de Lorraine, qui vous en a aultrefois parlé, de la maison duquel vous en savez si bien la portée et extraction qu'il ne m'est besoing de vous en rien esclairer davantaige. Bien vous diray-je seulement que vostre gendre est héritier d'ung fils du duc de Lorrainne, et que vostre fille est premiere dame d'honneur de la mienne; et que si je ne l'eusse cogneue fort honneste et saige, je ne l'eusse pas préférée à plus de dix aultres qui m'en ont faict prier par bien grandes princesses ; aussi que je scey bien qu'elle est fort agréable à madite fille. Et affin que vous ne pensiez pas qu'en cela j'aye forcé sa volonté, demandez-le à ma fille que voilà, et le langage qu'elle luy a teint encorés, de fraische mémoire, à ce matin. »

La princesse va incontinant réciter tout le collocque qui s'estoit passé entre elles deux la mesme matinée, et adjousta que, quand la Royne ne s'en mesleroit poinct, la luy demandant, elle s'asseure tant de son honesteté que pour rien il ne la luy vouldroit reffuser.

M. de Vieilleville, voyant tant d'honneurs et de loüanges faictes à sa fille, ne sceust aultre chose respondre, après les avoir très-humblement remerciez, sinon que, puisque la vie, les biens et tous les moyens du pere, qui leur est naturel subject et très-humble serviteur, sont en leur disposition, il ne falloit plus qu'ils revocquassent en doubte ce mariage ; mais il supplioit Leurs Majestez de faire entendre au comte de Sault qu'il se faisoit de leur authorité absolue ; ce que le Roy luy promist executer. Et des le jour mesme, l'ayant envoyé querir, luy dist qu'il luy accordoit tout ce que M. de Vieilleville luy avoit promis, et, en sa faveur, sans attendre trois ans de service, luy donnoit tout presentement ung estat de gentilhomme de sa chambre à cent francs par mois, et outre ce, sçaichant la despence qu'il avoit faicte au pourchas de Vieilleville, luy donnoit deux mille escus pris en son espargne ; mais il luy deffendit d'y plus rien pretendre, car la Royne, sa bonne maistresse, l'avoit mariée en Lorrainne, pour vivre et mourir avec leur fille, qu'ils ont accordée, comme il sçait, avec le duc, et y estre en estat de premiere dame d'honneur.

CHAPITRE XXXIX.

Mademoiselle de Vieilleville épouse le fils du comte de Duilly.

Le povre comte, à ceste nouvelle authorizée de ce commandement royal, demeura fort troublé en son esprit; mais, balanceant les presents et faveurs que luy avoit moyennez ceste poursuite, il se remyt, comme ayant juste occasion de se contenter. Et ayant faict en diligence despescher ses brevets, mandements, lettres de retenue, et touché son argent, il se retira en Provence, après avoir remercyé Leurs Majestez et M. de Vieilleville, pour ne veoir poinct la ruine de son ame; aussi qu'il sçavoit bien que la jeunesse de la Cour ne se pourroit passer, car c'estoient les jours de caresmeprenant, de luy donner quelques algarades du chappeau de Saulge et d'aultres risées. Mais avant partir il quicta à M. de Vieilleville la lieutenance du gouvernement de Metz, celuy de Marsal, et renoncea avec serment de jamais plus revenir ny approcher du pays de Lorrainne. Ainsi nous perdismes ce gentil seigneur, où nous eusmes un indicible regret, car il nous estoit à tous fort utile auprès de nostre maistre.

Quant à madamoiselle de Vieilleville, dès le soir de la mesme journée elle fut fiancée, en la chambre de la Royne sa maistresse, avec M. de Duilly, fils unique de M. le grand senneschal de Lorrainne, et gouverneur du duc, par l'archevesque de Vienne (1), grand aulmosnier de France ; où se trouva une fort grande compaignie de princes et princesses, et grands seigneurs et dames : dequoy il ne fault doubter, puisque le Roy et la Royne y assisterent avec les deux excellentes princesses, les infantes Elizabeth et Claude de France, leurs filles.

Finalement, le mardy devant celuy que l'on appelle *gras*, M. de Vaudemont, oncle de M. Charles, duc de Lorrainne, et gouverneur de tout son Estat, espousa madamoyselle de Nemours, où M. le duc son neveu et tous messieurs de Guyse se mirent en ung très-riche et merveilleux appareil pour honorer les nopces; car ce n'est que une mesme race et parenté, d'un nom et de mesmes armes. Mais sur tout estoient admirables les princesses et aultres grandes dames, en leurs atours et richesses de pierreries de toutes sortes de valeurs, et aultres parures de vestements de toile d'or et d'argent; car leurs esclairs, rayons et treluisements nous esblouyssoient et humoient la veue, principalement au bal après soupper, à la lueur des flambeaux dont la grande sale estoit garnie. Les déesses et nymphes du temps passé, si fabuleusement célébrées par les

---

(1) *L'archevesque de Vienne*. Charles de Marillac étoit alors archevêque de Vienne; mais il ne paroit pas que ce prélat ait jamais été grand aumônier de France : cette charge ne fut possédée, sous le règne de Henri II, que par Bernard de Ruthye, abbé de Pontlevoy, qui mourut le 1er mai 1556, et ensuite par Louis de Brézé, évêque de Meaux, qui en prit possession le 1er de juin de la même année, et qui mourut à Paris le 15 septembre 1585.

Voyez *Gallia Christiana* et l'Histoire généalogique des grands officiers de la couronne.

poëtes, n'y eussent osé comparoir, car elles eussent perdu leur lustre, tant pour les beautez que pour toutes aultres dyapreures dont les dames, par grand desir et curiosité de paroistre, se sçavent embellir.

Mais ce qui enrichit et decora merveilleusement la feste, fut M. le duc de Nemours, qui fist sa bande à part, au nombre de vingt seigneurs et gentilshommes d'honneur et de marque, qui estoient si excellemment acoustrés, que tout le monde en fust incrediblement ravy. Et se souvenant de la recoussé qu'avoit faicte M. de Vieilleville de sa personne au siege d'Yvoy, il le choisit des premiers de sa trouppe; et parce qu'il estoit sur-intendant général des cérémonies de toute la nopce, comme frere aisné de l'espouzée, il voulut qu'au festin royal il fust du rang des princes à table, et à son costé; car jamais personne ne s'assied vis-à-vis des princes, estant tousjours la place de l'escuyer tranchant reservée. Ce que Sa Majesté eust fort agréable; encores disoit-on qu'il avoit commandé audict duc de Nemours d'ainsi le faire. Dequoy plusieurs bien grands, se trouvant au-dessoubs, s'estomacquerent bien fort, entre aultres l'admiral de Chastillon et toute la nyée (¹) des connestablistes, qui ne s'estimoient pas moins que tiercelets de princes, comme les comtes de Vantadour, de Thurenne, de Candale, de Foix, de Tande et de Villars; mais force leur fut d'avaller ceste-là, ou se lever de table; aussi qu'ils sçavoient bien que, en antiquité d'illustre extraction et grandeurs d'alliances, il n'en cédoit pas ung. Toute la journée, au reste, se passa en courses de bagues,

---

(¹) *La nyée* : la parenté.

mascarades, dances et infinis aultres passe-temps.

Le jeudy ensuivant, M. de Duilly et madamoyselle de Vieilleville espouzerent : où il n'y eust comme rien de changé, car les mesmes acoustrements des seigneurs et dames leur servirent, avec un peu de déguisement. Mais le Roy courut la bague ce jour-là jusques à huict courses, ce qu'il n'avoit pas faict aux nopces de M. de Vaude-mont. Dequoy les maisons de Lorrainne et de Guyse se formalizerent grandement, bien esbahys de ce que Sa Majesté n'avoit pas tant honoré les nopces de l'oncle futur de sa seconde fille : toutesfois leur courroux n'esclata gueres plus avant, se souvenants de la faveur que le pere de la mariée avoit receue aux nopces dudit sieur de Vaudemont, en la preséance du festin royal, mais jugerent fort aisément, et bientost, par deux tels et si favorables traicts, que Sa Majesté l'affectionnoit beaucoup.

CHAPITRE XL.

M. de Vieilleville propose au Roi de faire bâtir une citadelle à Metz.

Toutes nopces, festins, resjouyssances, pompes et aultres luxes de la feste de desbauche passées, M. de Vieilleville voulut regarder aux affaires. Et pour y commencer il supplia Sa Majesté, dès le jeudy d'après les Cendres, de luy vouloir donner audience sur quelques remonstrances qu'il avoit à luy faire touchant

18.

l'estat de Metz; ce que Sa Majesté luy accorda en l'instant. Et estant entrez au cabinet seulets, M. de Vieilleville luy proposa qu'il avoit projecté le plan d'une citadelle qu'il estoit nécessaire de faire construire audict Metz, pour raisons qu'il luy feyst bien amplement entendre; desquelles les plus pregnantes estoient pour retrancher premierement la despence excessive qui s'y faisoit en l'entretenement des gens de pied et de cheval, qui revenoit à plus de quarante mille francs par mois : car des vingt-quatre compaignies de gens de pied qui y sont ordinaires, il suffiroit, la citadelle bastie, d'y en avoir huict; et pour toute cavalerie, il se contentoit de sa compaignie, qui estoit une belle espargne de saeze compaignies de gens de pied, et de cent chevaulx ligiers, et de cent harquebuziers à cheval, que Sa Majesté pourroit casser ou employer ailleurs, selon l'occurrence des affaires.

Puis la supplioit de considerer que une ville sans chasteau ou citadelle, comme est celle de Metz, n'est jamais assurée en sa garde; car s'il survenoit quelque sédition populaire, ou contre la garnison, ou bien une furieuse mutinerie entre les compaignies, ou contre le gouverneur mesme, s'il n'a quelque lieu seur de retraicte il est en dangier de sa vie, et la ville d'estre perdue : remonstrant là-dessus une infinité de raisons et d'aultres mesnagements, que Sa Majesté gousta fort bien, et les eust très-agréables, disant qu'il estoit très-nécessaire d'y remedier, et bientost.

M. de Vieilleville, très-aise de ceste parolle, qui ne la demandoit pas meilleure pour ce commencement, luy monstra incontinant le plan de la citadelle, qui fut le comble de son contentement, car il n'avoit jamais veu chose pareille ; et après la luy avoir bien déchiffrée par ses bastions, bouleverts, courtines, plateformes, flancs, casemattes, ravelines, ruffiennes, et aultres traicts de fortiffications requises en ung si excellent chef-d'œuvre, le Roy luy dist qu'il ne seroit jamais à son aise qu'il ne l'eust veu parfaicte, et qu'il n'y espagneroit nullement la despence, quand elle devroit revenir à ung million d'or.

Sur quoy M. de Vieilleville repliqua qu'elle ne cousteroit pas ung million de francs, qui est moindre despence des deux parts ; et sans les eglises de religieux et de nonnains, ensemble de deux parrochiales, et d'environ deux cents cinquante maisons qu'il fault achepter, il la vouldroit rendre toute complette et en deffences pour cinq cents mille francs ; mais puisqu'il l'entreprend, il veut jecter tous les habitans dehors, et y faire multiplier une peuplade française pour oster tout soupçon et dormir en seureté et bon repos.

Langaige qui rendit le Roy encores plus jaloux ; mais sa joie redoubla quand il adjousta ces mots : « Pensez-vous, Sire, que la royne de Hongrie et les moynes eussent entrepris ce tradiment s'il y eust eu une citadelle ? car pour néant et envain achepte-t-on une ville si le chasteau ou la forteresse qui y commande n'est vendue quant et quant. Et affin, Sire, que l'on ne pense poinct que je vous mette en despence mal-à-propos et sans une très-urgente et forcée occasion, il plaira à Vostre Majesté commander que l'on assemble le conseil pour en délibérer : mais le plutost sera le meilleur, car il n'est desormais temps que je m'en retourne ; et je ferai veoir à toute la compaignie l'honneur, le prouffict et la très-grande commodité que ceste citadelle apportera au bien de vostre service, et comme elle vous rendra redoutable à toutes les villes de deçà le Rhin ; mais, qui plus est, elle mettra hors d'esperance tous les Estats d'Allemaigne, princes et villes, de jamais plus réincorporer à l'Empire les trois eveschez de Metz, Thoul et Verdun, que vous en avez par la force de vos armées énervées.

Il ne se peult exprimer de quelle joye et allaigresse Sa Majesté receut ces dernieres parolles, ausquelles elle va promptement respondre qu'il se falloit bien garder de remettre cela au conseil, car il ne seroit pas en sa puissance de luy former ung double : « D'aultant, dist-il, que mon compere (parlant de M. le connestable) s'y opposeroit formellement, comme aussi feroit mon cousin le duc de Guyse ; car ils sont tous deux après pour trouver deux ou trois millions d'or pour aller en Italie conquester le royaume de Naples, par une intelligence que nous avons avec le Pape d'aujourd'huy, qui est néapolitain et de la maison de Caraffe, que son neveu le cardinal de Caraffe a mise en avant ; et si nous pouvions honnestement rompre la trefve qui est entre le roy d'Hespaigne et moy, mon armée seroit bientost en campaigne, de laquelle doibt estre chef mondict cousin de Guyse. A ceste cause il nous fault chercher ung expedient de trouver deniers ailleurs qu'en mon espargne ; car resolument je veulx faire depescher ceste citadelle ; et, tout bien consideré, je n'en saiche poinct de plus à main que d'aller à Paris, où j'ay de bons serviteurs, qui me fourniront du soir au lendemain quatre ou cinq cents mille francs : et tenez la chose secrette, car dès aujourd'huy je feray bruyre mon partement de ce lieu pour m'y acheminer lundy, ne fust-ce que pour donner loisir de nettoyer ceste maison, en laquelle il y a plus de huict mois que nous sejournons. »

CHAPITRE XLI.

M. de Vieilleville retourne à Mëtz avec une grosse somme d'argent.

Ceste déliberation ainsi arrestée fut tout aussi-tost executée; car la Cour deslogea le lundy ensuivant pour aller à Paris, où elle arriva le mardy; et dès le mesme jour, sans rumeur ny aultre bruict, le Roy feist venir parler à luy le premier president de la cour de parlement, *magistri*, aultrement le maistre; le second president, Saint-André; deux riches marchands, Marcel et Aubret; avec lesquels Sa Majesté communiqua environ deux heures, et à part, sans aultres tesmoings que M. le chancelier, le tresorier des parties-casuelles, le secretaire des commandements, l'Aubespine, et le procureur general du Roy en sa chambre des comptes, Moulinet, là peult-estre appellez pour valider les choses de ce prest, à la seureté des presteurs; lesquels apporterent à Sa Majesté, le lundy ensuivant, cinq cents mille francs en or; de laquelle somme en furent delivrez à M. de Vieilleville quatre cents mille, qui les mist entre les mains de Robert et René du Moulinet, freres dudit procureur général, qui estoient fort experimentez au maniement des finances, et fideles comptables; l'un pour tresorier général des réparations et fortifications de Metz, Thoul et Verdun, l'aultre pour trésorier de l'extraordinaire des guerres en tous ces pays-là. Sur laquelle somme se devoient faire les monstres des garnisons desdictes trois villes, payer les pensions des princes d'Allemaigne, colonels et reitermestres, capitainnes de lansquenets, truchements et interpretes en la langue germanique, et tous aultres serviteurs et agents occultes tirants pensions de Sa Majesté audict pays : oultre ce, deux mille escus pour M. de La Chappelle-Byron, pour le recompenser de la despence et services qu'il avoit faicts au gouvernement de Metz, et quatre mille escus de présent que Sa Majesté faisoit à M. de Vieilleville ; puis du reste commencer à payer les maisons qui estoient en l'enceinte de la citadelle, et en jecter les fondements.

Ceste belle et notable somme touchée, et ainsi ordonnée, M. de Vieilleville, très-content, commencea à minuter ses adieux : et prenant congé du Roy, Sa Majesté luy commanda de revenir après avoir donné l'ordre requis à toutes choses en son estat de delà, comme il avoit accoustumé, et selon la parfaicte fiance qu'il avoit en luy ; mais, puisque le comte de Sault luy avoit quicté sa lieutenance, il le prioit de commettre en sa place le sieur de Sennecterre, et qu'il luy souvinst qu'il le luy donnoit. Ce que M. de Vieilleville accepta, avec promesse de le favorablement traicter. Et après tous nos adieux nous prismes à grande joye et lyesse la routte de Metz, par nous tant desirée, encores plus par ceulx qui nous y attendoient il y avoit plus de trois mois, et ausquels nostre si longue demeure apportoit ung merveilleux ennuy.

Arrivez à Saint-Dizier, M. de Vieilleville despescha un courrier devers M. de La Chappelle-Byron pour les escorter, et semblablement deffendre aux capitainnes de faire aulcuns préparatifs pour sa reception ; et qu'il ne permette à personne de sortir pour venir audevant de luy ; et par la mesme dépesche, prioit M. d'Espinay et M. de Guyencourt de faire le semblable : ce qui fust fort respectueusement observé, encores que l'on eust bien déliberé de faire merveilles, car il apportoit dequoy contenter tout le monde, oultre l'extreme joye que chacun recevoit de son retour, qui estoit inespérée à plusieurs.

Ainsi nous arrivasmes à Metz sans bruict, fanfares, ny aultres desbauches de resjouissances, hormis de l'harquebuzerie qui triompha par les rues ; mais il n'y fut pas tiré une seule canonade : ainsi avoit-il esté ordonné.

Après le partement de M. de La Chappelle-Byron, qui fut le sixiesme jour de nostre arrivée, M. de Vieilleville entendit aux affaires, et ordonna des monstres de toutes les garnisons des trois villes, Metz, Thoul et Verdun, et de Marsal, et aultres places et chasteaux de son gouvernement, ausquels on devoit trois mois. Puis despescha gens en Allemaigne, pour porter les pensions susdictes. Cela faict, il commencea, avec les ingenieurs, à faire aligner et tirer le cordeau pour la citadelle : où il y eust bien du plaisir, principalement quand il fallut mettre la premiere pierre au fondement du premier boulevart, qui fut nommé Henry. Ce que M. de Vieilleville defera à M. d'Espinay, qui usa de grandes liberalités envers les ingenieurs et massons.

CHAPITRE XLII.

Nouvelle conspiration pour livrer la ville de Metz aux Impériaux.

Il fut très-necessaire à M. de Vieilleville, pour le service du Roy, de haster son partement de la Cour, et d'arriver à Metz de bonne heure ; car le mois ne passa point qu'il ne descouvrit, par ung soupçon que Dieu luy mist en l'esprit, une terrible entreprise que deux soldats avoient fort dextrement tramée ; dont l'un se nommoit *Comba*, parlant bon hespaignol ; et l'aultre, *Vaubonnet* ; tous deux natifs de Provence, et lancespessades de la compaignie du capitainne de La Mothe-Gondrin. Eulx, indignez de ce que M. de Vieilleville avoit faict rompre sur la roue leurs freres, s'appercevant que M. de La Chappelle n'estoit pas trop vigilant en la garde de sa ville, s'ayderent plus hardiment de l'occasion de son absence ; et, pour se venger de cest opprobre, et exterminer, si Dieu l'eust permis, sa femme, ses enfants et toute sa race, ils s'adresserent secretement au comte de Mesgue pour executer leur tradiment, et luy mettre la ville de Metz entre les mains, mais avec les ouvertures et raisons si pertinentes (car ils estoient braves soldats et expérimentez guerriers), que le comte y adjousta une grandissime foy, fondée aussi sur le juste mescontentement de la honteuse et cruelle mort de leurs freres, et pour ung forfaict, ainsi qu'ils luy firent entendre, qui pouvoit bien passer, sinon par grace, attendu leur merite, au moins par une mort clandestine et secrette en la prison, ou à toute rigueur, par la corde seulement; car il n'estoit question que d'ung violement de fille qui en faisoit exercice et coustume; mais la principale charge estoit que ce fut la nuict, et que tous deux la batirent tant, en cest effect, jusques à lui couper le nez, qu'elle s'écria de telle sorte qu'elle donna l'alarme si haulte par toute la ville, que M. de Vieilleville monta luy-mesme à cheval, tous les capitainnes, tant de cheval que de pied prindrent les armes, et toute la ville en rumeur et en trouble; lesquels, prins sur l'heure, furent le matin rouez sans aultre forme de procès.

Le comte, pour s'en asseurer davantaige, encores qu'il peut bien juger à leur langaige et indignation qu'il n'y avoit ny fard ny simulte, leur dist, après les avoir remercyez de leur bonne volonté, qu'il ne pouvoit rien conclurre là-dessus qu'ils n'en eussent conferé avec la royne de Hongrie. Comba s'offre fort librement d'y aller, auquel le comte donna un fort bon guyde; et Vaubonnet s'en retourna à Metz pour entretenir ses praticques, et fortifier tousjours ceste negociation. De quoy il advertissoit toujours le comte, qui s'estoit approché exprès à Théonville, distant seulement de quatre lieues de Metz, pour la certitude des advis et seureté de leur messaiger, qui étoit un tambour de leur compaignie, nommé le *Balafré*.

Comba de retour trouva le comte de Mesgue à Théonville, luy presenta les lettres de la royne de Hongrie, responsives à celles qu'il luy avoit portées de sa part; et après avoir discouru ensemble, et la fidélité jurée d'une part et d'aultre, Comba s'en reva à Metz avec douze cents escus de present à luy faicts par la Royne, desquels il achepte une maison en laquelle luy et Vaubonnet tiennent taverne pour loger gens et trafficquer en tout païs (car nous estions en treves), et retirer soldats propres à leur faction. Ils avoient demené ceste negociation environ mois et demy auparavant l'arrivée de M. de Vieilleville, allants et venants en toute liberté de Metz à Théonville, par eau et par terre, avec de la marchandise, sans que personne s'en doubtast ny apperceust; et apportoient à M. de La Chappelle-Byron, qui leur donnoit passeports favorables, souvent des presents. Et estoit ceste marchandise si bien enfilée, que le comte de Mesgue fut deux fois en habit dissimulé à Metz, logé chez les galants, qui le menerent comme leur parent, et soubs la faveur de leur credit, sur les remparts, et avec un ingénieur qui revisa très bien l'endroict de l'escalade et la longueur qui estoit necessaire pour les eschalles. Que si les forces que devoit envoyer la royne de Hongrie eussent esté prestes, la ville sans doubte estoit perdue. Mais il y en avoit plusieurs qui, se souvenants de la journée des embuscades, mettoient l'entreprise en doubte et difficulté, differants non-seulement d'y entrer et monter à cheval, mais en descourageoient les aultres : tant leur estoient apprehensibles les ruses de M. de Vieilleville, encores qu'il fust absent.

Or, venons maintenant au soupçon de M. de Vieilleville, qui luy fut comme divinement inspiré, et fut tel, que demandant au capitainne La Mothe-Gondrin pourquoy il entretenoit des soldats en sa compaignie en grade de lancespessades, qui est le premier honneur des vieilles bandes françaises, et permettre qu'ils tinssent taverne et hostellerie, et si c'estoit l'honneur qu'il devoit porter aux armes que de les mecquaniquer et avillir de telle façon; car il estoit fort indecent, voire incompatible, que tout soldat ayant commandement de preference aux bandes exerceast une si vile et abjecte vacation, et telle que un capitainne de pionniers ne vouldroit pas quasi tolerer.

A quoy le capitainne La Mothe-Gondrin respondit : « Depuis que leurs freres furent executez sur la roüe, ils ont perdu couraige de suyvre les armes; mais premier que de les quicter ils cherchent le moyen de s'enrichir, afin que se voyant au-dessus de la pouvreté, en laquelle ils sont naturellement nez, car ils sont de basse condition, ils les pourront abandonner du tout et se marier en ceste ville, suyvant la deliberation qu'ils en ont faicte, ainsi qu'ils me l'ont protesté, me priants de leur laisser tirer la paye encores trois ou quatre mois; ce que je ne leur ay peu reffuser, ayants faict beaucoup de services en ma compaignie, et signalez soldats comme ils sont, et desquels, pour vous confesser toute verité, monsieur, je tire beaucoup de commoditez; car ils me font credit, et à leurs compaignons, attendants les monstres, en nos necessitez. »

CHAPITRE XLIII.

Comment cette conjuration fut découverte.

Quand M. de Vieilleville entendit qu'ils estoient freres de ceux qu'il avoit fait executer avant aller à la Cour, il se persuada incontinant qu'il y avoit de la fourbe soubs ceste tavernerie, et qu'ils vouloient faire, soubs ce prétexte, quelque meschanceté : qui fut cause que, sans rumeur ny aultre bruit, continuant par le vouloir de Dieu en ceste opinion, il envoya querir secrettement Comba, auquel il dit que, parce qu'il parloit bon espaignol, il le vouloit envoyer en quelque lieu pour faire un bon service au Roy, et que tout présentement il vînt avec lui affin d'estre instruict de ce qu'il avoit à faire, et que son argent et son cheval estoient tous prests. Celà dict, il sort de sa chambre, et de ce pas le mene au logis du capitainne de sa garde, Beauchamp, sans estre suyvi de personne.

Arrivez là-dedans, il oste les armes à Comba, disant au capitainne Beauchamp qu'il le lye et attache sur un banc, attendant les fers, et que sur sa vye ame vivante ne saiche qu'il soit prisonnier, mais qu'il en face bonne garde ; puis s'en retourne l'ayant dispensé de venir plus au logis faire sa charge, et qu'il se passera deux ou trois jours de son service. Et me commanda d'aller dire à Vaubonnet qu'il n'attendît poinct son compaignon de quatre jours, car on l'avoit envoyé en quelque lieu pour un exprès et important service, et qu'il n'en fust poinct en peine.

On pourra veoir par ce trait et ce qui s'ensuict, non sans grand estonnement, comme, par un jugement occulte de Dieu, d'une seule oppinion conçue quasi à la volée on peult tirer lumiere et toute vérité, mesme sans la force, d'une chose que l'on pense estre bien cachée et secrette, et par un accident miraculeux et inopiné ; car le laquais de Beauchamp, qui estoit frere du tambour Balaffré, qui avoit veu par la serrure de la porte attacher Comba, court en toute diligence en advertir son frere, parce qu'il les voyoit souvent ensemble.

Le Balaffré, par une tremblante componction de conscience, vient au logis de M. de Vieilleville, et demande à parler à lui en secret pour chose d'importance ; ce qui lui est accordé : et, estants seulets, il se jecte incontinant à ses pieds, lui demandant pardon de la faulte qu'il avoit faicte d'avoir esté sept fois à Théonville, de la part de Comba, porter lettres au comte de Mesgue, et qu'il prenne garde à soi, car il y a grande intelligence entre eulx d'eux, et y a des forces qui marchent pour surprendre la ville. Et luy déclara ouvertement toute la negociation de ses voyaiges, et les mesmes et propres termes ausquels le comte de Mesgue et Comba estoient demeurez sur la derniere depesche. Ce qui servit grandement à de M. Vieilleville pour endormir le comte, ainsi qu'il se verra cy après.

M. de Vieilleville luy respond que l'ordre y est desja donné, et qu'il tient l'un des marchands prisonniers. Mais il luy demande d'où luy vient ceste confession si volontaire, ou du regret d'estre trahistre à son

Roy, ou s'il en a esté adverty par quelqu'un. Il respond : « De tous les deux, car c'est une trop grande meschanceté de trahir son Roy et sa patrie : » et que son frere, qui est lacquais du capitainne Beauchamp, le vient d'advertir qu'il avoit vu lyer Comba sur un banc. Et encores que M. de Vieilleville cogneust bien que la tremeur de l'advertissement de son frere l'avoit fait venir à ceste repentance, il ne laisse toutesfois de le caresser, et luy pardonne sa faulte en l'embrassant; et pour tesmoignaige de sa parolle, luy met ung assez riche rubys dedans le doigt, qu'il tira du sien, avec promesse qu'il luy faict de le faire devenir de tambour enseigne; mais qu'il s'en asseure, en foi de gentilhomme d'honneur et de bien; aussi qu'il luy falloit bien se comporter en l'affaire où il le vouloit employer pour le service du Roy, en toute fidelité, et estre fort secret; et qu'en somme il le feroit courir une très-riche fortune, et plus heureuse qu'il n'eust jamais esperé.

Le Balafré se prosterne encores à genoulx, se soumettant à la plus cruelle mort du monde s'il y faict faulte. « Doncques, dist M. de Vieilleville, tu as esté devers le comte de Mesgue de la part de Comba; il faut que tu y retournes de la mienne; mais garde bien de dire le lieu où il est, et fais bonne myne; et si tu m'en rapportes responce, je te jure encores une fois que je te tiendray promesse, et tu le verras. » Alors il le mene chez le capitainne Beauchamp.

Et entrez en la chambre où estoit Comba prisonnier, le seul Beauchamp avécques eulx, M. de Vieilleville dist à Comba : « Si tu eusses esté aussi homme de bien que le Balaffré que voilà, de venir recognoistre ta faulte, j'avois bien la puissance de te la remettre ; car tu ne doubtes point que je ne soye comme roy en ce païs, qui donne la vie et la mort comme il me plaist ; et, suivant ce pouvoir d'authorité absolue, et ma seule conception, j'avois deliberé de te faire donner la question la plus roidde que jamais endura thraistre, attainct et convaincu du crime de leze-majesté ; de quoy tu es exempt pour cette heure, puisque, par repentance, il m'est venu confesser son forfaict et accuser ta meschanceté ; mais si tu veulx que je te face miséricorde, escry presentement au comte de Mesgue ce que je te dirai ; mais garde bien de contrefaire ton escriture, car je scey que tu escris bien, ayant été autrefois clerc suivant la cour de parlement de Provence à Aix. »

CHAPITRE XLIV.

Fausse lettre écrite au comte de Mesgue par un des conjurés. — Réponse du comte de Mesgue à cette lettre.

Comba voyant le Balaffré, son messaiger ordinaire, se prosterne à genoux, les larmes aux yeux, et demande pardon, le suppliant de lui dicter ce qu'il veult escrire, et qu'il le fera sans fraude ny desguysement, se submettant à la mort. Alors M. de Vieilleville commencea ainsi sa lettre, suivant le stile que le Balaffré luy avoit decouvert :

« Monsieur, tout notre faict va bien, et ne sommes

nullement descouverts, encores que le Regnard soit revenu en sa thasniere ; et n'en demandons, mon compaignon et moi, pour la vengeance de nos freres et toute aultre recompense, que la peau, ainsi que m'avez promys. Mais faites incontinant acheminer votre bergerie par la voye que vous dira nostre fidel amy présent porteur, et vous verrez de belles choses ; car les trente bergers que j'ai ici ne demandent que où est-ce, et leur tarde merveilleusement qu'ils n'employent leurs houlettes. Faictes-moi tout incontinent responce. Je veois tous les jours le galant, qui ne se doubte de rien ; aussi n'y a-t-il cheval en Flandres, ny en France, qui ait meilleure bouche que mon compaignon et moi ; et faisons bonne myne. Adieu, mon bon seigneur, votre serviteur fidel que vous cognoissez. »

Le Balaffré s'en va avec ces mots, instruict de toutes les façons qui se peuvent desirer ny penser en une si secrette et importante affaire, et surtout luy apprand le chemin que le comte de Mesgue et ses trouppes doyvent prendre, affin de n'estre poinct descouverts ; et, luy recommandant bonne myne, luy mect six escus en la main pour son voyaige, encores qu'il n'y eust que quatre lieües, et l'embrasse avec continuation de ses promesses.

Le Balaffré desloge, fort altier en son ame de tant de faveurs, et vient trouver secrettement, à l'accoustumée, le comte de Mesgue, qui le reçut alaigrement. « Et bien, dit-il, cher amy, comme vont toutes choses ? » L'autre répond : « Il ne tient qu'à vous que vous n'estes dedans : lisez. » Et demande : « Où sont les troupes? — Elles marchent, respond le comte, et peuvent estre de cette heure en lieu que, demain, environ minuit, elles seront rendues à Metz; car elles ne marchent que la nuit. — Bon! dit le Balaffré; mais il faut qu'elles prennent ung tel et tel chemyn, car c'est le plus court, et c'est hors de la découverte de deux petits châteaux qui ne sont gueres esloignez du chemyn que voulez prendre, ausquels il y a des soldats de Metz en garnison. — C'est très-bien advisé, dit le comte, et suis de cet advis. » Et tout en l'instant depescha un homme de cheval pour les en advertir et les y guyder. « Il ne reste doncques plus, dist le Balaffré, que de faire responce, affin que je m'en retourne en diligence pour donner moyen à vos bons serviteurs d'apprester toutes choses et vous recevoir comme nous le desirons; qui est très-aisé, car on ne se doute de rien; aussi sommes-nous en treves. »

Là-dessus le comte l'embrasse et caresse merveilleusement, car il ne trouvoit rien de changé ny en la lettre ny en sa myne. Il fait responce, lui donne de l'argent; et après avoir repeu remonte à cheval et galoppe.

Il présente la responce à M. de Vieilleville, qui estoit telle : « Mon cueur, j'ai receu vos lettres par le cher amy : Dieu soit loué que tout va bien : il est aujourd'huy mardy; vous aurez toute la bergerie à la mynuict d'entre mercredy et jeudy. Tenez toutes choses prestes, ayant trouvé non-seulement bon, mais tres-necessaire, que l'on prenne le chemyn qu'il nous a enseigné. Quant à la peau du Regnard, elle ne vous peult faillir; mais sa thesniere et tout ce qu'il eut jamais dedans vous est voué et donné, sur la damnation de mon ame : et adieu, mon parfaict amy. *De par le régent de Luxembourg.* »

M. de Vieilleville, après avoir loué le Balaffré de ce grand et fidele devoir, et reïteré toutes promesses, lui deffendit de rien descouvrir à ame vivante, et sur-tout de n'aller jamais devers Comba s'il ne le y menoit; mais lui commanda d'aller au logis de Vaubonnet, l'entretenir toujours, et boire avec les trente soldats travestis en paysants et cachez leans, et faire bonne myne à l'accoustumée, et respondre, s'il lui demandoit de Comba qu'il estoit allé en quelque lieu d'où il reviendroit bien riche, car c'estoit pour le service du Roy; ce que le Balaffré promist d'executer en toute fidelité. Quant au lacquais son frere, M. de Vieilleville le faisoit tenir prisonnier, au desceu de tout le monde, aux prisons de l'evesché, ne saichant en façon quelconque la cause de son emprisonnement ny de par qui.

CHAPITRE XLV.

Autre lettre au comte de Mesgue par un des conjurés. — Lettre du comte à M. de Vieilleville qui lui fait réponse. Mesures prises par M. de Vieilleville pour faire tomber le comte dans une embuscade.

CELA ordonné en toute fiance et seureté, il s'advisa encore d'une grande ruse pour mieulx couvrir son desseing et enmanteler (1) son entreprise; car il fit incon-

(1) *Enmanteler :* assurer.

tinant appeller M. d'Espinay, M. de Thevalle, M. de
Guyencourt son lieutenant, le sergent major Saint-
Chamans, et douze capitainnes des plus anciens, ausquels il faict entendre que M. de Vaudemont s'en revenoit en Lorraine amener madame de Vaudemont
en son mesnaige, avec un grand nombre de noblesse
de Lorrainne, et qu'il vouloit aller au-devant de luy,
non pas en courtisant et faiseur de bien-veignants,
mais en guerriers, et comme préparés au combat,
avec neuf cents ou mille harquebuziers des plus lestes
et mieux choisis de toute la garnison, avec toute sa cavallerie, pour lui donner une brave algarade, à une
lieue ou deux de Nancy, et que à ceste cause il les
prioit tous de se tenir prêts avec leurs armes et chevaulx, et aux capitainnes qu'ils fassent élection en
leurs compaignies de ce nombre, mais sur l'heure;
car il veut partir demain, qui est mercredy, sur les
cinq heures du soir, pour effectuer ceste gaillarde entreprise, de laquelle il s'asseure que le Roy recevra
ung grand contentement, et ledict sieur de Vaudemont un extreme plaisir : commandant au sergent-
major de faire ceste diligence.

Tout le monde receut ce commandement à grandissime joye, et chacun s'y prepare en toute diligence :
les gens de cheval vont donner ordre à leurs chevaulx,
et les capitainnes commencent à faire reveue par les
bandes, pour choisir les plus lestes et mieulx aconchés (1) pour contenter M. de Vieilleville en son entreprise, qui n'en sçavoient pas toutesfois le fond; aussi
qu'ils y vouloient paroistre en bon équipaige.

Quant à luy, il envoye querir le Balaffré, et vont

(1) *Aconchés* : vêtus.

chez Beauchamp : « Or sus, dit-il à Comba, escrivez encores au comte de Mesgue ce que je vous diray. » Comba prend la plume, et escrit ce qui s'ensuit :

« Monsieur, tout est à nous. Dieu nous aide et favorise l'entreprise, car le Regnard part demain avec toute la cavallerie de ceste ville, et mille harquebuziers des mieulx choisis, pour aller devers Nancy donner une algarade à M. de Vaudemont, qui amaine sa femme en son mesnaige; et par ainsi hastez-vous, de par Dieu et de par ses anges, car il ne demeure rien ici que des bisoignes, et à six francs de paye, qui ne sont non plus adroicts à toutes armes que laboreurs et vignerons. Hastez-vous donc, de par Dieu, hastez-vous. J'espere vous donner jeudy à disner à bonne heure, sans perdre ung seul berger, en la thesniere du Regnard; mais tenez-moy promesse, je vous prie; et adieu, mon bon seigneur; que Dieu vous benisse ! C'est de par vostre serviteur fidele que vous cognoissez : le cher amy present porteur se loue fort de vous, car tousjours vous lui donnez quelque chose. »

Le Balaffré faict diligence, et presente au comte de Mesgue sa lettre, laquelle leue, il fut infiniment aise. Et après avoir commandé qu'on luy face bonne chere, et que l'on traicte bien son cheval, il va faire responce. Mais, pour couvrir son jeu, il se voulut aussi ayder de l'invention de M. de Vieilleville, et luy escrivit une lettre de ce subjet, par un trompette qu'il fist partir premier que le Balaffré :

« Monsieur de Vieilleville, parce que M. le comte

d'Aiguemont est adverty que M. le comte de Vaudemont est par les chemins pour s'en retourner en sa
maison, avec madame sa compaigne et espouse de la
maison de Nemours, il a deliberé d'aller audevant de
luy, pour la grande alliance qui est entr'eulx-deux,
avec le plus grand nombre de noblesse et de ses amis
qu'il pourra trouver, et d'aultres volontaires soldats
qui le vouldront accompaigner, pour le recevoir et
bien-veigner avant qu'il entre en la ville de Nancy; et
né pouvant aller jusques-là qu'il ne passe par vostre
gouvernement, et sur le territoire de Metz, je n'ay
voulu faillir de vous en advertir, affin que, quand il
marchera avec ses trouppes, ne vous pouvant certiffier
ny du jour ny de l'heure, vous n'en preniez l'allarme;
car son intention n'est pas de commettre en son passaige un seul traict d'hostilité. Et quant à moy, je ne
le vouldrois aulcunement souffrir, ayant commandement exprès de nos superieurs de conserver et entretenir fidelement la trefve qui a esté concluc et arrestée
entre iceulx et le roy de France vostre maistre. *Ainsi
signé*, vostre voisin et bon amy, mon honneur sauvé, *le
comte de* MESGUE. » Et au même instant faict responce
à Comba par le Balaffré, qui l'apporta bientost et à
toutes brides; et en disant adieu, dist telles parolles
audict comte en l'oreille : « Adieu, monsieur de Metz;
et si vous ne l'estes, je m'en plaindray à la royne de
Hongrie. » De laquelle lettre la teneur s'ensuict :

« Mon cueur, temporisez, je vous prie, encores ung
jour davantaige; car M. le comte d'Aiguemont ne
peult estre à vous que la nuict d'entre jeudy et vendredy, parce qu'il sur-attend le comte de Mansfelt, qui

en veult estre, et amene de braves bergers, et en bon nombre. Et encores que le Regnard soit bien cault et rusé, si est-ce que je luy baille le fil par mon trompette, pour luy oster de la fantaisie tous les doubtes qu'il pourroit concevoir sur nostre entreprise, quand bien il en auroit tant soit peu de vent ou d'imagination. A ceste cause louons Dieu, car le ciel, la terre et les hommes nous favorisent; et ne pouvoit M. de Vaudemont retourner plus à propos en Lorrainne; m'asseurant que nous aurons bonne raison de nostre marchandise, sans qu'il nous en couste que la peine de nous en saezir et d'en prandre possession. Adieu donc, mon cueur, et resjouissez-vous ; car je donnerois plustost un faulx-bond à mon ame qu'à la promesse que je vous ay faicte. *De par le régent de Luxembourg.* »

M. de Vieilleville depescha aussi incontinant le trompette, qui n'eust le vent de chose quelconque; car il ne sortit nullement du logis du capitainne Salcede, et n'y fut pas une heure. Sa responce fust telle :

» Monsieur le comte, tant s'en fault qu'il m'entre en l'ame que le comte d'Aiguemont veuille offencer la tréve en son passaige, que, s'il luy plaist passer par ceste ville avec quarante ou cinquante chevaulx, je luy feray la meilleure chere, et à sa trouppe, dont je me pourrey adviser, et à vous semblablement, s'il vous plaist le y accompaigner ; car j'ay grande envie de vous veoir tous deux. Et me recommandant à vos bonnes graces, je prieray Dieu vous donner les siennes. Vostre bon voisin et meilleur amy, Vieilleville. »

Ceste dépesche ainsi faicte, il fist sçavoir à M. d'Espinay, M. de Thevalle, et à tous les capitainnes susdicts, que M. de Vaudemont ne pouvoit arriver à Nancy que vendredy, et que, à ceste cause, ils ne pourroient partir que jeudy à quatre heures du soir; mais qu'ils avoient encores demain mercredy tout le jour pour se preparer au voyaige, les priant de n'y rien oublier. Et fault noter que le mardy le Balaffré fit toutes les diligences cy-dessus, au grand galop, de Metz à Théonville, en changeant de cheval.

Il ne se peult exprimer de quel aise et contentement M. de Vieilleville estoit saezy; car il s'asseuroit de faire une seconde journée des embuscades, qui ne luy pouvoit sans doubte faillir ny eschapper, ayant si dextrement tendu et dressé ses pieges et trappuces, comme il se peult bien juger par ce qui est narré cy-dessus, et comme il faisoit entrer en la tonnelle les forces ennemies; car, par le chemin qu'elles devroient prendre, cinq cents harquebuziers en eussent deffaict six mille, et toute la cavallerie qui se y fust presentée pour les soustenir, sans perdre un homme, pour le moins que bien peu.

CHAPITRE XLVI.

Le dessein de M. de Vieilleville échoue par l'imprudence d'un officier.

Mais Dieu en disposa aultrement; car le povre capitainne Beauchamp, ou par pitié, ou par faulte d'esprit, ou bien qu'il ne plaisoit pas à Dieu que tant de sang se respandît, se laissa gaigner et engeoller aux remonstrances et persuasions de son prisonnier, qui furent telles :

« Vous voyez, monsieur mon capitainne, comme monseigneur se plaist à me pardonner la faulte que j'ay faicte, et que je confesse estre très-grande et irremissible, ayant esté poussé et tenté du diable pour la commettre, ne me pouvant excuser que je n'aye bien merité la mort; mais puisqu'il luy plaist me faire misericorde, comme vous voyez qu'il en est en beau chemin, je vous supplie commander que l'on m'oste ces pesants fers des pieds; j'en ay les jambes toutes gastées, de quoy je souffre un merveilleux et terrible mal : vous les me ferez tousjours bien remettre quand vous serez adverty qu'il vouldra revenir céans; et seray tousjours pied-à-pied de vostre personne le jour, et me ferez lyer la nuict, et attacher comme il vous plaira; vous suppliant, au nom de Dieu, d'avoir pitié d'un povre soldat et de vostre frere chrestien. » Et disant ces parolles, les larmes aux yeux, luy monstra quant et quant ses jambes enflées et ung peu entamées de la pesanteur desdicts fers.

Le povre Beauchamp, ou trop bon, ou trop sot, meu de compassion, luy oste les fers le mercredy sur l'heure du disner, et va, selon sa coustume, tirer du vin, car il ne s'en fioit à personne, et descend en la cave fort obscure, de laquelle il portoit la clef, baillant à Comba la chandelle. Mais comme il est à là pippe courbé, Comba, qui estoit dispost et fort, le pousse et renverse par terre, monte diligemment l'escalier, qui n'estoit que de douze pas, et abat sur Beauchamp la trappe qu'il ferme à clef, et vient à la vieille (1) (car il n'estoit demeuré personne avecque luy à cause du secret cy-dessus), à laquelle il ravit, à force de coups, les clefs de la porte qu'il ouvre, et s'en va.

Beauchamp crie comme enraigé, et luy vient-on ouvrir la trappe; mais, voyant la porte du logis ouverte, et Comba eschappé, il renasque, tempeste et se veult deffaire: somme, le voilà en ung merveilleux désespoir, ne saichant quel remede il y peult appliquer. Enfin il se resoult d'aller se jecter aux pieds de son maistre, qui avoit desja disné, mais estoit encores à table devisant avec les capitainnes de son faulx voyage de Nancy, pour tousjours couvrir sa vraye entreprise.

M. de Vieilleville, qui le veoid entrer en la salle, luy demande en très-grande colere où il va et pourquoy il est là. Beauchamp s'écrie, luy disant que Comba s'estoit saulvé, et luy demande pardon. M. de

---

(1) *A la vieille* : c'étoit une vieille femme qui étoit au service de Beauchamp.

Vieilleville luy darde, à ceste parolle, sa dague, et veult sortir de table pour aller après et le tuer, car il fuyoit; mais tous les capitainnes se mirent audevant, le suppliant d'en avoir pitié, et le retindrent. Cependant il commande à tous les capitainnes des portes qui estoient-là d'y aller incontinant les fermer et luy en apporter les clefs, et au capitainne Salcede de courir tout promptement au logis des trahistres, car il estoit en son quartier, et se saezir de Vaubonnet et des trente soldats qui y estoient travestis en paysants; ce qu'ils firent tous avec une merveilleuse diligence, bien esbahis toutefois que Comba eust esté prisonnier.

Salcede, semblablement, avec les soldats qu'il avoit à sa suicte, et d'aultres qu'il trouva en sa rue, entre dedans le logis des trahistres, et se saezit de Vaubonnet, qui avoit desja le vent de ceste rumeur et esmeute, comme aussi avoient les trente soldats du comte de Mesgue, qui commençoient à fuyr; mais il en fut attrapé quinze; les aultres furent tuez en fuyant; et y en eust qui se jecterent par sur les murailles de la ville en la riviere de Seille, qui entre en la Mozelle, ausquels les sentinelles tirerent, et en fut tué deux ou trois.

L'on n'oyoit, au reste, par tous les carrefours que trompettes et tambours, qui publioient que personne vivante, de quelque qualité qu'elle fust, n'eust à receler, sur peine de la vie, Beauchamp et Comba, ains de les amener au logis de M. le gouverneur, avec promesse d'un bien grand salaire. Et oultre cela, le sergent-major Saint Chamans, avec deux ou trois cents harquebuziers; le prevost, et ses archers d'un costé; M. de Vieilleville, avec sa garde et nombre de gentilshommes d'aultre, estoient en queste de ces deux hommes; et n'y eust maison en la ville qui ne fust fouillée.

Enfin, Comba fut pris environ dix heures du soir, en la maison d'une vieille qui blanchissoit le linge de sa camarade, qu'il nommoit ainsi à l'hespaignol, lorsqu'il logeoit au quartier où il s'estoit caché, et fut amené devant M. de Vieilleville qui souppoit encores revenant de ceste queste, et y devoit retourner après soupper, protestant de ne dormir qu'il n'en eust nouvelles; car il sçavoit au vray qu'il n'estoit pas sorty de la ville.

CHAPITRE XLVII.

Punition de quelques-uns des conjurés, les autres ayant pris la fuite.

Il envoya incontinant querir le prevost, auquel il commande de depescher en toute diligence son procès et de Vaubonnet, ensemble des quinze soldats qu'avoit pris Salcede. Ce qu'il fist en trois jours; et au quatriesme, qui fut le samedy, Comba et Vaubonnet furent tirez et desmembrez à quatre chevaulx, trois desdicts soldats rompus sur la roue, et le reste pendus et estranglez, et tous leurs procès envoyez au Roy, en bonne forme, avec les lettres du comte de Mesgue, et tout le discours au vray cy-dessus recité. De quoy Sa Majesté admira grandement la suffisance, promptitude et la vivacité de l'esprit de M. de Vieilleville : qui ne fust sans porter ung regret indicible de ce malheureux désastre. Sur lesquels procès et discours enfrainte et rupture de la tresve fut desclarée en plein conseil, Sa Majesté y estant; ce qui rendit M. de Guyse bien-aise, car son voyaige d'Italie pour la conqueste de Naples, cy-dessus mentionnée, en fut grandement advancé.

Voilà comme, pour avoir commis une grande et importante charge à ung homme mal advisé et peu soigneux, M. de Vieilleville fut frustré d'une très-belle esperance, et qu'en vain il avoit dressé, par son industrieux entendement, une si brave et si subtile contre-batterie de ruses et de finesses. Car, à la vérité, Beauchamp devoit laisser pastir en cest estat jusques à la mort son prisonnier, puisqu'il l'avoit luy-mesme ainsi attaché en la prison, et par le commandement de son maistre, et se rendre inexorable à toutes ses remonstrances et prieres, voire impitoyable à tous ses maulx; mesme qu'il sçavoit bien, estant tousjours present à toutes les lettres qu'on luy faisoit escrire, qu'il n'y avoit plus que jour et demy pour veoir le plus brave traict et stratagesme de guerre que l'on eust sceu imaginer.

Les comtes d'Aiguemont et de Mansfelt cependant, ayant laissé leurs trouppes derriere, estoient venus avec petite suite à Théonville, pour conférer avec le comte de Mesgue sur le grand et dernier coup de leur entreprise, car tout estoit si prest qu'ils pensoient bien estre desja dedans; mais le mercredy, environ minuict, ils sceurent, par ceulx qui s'estoient saulvez à naige, la desconvenue; de quoy ils furent estrangement esbahis, et fâchez jusques au désespoir. Toutesfois ils cognurent bien, par les contre-trames de M. de Vieilleville, et le chemin qu'il leur avoit donné, qu'ils avoient recogneu, que s'ils fussent venus à l'execution ils estoient perdus et deffaicts; dont ils louerent et remercierent Dieu, par processions et prieres publiques, de les avoir préservéz d'un si horrible dangier.

Mais ils ne se pouvoient assez esmerveiller de la subtile invention que M. de Vieilleville avoit mise sus, d'aller audevant de M. de Vaudemont pour les venir tailler tous en pieces; et sur tout estoit en grande colere le comte de Mesgue, qui ne pouvoit croire qu'il ne s'aydast d'artifice diabolique, d'avoir ainsi descouvert leur entreprise qui avoit esté si secretement conduicte, de tenir Comba prisonnier sans en avoir jamais esté adverty, et de le faire escrire les lettres qu'il leur avoit monstrées, ny par quelle diablesque subtilité il avoit peu destourner l'affection du Balaffré, qui estoit si enraciné en l'entreprise, veu la promesse et asseurance infaillible qu'il avoit, la ville prise, d'y épouser une heritiere de mille livres de rente; protestant bien de n'entendre jamais, pour l'advenir, à praticque quelconque contre luy; car ce n'estoit que perdre temps, argent et hommes; imputant la faulte de tout ce malheur sur la royne de Hongrie, qui fut trop tardive et negligente à envoyer des forces; et qu'il luy avoit escrit, s'ils attendoient l'arrivée de ce *Lyon-Vulpe* de Vieilleville, qu'ils seroient incontinant descouverts. Et là-dessus envoyerent licencier leurs troupes, qui estoient à huict lieues en arriere devers Trieves, leur mandant qu'ils l'avoient belle escapade, et que l'entreprise estoit faillye.

Mais avant partir d'ensemble, ils sceurent par deux

Lorrains qui arriverent le samedy au soir à Théonville, qu'ils avoient veu le matin dudict jour tirer à quatre chevaulx Comba et Vaubonnet, rompre trois de leurs soldats sur la roue, et en pendre douze; de quoy ils cuyderent crever de raige et de despit, car c'estoient braves soldats et de valeur.

Le comte de Mesgue sur tout en porta un extreme regret et desplaisir particulier en son ame, parce qu'il les avoit envoyez en ceste boucherie, et que son frere bastard estoit de ce nombre. Ainsi ces trois comtes se retirerent en fort grand trouble d'esprit et très-honteuse confusion, à cause des vantances qu'ils avoient faictes à l'Empereur, à la royne de Hongrie et à leurs amis des Pays-Bas, d'un aultre meilleur évenement et plus heureux succès de leur entreprise.

CHAPITRE XLVIII.

M. de Vieilleville est attaqué d'une longue maladie.

MAIS d'aultre part, l'aise incroyable duquel M. de Vieilleville se nourrissoit en ceste incomparable espérance de faire ung très-signalé service à son Roy, souverain seigneur et maistre, qui l'avoit si favorablement receu en son voyaige de la Cour, en toutes les sortes, qu'un plus grand, voire ung prince, l'eust peu desirer, et son désesperé creve-cœur d'y avoir failly par une si lâche et malheureuse oubliance de celuy en qui il se fyoit, feyrent une telle et si mortelle convulsion en sa personne, qu'il en fut malade à la mort; et dura

sa maladie plus de trois mois. Au commencement de
laquelle, parce que M. de Sennecterre n'estoit encores
de retour de sa maison, où il estoit allé faire deniers
pour triompher en sa charge de lieutenant général de
Metz, le Roy y envoya, sur le rapport de l'extremité
de ceste maladie, M. de Chavigny pour y commander:
qui n'y fut que cinq sepmaines, car il se rendit si odieux
à tous les capitainnes, pour les novalités de statuts et
ordonnances qu'il vouloit establir, aultres que celles
que M. de Vieilleville y avoit plantées, et d'aultres
indignes remuements, qu'ils le desdaignerent tant, que
pas ung d'eulx ne le suyvoit par la ville, ny se trouvoit
à son lever et coucher; mais bien plus, le sergent-
major venoit prendre le mot de M. d'Espinay pour le
donner aux sergents qui menoient les scouadres en
garde; et quand il luy en voulut faire une reprimande,
luy demandant s'il n'avoit pas veu son pouvoir, il n'en
tint pas grand compte, mais luy respondit assez fiere-
ment que quand il fera casser et annuller celuy de
M. de Vieilleville, alors il y obeyra; mais que pour
ceste heure, moins ne peult faire que de s'addresser
au fils, pour le respect du pere, auquel ceste garnison
en général, capitainnes et aultres, mesme les habitants
et tous estats, doibvent tant de service et d'obligation;
et qu'il n'en useroit pas aultrement. Qui fut cause qu'il
envoya à la Cour faire sa plainte de ce mespris à M. le
duc de Montpensier, de qui il estoit créature, pour la
remonstrer au Roy. Sur laquelle il n'eust aultre raison
ny depesche, sinon qu'on le rappella pour obvier à
beaucoup d'inconvenients; et envoya-t-on M. de Sanssac en sa place: qui estoit bien contre son esperance,
car il avoit promesse de M. de Montpensier de ce gou-

vernement s'il arrivoit fortune du gouverneur; ce qui l'avoit faict ainsi violenter en sa charge, et renverser toutes les anciennes ordonnances, pour enterrer la mémoire de celuy qui les avoit faictes, et y faire fleurir la sienne.

Mais le Roy, avant faire délivrer à M. de Sanssac son pouvoir, prit la peine de luy user d'une remonstrance en ces mesmes termes : « Vous avez veu, Sanssac, comme ce feu ardent de Chavigny a faict fort mal son prouffict de l'honorable charge que je luy avois donnée à Metz, par l'introduction et priere de mon cousin le duc de Montpensier, pour y avoir voulu novalizer beaucoup de choses qui n'y estoient nullement necessaires; et, au lieu d'y faire mon service, a cuydé mettre ma ville et tout mon Estat de de-là en combustion : par ainsi, puisque je vous envoye tenir son lieu jusques à la parfaicte convalescence de M. de Vieilleville, regardez de vous y comporter avec plus de modestie, et suivez seulement les statuts et ordonnances que vous y trouverez, sans rien innover davantaige; car vous ne les sçauriez faire meilleures. Il y a tantôt quatre ans qu'elles y sont bien receues par tous les capitainnes, et toutes qualitez d'habitants, et fort bien obeyes, sans murmure ny contredict : aussi que vous n'y serez gueres; car Sennecterre, que j'ai establi lieutenant général en ladicte ville et au pays messin, en l'absence du gouverneur, vous viendra bientost lever le siege, ayant eu advis qu'il sera dedans peu de temps de retour de sa maison, où il a esté extremement malade. »

Ainsi M. de Sanssac partit avec toutes ses despesches; et arrivé à Metz, M. de Chavigny en deslogea;

qui eust ceste honte, que pas ung des capitainnes non-seulement, mais qui que ce soit de la ville, ne l'accompaigna jusques à la porte, à laquelle il trouva l'escorte qui luy avoit esté ordonnée par M. d'Espinay pour la cavallerie, et par le sergent-major pour les gens de pied, jusques à Thoul. Et se retira, avec ce mescontentement, à la Cour faire ses doléances, usant de grandes menaces.

CHAPITRE XLIX.

Il envoie demander au Roi un autre lieutenant que M. de Sanssac.

L'APPREHENSION desquelles, car il estoit appuyé d'un grand prince, fut cause que les capitainnes envoyerent après luy, à communs despens, le capitainne Roumolles, lieutenant du capitainne La Molle, pour debatre leur droict devant le Roy, si d'avanture il les chargeoit, et supplier semblablement Sa Majesté de rappeller M. de Sanssac, et les tant gratifier que de subroger M. d'Espinay en sa place, pour tousjours à l'advenir, qu'ils asseuroient fort digne de ceste charge, et faire beaucoup d'aultres remonstrances contenues en ses instructions sur ce mesme subject.

Sur quoy Sa Majesté fist responce audict capitainne Roumolles qu'il ne vouloit pas frustrer Sennecterre de l'estat qu'il luy avoit donné, estant son intention qu'il en jouysse puisqu'il en a le pouvoir depesché; mais qu'il avoit bien resolu en son ame, s'il arrivoit fortune à M. de Vieilleville, de luy donner Espinay pour successeur, et que, pour ceste occasion, il avoit reffusé Thavannes, Esclavolles et Bourdillon, de l'estat de gouverneur de Metz, qui le luy avoient envoyé demander. « Et affin, dist le Roy, que Espinay ne doubte poinct que cest estat ne luy soit reservé en faveur des grands et signalés services que m'a faicts son beaupere, vous emporterez avec vous le brevet et les lettres de retenue, et du don que je luy en ay faict, si Dieu en faict sa volonté : ce qui ne peult arriver qu'il ne m'en demeure ung perpetuel et infini regret; car je perdrois ung très-digne et très-fidele serviteur que j'ay tousjours bien fort aymé. »

Cela dict, il s'enquist fort soigneusement de sa santé, et s'il n'y avoit pas espérance qu'il la deust recouvrer bientost : *item*, d'où estoit proveneue ceste froideure entre Chavigny et les capitainnes, et qui en avoit esté le premier et principal motif. A quoy le capitainne Roumolles respondit fort pertinement, laissant Sa Majesté très-contente pour le regard de M. de Vieilleville, mais assez irritée contre Chavigny, pour s'estre comporté avec si peu de respect en une telle charge. Et fut le comble de son indignation, quand le capitainne luy fit entendre qu'il avoit demis le capitainne de la garde que M. de Vieilleville y avoit establi par le malheur de Beauchamp, pour y mettre ung gentilhomme des siens, et que ceste insolence avoit esté cause que tous les lansquenets de ladicte garde, desquels Sa Majesté avoit aultrefois ouy parler, s'estoient entierement retirez. Plus, qu'en tout le séjour qu'il a faict à Metz il n'a visité que une seule fois M. de Vieilleville, et qu'il s'en est allé sans luy dire adieu, et que, de son authorité absolue, il avoit cassé le greffier du prevost sans forfaict, pour y mettre le frere de son argentier, avec d'aultres indignitez bien prouvées. De sorte que le sieur de Chavigny, qui arriva trois jours à la Cour après le capitainne Roumolles qui estoit venu en poste, se presentant à la porte de la chambre du Roy, l'ouverture luy en fust reffusée, et, sur l'instance qu'il en fist, il luy fust respondu par l'huissier qu'il retournast à Metz ramasser les lansquenets de la garde de M. de Vieilleville, luy rendre son chat qu'il avoit emporté, et remettre le greffier du prevost en son estat. Quand il veid ceste rigueur entre-meslée de mocqueries, et qu'il n'avoit poinct de logis, encores qu'il fust gentilhomme de la chambre, car il avoit esté deffendu au grand mareschal-de-logis de luy en donner, il se retira avec sa courte honte, sans avoir audience ny l'honneur de rendre à son Roy compte et raison de sa charge ; aussi que M. de Montpensier, sa grande faveur, s'en estoit allé, il y avoit deux jours, en sa maison de Champigny, adverty du grand et implacable courroux de Sa Majesté contre son favory.

CHAPITRE L.

Le Roi envoie visiter M. de Vieilleville malade par un de ses gentilshommes.—M. de Sennecterre vient à Metz pour y commander, et M. de Vieilleville part de cette ville pour aller prendre l'air à sa terre de Duretal.

Avec ce contentement, et toutes les depesches cy-dessus mentionnées, le capitainne Roumolles partit en la compaignie de M. de la Chappelle-aux-Ursins, gentilhomme de la chambre du Roy, que Sa Majesté envoyoit visiter M. de Vieilleville, luy portant lettres favorables de sa part, affin aussi d'estre acertiorée de sa maladie, et ce qu'elle en devoit esperer. Et arrivèrent tous deux à Metz en poste. M!. d'Espinay, adverty de sa venue, envoya au-devant de luy cinquante sallades, conduictes par son lieutenant la Boulaye, puis se trouva luy-mesme sur le chemin avec le reste de sa compaignie, et l'amena descendre au logis de M. le gouverneur, où il fut receu fort honorablement par madame de Vieilleville ; mais, à cause de la fièvre il ne veid M. de Vieilleville ny presenta ses lettres, qu'après disner ; lesquelles receues et leues, on n'exprimeroit pas assez suffisamment la forte operation que feist ceste très-grande faveur en sa personne, si on disoit seulement qu'il n'avoit receu de sa vie une telle joie au cueur ; mais il fault passer plus oultre, et jurer, avec toute verité, qu'elle le ressuscita de mort à vie ; non pas du tout pour la visitation dont Sa Majesté l'avoit honoré, car desja elle lui avoit envoyé au commencement de sa maladie M. d'Antragues pour mesmes effects, mais d'avoir veu le brevet de la retenue du gouvernement de Metz pour M. d'Espinay : ce qui l'asseura de la parfaicte amitié de son maistre, et qu'il ne vouloit pas perdre la memoire de luy ny de ses services après sa mort, puisqu'il mettoit en sa faveur, et sans en avoir jamais esté requis, entre les mains d'un jeune homme, la première et la plus importante clef du royaume de France, qu'il sçavoit devoir estre briguée et recherchée des plus experimentez chevaliers du royaume. Aussi, depuis la lecture des lettres de son Roy, qui en faisoient fort ample mention, son amendement croissoit de jour à aultre. Et retint huict jours entiers M. de la Chappelle-aux-Ursins en son logis, palais episcopal, et cinq ou six gentilshommes qui avoient couru avec luy, qu'il logea tous céans avecques ung fort sumptueux traictement; et ne leur manquerent, durant ce séjour, toutes sortes de passe-temps : lequel expiré, et après avoir veu licencier une rabouillière (1) de medecins, car il y en avoit sept ou huict de plusieurs princes, il partit de Metz très-content; conduit en très-grande magnificence, avec plus de deux cents chevaulx d'escorte, jusques à Thoul, où il print la poste, y estant venu de ses gens sur de braves courtaulx dont on l'avoit accommodé. M. Thevalle, durant ledict séjour, luy avoit faict visiter les forteresses, les granges de l'artillerie, des vivres et toutes aultres sortes de munitions, pour en faire son rapport, et sur-tout comme on avoit besoigné à la citadelle; car Sa Majesté l'en avoit fort soigneusement chargé.

(1) *Une raboulliere :* une multitude.

Ainsi M. de Vieilleville revenoit en convalescence ; mais il ne se pouvoit fortiffier, car sa longue maladie, avec tant de medecines, purgations, cautheries, saignées et scariffications, l'avoient mis si au bas, qu'il fut plus d'un mois, après le partement de M. de la Chappelle-aux-Ursins, sans se pouvoir asseurer de sa premiere santé, à cause aussi d'ung estouffement qui luy estoit ordinaire, que les medecins appellent nausée ; car il ne trouvoit goust en viande quelconque, ny aultres appresmhéaa, pour délicats qu'ils fussent, qu'on lui peust faire manger. Toutesfois, le temps et la nature le firent peu-à-peu revenir, avec les bonnes prieres de toutes sortes et qualitez de gens, tant de son gouvernement en général que des provinces adjacentes, qui eussent eu un merveilleux regret en sa mort et grande perte semblablement ; car il estoit profictable à tous, et principalement à ceulx de Champaigne, de Lorrainne, et aux subjects de l'archevesque de Trieves, ses plus proches voisins.

Nouvelles vindrent enfin que M. de Sennecterre estoit par les chemins : de quoy M. de Vieilleville se resjouyst grandement, pour l'extreme envie qu'il avoit d'aller en sa maison, changer l'air, et achever de se guerir et fortiffier. Cependant M. de Sanssac se retira.

Il séjourna encores ung mois après l'arrivée de M. de Sennecterre, pour l'instruire au devoir de sa charge, et la luy fit exercer durant tout ce temps-là, affin de l'accoustumer avec les capitainnes, donner le mot, faire les rondes ; et fist une monstre aux gens de pied affin qu'il apprint comme il s'y fauldroit gouverner pour l'advenir, et pour rendre aussi sa venue agréable à tous les capitainnes et à toute la garnison en général; commandant aux susdicts capitainnes d'aller ordinairement à son lever et coucher, mesme au capitainne de sa garde de se retirer à son logis avec ses soldats, et de l'accompaigner tousjours par la ville : luy laissant, en somme, toutes affaires en main, tant de la guerre, criminelles, civiles, politicques, que d'estat, comme s'il eust esté gouverneur en chef, et pour le relever aussi de toute peine.

Mais M. de Guyencourt, qui s'attendoit, estant lieutenant de sa compaignie, d'avoir aussi la lieutenance du gouvernement, qui luy eust esté fort propre et très-honorable, se desdaigna, s'en voyant frustré; et encores que M. de Vieilleville s'en excusast sur le Roy qui le luy avoit donné, luy monstrant les lettres que Sa Majesté luy en avoit escrites, si est-ce qu'il ne voulut rien prandre en payement, mais se retira en colere picarde en laquelle il fut fort trompé; car il pensoit faire une bien grande bresche en la compaignie : mais de trente-six Picards, hommes d'armes, pas ung ne se desbaucha : deux de ses neveux mesme, qui estoient aussi hommes d'armes, le laisserent aller. M. de Sennecterre se prevalust beaucoup de ceste picardesque fougousité; car, estant installé en sa place, ce luy fut ung accroissement de forces et d'authorité pour se faire mieulx suivre et obeyr en ce gouvernement.

M. de Vieilleville doncques, voyant le sieur de Sennecterre son lieutenant au gouvernement et en sa compaignie, deuement façonné en sa charge, et très-agréable aux capitainnes, gendarmes et à tous les estats de la ville, délibera de son partement, et s'achemina avec madame de Vieilleville, M. et mademoiselle d'Espinay, et M. de Thevalle son neveu, qui estoit ung grand attirail, par le Bassigny, droict à Orléans, à petites journées, et en lictiere à cause de sa foiblesse; auquel lieu nous nous embarquasmes sur Loire avec nombre de batteaulx pour aller jusques aux Rosiers, à six lieues de Durestal.

Et rendu en sa maison, delivré de toutes affaires, et n'estant occupé que à la reception de ses parents, voisins, amis et subjects, nobles et aultres qui le venoient sans cesse visiter, il recouvra en moins de rien ses premieres forces et santé, et passa plus de huict mois; car les visites estoient alternatives en ce plaisir et contentement, encores que le Roy luy depeschast plusieurs courriers pour le faire partir à le venir trouver.

Mais tousjours, par gracieuses responces, il contentoit sur son reffus Sa Majesté; car ce doulx repatriement (1), en esprit affranchy de tous empeschements de guerre et d'estat, luy estoit si necessaire pour quelque temps, que s'il n'eust jouy de ceste paisible quietude, il estoit en dangier de tomber en perclusion et paralysie; de quoy Sa Majesté bien informée, très-agreablement l'excusoit; aussi qu'elle sçavoit bien que tout son mal provenoit d'un crevecueur d'avoir failly une si belle entreprise pour son service, qui redondoit à la gloire de sa couronne et de la nation française, et par la bestize et stupidité de celuy qu'il avoit honoré d'une si importante charge; de quoy Sa Majesté mesme receut ung merveilleux desplaisir, comme nous avons dict.

(1) *Repatriement :* retour dans sa patrie.

LIVRE SEPTIÈME.

PRÉFACE.

Continuant ma protestation faicte en la preface du sixiesme livre, je poursuivray, Dieu aidant, mon histoire, y estant appelé par deux fort pertinentes et legitimes raisons. La premiere, pour le devoir auquel je suis obligé de celebrer la gloire, les valeurs et très-vertueux gestes de ce brave chevalier, qui avoit peu de semblable en ce royaume; et quand j'estendrois ma comparaison jusques en l'Europe, je ne penserois pas de beaucoup advantaiger son merite. L'autre, que je y suis forcé par l'oubliance, ou plustost malice de tous les historiens, qui ont escrit les histoires de nostre temps depuis trente ans; car ils ne font aucune mention de luy, mais ne le daignent pas seulement nommer en des actes principalement où il avoit la surintendance et commandement général, comme au siege de Théonville; ils se contentent de dire: *le gouverneur de Metz*, sans aultre titre ny suicte d'honneur, ny de respect; et au siege de Sainct-Jan-d'Angely, ils mettent comme par mespris: *M. le duc d'Aumalle, et le Mareschal*, simplement. Que s'ils eussent dict, *de Vieilleville*, il y eust eu de quoy se contenter; encores que, par sa vaillance et saige conduicte, ces deux villes furent, comme nous dirons avec toute verité, reduictes en l'obeissance des rois lors regnants. Mais ce qui est plus intolerable, ces larrons, pleins de mensonges et flateries, attribuent à aultruy, par une meschanceté détestable, la gloire et l'honneur qu'il y acquist, les peines et fatigues qu'il y print au grand hazard de sa vye, de laquelle il a tousjours faict lictiere quand il a esté question d'entreprendre quelque important et signalé ser=

vice pour son prince, et de l'executer sans aulcune apprehension; qui me faict croire que ces beaux escrivains batissoient leurs ouvrages soubs la faveur de quelques princes, qui leur dictoient premierement leurs louanges, sur l'esperance de quelques gras morceau; puis leur recommandoient la memoire de ceulx qu'ils avoient en affection, et qui estoient de leur suicte : dont est advenu qu'ils ont *soubsterré*, et comme ensevely, les braves gestes de ceulx qui ne leur estoient pas agréables; lesquels toutesfois avoient faict le service, comme il se peult aisément juger par les espitres liminaires de leurs livres, qui toutes s'addressent aux plus grands de ce royaume, pour en tirer quelque recompance et prouffict. En quoy je ne les veulx nullement imiter, ayant dedié ce mien veritable labeur à l'invincible et très-redoubtée couronne de France, pour representer au très-grand et très-puissant prince qui la porte à present, et aultres qui par cy-après en seront honorez, ung tres-ferme pillier et très-fidele serviteur d'icelle, s'il en fut oncques; sans faire tort toutesfois à l'ancienne memoire du très-illustre chevalier Bertrand de Gleasquin (1), jadis connestable. Et quand ils voudroient commettre à quelqu'un une haulte et importante charge, en l'execution de laquelle la vaillance et soing, la promptitude et le mepris de la mort seront requises, qu'ils en cherchent un de son humeur, qualiffié et accomply de telles perfections qui reluysoient comme naturellement en luy, exempt en oultre, en corps et en l'ame, comme il se peult veoir par le progrès de ceste histoire, de toute ambition et avarice; saichant très-bien que ces deux monstrueux vices esloignent et destournent l'homme, non-seulement de la crainte de Dieu, mais le font bientost couler, voire precipiter en l'atheisme.

(1) *Gleasquin* : du Guesclin.

CHAPITRE PREMIER.

Causes du mauvais succès de la guerre d'Italie.

Doncques ce vertueux et saige chevalier, s'estant bien fortiffié, et ayant à souhaict recouvré sa santé, partit de son chasteau de Durestal, sur la fin de l'année 1557, pour venir trouver le Roy qui estoit lors à Paris. Et ne fault demander de quel accueil Sa Majesté le receut. Mais, toutes caresses passées, et tous bons jours donnez, il commencea en toute diligence à proposer l'ordre qui estoit necessaire pour l'estat de son gouvernement de Metz; car il avoit esté adverty que l'on devoit plus de quatre monstres à toute la garnison, et que M. de Sennecterre, son lieutenant, estoit en dangier d'une sedition, si on n'y remedioit de bonne heure. Mais il fist sçavoir incontinant son arrivée à la Cour, à tous les capitainnes, qui misrent leurs soldats en esperance de toucher argent bientost.

Cependant aussi, attendant sa venue, il commanda par le mesme courrier au tresorier des reparations, auquel il avoit deffendu, avant partir, de toucher, sur sa vie, aux deniers dediez pour la citadelle, quelque necessité qui survînt, d'en distribuer ausdicts capitainnes, par forme de prest, pour en accommoder leurs soldats, attendant les monstres. Ce qui composa les choses en toute doulceur, et releva M. de Sennecterre d'une extreme peine et dangier.

Puis après, il moyenna tant envers Sa Majesté, qui

eust esgard à ses importantes remonstrances, fortiffiées de la grande faveur qu'elle luy portoit, qu'il obtint deux cents mille francs, encores que le fond du tresor du Louvre fust quasi du tout en tout tary, à cause de la despence infinie qui se faisoit pour le voyage d'Italie, où estoit desja bien avant embarqué le duc de Guyse, avec une bien grosse armée, qui fut toutesfois de peu d'effect, voire sans aulcun fruict; car le cardinal de Caraffe, scelerat s'il en fut oncques, luy donna de terribles traverses; desquelles la premiere fut qu'il tint ce povre duc de Guyse, tout le mois de mars, qui est le plus propre de l'année pour faire la guerre et camper, à cause de sa temperature en tout le climat, dedans la ville de Rome; l'entretenant de toutes délices, festins, courtisannes, vierges et femmes mariées, dont ce gouffre d'abomination a accoustumé de fournir, pour, par ce temporisement, attrapper du duc de Florence quatre cents mille escus : car il luy fist accroire que le roy de France luy envoyoit ceste grosse armée française pour l'exploicter à son plaisir, ou en la Toscane, ou à Naples. Mais, prevoyant l'entreprise de Naples fort dangereuse, à cause des grandes forces que preparoit le duc d'Alve, il avoit resolu de la luy jecter sur les bras, tant pour ce qu'il voyoit qu'estant surpris il en auroit bientost sa raison, que de ce qu'il se souvenoit de la mort ignominieuse que l'un de ses freres et son neveu avoient receue en sa ville de Florence, qui y avoient esté pendus à tort, et sans cause; toutesfois que s'il vouloit composer ceste somme de quatre cents mille escus, il changeroit de couraige et oublieroit toute vindicte. A quoy le duc de Florence ne faillit pas; et la paya comptant pour destourner ceste oraige qui eust ruyné son Estat. Et parce que le duc de Sormme descouvrit ceste secrette meschanceté, car toute l'armée se mutinoit de ce trop long sejour, il fut contrainct de sortir de Rome, la nuict, à pied et travesti, aultrement le cardinal l'eust faict pendre aux fenestres de son logis ; ainsi l'avoit-il juré, ayant envoyé le barisel (1) avec tous ses sbierres (2), qui est à dire en français le prevost et ses archers, pour executer son rigoureux commandement, qui n'y eussent osé faillir ; mais, de bonne fortune pour ung tel et si digne serviteur du Roy, ils n'y trouverent que le nid.

L'aultre et plus meschante traverse que la premiere ; que l'armée française qui estoit arrivée à Rome, avec tous les dangiers et difficultés qui se peuvent dire, et sur sa foy, et l'intelligence qu'il disoit avoir à Naples, pour le recouvrement du royaume ; toutesfois il fut si dyable, qu'il n'eust poinct de honte, et ne fist conscience de la trahir : car, voulant M. de Guise marcher après ce mauldit sejour de Rome, et entrer dedans le royaume de Naples par ung chemin où il n'eust trouvé aulcune resistance, n'ayant encores le duc d'Alve rien prest, ce meschant l'en divertit, et le fist attaquer une ville nommée Civitella, située sur le hault d'une montaigne, et qu'il l'emporteroit en moins de six jours, la prise de laquelle, d'aultant qu'elle estoit frontiere dudict royaume, donneroit ung si grand spavente à la ville de Naples, à tout le reste du royaume, au duc d'Alvè mesme, que, devant le mois d'avril expiré, il esperoit le couronner roy de Naples au nom du roy de France son maistre.

(1) *Barisel* : barigel. — (2) *Sbierres* : sbires.

Le povre duc, qui ne cognoissoit le pays, et qu'
n'avoit personne de son costé pour soustenir son oppinion, ny renverser celle de cestuy-cy, qui estoit ordinairement suivie et fortiffiée par plus de trente capitainnes, tous de son pays, quand il en proposoit quelqu'une ; aussi que le principal et plus exprès article de ses instructions estoit de ne rien faire contre la volonté de ce cardinal, chef et premier autheur de ceste entreprise, fust contrainct d'y acquiescer, et l'assiegea. Mais au lieu de six jours, il y fust six sepmaines sans la pouvoir forcer ; durant lequel temps l'armée de mer hespaignole arrive, et les forces du pays s'assemblent ; qui firent, toutes joinctes, une bien grosse et puissante armée, avec laquelle le duc d'Alve s'advance, en toute diligence, de venir faire lever le siege de Civitella. Dequoy adverty, M. de Guyse descampe bientost, et se retira avec la sienne, toute harassée et à demye-vaincue de fatigues et maladies. Ce tradiment valut à ce perfide deux cents mille escus en argent, et, oultre ce, ung evesché et deux abbayes ; le tout de la valeur de vingt mille ducats de rente, tant en Hespaigne que à Naples. Il fist tant d'aultres perfides traicts, qui rendirent ce voyage très-honteux et inutile, qu'il seroit impossible de les reciter ; qui me gardera de m'y estendre davantaige ; aussi que cela n'est pas de mon histoire. Mais j'en ay bien voulu reciter ce couplet en passant, puisqu'il est tombé à propos ; car j'estois alors à Rome, quand ce neveu du pape Paul quatriesme, confalonier de Sainte Eglise, et lieutenant de son oncle, exerceoit, soubs l'ombre de bonne foy, telles et si énormes meschancetez, aux despens de la povre France.

CHAPITRE II.

M. de Vieilleville retourne à Metz, où il fait une justice exemplaire des séditions arrivées pendant son absence.

Pour reprandre doncques le fil de l'histoire, je diray que M. de Vieilleville fist marcher en diligence ceste notable somme à Metz, que l'on receust à très-grande joye, comme très-necessaire, et par laquelle on obvia à ung terrible et très-pernicieux remuement; car, durant son absence, on avoit tiré de Metz douze compaignies de vieilles bandes françaises pour le voyaige de Naples cy-dessus mentionné, et envoyé en leur place aultant de legionnaires de Champaigne et de Picardie, le plus mal disciplinez du monde, et leurs capitainnes tout de mesme, qui ne respectoient nullement M. de Sennecterre; et, sans l'assistance que luy faisoient les aultres douze vieulx capitainnes et les gendarmes, il estoit en hazard de courir une fort dangereuse fortune; car incessamment ceste desbordée canaille crioit à l'argent, avec des insolences et indignitez bien grandes et du tout intollerables.

Mais M. de Vieilleville n'oublia pas d'escrire au prevost de Metz, par ceulx qui porterent l'argent, qu'il ne faillist, sur sa vie, à faire informations secretes de tout ce qui s'estoit passé en ces tumultes, et n'y espargner les capitainnes qui les avoient favorisez ny donné l'ordre requis à leur devoir; car par ceulx-là il

vouloit commencer, en faulsant le proverbe qui dict:
Battre le chien devant le lyon; ayant resolu et juré,
pour faire trembler et mourir de peur les chiens, de
bien estriller les lyons, comme il fist.

Doncques il partit de la Cour pour venir en son
gouvernement, en bonne deliberation de chastier ai-
grement ces tumultuaires et seditieux, sans acception
de personne; et advertit M. de Sennecterre, par courrier exprès, de ne permettre à personne vivante de
venir audevant de luy, ny de luy envoyer escorte,
et qu'il en prendroit passant par Thoul; car, soubs
umbre d'une salve, une harquebuzade est bientost donnée. Où arrivé, il commanda au capitainne La Mothe-
Rouge de monter à cheval avec soixante de ses chevaulx ligiers, et au capitainne Yonberry, basque, de
choisir cent de ses soldats, aussi basques, bons harquebuziers, et l'accompaigner jusques à Metz. Et
marcha toute nuict avec ceste trouppe, et son train,
qui pouvoit faire, compris celuy de M. d'Espinay, le
nombre de soixante-dix chevaulx. Et fust-on bien esbahy de le veoir le lendemain, quasi au jour poignant,
aux portes de Metz; qui donna beaucoup de tremeur
aux plus coulpables.

Descendu qu'il fust en son logis, il commanda de
faire loger l'escorte de Thoul, et deffendit aux capitainnes la Mothe-Rouge et Yonberry de partir sans
son congé; et qu'il avoit besoing pour trois ou quatre
jours de leur assistance. Et estant raffreschy, M. de
Sennecterre le vint trouver en sa chambre avec les
capitainnes des vieilles bandes; car les legionnaires,
qui se sentoient coulpables, ne s'y oserent presenter.

Le prevost ne tarda gueres, semblablement avec

ses informations : lesquelles leues, il commanda aux capitainnes là presents de dresser des corps-de-gardes à tous les carrefours de la ville, et à sa compaignie de monter à cheval et se tenir en bataille au Champ-Passaige; à M. d'Espinay de faire tenir la sienne en la place de la grande église, et au capitainne Lancques ses harquebuziers à cheval en la petite place; deffence à tous de ne laisser passer capitainnes ny soldats legionnaires, quels qu'ils fussent.

Cela ainsi ordonné et appresté en merveilleuse diligence, il envoya prandre les capitainnes La Haye, Frizonville et Berthecourt, qui estoient fort chargez par les informations d'avoir attenté à la personne de M. de Sennecterre, enfoncé avec leurs soldats son logis, et tiré contre sa garde. Iceulx trois capitainnes amenez en sa presence, et lecture faicte desdictes informations, les fist mettre à genoulx devant le sieur de Sennecterre et luy demander pardon.

Ladicte amande faicte, n'estant l'executeur de justice gueres loing de-là, ils furent menez en une cave, où il leur trancha les testes, lesquelles furent portées et départies en chacune des trois places; qui donna ung merveilleux effroy à tous les legionnaires, tant capitainnes que soldats. Et comme ils se presentoient à passer, ou pour s'assembler ou pour faire quelque remonstrance, on les repoussoit, non pas à coups de barre ou de halebarde, mais avec harquebuzades; de sorte qu'ils furent contraints de se resserrer en leurs logis.

CHAPITRE III.

Punition des légionnaires qui s'étoient révoltés pendant l'absence de M. de Vieilleville. — Ce que c'étoit que ces légionnaires établis par François I.

Monsieur de Vieilleville, adverty que cent ou six-vingts soldats s'estoient assemblez, avec les armes, en une aultre place nommée le Saussy, envoya en diligence le sergent-major Saint-Chamans, avec bon nombre de soldats, leur demander pourquoy ils sont là, et qu'ils se debandent incontinant; et, selon la responce qu'ils feront, si elle tend à mutinerie, qu'il les charge de furie, sans recognoistre ny user d'aulcune misericorde.

Arrivé que fut Saint-Chamans devers eulx, faict ce qui luy avoit esté commandé. Mais ils furent si sots et maladvisez, qu'ils respondirent estre là attendants leurs compaignons pour avoir la raison de leurs capitainnes que l'on avoit faict si cruellement mourir. Mais ils n'eurent pas loisir de parachever, que Saint-Chamans les charge si furieusement qu'il en fut tué quarante ou cinquante sur la place : le reste gaigna la fuitte. Mais ce que Saint-Chamans ne peust attrapper fust arresté par les corps-de-garde et les soldats des capitainnes Yonberry et La Mothe-Rouge, car c'estoit en leur quartier, et furent chaudement pendus et estranglez, où plusieurs belittres et cocquins s'employerent avec le bourreau et son valet pour en avoir la dépouille. Les vieilles, semblablement, jecterent les morts en la riviere, sur l'esperance de mesme praticque ; estant le Saulssy une isle entourée de deux canaulx de la Moselle, et ponts de chaque costé, que ces mutins n'avoient pas eu l'esprit de garder ny de s'en saezir.

Aussi legionnaires ne sont pas tenus ny repputez pour gens de guerre, ains sortent du labouraige pour s'affranchir des tailles en servant quatre ou cinq mois ou quelque aultre espace de temps ; et apportent certificat de leur service, que l'on appelle *attestation du serviny*, qui est enregistrée aux greffes des jurisdictions ausquelles ils sont subjects.

Le roy François-le-Grand leur donna ce nom de *legionnaires* à l'ancienne façon des Romains, car ils s'appelloient au temps passé *francs-archiers*, et en Bretaigne *francs-taupins*. Mais, voyant que le service de telles gens mal-aguerris estoit du tout inutile ; on commua cela en argent ; et appelle-t-on ceste taille *la solde de cinquante mille hommes de pied*, à laquelle tous les roturiers universellement du royaume sont contribuables et subjects ; et de cest argent on en façonne de braves hommes et vaillants capitainnes.

Les lieutenants des trois capitainnes decapitez, et qui avoient perdu grand nombre de soldats au Saulssy, craignants que la fureur de M. de Vieilleville continuast, et que l'on revisoit d'heure à aultre les informations ausquelles ils estoient compris, furent d'avis de s'en aller. Mais, ne pouvants sortir à cause que les corps de garde extraordinaires continuoient nuict et jour aux lieux où on les avoit posez, et tousjours gens de cheval, à tour de roolle, dedans les places, et la ville tousjours ainsi cantonnée, delibererent de demander ung congé à M. de Vieilleville; et le luy envoyerent tout prest à signer, car ils ne pouvoient parler à luy. Ce qu'il reffusa : mais il leur fist dire, par le capitainne Baluz, qui gardoit la porte par laquelle ils devoient sortir, qu'ils se pouvoient retirer quand ils vouldroient; et que le service de tels mutins n'estoit pas au Roy ny à luy, et qu'il leur faisoit trop de grace de les laisser partir, car ils avoient tous merité la mort et d'estre pendus. Eulx, ayants ceste parolle, troussent bagaige, et s'en vont au troisiesme jour de son arrivée. Mais, adverty qu'ils avoient desbauché environ de cent soldats de leurs compaignies pour s'en aller avec eulx, qui estoit affoiblir d'aultant la garnison de Metz, et de grande consequence pour le service du Roy; aussi qu'ils n'avoient pas achevé le service du mois, duquel ils avoient faict monstre et touché l'argent, il commanda au sergent-major Saint-Chamans d'aller après, en toute diligence, avec nombre de harquebuziers et l'escorte qui estoit venue de Thoul, et les tailler tous en pieces; qui les attrappa auprès des arches de Jouy, et n'y faillit pas, car il n'en eschappa ung seul; les Basques du capitainne Yonberry et les chevaulx ligiers de La Mothe-Rouge se desjeunerent de ce butin en se retirant à Thoul.

Les capitainnes legionnaires, advertis de ceste deffaicte, qui approchoit fort d'un massacre, car tous les goujats passerent au fil de l'épée, mesme qu'il y fut tué, à la furie, traeze garses, ne sçavoient à quel sainct se vouer : car de faire entreprise on leur avoit osté tous moyens, pour le bon ordre qui y avoit esté donné, et n'avoient point de plus grands ennemis que leurs hostes, qui advertissoient secretement d'heure à aultre les corps de garde de tout ce qui se passoit en leur logis; que s'il venoit ung advertissement qu'ils estoient dix ensemble, ils estoient incontinant chargez et rompus; reduicts, au reste, et contraincts en telle extremité, qu'ils n'eussent osé battre casse (1) ny tambourg en leur quartier pour aller à la garde, de laquelle ils furent exempts durant ces trois jours, car on ne s'y vouloit pas fyer.

CHAPITRE IV.

M. d'Espinay engage M. de Vieilleville à se réconcilier avec les légionnaires.

Or, estants en ceste angoisseuse perplexité, ils furent conseillez, de logis en logis, de venir trouver M. d'Espinay pour estre leur médiateur envers M. de Vieilleville et faire leur reconciliation; qui accepta fort volontairement ceste charge, et s'y employa de tel zele et affection, que le quatriesme jour de notre arrivée il luy commanda de les luy amener; ce qu'il fist. Et estants en sa presence, il leur pardonna leur faulte en sa faveur, et après leur avoir faict veoir, par les ordonnances du Roy, dont lecture leur fut faicte, qu'ils estoient tous criminels de leze-majesté; et fist rompre devant eulx les informations qui avoient esté faictes de leurs insolences et mutineries, dont y en avoit une, entre aultres, très-capitale et sans remission; que, pen-

(1) *Casse* : caisse.

dant l'espace de douze jours, ils n'avoient faict aulcune garde sur les murailles de la ville qui respondent en leurs quartiers, ny jour ny nuict; craignant que si le Roy est adverty, qu'il ne les aict faict pugnir pour une si énorme faulte d'avoir ainsi abandonné sa ville en si perilleux hazard, qu'il ne s'en courrousse asprement contre luy : toutesfois, puisqu'il a prononcé sa parolle, qu'il ne la veult pas retracter, et leur pardonne derechef, leur commandant de se lever, car ils estoient à genoulx; auxquels il fit jurer de mieux et plus fidelement faire service, pour l'advenir, à Sa Majesté, quelque necessité qui survienne de deniers, qui deffaillent aussitost aux roys que aux particuliers. Ce qu'ils firent avec bien humbles reverences : commandant, sur l'heure, de rompre tous les corps de garde extraordinaires, et les pria tous de disner avec luy; ce qu'ils luy accorderent. Et donna, en leur presence, la compaignie de Frizonville à ung jeune gentilhomme de Normandie nommé Sainct Remy, celle de La Haye au capitainne Roumolles, et celle de Berthecourt au capitainne Damezan; et fist monter les enseignes desdictes compaignies, qui avoient esté plus saiges que les lieutenants qui furent deffaicts aux arches de Jouy, en l'estat et au grade de lieutenants en leurs compaignies; puis furent ostées les testes de leurs capitainnes, des lieux où elles avoient esté fichées.

La joye fust si grande et universelle par toute la ville de ceste si inoppinée reconciliation, que la journée se passa en toute allaigresse. Et en fust M. d'Espinay merveilleusement honoré de tous, principalement des legionnaires en général, et non sans cause; car il estoit si irrité et animé contre eulx d'avoir ainsi abandonné sa ville dix jours, sans aulcune forme de garde, qu'il avoit resolu en son ame de faire partir en campaigne, soubs umbre de faire monstre, toute la garnison de Metz entierement, tant de pied que de cheval, et y estre luy-mesme en personne armé de toutes pieces; puis mettre les legionnaires à part, et commander à tout le reste de les charger devant, derriere et de tous costés, pour les tailler en pieces : ayant nuict et jour au runge que, ayant esté la ville tant de jours en proye, elle devoit estre, long-temps a, devorée, si le comte de Mesgue eust esté habile homme et digne serviteur de son prince. Telle estoit son apprehension, qui luy traversoit de telle inquietude l'esprit, qu'il en perdoit le repos et ses repas : tant il estoit zelateur de l'honneur et service de son maistre, et jaloux de sa charge.

Mais les instantes prieres et doulces remonstrances de M. d'Espinay luy desarmerent ce martel de la fantaisie, et le firent plier à misericorde : ce que depuis venu à la cognoissance de ces legionnaires, ils tindrent tousjours M. d'Espinay pour protecteur et pere; et le suivoient et accompaignoient plus ordinairement que son beau-pere, le louants et sans cesse remercyants de ce que par sa faveur ils l'avoient, non pas si belle, mais si mortelle et sanglante, eschappée.

Toutesfois, quelque reconciliation qu'il y eust, M. de Vieilleville, qui auparavant ne se donnoit pas beaucoup de peine de faire les rondes, se fyant en ses gendarmes, s'y rendit plus subject depuis ces exemplaires et terribles chastiments, et les continua plus de trois mois, et souvent quatre fois par sepmaine, principalement aux quartiers des legionnaires. Et la faisant environ minuict, il trouva un legionnaire dormant en sentinelle, qu'il tua tout roidde, disant à ceulx qui le suivoient qu'il ne luy avoit poinct faict de tort, ains il le laissoit au mesme estat qu'il l'avoit trouvé; et puisqu'il ne vouloit servir de faction, que pour le moins serviroit-il d'exemple. Et commanda qu'il demeurast là l'espace de vingt-quatre heures, et puis jecté par sur les murailles en la riviere de Seille.

CHAPITRE V.

M. de Vieilleville forme le projet du siége de Thionville. — Mesures qu'il prend pour l'exécuter.

[1558] S'estant ainsi, M. de Vieilleville, rendu redoutable à ces novices d'armes et de toute discipline militaire, par ce traict de sanguinaire monstre; et voyant qu'ils se rengeoient du tout à l'obeyssance, il s'advisa, pour parvenir à une entreprise qu'il avoit projectée en esprit (car il entreprenoit tousjours quelque chose contre l'ennemi), d'envoyer querir l'allemand Hansclaur, duquel il a esté parlé au sixiesme livre, jusques à Trieves, par un autre Allemand marié à Metz; luy mandant qu'il avoit quelque chose à luy dire pour son trèsgrand prouffict; qu'il ne luy pouvoit escrire, mais le prioit qu'il vînt secretement, sans se monstrer à personne, et qu'il se logeast en la maison du messaiger qui l'estoit allé querir; et qu'il ne passe sur-tout à Théonville, mais qu'il s'en esloigne le plus qu'il pourra.

Hansclaur ayant receu ceste créance, sans toutesfois aulcune lettre, se fyant au messaiger qu'il voyoit souvent trafficquer à Trieves; et pour le desir qu'il avoit de faire service à ung tel seigneur, duquel il cognoissoit la parolle très-certainne, s'achemina droict à Metz avec le messaiger, et passe la Mozelle dès Trieves, laissant le droict chemin de Théonville, qui estoit toutesfois plus court de trois bonnes lieues.

Arrivé à Metz, le marchand en vint advertir M. de Vieilleville, qui luy commanda de le luy amener sur le soir, bien secrettement. Et estant en sa presence, il luy tint ce langaige : « Je scey, Hansclaur, que tu as le cœur français, et que tu n'es pas à te repentir d'avoir abandonné le service de la couronne de France; mais pour te y remettre, cognoissant ta valeur, je te veulx employer en quelque chose qui te sera fort aisée, et qui advancera grandement ta fortune. » Hansclaur respond qu'il se sent fort obligé de luy avoir donné la vie, et à ses compaignons, lorsque le capitaine La Cahuziere le print; qu'il n'y a faction, pour hazardeuse et perilleuse qu'elle soit, qu'il n'y entre à corps perdu pour luy faire service. « Ceste parolle, dist lors M. de Vieilleville, me contente fort; et demain au soir, à telle heure que maintenant, je te diray que c'est. Et vas soupper et coucher chez ton hoste, sans te monstrer à personne; et prends cependant ceste esmeraude que je te donne en souvenance de moy : » commandant à son hoste là présent de le bien traicter sans rien espargner, car il seroit remboursé du tout avecques gaing.

Hansclaur s'en va très-joyeulx, et tout gaigné par ce present, duquel il fist grande estime; car les Allemands aiment, sur toutes nations, les bagues, qu'ils portent peu souvent aux doigts, mais les pendent ordinairement au col. Et son hoste executa le commandement de le bien traicter de fort bonne sorte, puis le ramena le lendemain à l'heure dicte.

M. de Vieilleville, comme très-saige et fort ruzé en tels affaires, luy avoit donné ce terme, exprès affin qu'il eust le loisir de penser en ses offres, ou de les continuer, ou de changer de volonté : car en vingt-quatre heures toutes affections se fortiffient ou s'affoiblissent; mais estant en sa presence, il parla le premier, disant qu'il souffroit ung extreme desplaisir en son ame qu'il ne luy avoit pleu dès hyer luy declarer en quelle charge il le vouloit employer, et qu'il ne changera jamais sa resolution, ny le vœu qu'il a faict de finir ses jours et mourir à son service, quand il n'y auroit aultre obligation que du present de la riche esmeraulde qu'il luy a donnée; et la luy monstra pendue à son col avec ung cordon de soye jaulne et noire, s'estant desja informé de ses couleurs.

Sur quoy M. de Vieilleville luy respondit que d'entrée d'advancement il luy donnoit, en foy de gentilhomme d'honneur, une compaignie de cent pistoliers, que l'on appelle reithres, bien entretenue au service du Roy en paix et en guerre; mais qu'il falloit premierement, pour la meriter, qu'il allast à Théonville où il avoit bon crédit, et non soupçonné, pour luy rapporter au vray l'humeur et les valeurs du sieur de Carebbe (1) que le comte de Mesgue y avoit instalé son lieutenant; quelles forces estoient céans; quelles

---

(1) *Du sieur de Carebbe.* Rabutin et La Popelinière donnent à ce lieutenant le nom de Caderabbe. Le père Daniel l'appelle Quarrible; M. Garnier Cadderabbe.

estoient les fortifications de la ville, les largeurs et profondeurs des fossez, et semblablement des remparts; et de quelles forces il pouvoit faire estat pour se deffendre s'il estoit assiegé; le nombre de l'artillerie sur rouaige, et d'aultres pieces de petit calibre; la quantité de munitions et de toutes sortes de vivres; et pour combien de temps; finalement, le plus foible endroict de toute la place. Hansclaur l'asseure qu'il luy rendra bon compte de tout cela avant quatre jours, et qu'il luy tarde infiniment qu'il n'est desja sur les lieux pour le satisfaire fidelement en tout ce qu'il luy a recité; le suppliant très-humblement de le vouloir depescher incontinant.

M. de Vieilleville luy donne huict jours de terme pour faire les choses meurement; et, luy mettant trente escus en la main, luy commande de partir le matin avant jour, et qu'il le trouvera luy-mesme à la porte des Allemants, qui est fort escartée du chemin de Théonville, pour la luy faire ouvrir; et qu'il luy dira ce qui luy sera venu en memoire. Là-dessus Hansclaur part avec son hoste, très-contant et en merveilleuse devotion de faire au Roy et à luy ung fort signalé service.

Le lendemain, ung peu avant le jour, M. de Vieilleville se trouve à la porte des Allemants, où estoit desja Hansclaur, auquel il dit, en le mettant dehors: « Je te recommande ta charge en toute fidelité; et ne retournes de huict jours, pour avoir plus de loisir de t'en bien aquicter; et adieu. » Hansclaur luy prend la main et la baise: puis desloge, bien monté sur ung brave courtault qu'il luy avoit semblablement donné.

Les huict jours expirez, le voilà de retour à la porte Mozelle, avec ung memoire si exactement dressé de tout ce qu'il avoit veu, recogneu et revisé dedans Théonville, que M. de Vieilleville admira grandement son industrie, estant de la nation; car Allemants ne sont pas communement duicts à telles singularitez, d'ainsi articuler les affaires. En quoy il n'avoit rien oublié, jusques au nombre des palles, picqs, crocs, beches et hottes pour les reparations; et jugea bien qu'il avoit envie de faire service, et que l'on s'y pouvoit desormais bien fyer. Mais ce qui corrobora bien ceste oppinion, fut l'arrivée de sa femme à Metz avec deux petits enfants, dès le mesme jour, et quelque bagaige.

Qui fut cause qu'il l'envoya querir; et, sans plus rien revoquer en doubte, il luy fist delivrer quatre cents escus pour retourner à Trieves, et dresser sa compaignie; avec expresses deffenses de n'y faire enrooller ung seul Lorrain ny Wallon, encores qu'ils parlent le langaige, mais vrais et naturels Allemants; et pour le contenter et satisfaire en cela, il le prioit de passer le Rhin, où il y a de meilleurs hommes et de fort bons chevaulx. Ce que Hansclaur luy promist, l'asseurant qu'il luy feroit ung bon service, et qu'il n'avoit pas amené sa femme et ses enfans à Metz, sur aultre esperance que d'y finir ses jours, et qu'il quictoit pour jamais, sa levée faicte, le pays d'Allemaigne.

Ayant M. de Vieilleville de si bonnes et franches parolles, il me commanda de bien estudier le memoire que Hansclaur avoit apporté de Théonville; et qu'il me vouloit depescher devers le Roy pour le luy bien faire entendre, et sans lettre de créance; car qui en est saèzy, et surpris de l'ennemy, il ne peult éviter la question, et la plus cruelle que l'on peult inventer, pour, par le tourment, la faire confesser.

CHAPITRE VI.

Vincent Carloix arrive à la Cour pour faire part au Roi du projet de M. de Vieilleville.

Doncques, deux jours après le partement de Hansclaur, je deslogeai de Metz en poste, le dernier jour de fevrier 1558, bien instruict de ce que j'avois à proposer au Roy touchant l'entreprise de Théonville; que je trouvai à Amiens, s'y estant rendu exprès pour entendre, de jour à aultre, nouvelles du duc de Guyse, qui avec une grosse armée conquestoit la ville de Calais, Guignes (1), et toute la comté d'Oye. Je m'addressai à M. de l'Aubespine pour m'assister, presenter, et semblablement recevoir les commandements que luy pourroit faire Sa Majesté sur mes discours, qui meritoient d'estre tenus secrets, et recitez à part, à ce que peu de gens les entendissent. Et estants tous deux en sa presence, enclos en son cabinet, je commençai à parler ainsi:

« Sire, M. de Vieilleville baise très-humblement les mains de Vostre Majesté, et m'a depesché en diligence devers elle, pour luy faire entendre une haulte et très-importante entreprise pour la grandeur de vostre couronne, qu'il a entre mains, et de laquelle il vous promet, sur sa propre vie, de vous faire jouyr le septiesme jour qu'il aura commencé l'investiture de

(1) *Guignes*: Guines.

la place. Mais, pour y parvenir, il vous supplie très-humblement de luy donner le moyen d'assembler les forces qui y seront necessaires, et desja, affin que une si belle occasion ne luy eschappe, en Allemaigne, qui est le grenier de vos forces, pour faire levée de six regiments de lansquenets et de huict cornettes de pistoliers, ayant trouvé par son credit cent mille francs pour payer les arriguets que l'on a accoustumé en telles levées, et sans lesquels, comme Vostre Majesté sceyt très-bien, jamais les Allemants ne marchent. »

Sa Majesté me demanda, sans passer plus oultre, quelle estoit l'entreprise; je luy respondis que c'estoit Théonville. « Comment, dist-elle, est-il possible qu'en sept jours il la puisse mettre en mon obeyssance, veu que à mon retour d'Allemaigne je fus diverty de l'attaquer, et que, si je m'y voulois oppiniastrer, je perdois l'occasion des belles conquestes que je fis lors, desquelles il est temoing, aux enseignes de la brave et valeureuse reccousse qu'il fist de mon cousin de Nemours au siege d'Yvoy. »

Alors je luy monstrai le memoire de Hansclaur, que j'avois si bien estudié que je le transcrivis par les chemins, contenant vingt-deux articles. De quoy Sa Majesté fust estrangement esbahye, car la quantité de pouldres, boulets, toutes sortes de vivres et le nombre d'hommes, qui ne montoit pas à trois cents, le peu d'experience du gouverneur de la place, nommé Carebbe, qui avoit esté toute sa vie nourry à la judicature, et tiré de la mairie de Louvain pour commander là-dedans, et les forts et foibles endroits de la place, y estoient fort amplement desclairez.

Sur quoy Sa Majesté va dire que M. de Vieilleville

ne dormoit jamais en une charge; et puisqu'il avoit si bien esbauché ceste trame, qu'il luy cousteroit sa couronne, ou il la paracheveroit. Là-dessus je repartis, disant que M. de Vieilleville estoit bien adverty que M. de Guyse avoit mené en son armée de Calais toutes les forces françaises, tant de gendarmerie, cavallerie ligiere que de fanterie, mais qu'avec les trouppes allemandes il feroit sortir de Metz vingt enseignes françaises, sa compaignie de cinquante hommes d'armes, les cent chevaulx ligiers de M. d'Espinay son fils, les cent harquebuziers à cheval du sieur de Lancques; et oultre ce, il pourroit tirer de Thoul, de Verdun et de Marsal, six cents hommes, que de cheval que de pied; et se contentoit de telles forces pour rendre la place en son obeyssance, et y engaigeoit de rechef sa vie. Car Sa Majesté pouvoit bien juger, par le Memoire, qu'elles estoient assez bastantes pour effectuer son entreprise; mais il supplioit très-humblement Sa Majesté d'ordonner surtout que l'argent ne manquast nullement, estants les estrangiers la principale force de ceste armée volante, qui pourroient donner la loy à tout le reste, et se joindre avec l'ennemy si la solde leur deffailloit, ou commettre quelque aultre pernicieuse insolence, veu qu'ils sont tous quasi dedans leur pays, et ne se donnent peine de leur retraicte, qui les rendroit plus hardis à quelque sedition.

Le Roy gousta merveilleusement ces derniers propos, et demanda à M. de l'Aubespine quel moyen il y avoit de fournir à cela, veu le peu ou rien de fonds qui estoit en son espargne, à cause de l'armée de M. de Guyse. Sur quoy je repartis que son plaisir fust d'affecter toute la recette générale de Champaigne pour ceste despense, qui n'estoit chargée d'aulcune assignation, ainsi que je m'estois bien soigneusement enquis en passant à Chaalons ; et qu'il pleust à Sa Majesté commander à M. le trésorier de l'espargne de de pescher ung mandement adressant au receveur général de Champaigne pour delivrer à M. de Vieilleville tous les deniers de sa charge, sur ses blancs-signez et rescriptions, et les luy reserver sans les employer ailleurs, quelque mandement ou jussion qu'il luy vînt, ou de vostre part mesme ou dudict trésorier. Ce que Sa Majesté m'accorda à très-grande joye, pour le desir extreme qu'elle avoit de veoir la fin de ceste entreprise ; de la limitation de laquelle elle ne se pouvoit trop esbahir, n'estant que de sept jours, car on tenoit ceste place pour des plus forces qui fussent en l'obeyssance de l'Empereur. Et là-dessus fut appellé le trésorier de l'espargne, auquel le Roy commanda de despescher incontinant ceste affaire, sans luy en declairer l'occasion ny le subject : ce qu'il fist en diligence, car il nous estoit fort favorable, comme nous avons dit ailleurs.

En après je remonstrai à Sa Majesté qu'estant ceste entreprise de l'invention, de l'industrie, du labeur et de la premiere advance des deniers de M. de Vieilleville, il estoit plus que raisonnable qu'il pleust à Sa Majesté l'honorer du tiltre et qualité de son lieutenant général en son armée de Champaigne, Lorraine, pays messin et duché de Luxembourg, car Théonville y est située, et luy en faire depescher ung pouvoir, qui le feroit mieulx obéyr et respecter, principalement par les estrangiers, qui desdaignent tous ceulx qui leur commandent s'ils ne sont qualiffiez de ce grade, quand

ils ne sont pas princes; encores ne leur obéissent-ils
gueres s'ils ne sont souverains.

Le Roy fut infiniment aisé et très-content de ceste
remonstrance, et commanda tout à l'instant à M. de
l'Aubespine de me le depescher en la forme et maniere que je l'avois proposé, et de luy apporter, avec
ledict pouvoir bien ample, une lettre à signer pour le
receveur général de Champaigne, qu'il n'eust à faillir
sur sa vie d'effectuer le mandement de son trésorier
de l'espargne; que si M. de Vieilleville, son lieutenant
général à Metz et en l'armée, qui est audict pays et
duché de Luxembourg, s'en plaignoit, il luy vauldroit
mieulx n'avoir jamais entré en la charge.

Or, voyant le Roy en ceste ardante affection de
favoriser M. de Vieilleville en sa brave entreprise,
je prins la hardiesse, pour la luy augmenter davantaige, de luy dire que Dieu luy fortiffioit ceste bonne
volonté pour avoir à ce coup la raison des Pays-
Bas, qui est son vray et naturel heritaige; estant
M. de Guyse d'un costé, avec une puissante armée
devant Calais, dont le bruict court qu'il l'a desja
forcée, et qu'il vient à Guignes; et M. de Vieilleville,
de l'aultre costé, qui aura pris Théonville, le viendra
joindre avec la sienne pour enfoncer la Flandres de
très-bonne sorte; et qu'il ne restoit plus pour la perfection de tout ce negoce, sinon qu'il pleust à Sa Majesté d'escrire au comté palatin du Rhin, aux ducs de
Wyrtemberg et Symerch, de Luxembourg et des
Deux-Ponts, ses confederez, bons parants et amis, de
non-seulement laisser passer les levées que le sieur de
Vieilleville, son lieutenant général à Metz, avoit
commandement de sa part de faire entrer en France

par leurs terres, jurisdictions et limites, mais de les favoriser en toutes sortes et manieres dont ils seroient requis par les colonels et conducteurs desdictes troupes ; et que s'ils avoient quelques jeunes seigneurs ou gentilshommes qu'ils affectionnassent, ou pour parants, ou favorables serviteurs, qui voulussent entrer en son service, et prendre charge de gens de cheval ou de pied, il avoit escrit audict sieur de Vieilleville de les preferer à tous aultres.

Sa Majesté ayant ouy ce dernier advis, qu'il trouva très-bon et fort necessaire, commanda à M. de l'Aubespine, et à moy, d'aller conferer de tout cela ensemble, et de luy apporter le matin les depesches cy-dessus mentionnées, toutes prestes à signer, et qu'il n'y eust faulte ; car il brusloit d'envie de me veoir partir, pour jouyr du succès de tout ce que je luy avois proposé.

Le lendemain matin, nous apportasmes onze lettres à Sa Majesté, pour signer, avec le pouvoir de lieutenant général en l'armée, fort ample, et une, très-favorable, à M. de Vieilleville, pleine de louanges et du contentement qu'il avoit de ses bons et grands services, se remettant, de tout en tout, sur la parfaicte fiance qu'il avoit en sa fidele affection, sans rien luy recommander davantaige. Et commandant à M. de l'Aubespine de porter à M. le chancelier le pouvoir pour le sceller incontinant, il me demanda en combien de temps pourroient bien estre prestes toutes les levées. Je luy respondis que, sur la fin du mois d'avril, ou au commencement de may, elles auroient passé le Rhin ; et tout aussitost que M. de Vieilleville aura ceste nouvelle, il fera sortir de Metz toutes ses forces pour investir et entourer Théonville, affin que rien n'y entre; et Sa Majesté se peult asseurer que, au terme qu'il luy a donné, il en aura sa raison; car le comte de Mesgue, et son lieutenant Carebbe, ne se doubtent de rien; aussi que toutes leurs forces et la noblesse des Pays-Bas se sont approchées de la frontiere, du costé de l'armée de M. de Guyse, pour empescher qu'il n'entre plus avant en pays, la comté d'Oye conquise. Et sur ceste allaigresse, il me donna congé, me recommandant la diligence; mais, premier que de partir, que je parlasse au tresorier de sa maison, qui avoit deux cents escus à me donner de sa part, tant pour mon voyaige que pour ma peine : de quoy je remerciai très-humblement Sa Majesté. Ainsi je partis très-contant avec toutes mes depesches, plus pour avoir fort exactement faict ma charge, et suivy mon instruction, sans en oublier un poinct, et au gré du Roy, que pour aultre chose.

CHAPITRE VII.

Carloix, muni des ordres du Roi, retourne à Metz. — Thionville investi.

Arrivé à Chaallons, je descendis exprès avec mes chevaulx de poste au logis du receveur général de Champaigne, pour luy faire paroistre la diligence de mon voyaige, et l'importance de ma charge. Mais, luy presentant le mandement du tresorier de l'espargne qui est son chef et son juge, et de tous les comptables de France en général, il fist d'entrée le froid, me disant que j'estois venu trop tard, et qu'il n'avoit plus d'argent; mais que dedans trois mois il en pourroit recevoir du quartier où nous estions, de janvier, février et mars; et que alors il accommoderoit M. de Vieilleville, de qui il estoit très-humblement serviteur, comme estant ung très-honorable seigneur qui tousjours recognoit les services que l'on luy faict.

« Ce n'est pas tout, dis-je lors; car il vous en fault necessairement trouver tout à ceste heure, ou il y va de vostre vie; car voici les lettres que le Roy vous escrit, qui vous commandent assez rigoureusement de n'y faillir; et si dedans huict jours vous n'envoyez à Metz cinquante mille escus, une entreprise qui importe la conqueste d'une province, à faulte de pareille somme qui est assignée sur vous, si elle n'est executée tombera sur vostre teste. »

Les lettres de Sa Majesté leues en la presence du procureur du Roy à Chaallons, et d'un notaire que j'avois pris en passant, l'estonnerent si fort, qu'il demeura tout esperdu, me disant qu'il n'y auroit faulte qu'il ne s'en acquictast quand il les devroit emprunter, et que je m'en pouvois aller quand il me plairoit. Mais, luy ayant respondu que je ne partirois poinct de la ville sans une lettre de sa part à M. de Vieilleville, certifficative de sa parolle, et en protestois devant ledict sieur procureur, il la me depescha tout incontinant, qui l'asseuroit du terme susdict.

Estant à Metz, et ayant présenté à M. de Vieilleville toutes mes depesches, et discouru par le menu de tout ce qui s'estoit passé en mon voyaige, tant en la presence du Roy que du tresorier de l'espargne l'Aubespine, et receveur-general de Champaigne, il en demeura très-contant; mais qu'il craignoit fort que le receveur de Champaigne m'en eust donné d'une. Sur quoy je luy repliquay qu'il n'oseroit, puisque le procureur du Roy estoit present; mesme, la lettre qu'il luy escrivoit le feroit tousjours venir au poinct; bien est vray que j'avois descouvert à son langaige qu'il ne se soulcioit pas beaucoup du temps passé, encores moins du temps advenir; mais qu'il aimoit, sur-tout, le present; et que, suivant ceste lumiere, s'il vouloit que finances ne luy mancquassent, il estoit très-necessaire qu'il luy liberalisast quelque honnesteté. A quoy il s'accorda, en soubsriant, fort volontairement.

Et deux jours après mon arrivée à Metz, M. de Vieilleville receut lettres, par courrier exprès, de la part du commis du susdict receveur, depesché à Sainct-Dizier, qu'il luy apportoit soixante mille escus en or pour le service du Roy; le suppliant de donner ordre pour les escortes necessaires; et qu'il ne partiroit poinct dudict lieu sans avoir entendu de ses nouvelles.

Incontinant l'ordre y fut donné de telle sorte, que ces finances arriverent deux jours après à bon port, et fort à propos; car on les envoya tout aussi-tost à Strasbourg; qui favoriserent grandement nos levées, avec les lettres que le Roy escrivoit aux princes, qui s'y employerent avec tel soing et diligence que si c'eust esté pour leur propre service. Dont advint qu'en moins de quinze jours il s'enroolla pour le service du Roy plus de deux mille chevaulx de leurs subjects, et soubs la charge de leurs parents, que legitimes, que bastards, jusques à licencier leurs gardes de leurs places et chasteaux, pour venir à la solde du Roy.

Le commis, cependant, ne perdit pas son voyaige, car il toucha cinquante escus pour ses peines, et mena à son maistre un fort beau cheval de Dannemarch, et une bonne hacquenée de Bretaigne à sa maistresse, et en riche équipaige (estant ainsi M. de Vieilleville honorable seigneur); presents, toutesfois, qui obligerent tellement maistre et serviteur à la conservation de nos finances et assignations, qu'il ne fut pas en la puissance de M. de Nevers, qui estoit gouverneur de la mesme province, d'en tirer jamais ung double ; se targuants tousjours du mandement du tresorier de l'espargne, et de la lettre comminatoire de Sa Majesté.

Enfin, nouvelles vindrent le 10 d'avril que toutes les levées, tant de reithres que lansquenets, estoient prestes à passer le Rhin, en plus grand nombre que nous n'esperions : lesquelles receues, M. de Vieilleville fit sortir de Metz vingt enseignes de gens de pied, sa compaignie de gendarmes, celle de chevaulx ligiers de M. d'Espinay son fils, de Lanques et d'aultres, qu'il amena en personne toute la nuict, sans fanfares ny tambours, devant Théonville, ayant mandé à Thoul et Verdun de luy envoyer incontinant le nombre d'hommes qu'il leur avoit ordonné : de quoy Carebbè fut estrangement estonné ; car on avoit faict passer promptement six compaignies de gens de pied du costé de Luxembourg, pour empescher qu'il n'advertit le comte de Mesgue de ceste surprise et investiture. Et pour l'estonner davantaige, toutes nos trouppes estrangieres arriverent le 26 d'avril devant Théonville, où il y avoit desja neuf jours que M. de Vieilleville avoit planté le siege, ayant donné bon ordre pour les ponts de batteaulx, et faict balizer (¹) la riviere en quatre endroicts, pour la guayer d'une rive à l'autre sans dangier. Il ne restoit plus qu'à faire rouller l'artillerie, qui estoit toute preste, tant de douze canons de calibre d'empereur, pour la batterie, que de six grandes coulevrines de dix-huict pieds de chasse, pour battre aux deffences, et d'aultres menues pieces de campaigne; qui estoit une fort belle artillerie qu'il avoit faict préparer en son arsenal de Metz.

Et estoit ceste petite armée fort gaillarde; car six jeunes princes allemants avoient levé chacun sa cornette de reithres, des plus lestes et mieux montez qu'il est possible de veoir, à l'envy l'un de l'autre, et avoient pris les arriguets : qui estoient, le second fils du duc de Lunebourg, le neveu du duc Georges de Symerch, le frere puisné du duc des Deux-Ponts, le bastard du duc de Vyrtemberg, le neveu de l'archevesque de Mayance, prince electeur, et le neveu de l'archevesque de Trieves, aussi prince electeur, que Hansclaur avoit desbauché pour le despayser et luy faire veoir la guerre. Tous lesquels princes avoient très-volontairement pris les armes, pour le desir qu'ils avoient de faire service au Roy, soubs la charge de M. de Vieilleville, duquel ils avoient tant ouy parler en Allemaigne, et semblablement de le veoir et d'estre cogneus d'un si brave et renommé chevalier, et tant estimé de leurs peres et oncles.

Laquelle armée pouvoit monter à douze mille hommes, tant d'estrangiers que Français : car il arrivoit de

(¹). *Balizer* : planter des pieux dans une rivière pour faire connoître les ués.

toutes parts de la noblesse de Brie, de Champaigne et du Bassigny, mesme de la duché d'Orléans, pour le bruict qui couroit que M. de Vieilleville dressoit une armée pour assiéger Théonville et Luxembourg. Et estoit à la verité ceste armée bastante pour mettre toute la duché en l'obeyssance du Roy, sans l'ambition qui entra en l'esprit d'un prince, par le moyen de laquelle la meilleure part de nos entreprises fut du tout renversée et reduicte à neant, et qui fut telle.

CHAPITRE VIII.

Le duc de Guise veut commander au siége de Thionville. — Lettre qu'il écrit à ce sujet à M. de Vieilleville.

Le duc de Guyse, François de Lorrainne, fut créé, à son retour d'Italie, lieutenant-general de Sa Majesté en tout le royaume de France et terres de son obeyssance, parce que M. le connestable fut faict prisonnier en la bataille de Sainct Quentin, qu'il perdit contre le duc de Savoye, lieutenant-general en l'armée du roy d'Hespaigne, que l'on a tousjours appelée *la journée de Sainct Laurent.*

Lequel, suyvant ce grand pouvoir, ayant le vent de l'armée que dressoit M. de Vieilleville en la duché de Luxembourg, et adverty de tout ce qu'il avoit faict proposer au Roy touchant son entreprise de Théonville, luy despescha un courrier, qui arriva sur le poinct mesme que l'on vouloit faire tirer l'artillerie de

Metz, et commencer à mettre la main à l'œuvre, apportant une lettre de ce subject :

« Monsieur de Vieilleville, ayant entendu que vous avez une belle entreprise entre mains, j'ay depesché en diligence le capitainne La Salle devers vous, pour vous prier de n'en commencer l'execution, en façon qui soit, que je ne sois rendu à vous : car ayant eu la raison de Calais et de Guygnes et de la comté d'Oye, comme lieutenant-general de Sa Majesté en ce royaume et toutes terres de son obeïssance, tant deçà que de-là les Monts, je serois très-marry qu'il s'y executast quelque chose d'honneur et d'importance, que je n'y fusse present; qui seroit, aultrement, desroger à mon pouvoir, et le rendre vil et inutile; ce que vous ne pouvez ignorer, m'en ayant Sa Majesté honoré tout aussi-tost que j'entrai en France, du retour de mon voyaige d'Italie. Par ainsi je vous prie, monsieur de Vieilleville, de m'attendre et de ne rien entreprendre davantaige. Et doubtant que vous n'ayez assez de forces françaises pour estre toujours le maistre sur les estrangiers, je vous mene quatre cents hommes d'armes, cinq cents chevaulx-ligiers et mille harquebuziers à cheval, que je fais marcher aux plus grandes journées qu'il est possible, comme vous dira le capitainne La Salle, qui ma desjà veu acheminé devant son partement; sur lequel me remettant du reste, et sur-tout de m'attendre, je ne vous feray plus longue lettre, pour prier Dieu, etc. Vostre entierement meilleur amy,

« François. »

Quand M. de Vieilleville eust leu ceste lettre, il dist

au capitainne La Salle qu'il seroit le très-bien venu, et obey comme le Roy; mais qu'il n'y a rien plus contraire aux affaires qui requerent non-seulement la diligence, mais toute celerité; que ung retardement ne peult estre si petit qu'il ne renverse du tout une entreprise; et qu'il prevoyoit bien que sa venue apporteroit une grande incommodité à la chose qui est en termes pour le service du Roy; car il pouvoit avoir veu, ayant passé à Metz, que son artillerie estoit preste à partir avec tout son attirail, pour, dès le matin, faire les approches et jouer le jeu.

La Salle respondit l'avoir veue, et que c'estoit une chose très-bien ordonnée, et les batteaulx tous prests pour la luy amener en moins de trois heures sur la Mozelle ; mais il le supplioit de patienter, l'asseurant qu'il seroit icy avec ses trouppes dedans dix jours pour le plus tard. « Comment ! dist M. de Vieilleville : s'il ne m'eust lié les mains, comme lieutenant général de Sa Majesté en tout son royaume, par les lettres que vous m'avez apportées, je l'eusse, sur ma teste, en moins de deux heures logé dedans Théonville, et peult-estre dedans Luxembourg ; mais il ne sera pas venu dans trois semaines : et ne fault plus rien esperer de Luxembourg, car le comte de Mesgue aura bon loisir de se fortiffier. » A quoy La Salle ne repliqua aulcunement, le voyant fort fasché et en colere; mais il se relaissa tapistement (1) et s'en retourna à Metz, car il n'avoit pas charge de M. de Guyse de s'en retourner, mais de l'attendre au camp de Théonville.

Vingt jours après l'arrivée du capitainne La Salle, M. de Guyse parut avecques ses trouppes devers le

---

(1) *Il se relaissa tapistement* : il se retira furtivement.

Pont-à-Mousson ; audevant duquel M. de Vieilleville envoya M. d'Espinay pour le recevoir et bienveigner de sa part, et l'excuser s'il n'estoit venu luy-même faire ce devoir, ne pouvant laisser l'armée estant ainsi composée de diverses nations; mais qu'il a commandé à M. de Sennecterre son lieutenant à Metz, s'il luy plaist d'y passer, de le traicter avec toutes les commoditez dont il se pourra adviser, ensemble tous les seigneurs qui sont en sa compaignie, entre aultres M. le mareschal Strozzy. Ce que M. de Guyse eust très-agréable : et adjousta M. d'Espinay à sa créance qu'il tardoit fort à M. de Vieilleville qu'il ne jouissoit de l'heur de sa presence, pour faire soubs sa charge et commandement ung bon service au Roy.

CHAPITRE IX.

M. de Guïse arrive au camp devant Thionville.

Enfin M. de Guyse arriva trois jours après au camp devant Théonville, qui estoit le 28 de may 1558, sans passer par Metz, où il envoya M. d'Estrée, grand-maistre de l'artillerie de France, qui trouva toutes choses si bien ordonnées, et en tel appareil et disposition de bien faire, qu'il ne se pouvoit assouvir de hault louer la diligence et l'industrie de M. de Vieilleville, jusques à dire que M. de Guyse se fust bien passé d'y venir, et craignoit bien fort que ceste longueur n'apportast un grand prejudice au service du Roy, pouvant bien M. de Vieilleville mettre luy seul fin à son entreprise, veu les belles forces qu'il avoit luy seul assemblées, et de si grands appresls, et que c'estoit luy faire grand tort; le disant si hault que plusieurs gentilshommes de M. de Guyse, là presents, le pouvoient bien entendre. Aussi en parloit-il pour l'interest commun de tous gentilshommes de qualité; car il fasche fort à tous seigneurs de marque et d'honneur quand les princes courent sur leur fortune, et leur viennent, par ambition, ravir la gloire et le fruict de leur labeur.

En ceste colere doncques il fit charger l'artillerie sur les batteaulx là tous preparez, avec toutes les munitions necessaires, jusques à tirer quinze mille coups; et tant plus qu'il trouvoit les choses en si bon équippaige et en tel ordre qu'il n'y avoit rien à redire, et tant plus luy augmentoit sa colere, car il y avoit six commissaires de l'artillerie et dix-huict canonniers, chacun pour le plus expert, qu'il avoit aultrefois cogneus en Piedmont et ailleurs, du temps du feu roy François le Grand, et quatre compaignies de pionniers, à trois cents chacune, soubs des capitainnes, lieutenants et enseignes, qui avoient mine de soldats de vieilles bandes.

Quand il eust veu tout cest attirail, et de telle diligence appresté, il ne se peust garder de s'escrier, disant et jurant tout hault qu'il estoit fort aisé à M. de Guyse d'avaler, puisqu'il le trouvoit ainsi tout masché. Et arriva au poinct du jour, avec quinze grands batteaulx et vingt moyens, au quartier de M. de Guyse à la Neufville-aux-Noyers sur la Mozelle; où M. de Vieilleville l'avoit logé; et mectant pied à terre, vient trouver M. de Guyse encores au lict, le priant de venir veoir le beau present que M. de Vieilleville luy faisoit.

M. de Guyse se leve, et venant aux batteaulx il trouva desja toute l'artillerie à terre, à chasque piece un canonier; les quatre compaignies de pionniers en bataille, le tambour battant et les enscignes deployées; les capitainnes et lieutenants qui crioient tous : « Allons, monsieur, allons mourir devant Théonville ; il y a long-temps que nous vous attendons ! » qui esmeut une grande risée parmi toute l'assemblée, de veoir ces gastadours contrefaire le soldat.

En l'instant M. de Vieilleville arrive, qui luy avoit, dès le jour precedent, presenté ces jeunes princes allemants, les colonels, nos vieux capitainnes de Metz et la fleur de son armée, pour luy faire la reverence et luy baiser les mains. Lors il fut question d'entrer en affaires et assembler le conseil, pour sçavoir par quel endroit on devoit attaquer la place et commencer les tranchées. De quoy M. de Vieilleville respondit qu'il n'avoit pas attendu sa venue pour la recognoistre, et qu'il y a plus de trois sepmaines que ceste diligence est faicte, et par luy-mesme ; et monstra ung tourrillon qu'il asseuroit, sur sa vie, estre le plus foible endroit de la ville ; et parce que les advenues sont fort dangereuses, d'aultant que c'est une plaine fort raze et esplanadée, il prand luy-mesme la charge des tranchées. Sur quoy M. de Guyse et le mareschal Strozzy respondirent que cela estoit fort bon, mais qu'il falloit avoir là-dessus les oppinions des seigneurs qui estoient en l'armée. Et sur ceste resolution ils s'assemblent au logis de M. de Guyse ; mais y allants, M. de Jamets, frere de M. de Bouillon, mareschal de France ;

aultrement de La Marche, tira M. de Vieilleville à part, luy disant ces propres parolles : « Monsieur, mon cousin, je suis vostre amy, mais ne vous oppiniastrez au conseil qui se va tenir; car M. de Guyse et le mareschal ont complotté ensemble d'assaillir la place par aultre endroict que celuy que vous avez proposé; et, à ceste fin, le mareschal est allé ceste nuict recognoistre la ville : car si elle estoit forcée par le lieu que vous dictes, tout l'honneur vous en demeureroit; mais le veulent tirer de leur costé, et vous frustrer de ce qui vous appartient; et vous dis bien dadvantaige, que M. de Guyse est fort fasché, encores qu'il ne vous face cognoistre, de ce que vous avez obtenu ung pouvoir de lieutenant-general d'armée en ce royaume; car il pretend qu'il n'y en peult avoir qu'un seul, qui est luy, et en est extremement jaloux. Vous tiendrez, s'il vous plaist, cest advertissement fort secret, comme de l'un de vos parfaicts amys. »

CHAPITRE X.

Le duc de Guise assemble le conseil de guerre. — Avis du maréchal Strozzi, en conséquence duquel on attaque inutilement la ville.

En ce conseil, après que M. de Guyse eust prié toute l'assistance de regarder à ce qui estoit le plus utile en l'affaire pour laquelle ils estoient assemblez, et dire en saine conscience leurs oppinions, pour advancer le service du Roy en ceste entreprise, à l'honneur et contentement de Sa Majesté, le mareschal Strozzy print incontinant la parolle et commencea ainsi :

« Monsieur, et vous tous messieurs, il me semble que de battre ceste place par l'endroict que dict, M. de Vieilleville, est chose fort dangereuse, et seroit à craindre que nous n'en vinssions pas à nostre honneur; car ce tourrillon a myne d'estre merveilleusement fortiffié, et deffendu d'un gros et puissant boulevart de la porte de Luxembourg : mais mon advis est qu'il la fault assaillir du costé de la riviere, en laquelle ils se sont fyez, comme il arrive le plus souvent en toutes villes costoyées des eaux; aussi que la courtine que nous voyons n'a pas meilleure mine que la muraille d'un jardin, ainsi que je l'ay recognue ceste nuict; et ce qui nous favorise grandement, est que la riviere est gayable par tous endroicts, qui n'empeschera pas le soldat d'aller à l'assaut, jambes nues, la bresche faicte; car il n'y sçauroit entrer un doigt audessus de la cheville des pieds; et davantaige, la riviere descroist tous les jours en ce mois chaleureux de juing où nous sommes. Voilà mon oppinion; ne la suive qui ne vouldra; mais je la maintiens pour très-raisonnable, n'estant poinct apprantif à ce mestier; car ce siege est le saezieme que j'ay veu en ma vie; en la pluspart desquels j'ay eu la principale authorité et commandement general, tant en France qu'en Italie. »

Ceste oppinion, à laquelle estoient presents MM. de Jametz, le vidame de Chartres, d'Ampville, La Rochefoucault, et de Rendan son frere, d'Estrée, de Piennes, d'Antragues, et d'aultres seigneurs, fut incontinant approuvée et suivie de tous, avec grand applaudissement, sans oublier ceste parolle : « qu'il ne falloit pas regrapper (1) après un si excellent et très-experimenté capitainne. » Toutesfois, M. de Guyse ne laissa pas de demander à M. de Vieilleville son advis là-dessus; lequel respondit qu'il luy fauldroit combattre toute la compaignie s'il disoit au contraire; et y acquiesça affin que le service du Roy ne retardast, et une si belle armée ne demeurast inutile; se souvenant de l'advertissement de M. de Jametz.

Doncques, dès le jour mesme, sur le soir, M. d'Estrée, grand-maistre de l'artillerie, se diligente aux tranchées, comme estant chose de sa charge. Et le troisiesme jour, l'on amene le canon sur le bord de la riviere; et commence-t-on à battre de furie. Puis, sur une butte distante d'environ mille cinq cents pas de la ville, l'on braque les six grandes coulevrines, qui desarment, à moins de jour et demy, toutes leurs deffenses, et brise-t-on leur artillerie qui estoit sur les plate-formes : car tous gabions furent mis en pouldre; de sorte que l'on tenoit la ville desja comme prise; et pour favoriser l'oppinion de M. le mareschal, et la hault louer, on rejectoit bien loing, et comme par mespris, celle de M. de Vieilleville.

Finalement, bresche fut faicte assez raisonnable, de ce qui paroissoit par dehors; et se prepare-t-on à l'assault, où tous les soldats qui avoient bottes allerent bottez, les aultres jambes nues. Mais ils furent à vive force repoussez, sans venir toutesfois aux mains,

---

(1) *Regrapper :* revenir. Le sens propre de ce verbe est chercher de petites grappes que les vendangeurs ont laissées dans les vignes.

avec harquebuzades seulement ; car il y avoit ung large et profond retranchement de dessus lequel ceulx de dedans tiroient aux nostres, et à couvert ; qui fut cause qu'ils se retirerent avec perte d'environ cent hommes. Or les voilà *chez Guillot le Songeur,* comme l'on dict ; car de faire passer le canon au-delà de la riviere, et faire une nouvelle batterie pour abattre le rempart qui estoit par de-là la tranchée, il y avoit dangier, s'il fust survenu une grande pluye, ou cretine d'eau (1), qu'il ne se perdît. De sorte que M. de Guyse et M. le mareschal estoient en une extreme peine ; car desja ils avoient esté là-devant unze jours, sans exploicter que bien peu ; et consommerent cependant beaucoup de munitions. Toutesfois, par grande colere, quoy qu'il en deust arriver, ils firent passer le canon au travers de la riviere à force de pionniers, soustenus de trois cents harquebuziers ; et le placerent sur la bresche où l'on avoit desja roulé les gabions, et remplis : en quoy il fut bien tiré de part et d'aultre. Mais quand nostre artillerie commencea à jouer il n'y avoit que ténir pour ceulx de dedans ; et, sans la profondeur du retranchement, on leur eust bien donné des affaires, en dangier d'estre forcez et de perdre la place ; mais il eust fallu, ce que le mareschal n'avoit pas recogneu, descendre quarante pas et en remonter aultant ; aussi qu'il y avoit dedans le fossé, qui estoit oultre cela fort large, des moinaulx, casmates et ravelins, que nostre canon ne pouvoit descouvrir ; qui fut cause que l'on tint bride ; car c'estoient aultant d'hommes perdus si on se fust hazardé à l'assault, qui ne pouvoit estre sans double escalade ;

(1) *Cretine d'eau :* crue d'eau.

l'une de nostre costé pour descendre, l'autre du leur pour monter : qui est chose fort estrange que nostre canon est sur leur muraille, en une bresche gaignée, et toutesfois on ne peult entrer dedans la ville : et dura ce passe-temps, de s'entreharquebuzer, quatre jours, qui estoit le quinziesme du siege.

CHAPITRE XI.

Mort du maréchal Strozzi.

Le lendemain, qui estoit le saeziesme jour, M. le mareschal Strozzy, qui prevoyoit bien la place par cest endroict imprenable, et estoit en ung merveilleux desespoir, d'aultant que c'estoit de son seul advis qu'on l'avoit par-là assaillie, voulut faire approcher les six coulevrines, et les assembler avec les canons, pour battre en ruine et fouldroyer la ville ; mais, faisant ce commandement de colere, sans prandre garde à soy, une mousquetade luy traverse le corps, dont il mourut à demie-heure après le coup, estant M. de Guyse fort près de luy ; auquel il dist : « Ha ! teste-Dieu ! monsieur ! le Roy perd aujourd'huy un bon serviteur, et Vostre Excellence encores. » Et le voulant ce prince admonester de son salut, et luy rememorant le nom de Jesus : « Quel Jesus, dist-il, mort-Dieu ! venez-vous me ramentevoir icy ? Je regnie Dieu ! ma feste est finie. » Et redoublant le prince son exhortation, luy dist qu'il pensast en Dieu, et qu'il seroit aujourd'huy devant sa face. « Mort-Dieu !

respondit-il, je seray où sont tous les aultres qui sont morts depuis six mille ans. » Le tout en langage italien ; et à ceste derniere parole il expira. Qui estoit un testament assez commun à ceulx de sa nation florentine, et digne de la vie qu'il avoit toujours demenée, et selon sa foy, qui n'estoit pas plus chrestienne ny religieuse qu'il ne falloit ; comme il la fist paroistre le soir precedent qu'il souppa avec M. de Vieilleville. Car, le soupper finy, il demanda de gayeté de cueur : « Que faisoit Dieu devant qu'il fist le monde ? » Demande que reprima M. de Vieilleville assez modestement, luy remonstrant qu'elle n'estoit poinct en toute la saincte Escriture ; et quand elle cesse de nous enseigner, il nous fault cesser de nous enquerir ; car il n'y a rien en icelle que ce qui nous est necessaire au salut. « C'est une belle chose, dist-il lors ; ceste saincte Escriture est fort bien inventée, si elle estoit vraye. » Incontinant à ceste scandaleuse et satanesque parolle, M. de Vieilleville fainct d'estre saezy d'une grande douleur de colique, et se leve de table affin de rompre compaignie. Et estant l'aultre retiré avec sa suicte, il dist à ceux qui estoient demeurez qu'il protestoit de jamais ne converser, faire amitié, ny ung seul repas avec un tel atheiste ; et qu'il croyoit fermement que ce siege devoit faire la terminaison de sa vie. Ce qui advint sans attendre le cours de vingt-quatre heures ; car le lendemain il fut frappé, environ midy, et rendit l'esprit ; mais je ne scey à qui, veu les horribles blasphemes qu'il vomist en mourant, et ce que l'on peult juger de sa créance par les meschantes parolles qu'il prononcea le soir precedent, qui le priverent, à mon advis, en l'article de la mort, de la cognoissance de

Dieu : mais son incomprehensible bonté et misericorde infinie par dessus.

Ayant M. de Guyse perdu ce brave chevalier, qu'il regreta merveilleusement, et voyant l'impossibilité et desespoir des choses, il dist à M. de Vieilleville qu'il sçavoit bien qu'il avoit escrit au Roy, et asseuré Sa Majesté qu'en moins de sept jours il prandroit ceste place, et qu'il y avoit engagé sa vie s'il n'en arrivoit ainsi; et toutesfois, ce jour estoit le saeziesme qu'ils estoient devant, avec bien peu d'esperance d'en venir au-dessus; le priant d'effectuer sa parolle pour oster à Sa Majesté toute occasion de fascherie, et le subject de l'attaquer sur sa promesse.

A quoy M. de Vieilleville respondit que, s'il luy eust pleu adherer au conseil qu'il luy avoit donné dès le second jour de son arrivée, il seroit desja dedans, et peult-estre en Luxembourg; mais il s'estoit trop promptement laissé gaigner à la piapheuse oppinion du feu mareschal Strozzy, qui est cause de tout le mal et de ceste pernicieuse longueur : et, pour luy faire paroistre qu'il n'est pas donneur de parolles, principalement à son roy et souverain seigneur, il entreprend, dès le soir de ceste journée, les tranchées devers le tourrillon; et y oblige de rechef sa vie, de laquelle il le constitue juge s'il fault d'executer sa promesse. Alors M. de Guyse l'embrassant, le prie de faire la diligence, et proteste, en la presence des seigneurs là presents, de ne plus se mesler de rien, ains luy laisser toute puissance, authorité et commandement general en l'armée.

CHAPITRE XII.

M. de Vieilleville fait changer les dispositions de l'attaque de Thionville.

Alors M. de Vieilleville, prenant congé de M. de Guyse, qu'il laissa avec tous les capitainnes qu'il avoit amenez en ses premières tranchées, vient en toute diligence en son logis, suivy des siens, comme de M. d'Espinay, M. de Thevalle et beaucoup de gentils-hommes de Bretaigne, d'Anjou et du Meyne, que j'ay plusieurs fois cy-dessus nommez, et de tous les vieulx capitainnes de Metz; et envoya querir les six commissaires de l'artillerie et canoniers, ausquels il donna charge, mais sur la vie, de faire amener les six coulevrines qui ne servoient plus de rien au lieu où elles estoient, et les mener de-là ceans en ung bon bosquet qu'il leur monstra pour abbattre les deffences du boulevart et la porte de Luxembourg. Et quant à luy, il commence, sur les huict heures du soir, avec tous les pionniers ses tranchées, qui estoient si aises de ces corvées, encores qu'elles fussent fort chatouilleuses, qu'ils se soucioient bien peu de leur vie; car elles se nommoient les tranchées *de Vieilleville*, et les premieres *de Guyse*. En quoy la diligence fust si grande, que, premier que ceulx de dedans s'en apperceussent, elles estoient de huict cents pas à huict heures du matin.

Descouvertes qu'ils les eurent, ils commencent à

tirer; mais nos six coulevrines firent tel devoir, qu'ils nous donnerent loisir de poursuivre en toute seureté nostre entreprise, et n'y fust jamais tué que deux pionniers et trois estourpis (1). M. de Vieilleville usa d'une grande ruse en ceste faction; car, pour tenir toujours ceux de dedans qui estoient pour soustenir les efforts des premieres tranchées, que l'on nommoit *de Guyse*, en alarme, et en opinion de quelque assault et entreprise, ne se voulut pas aider de l'artillerie qui estoit sur la bresche, et ne la fist nullement desplacer, mais en envoya querir d'aultre, toute nuict, à Metz, pour s'en servir ses tranchées parachevées. Et ce qui tenoit ceulx de dedans en spavente, estoit que M. de Guyse disnoit et soupoit en ses tranchées.

Enfin, nous fismes les nostres si heureusement, qui estoient de trois mille cinq cents pas, sans perdre que douze pionniers, que nous vinsmes sur le bord du fossé devant le tourrillon, qui n'estoit percé ny flanqué en lieu quelconque, et avoit plustost façon d'une fuye (2) que d'une forteresse, excepté de la largeur qui estoit grande, mais sans voulte ny couverture; en quoy les coulevrines nous favoriserent tellement, en brisant et abatant ce qui nous pouvoit nuire de leurs plate-formes, boulevarts et remparts, que jamais il n'y fut tué que le nombre susdict, et blessé quatre. Et furent parachevées en trois jours et trois nuicts, durant lesquels M. de Vieilleville ne despouilla jamais et ne tint aulcune forme de repos, attendant tousjours que l'ennemy fist quelque saillie pour estre toujours prest à la soustenir, aussi qu'il avoit eu advis qu'il leur devoit venir du secours de Luxembourg.

(1) *Estourpis*: mineurs. — (2) *Fuye*: Colombier.

Or, le quatriesme jour, on place quatre canons, et entre deux et trois après midy on tire de furie contre ce tourrillon, qui versa par terre en moins de six volées; car, par l'advertissement de Hansclaur, il n'avoit pas demie-toise de largeur, ny aulcun rempart contre ceste foible muraille. Le capitainne Leonor, fils de M. de La Bordaiziere, maistre de la garde-robbe du Roy, entre valeureusement dedans avec sa compaignie, les ennemis montent sur les murailles du tourrillon devers la ville, et tiroient du hault en bas; mais les nostres, du bas en hault, qui estoit ung grand desavantaige pour l'ennemy qui jectoit de grandes et grosses pierres. Mais tous ces efforts peu leur vallurent, car ils furent contraincts de descendre: il est vray que le povre capitainne Leonor y fut tué.

M. de Vieilleville entre semblablement dedans avec belle suicte, et y faict entrer cent ou six vingts pionniers, pour commencer à la sappe, où toute la nuict ils s'employerent à vive force et jusques à ce qu'ils fussent las, et se reposa-t-on le reste de la nuict. Et là, M. de Vieilleville donna au capitainne La Vallette, lieutenant du capitainne Leonor de La Bordaiziere, la compaignie.

Le matin, qui estoit le cinquiesme jour, on commence la sappe, à changement de pionniers; et, pour advancer la besoigne, M. de Vieilleville faict entrer dedans deux canons qui tirent chacun quatre ou cinq coups; de sorte qu'estant la muraille esbranlée de son fondement par la sappe, va tomber par terre, et fismes jouer dedans la ville; et, sur ung reste de muraille, le capitainne La Vallette, en faveur du present que M. de Vieilleville luy avoit faict de la compaignie de son feu capitainne, va planter son enseigne, contre laquelle ceulx de dedans tiroient incessamment.

CHAPITRE XIII.

Après un rude assaut les assiégés demandent à capituler.

Le sixiesme jour, M. de Vieilleville, armé de toutes pieces, comme au jour d'une bataille, de greves (1), genouilleres, cuyssots, cuyrasse, brassarts, et l'armet en teste, la visiere baissée, jusques aux soulerets (2), se presente avec sa trouppe de favoritz et gensdarmes, y meslant des harquebuziers, pour entrer dedans ou y mourir. Mais il fut repoussé, car toute la ville en général fit son devoir de combattre en ceste extreme necessité, et y fut tué grand nombre de soldats d'une part et d'aultre, et à luy-mesme la creste de son habillement de teste fust emportée d'une mousquetade. M. d'Espinay fut blessé en un bras, M. de Thevalle en une jambe; son principal ingenieur, nommé Rocheguerin, italien ferrarois, y eust ung œil crevé, et le povre Hansclaur tué. Toutesfois, après avoir pris halaine, et faict venir d'aultres harquebuziers tous frais, avec des corselets, il redoubla la charge de telle furie, qu'il mect le pied dedans la ville et une trentaine de braves hommes avecques luy, criants : *France! France! ville gaignée!* De quoy Carebbe eust si belles affres, que se voyant surcueilly de ce

---

(1) *Greves* : armure qui couvroit les jambes. — (2) *Soulerets* : armure qui couvroit les pieds.

costé; et sa place quasi enfoncée, et que d'aultre part les aultres, du costé des tranchées de M. de Guyse, tiroient incessamment contre ceulx du dedans, il commanda de sonner la trompette.

A ce son, M. de Vieilleville entre dedans le tourrillon; aussi que, s'il eust passé plus oultre, il estoit en dangier, à cause des feux artificiels que ceulx de dedans avoient apprestés; mais il demanda que vouloit dire ce son; ou si c'estoit pour retraicte de ses gens, ou pour parlementer. Le trompette respondit que c'est pour parlementer. « Or, vas luy dire que s'il ne sort dedans trois heures de là dedans avec tous ses soldats, hommes, femmes et enfants, que je le feray pandre, avec toutes ses forces, sans misericorde. » Le trompette respond qu'il luy va porter ceste créance. Carebbe renvoye le trompette avec une capitulation signée de sa main, qu'il entendoit que M. de Vieilleville deust aussi signer. Et la luy ayant le trompette présentée, il la rompt et mect en pieces sans l'ouvrir, luy disant que ce n'estoit pas aux vaincus de donner la loy aux vainqueurs, ny d'articuler, mais de se soubsmettre à la misericorde de celuy à qui Dieu donne la victoire. Et là-dessus il commande de recommencer la charge. Le trompette s'en retourne avec cest effroy, qui mect Carebbe en ung plus grand; car desjà nos deux canons estoient en la ville, qui tirerent cinq ou six coups par les rues et contre les maisons; qui espouvanta tellement toute la ville, que ce fut à Carebbe, par grande importunité de tous les habitans et soldats, de se soubmettre à la volonté et mercy de M. de Vieilleville, qui leur donna la vie et bagues saulves, sans aultre marque d'honneur; assavoir de ne battre tambour, desployer ny arborer enseignes, ny d'emporter aultres armes que l'espée, non pas demye-livre de pouldre de toutes munitions, et qu'il luy faisoit une trop grande grace; mais qu'il se diligentast d'assembler tous ses soldats et tous les mesnaiges de la ville, de tous aiges et sexes, luy donnant le reste de ce jour et la nuict pour y penser et en ordonner; car il vouloit infailliblement qu'ils en deslogeassent au plus matin; aultrement qu'il luy tiendroit promesse la plus cruelle que ung chef d'armée peult donner à son ennemi qui luy a tué tant de vaillants capitainnes et de braves soldats : car il regrettoit infiniment le povre Hansclaur. Carebbe luy mande qu'il fera tout ce qu'il luy plaira, et se submect à sa mercy; mais il le prie de ne passer plus oultre, et ne permettre qu'il se fasse aulcun desordre la nuict; cependant qu'il va ordonner de son partement. Ce qui luy fut accordé, en foy de gentilhomme d'honneur, fort volontairement. Et ayant M. de Vieilleville posé les capitainnes Saincte-Coulombe, Saincte-Marie, et La Molle avec leurs compaignies, et deffences terribles de ne rien innover, remuer ny s'advancer ung seul pas plus avant que le canon, il se va coucher sur ung strapontin, tout vestu, en ses tranchées.

Mais il n'oublia auparavant, comme il estoit respectueux, d'envoyer devers M. de Guyse M. de Thevalle, pour luy faire entendre tout ce qui se passoit; et, encores que toutes choses fussent en fort bons termes, toutesfois il avoit reservé sa grandeur et authorité là-dessus, pour maintenir ou renverser tout ce qu'il avoit capitulé. Mais M. de Guyse respondit qu'il n'y vouloit aulcunement intervenir ny alterer, ou mettre en souffrance sa capitulation; et qu'il en face comme bon luy semblera, et qu'il paracheve ce très-heureux commencement, le priant de se souvenir de la derniere parolle qu'il luy donna quand ils departirent ensemble ; mais qu'il seroit bien aise que leur deslogement ne se fist poinct qu'il n'y fust present, affin que tous les seigneurs qu'il avoit amenez en eussent le plaisir.

Ceste créance rapportée par M. de Thevalle, M. de Vieilleville renvoya incontinant le capitainne d'Amezan devers luy, pour sçavoir l'heure de sa commodité, affin de ny faillir, et le satisfaire, et obeyr en ce commandement : lequel le pria que ce fust environ midy.

CHAPITRE XIV.

Les Français entrent dans Thionville.

Le lendemain, à l'heure dicte, M. de Guyse passa la riviere et vint aux tranchées de M. de Vieilleville, qu'il admira grandement, et encores plus la diligence de les avoir sitost et soudainement faictes, veu la longueur du chemin, leur largeur et profondeur. Mais quand il fut entré dedans le tourrillon, il cogneust bien que la place avoit esté merveilleusement bien revisée par cest endroict; renasquant et maudissant le mareschal de Strozzy, voire soy-mesme, de s'estre ainsi laissé infatuer et engamer [1] de son oppinion, qui l'avoit diverty de suivre celle de M. de Vieilleville; qu'il voyoit bien, par preuve manifeste, avoir esté la meil-

[1] *Engamer*: engouer.

leure (à quoy s'accordoient tous les seigneurs là presents), et que l'on avoit inutilement perdu saeze journées. Enfin Carebbe et tout ce qu'il avoit de reste de soldats, ensemble les habitans de tous aiges et sexes, sortirent de la ville, à la veue de toute l'armée; ausquels M. de Vieilleville donna pour escorte les capitainnes Sainct Remy, d'Amezan et Roumolles, affin qu'il ne leur fust faict aulcun desplaisir ou supercherie contre sa parolle et capitulation; et n'avoient charge de les accompaigner, avec leurs bandes, qu'à deux lieues près d'Arlon : ce qu'ils firent si respectueusement qu'il n'y survint aulcun desordre. Ce deslogement toutesfois estoit fort pitoyable, de veoir un nombre infini de vieillards, de femmes, de filles, d'enfants et de soldats blessez et estropiez, se retirer de telle façon, et abandonner leurs terres, maisons et propres héritages; et n'y avoit personne qui n'en fust saezy de quelque compassion, horsmis M. de Guyse, car il avoit exercé une plus grande rigueur à ceulx de Calais, d'où il estoit venu n'aguéres; car, ne voulant pas qu'au sortir de la ville ils allassent à la comté d'Oye ny en Flandres, il les contraignit de demeurer sur le bord de la mer deux jours entiers, et en hyver, avec leurs malades et enfants, attendre des vaisseaux pour passer en Angleterre.

Voilà comme le vingt-deuxiesme jour de juing 1558 la ville de Théonville, appellée en langue wallonne *Thutenau*, fût reduicte en l'obeyssance du Roy; de la prise de laquelle le lecteur pourra fort aisément juger, s'il n'est bien hors de soy et passionné, par ce discours très-veritable, à qui en appartient l'honneur; encores que nos historiens modernes ayent tâché, par tous moyens, de l'attribuer, comme larrons de la gloire d'autruy, à M. de Guyse, qui y eust esté plus de trois mois, si la valeur, l'industrie, la diligence et la bonne fortune de M. de Vieilleville n'y fussent intervenus. Sa Majesté, cependant, qui estoit bien informée de tout, luy donna sa voix, mais très-marrie de la longueur qui y survint par l'oppiniastreté d'aulcuns, au moyen de laquelle il eschappa des occasions de très-grande conséquence pour l'augmentation de sa couronne et de tout son Estat, comme nous dirons.

CHAPITRE XV.

M. de Vieilleville propose de détruire Thionville de fond en comble : M. de Guise s'y oppose. — Les habitans d'Arlon abandonnent leur ville après y avoir mis le feu.

Estants de telle façon succedées les affaires de ce siege, M. de Guyse demanda à M. de Vieilleville ce qui estoit de faire. A quoy il respondit qu'il estoit necessaire de séjourner là environ quatre jours, pour remparer les bresches, combler les tranchées, inventorier toutes sortes de munitions, principalement de l'artillerie de tous calibres; puis entrer en conseil pour sçavoir s'il fault laisser la place à son essence, ou la razer rez-pied, rez-terre, en vindicte de Therouanne, ville française portant tiltre d'evesché, que l'Empereur a faict razer de fond en comble.

La pluspart de tous ces seigneurs estoient bien d'advis de suyvre ceste oppinion, et la faire desmanteler. M. de Guyse s'y opposa fort instamment, et comme en colere : qui fut cause que personne ne s'advancea d'y contredire. « Puisqu'ainsi est, dist lors M. de Vieilleville, c'est doncques à vous, monsieur, d'y nommer et establir ung capitainne, et lieutenant pour le Roy, qui responde de la place à Sa Majesté, et qu'il vous en preste le serment en la presence de tous ces seigneurs, attendant les lettres de pouvoir que vous luy en ferez depescher. »

Mais M. de Guyse repartit qu'il aimeroit mieulx n'avoir jamais esté que de le nommer; le priant très-instamment de depescher ceste nomination, affin qu'ils regardent aux plus pregnantes affaires pour le service du Roy. Alors M. de Vieilleville presenta le sieur de Vadancourt, guidon de sa compaignie, auquel M. de Guyse remonstra qu'il estoit instalé en une fort belle charge; luy recommandant l'honneur de France et de son chef qui l'avoit honoré de ce beau grade; lui promettant, quand il seroit auprès du Roy, faire souvenir Sa Majesté de ses services.

M. de Vadancourt print doncques ceste charge, et donna ordre à tout ce qui estoit necessaire pour les bresches et tranchées, et mettre par estat toutes munitions et artillerie, pour l'envoyer au Roy. M. de Vieilleville, cependant, mena M. de Guyse à Metz, et quelques seigneurs, ausquels il fit la meilleure chere dont il se pust adviser par un jour entier; le jour suivant à d'aultres, puis aux princes allemants, et après eux aux colonels et reithermestres : de sorte que, durant ces quatre jours, tous les grands de l'armée, et ceulx qui y avoient commandement, furent festoyez, au grand contentement d'un chacun, en la ville de Metz; en quoy M. de Vieilleville n'espargna aulcunement la despence, qui fut grande et excessive, comme un chacun peult penser, toutesfois bien employée, principalement aux estrangiers, qui crevoient de despit qu'il ne se presentoit quelque occasion de combattre.

Lesdicts quatre jours expirez, l'armée decampa de devant Théonville, et marcha droict devers Arlon : les habitants duquel lieu, voyants Théonville prise, qu'ils estimoient imprenable, perdirent couraige; car ils prevoyoient bien qu'ils seroient chassez de leur territoire et maisons comme les aultres ; et sortirent par une poterne, de nuict, sans attendre aulcune sommation, et mirent le feu dedans leur ville. A quoy M. de Guyse fut si deplaisant, estant frustré de l'esperance du butin, dont il avoit faict estat pour l'armée, qu'il commanda de razer et abbatre tout ce que le feu n'avoit peu attaindre, jusques aux murailles et fortiffications de la ville, où il ne demeura quasi pierre sur pierre. En quoy les gens de guerre de toutes nations, et de cheval et de pied, ne s'espargnerent pas; car il n'y eust cave, puys, ny aultre lieu secret, qui ne fust fouillé.

CHAPITRE XVI.

M. de Guise, apprenant la défaite de l'armée du Roi à Gravelines, part pour se rendre auprès de Sa Majesté. — Nouveaux habitans établis à Thionville.

Deux jours après, comme l'on vouloit marcher devers Luxembourg, nous eusmes nouvelles certaines de la deffaicte de M. de Thermes, mareschal de France, près de Gravelines, en laquelle il perdit de braves trouppes, luy bien blessé et emmené prisonnier; qui nous garda, non seulement de passer oultre, mais nous fit penser de la retraicte : car, le conseil tenu là-dessus, on trouva que ceste armée victorieuse nous pouvoit et devoit venir combattre, et par-tout où elle passeroit seroit suivie de toute la noblesse et aultres habitans des Pays-Bas, qui, enflez de ceste victoire, nous pourroit semblablement deffaire, avec la grosse garnison qui estoit dedans Luxembourg, que le comte de Mesgue y avoit assemblée, attendant le siege en bonne deliberation de se bien deffendre, s'y estant fortiffié à merveilles, par le grand loisir que nous luy en donnasmes du long temps qui se perdit en attendant M. de Guyse et au siege de Théonville; et que par ce moyen nous serions investis de toutes parts, et en danger d'estre deffaicts.

Il fut doncques advisé, et arresté par le conseil, que l'on se devoit retirer et rompre ceste armée. De sorte que, dès le jour mesme, M. de Guyse print le chemin de Verdun, par derriere le mont Saint-Quentin, avec ce qu'il avoit amené de trouppes; et M. de Vieilleville se rendit à Théonville avec les siennes. Et y arrivasmes le mesme jour; où il trouva que M. de Vadancourt avoit usé d'une extreme diligence en la charge qu'il luy avoit laissée; car les tranchées estoient toutes esplanadées, les bresches fort bien remparées, les plate-formes revestues et gabbionnées, et l'artillerie desja placée dessus; semblablement le tourrillon, par cy-devant vuide, tout remply de terre, flancqué des deux costez; et quinze ou vingt massons pour reffaire la muraille que la sappe et le canon avoient renversée. De quoy il receust ung merveilleux contentement, disant tout hault qu'il n'avoit pas instalé en ceste place ung fainéant, mais que, continuant ses coups, il en recevroit beaucoup d'honneur.

Le lendemain il fut question de licencier l'armée estrangiere et de faire monstre generale; car il y avoit argent à suffire, ne nous ayant pas, le receveur general de Champaigne, oubliez; et furent faictes et depeschées en deux jours, tant des Allemants de cheval et de pied, que des forces qui estoient sorties de Metz en general, horsmis de sa compaignie de gensdarmes.

Or avoit M. de Vieilleville faict faire, par deux très-experts orfeuvres, environ deux cents medailles d'or, les unes du poids de trois escus piece, les aultres de deux, et la plus grande part d'un escu, ausquelles estoient des deux costez les portraicts du Roy et de la Royne bien gravez, et pendantes chacune à des rubans de soye jaulne et noire, qu'il distribua aux princes, colonels reithermistres, capitainnes, lieutenants et en-

24.

seignes, selon leur qualité ; qui furent si aises et contants de ces medailles portants la ressemblance du Roy, qu'ils avoient servy environ trois mois, et de leur solde et payement qui leur fut fourny tout en or, qu'ils se mirent tous en bataille, gens de cheval et de pied, et si bien ordonnée, qu'il n'y avoit chose si plaisante à veoir. Et jugea-t-on bien que les mareschaulx et maistres de camp qui les avoient ainsi dressez n'estoient pas novices au mestier de la guerre, mais fort experts en la discipline militaire ; de quoy nos capitainnes français furent fort esbahys. Et prenants congé de M. de Vieilleville, qui estoit aussi à cheval, avec environ trois cents chevaux, ils marcherent en ceste belle ordonnance, sans se rompre nullement, leurs charriots et bagaiges à l'escart, tant que la plaine leur dura, qui estoit d'environ de demie-lieue, où les fanfarres de trompettes, bruicts de tambours, harquebuzerie et coups de pistole, ne furent pas espargnez.

M. de Vieilleville, d'aultre part, pour leur faire cognoistre qu'il avoit leur adieu agreable, et ceste façon de deslogement, commanda aux canonniers de faire jouer toute l'artillerie estant sur les plate-formes ; qui firent telle raige de tirer, et semblablement nos vingt enseignes de Metz et harquebuziers à cheval, que l'air en retentissoit, et de telle sorte, qu'il porta ce bruict, avec l'aide de la riviere, bientost à Metz ; qui donna l'allarme si chaulde à M. de Sennecterre, lequel avoit desjà eu la nouvelle de la deffaicte du mareschal de Thermes, et que l'armée victorieuse venoit à grandes journées combattre nostre armée, qu'il croyoit fermement, par ce bruict, qu'ils fussent desja aux mains. Et depescha en toute diligence le capitainne Serres, lieutenant du capitainne Balius, l'un des quatre qui estoit demeuré pour la garde de Metz, affin de descouvrir que ce pouvoit estre, et luy en venir, à toutes brides, faire le rapport. Mais il trouva M. de Vieilleville desja esloigné de lieue et demie de Théonville, qui s'en revenoit à Metz avec les trouppes qu'il en avoit tirées, en toutes lesquelles, la reveue faicte, il ne se trouva perte que de quarante hommes pour le plus. Mais il renvoya le capitainne Serres, en la mesme diligence, devers M. de Sennecterre, le prier d'assembler tous les chanoines de la grande église, et de s'y trouver; car il y vouloit aller descendre pour louer Dieu et le remercyer de la prise de Théonville avec si peu de perte, et de ce qu'il luy avoit pleu le preserver de la mousquetade; car si le coup eust donné deux doigts plus bas il estoit mort sans doubte, luy faisant bailler son habillement de teste, que portoit ung paige, pour le luy monstrer.

Quand nous fusmes à la Dompchamp, il doubla le pas avec la cavallerie, laissant les enseignes de gens de pied derriere, car ils n'avoient plus que demie-lieue; et vinsmes descendre devant la grande église, où tout le clergé de la ville s'estoit pareillement assemblé, jusques aux mandiants, avec les croix et tous leurs ornements. Et là Dieu fut loué d'une fort reverable et très-devote façon, avec une resjouissance des habitants de la ville de tous estats et de tous sexes, incroyable; louants et remercyants Dieu de ce qu'il luy avoit pleu preserver leur bon pere et gouverneur de ce mortel dangier, et qu'il avoit ainsi subjugué leurs ennemys mortels; et que desormais ils vivroient, par sa valeur, en bonne paix et repos universel, pour n'estre plus leurs bestiaux en hasard d'estre pris ny courus, comme au temps passé, ny leurs bleds, vins, foings et aultres sortes de vivres et fourraiges; et que chacun, à l'avenir, pourroit aller visiter ses possessions aux champs, en toute liberté et sans dangier d'estre pris, comme ils avoient accoustumé.

Et sur ces louanges et cordiales prieres il y avoit grande presse pour achepter des maisons à Théonville et s'y habituer; lesquelles M. de Vieilleville, voyant leur bon zele et le cueur ainsi purement français, leur vendit à fort bon compte: de sorte qu'en moins de quinze jours la ville fut repeuplée d'habitants, et tous messins; car quelques Lorrains se presenterent pour en avoir, mais ils furent refusez. Il y eust aussi quelques artisans, naturels français, qui y furent receus et en eurent meilleur marché que les aultres, et y vindrent habiter : qui fist fleurir ceste ville-là plus que jamais elle n'avoit faict.

CHAPITRE XVII.

Libéralité de M. de Vieilleville.

L'ARGENT de toutes ces venditions pouvoit revenir, oultre celles qu'il avoit données, à la somme de vingt mille escus, de laquelle il ne se voulut jamais aproprier, tant estoit zelateur du prouffict de son maistre, encores que, de tout droict ancien et usance de guerre, elle luy appartint, comme aux canonniers les cloches d'une ville qu'ils ont battue, en quelque sorte qu'elle se soit rendue, ou par force ou composition. Mais, après avoir donné à chacun des vingt capitaines qui estoient au siege cent escus, à leurs lieutenants cinquante, aux enseignes quarante, à chacun des sergents dix, et aux caporaulx six; le tout oultre leurs gaiges, il remit le reste entre les mains du tresorier des réparations, pour en rendre compte avec les aultres deniers de sa charge. Mais il n'oublia, auparavant s'en deffaire, d'en distribuer aux chefs des quatre compagnies qui estoient demeurées pour la garde de Metz, comme il avoit faict à ceux qui estoient venus au siege, à l'exemple de David, qui ordonna que ceux qui gardoient le bagaige participeroient aussi-bien au butin que les autres qui, estants allez à la faction, l'avoient gaigné sur l'ennemy. Et furent ces liberalitez si bien départies, que, depuis le plus grand jusques au plus petit, il n'y eust personne qui ne demeurast très-contant; louants en une infinité de sortes la grande et incomparable équité de leur chef, qui, oultre ce, ordonna mille escus aux povres, et fist payer ceux qui avoient des maisons par les champs sur le passaige des Allemants, qui avoient mangé leurs bestiaulx et consommé leurs fourraiges : obligeant, par telles charitez, tout le monde à louer Dieu et le prier pour sa bonne prosperité et santé.

Il avoit laissé à M. de Vadancourt trois compagnies de vieilles bandes françaises pour la garde de la ville, et les cinquante harquebusiers à cheval de sa compaignie, desquels estoit capitaine Chesnaye de Craonnois, surnommé Lailler; fort vaillant homme : car en ce temps-là à chasque compaignie de gendarmes il y avoit cinquante harquebuziers à cheval, qui servoient à faire les descouvertes et escarmoucher çà et là; et les appelloit-on *argoulets*.

Or estant M. de Vieilleville, par ceste nouvelle et bienheureuse conqueste, demeuré en repos, et tout le pays messin semblablement, il ne se donnoit plus de peine que d'envoyer gens en campaigne, pour descouvrir les entreprises de l'armée ennemye qui avoit deffait le mareschal de Thermes; en quoy il n'espargnoit nullement l'argent, pour y estre fidelement servy. Et trouva que le roy d'Hespaigne n'entreprenoit rien de son costé; de quoy il fut fort desplaisant, pour la résolution qu'il avoit faicte de se jecter dedans Théonville et y mourir, s'il la fust venu attaquer en personne; n'estimant rien sa vie au prix de l'honneur qu'il eust acquis à tenir contre un roy d'Hespaigne et d'Angleterre, fils du plus grand et plus belliqueux empereur que le soleil aict rayonné depuis Charlemaigne, bien qu'il y en aict eu trente-huict entre eulx deux.

Mais il fut adverty qu'il assembloit de terribles forces pour aller droict à Amiens, où estoit le Roy, qui ne dormoit pas de son costé, et faisoit son amas sur la riviere de Somme, et l'aultre sur celle d'Authye..

Le Roy, pour cest effet et se monstrer le plus fort, depescha ung courrier à Metz devers M. de Vieilleville, affin qu'il luy envoyast le plus de forces qu'il pourroit; lequel, sans rien recognoistre, ny aulcune apprehension de demeurer foible, car la citadelle estoit quasi en deffence, et ceste belle courtine de Théonville, luy envoya les douze compaignies de legionnaires, sa compaignie et son lieutenant M. de Sennecterre, M. d'Espinay avec la sienne, et ne retint, pour toute cavallerie, que Lancques. De sorte que ces deux armées, estimées chascune de plus de soixante mille hommes, se trancherent et ramparerent, se flancquants d'artillerie, comme si elles eussent voulu faire ung long séjour et se matter l'une l'autre par temporizer; car elles y furent environ trois mois sans rien faire ny entreprendre, pas seulement s'escarmoucher, que bien peu.

CHAPITRE XVIII.

Propositions de paix entre la France et l'Espagne.

Il ne tenoit qu'à trouver quelque mediateur qui mist ce mot de paix en avant; car les deux princes eussent plustost crevé que de le sonner, craignants que l'on eust imputé à grand couardise à celluy des deux qui en eust faict la premiere ouverture. Mais M. de Vieilleville, saichant cette encloueure, envoya un moyne fort éloquent et hardy devers le roy d'Hespaigne, luy remonstrer que, puisque la royne d'Angleterre, sa femme, estoit à l'extremité, il se presentoit ung très-beau party pour luy de la fille aisnée du roy de France, madame Elizabeth, très-belle princesse; et qu'il croyoit que Dieu le vouloit pugnir de luy oster sa femme, veu l'outraigeux et insatiable desir qu'il a de repandre le sang chrestien, qui seroit mieulx employé contre le Turc, ennemy mortel de Jesus-Christ, et faire la paix.

Le roy d'Hespaigne, ayant bien entendu ce moyne, en le regardant considere ces parolles; et luy demanda d'où il estoit, de la part de qui il luy est venu faire ces remonstrances, et s'il a parlé au roy de France; qui respond qu'il est de Coloigne, encores qu'il fust de Metz; que par revelation et inspiration de Dieu il luy a tenu ces propos : car c'est irriter horriblement la majesté divine que les Chrestiens s'entre-ruinent d'une si cruelle façon, et qu'il seroit très-agreable à Dieu que ces deux grosses et puissantes armées s'assemblassent pour exterminer les ennemis de la foy et de nostre religion : quant au roy de France, il ne l'a point veu ny parlé à luy, car il n'a pas le cueur ny l'affection tournée à la nation française; mais il s'est addressé à Sa Majesté pour luy communiquer la volonté de Dieu, et le faire participer en ses graces, comme bon Espaignol qu'il est; qu'il desire qu'il aict, comme roy Catholique, le premier honneur de ceste paix. Ainsi avoit-il esté embouché par M. de Vieilleville.

Ainsi ce Roy, oinct et gressé de ceste emmielleure, surcueilly cependant de la crainte de Dieu, luy commanda, en le caressant avec grandes promesses de riches benefices, d'aller dire au roy de France ce qu'il luy avoit proposé; et que si, suyvant cela, il veult depputer quelques honnestes personnaiges pour entendre à la paix, qu'il est tout prest de produire les siens; mais qu'il se gardast bien de luy descouvrir, en façon qui soit, qu'il aict parlé à luy.

Le moyne s'en va, et traversé de l'une armée en l'aultre sans passeport, comme un homme de sa robbe. Et arrivé aux tentes du Roy, il demande à parler en secret à Sa Majesté; ce qui luy fust accordé. Et estant en sa presence, il commença de ceste façon son discours :

« Sire, ayant M. de Vieilleville, qui baise très-humblement les mains de Vostre Majesté, entendu que vostre armée et celle du roy d'Hespaigne sont fort prochaines, il crainct que vous combattiez ; ce que vous ne pouvez faire sans ung très-dangereux hazard de la bataille, d'aultant que l'ennemy est sur vos terres et en vostre royaume, qui est un trop grand advantaige pour luy; et que, si vous perdiez la bataille, il advient toujours que la plus prochaine ville se perd quant et quant, par l'espouvantement qui surprand l'armée du vaincu et tous les habitants de la contrée : et de ce vous est tesmoing la journée de Saint-Laurent, qui vous fist perdre, avec la bataille, la ville de Saint-Quentin ; et pourroit la ville d'Amiens courir une pareille fortune, s'il vous survenoit quelque desastre, qui seroit ung trop grand coup d'Estat, parce que entre elle et Paris il n'y a une seule place forte : qui est cause qu'il prend la hardiesse de vous conseiller de ne venir poinct aux mains; car par là vous le minerez, estant esloigné de sa retraicte et de ses limites; aussi que les vivres ne viennent pas si à main en son armée comme en la vostre, à cause des empeschements que leur donnent les garnisons de Calais, de Guignes et de toute la comté d'Oye, qui les contraignent de prendre une trop grande torse et beaucoup d'escorte pour leur seureté, où il fault quelquefois combattre.

« Au reste, Sire, pour ce qu'il a semblablement entendu que, s'il se presentoit quelque entremetteur qui mist les propos de paix en avant, elle seroit fort aisée à conclurré, il m'a depesché devers Vos deux Majestez pour en faire la premiere ouverture ; ce que j'ay desja executé en l'endroict du roy d'Hespaigne, ayant si bien esbauché la matiere, qu'il est prest d'envoyer ses deputez pour y entendre, quand les vostres seront prests. »

« Comment! dist le Roy, avez-vous desja parlé au roy d'Hespaigne?— Ouy, Sire, respondit-il : mais il m'a deffendu de le dire : en quoy il n'a pas trouvé son homme qui vueille desguyser la verité, ayant la foy jurée à Vostre Majesté et à M. de Vieilleville, et à la nation françaíse ; mais je l'ay laissé en telle tremeur de l'ire de Dieu, que je sens bien en mon ame qu'il parlera le premier. »

CHAPITRE XIX.

Négociations pour la paix entre la France et l'Espagne.

LE Roy, voyant bien que ce moyne luy estoit tout gaigné, par l'affection qu'il portoit à M. de Vieilleville, et par les propos qu'il avoit recitez avoir tenus au roy d'Hespaigne, luy commanda de retourner devers luy, et de parachever, suivant ce beau commencement, le reste : entre aultres poincts, qu'il luy envoyast demander sa fille s'il arrive fortune de sa femme, car il n'est pas raisonnable ny licite qu'il l'offre luy-mesme ; et luy en mect la bride sur le col, suivant la suffisance qu'il a descouverte en luy et l'affection qu'il porte à la couronne de France ; et qu'il ne perdra pas son voyaige.

Ce moyne s'en retourne devers le roy d'Hespaigne, et joua si bien du plat de la langue, que le matin domp Rigonne (¹) se presente avec dix ou douze chevaulx devant l'armée du Roy, et faict sonner le trompette, qui demande à parler avec M. Le Grand. Lequel arrivé luy demanda ce qu'il luy vouloit dire : auquel Rigonne respondit s'il n'estoit pas plus honneste, plus convenable et plus digne du nom chrestien, de faire une bonne alliance entre ces deux grands princes, les premiers de toute la chrestienté, voire de l'Europe, que de les laisser ainsi s'entre-ruiner; et que le roy de France avoit une très-excellente princesse de fille, et que le Roy son maistre, estant hors d'esperance de jamais veoir sa femme, il ne pouvoit mieulx faire que de la luy donner, affin de nourrir à jamais une paix éternelle et amitié inviolable entr'eulx, et s'assembler avec leurs forces pour courre sus et rompre la teste au grand ennemy de la chrestienté. M. Le Grand luy respond que c'estoient de fort bonnes et très-sainctes parolles, et s'il ne luy plaisoit pas les venir dire au Roy son maistre; qui respondit que non, et qu'il les luy avoit dictes par forme d'advis, et comme de luy-mesme, poulsé d'une commiseration chrestienne, et n'en avoit eu charge de personne.

M. le marquis de Boisy, grand escuyer de France, s'en retourne tout incontinant devers le Roy, et luy recita de mot à mot tous les propos que luy avoit tenus domp Rigonne; qui firent entrer Sa Majesté en certaine oppinion que le roy d'Hespaigne demandoit sa fille, et, puisqu'il avoit parlé le premier, qu'il estoit très-raisonnable qu'il parachevast le reste. Et estants

(¹) *Rigonne* : Ruy Gomez.

là assemblez cinq ou six princes etseigneurs pour chercher le moyen d'entrer en cappitulation, le moyne arrive, qui les asseura que le roy d'Hespaigne avoit envoyé exprès domp Rigonne devers M. Le Grand, pour advancer tout de loing les propos de mariaige et de la paix; et conseilloit Sa Majesté de faire publier promptement une suspension d'armes en son camp; car par-là on vient à la trefve, durant laquelle se fabrique la paix : ce qui fut incontinant, et sans aulcune remise, depesché.

Alors le Roy va parler ainsi à toute l'assemblée : « Encores fault-il, mes bons amis, que je vous die de quelle part m'est venu ce religieux, affin que vous m'aydiez à bien vouloir et parfaictement aimer celluy qui me l'a envoyé, qui est M. de Vieilleville; lequel, encores qu'il soit bien esloigné de moy, a esté si soigneux de mon honneur et de mon Estat, que, saichant que le roy d'Hespaigne et moy eussions plustost crevé que de demander la paix, il m'a depesché ce sainct homme, qui en a mis sus les premiers propos, dont vous en voyez les effects : mais ce n'est pas tout, car je veulx qu'il vous recite par le menu de quel artifice M. de Vieilleville luy avoit faict la bouche, et l'addresse qu'il luy a donnée en ceste negociation, en laquelle il s'est fort dignement acquité, et en homme de très-bon esprit. Cependant vous m'estes tesmoings comme domp Rigonne a demandé à M. Le Grand ma fille aisnée pour son maistre. »

Quand le moyne eust achevé de discourir toutes les instructions de M. de Vieilleville, ses allées et venues devers les deux Roys, et en somme tout ce qui s'estoit passé en sa legation, toute ceste grande compaignie de princes et seigneurs hault louerent merveilleusement le sens, la providence et le grand soing de M. de Vieilleville, d'avoir detourné le cueur de Sa Majesté de donner bataille, par l'exemple de celle de Sainct Quentin; et entre aultres, M. le prince de Condé ne se peust garder de dire que M. de Vieilleville les faisoit bien rougir; qu'estants sur les lieux ils n'avoient peu preveoir les dangiers d'une bataille aussi bien que luy, qui en estoit esloigné de plus de cinquante lieues. A quoy M. de Nevers replicqua que l'on ne le devoit trouver estrange, car il arrive ordinairement que ceulx qui regardent jouer remarquent plustost les faultes qui se font au jeu, que les joueurs eulx-mesmes. Et sur ceste comparaison, qui fut trouvé fort pertinente et à propos, tout chacun en dist sa ratelée; le tout à la louange de M. de Vieilleville, et de son ardente affection à la grandeur et accroissement de l'Estat de son maistre, et conservation de son honneur.

Mais M. le comte de Sancerre, qui avoit veu de-là les Monts, et par toute l'Italie, à Saint-Dizier et Landrecy, ce qu'il avoit faict, et ce qu'il sçavoit faire, va dire tout hault que c'estoit l'un des plus braves capitainnes et determinez guerriers qui soient en France: et, addressant sa parolle au Roy, luy dist que si le feu 'roy son seigneur et pere, qui cognoissoit sa valeur et merites, eust encores vescu trois ans, il n'eust pas esté à le pourveoir d'ung estat de mareschal de France; et qu'il se souvient, comme ayant esté present à sa mort, qu'il dist à Vostre Majesté ces propres parolles:

« Mon fils, je vous prie, et neantmoins commande, comme par testament et derniere volonté, que si M. de

Vieilleville n'a le premier estat de mareschal de France vacquant après ma mort, qu'il aict, sans y faillir, le second : et si vous m'avez aimé, observez ceste ordonnance ; et mourut trois heures après. »

Sur quoy Sa Majesté, qui se souvenoit bien de ce commandement, luy respondit que ce qui estoit différé n'estoit pas perdu, et que cest advantaige ne luy pouvoit faillir si Dieu preste encores un an de vie à tous deux ; et plustost qu'il y manque, il en érigera ung qui sera supernumeraire.

CHAPITRE XX.

Conférences pour la conclusion de la paix. — Mort de Marie, reine d'Angleterre. — Le Roi mande M. de Vieilleville.

Sur ces discours et louanges, l'on vint dire au Roy que le roy d'Hespaigne avoit faict semblablement publier en son armée la suspension d'armes, et qu'il demandoit treve pour trois mois. Alors toute l'assistance se resjouit d'une grandissime allaigresse, disant que par l'industrie et bon entendement de M. de Vieilleville la paix estoit faicte, et qu'il en falloit louer Dieu ; et envoya-t-on sur le champ M. Le Grand et M. le comte de Sancerre devers ceulx qui estoient venus de la part du roy d'Hespaigne, pour la leur accorder. Et furent dès le mesme jour publiées dedans les deux armées, qui commencerent à communiquer les uns avec les aultres et s'entre-carresser.

Le lendemain, l'affaire fust si chaudement poursuivie, que l'on n'eust sceu dire lequel des deux Rois avoit envoyé le premier ou dernier ses depputez pour entrer en la conférence de la paix; lesquels furent logez en l'abbaye de Cercamp, qui faict la separation des pays de Picardie et d'Arthois, pour y adviser. Cependant les armées se departirent, et furent licentiées, au grand contentement de toutes les deux, qui n'espargnerent pas les louanges et benedictions à M. de Vieilleville, qui leur avoit, par son industrie et prevoyance incomparable, moyenné ce bien; car, par le trop long séjour qu'elles avoient faict en ce pays-là, toutes sortes de vivres y estoient si rares, qu'en nostre armée elles venoient de Paris, et en la leur de Bruxelles et d'Anvers.

Estants les depputez entrez en ce collocque environ la my-octobre, ils furent advertis que Marie, royne d'Angleterre, femme du roy d'Hespaigne, estoit decedée, le quinziesme [1] de novembre audict an 1558, de sa maladie incurable, qui estoit hydropesie formée. Qui fut cause qu'ils se retirerent; et fut remise la partie au commencement du mois de janvier ensuivant, au Casteau-Cambresis, avec une fervente deliberation de la conclurre d'une part et d'aultre, puisque l'occasion du mariaige se presentoit.

Cependant le Roy, qui avoit ung extreme desir de veoir M. de Vieilleville pour discourir d'une infinité de choses, tant de ce qui s'estoit passé au siege de Théonville, dont il avoit ouy murmurer en plusieurs sortes, et par les plus grands qui estoient lors en l'armée, et que luy-mesme trouvoit admirable, que pour

[1] *Quinziesme* : lisez le dix-septième.

sçavoir d'où luy estoit tombé ce sainct advis de luy fabriquer ce moyen, il licencia les premieres trouppes de son armée, celles qui estoient sorties de Metz, et commanda à M. de Sennecterre de les remener aux plus grandes journées que faire se pourroit, et sans aulcune foule et oppression du peuple, vivant raisonnablement, et payant de gré-à-gré, suivant ses ordonnances; luy baillant lettres à M. de Vieilleville pour le venir trouver en diligence; et retint M. d'Espinay et M. de Thevalle auprès de Sa Majesté.

Nous vinsmes doncques trouver Sa Majesté à Villiers-Costerets, où elle s'estoit desja retirée, et le roy d'Hespaigne à Bruxelles sans s'entrevoir : car jamais les roys ne se voyent, au moins que bien rarement, de peur que l'entrevue ne leur face tomber en mespris les uns des aultres.

Arrivez audict lieu de Villiers-Costerets, le Roy commanda de loger la personne de M. de Vieilleville dedans le chasteau, et donner pour son train ung logis auprès dudict chasteau, et ung aultre pour son escuyer au villaige; qui fut un commencement de grande faveur, car nous n'avions jamais eu que deux logis; ce qui nous fut tousjours continué depuis.

Je ne me veulx arrester aux faveurs, caresses et honneurs qu'il receust du Roy, de la Royne, et generalement de toute la Cour, qui furent fort grandes; mais celles de la Royne estoient au nombre des premieres, à cause des medailles d'or qu'il avoit données aux princes et chefs des trouppes d'Allemaigne qui estoient venues à Théonville; et qu'il l'avoit tant favorisée que de mettre son portraict de l'aultre costé de celuy du Roy son seigneur et mary, dont elle luy en sceust un merveilleux gré. Mais le comble de son contentement fut que, luy en ayant faict M. de Vieilville present des trois poids et especes, elle se y veid si au naturel representée, que le plus habile painctre de France ne l'eust sceu mieulx portraire avec le pinceau, par la confession même de Janet, le plus excellent ouvrier de ce temps-là.

Ce qui accrust infiniment son aise, voyant sa remembrance connue et publiée en une region de si grande estendue, avec laquelle pas une de toute la chrestienté ne peult entrer en comparaison ; car en icelle sont trois ou quatre royaumes, dix ou douze ducs, tous de franc-aleu, c'est-à-dire souverains, et ne tenants leurs terres, qui sont de fort grande estendue, que de Dieu et de l'espée, et un grand nombre de marquis et de comtes de pareille condition et nature.

CHAPITRE XXI.

Entretien de M. de Vieilleville avec le Roi. — Sa Majesté lui donne un brevet de maréchal de France.

[1559] ESTANT doncques M. de Vieilleville auprès du Roy, Sa Majesté le tira à part pour conferer avecques luy des choses susdictes ; où il n'oublia de luy rementevoir le très-grand service qu'il luy avoit faict en la prinse de Théonville, mauldissant cent et cent fois l'ambition qui avoit rompu le col à ses aultres braves entreprises ; sans laquelle il avoit bien sceu que toute la duché de Luxembourg seroit de ceste heure incorporée à la couronne de France; et si le duc de Guyse eust poursuivy sa victoire, et ne laisser son armée à M. de Thermes, il y avoit grande esperance de reduire la Flandres en son obeissance, car tous les Pays-Bas estoient merveilleusement esbranlez de l'armée qu'il avoit si promptement dressée devant Théonville, et puis l'aultre de Guyse sur les bras, que la conqueste en estoit fort aisée. « Et pour conclurre, dist le Roy comme en colere, il n'a pas pris Théonville, et m'a faict perdre Luxembourg qui ne vous pouvoit faillir, sans le temps qui se perdit pour l'attendre, ensemble l'esperance que je me promettois de la Flandres : que mauldit soit encore ung coup l'ambition ! »

M. de Vieilleville, voyant que Sa Majesté sçavoit la vérité de toutes choses, ne luy sceut rien aultre respondre, sinon qu'il voyoit bien qu'elle avoit esté bien informée du faict, et que sans doubte M. de Guyse estoit la seule cause de ce malheur; car il n'avoit aulcun besoing de sa presence, ny de ses forces, pour venir au-dessus de son entreprise; et monstra à Sa Majesté la lettre qu'il luy avoit escrite, par le capitainne de La Salle, pour le sur-attendre. De quoy elle fut par trop esbahie.

Et, continuant ses propos, elle luy demanda s'il estoit vray que le maréchal Strozzy avoit faict une si miserable fin. A quoy M. de Vieilleville respondit qu'il n'estoit aultrement besoing d'en rien publier davantaige, estant cela en la misericorde de Dieu, que nos esprits ne peuvent comprendre; aussi que, ayant cest honneur d'estre proche parent de la Royne, il n'estoit pas licite d'y apporter du scandale. Ce que Sa Majesté eust fort agreable, et le trouva fort bon.

En après, il lui demanda pourquoy il avoit proposé qu'il falloit desmollir de fonds en comble Théonville et la raser du tout. Il respond : « Pour deux raisons, Sire, que Vostre Majesté trouvera fort legitimes. La premiere, que l'Empereur avoit faict razer rez-pied rez-terre la ville de Therouanne, l'une des plus anciennes villes de toute l'Europe, portant tiltre d'evesché, bastie, il y a plus de trois mille trente-cinq ans, par ung prince de Troyes (1), nommé Morineus, qui se vint refugier en la Gaule après la destruction de Troyes; et de n'avoir poinct la revanche de cela, il luy sembloit que la nation françaisé seroit blasmée de ne se ressentir aultrement d'un si grand oultraige receu. L'aultre, que si la paix se faict, il fauldra nécessairement rendre toutes les villes et places fortes que vous avez prises l'un sur l'aultre, et les restablir en leur premier estat. » Sa Majesté replicqua qu'elle estoit bien marrie que son oppinion, qui estoit très-bonne et fort considérable, n'avoit esté suivie; car, par nécessité la paix se faisant, il faut que cela advienne. Mais il prevoyoit bien que M. de Guyse vouloit que la place demeurast en son entier pour une marque de sa mémoire, et adjouster ceste conqueste à celle de Calais. En quoy toutesfois il se trompoit, car la France et toute l'Allemaigne sçavent trop à qui en appartiennent l'honneur et la gloire. « Et quant à moy, monsieur de Vielleville, dist-il lors, comme bien informé de tout ce qui s'y est passé, ainsi que je vous ay prédict, je les vous adjuge et vous en donne ma voix. Mais ce n'est pas tout; car vous y avez faict de si grandes preuves de vostre valeur et industrie, d'une très-admirable di-

---

(1) *Par un prince de Troyes :* tradition fabuleuse.

ligence, avec le grand hazard de vostre vie, que vous cuydastes perdre à la prise du tourrillon, que je serois le plus ingrat prince du monde si je ne vous faisois une récompanse condigne à vostre merite, et aux très-grands et signalez services que vous avez faicts de-çà et de-là les monts et sur la mer, au bien et advancement de la couronne de France, depuis le temps que le feu Roy, mon seigneur et pere, me commanda de vous mettre au rang des premiers gentilshommes de ma chambre. » Et ce disant, il avoit ung brevet signé de sa main, et contre-signé des quatre secrétaires des commandements, qu'il luy mist en main, duquel la teneur s'ensuict :

« Aujourd'huy quinziesme de fevrier 1558 (1),
« le Roy estant à Villiers-Costerets, memoratif des
« braves, magnanimes et vertueux gestes que a faicts
« depuis vingt-cinq ans, pour le service et advance-
« ment de la couronne de France, le sieur de Vieil-
« ville, chevalier de son ordre, conseiller en son con-
« seil privé, capitainne de cinquante hommes d'armes
« de ses ordonnances, et son lieutenant-general en la
« ville de Metz, pays messin et terres adjacentes, à
« icelluy Sa Majesté a donné et donne, pour commen-
« cer à recognoistre ses merites et services, le premier
« estat de mareschal de France vacant ; et au cas que
« dedans l'année, à compter de la datte de ce présent
« octroy et brevet de don, il n'en vacquast aulcun,
« Sa Majesté luy a promis et promect, en foy de roy
« et prince souverain, d'ériger ung estat de mareschal
« de France qui sera supernumeraire, pour l'en pour-

(1) *Fevrier* 1558. Cette date est conforme à la manière de compter avant le règne de Charles IX ; il faut lire 1559.

« voir et en jouir aux honneurs, qualitez, preroga-
« tives, authoritéz, tiltres, gaiges, pensions et pou-
« voirs, de telles prééminences et grandeurs que ont
« accoustumé faire les quatre mareschaulx de France qui
« de toute ancienneté ont esté establis et instituez en
« ce royaume, et soubs ceste couronne : en tesmoing
« de quoy Sa Majesté a signé ce present brevet de sa
« main, et a commandé à nous, secrétaires de ses
« commandements, de le contre-signer, pour valider
« et servir à la confirmation de sa volonté. Donné à
« Villiers-Costerets, les jour et an que dessus. Ainsi
« signé Henri; et au-dessoubs, de l'Aubespine, Bo-
« chetel, Bourdin, Dutier. »

Mais en l'honorant dudict brevet, Sa Majesté adjousta ces paroles : « Il me desplaist grandement,
quand le mareschal Strozzy fut tué, que vous ne m'en
advertistes incontinant ; car je jure au Dieu vivant que
je vous eusse preferé à celluy qui a eu son estat ; et me
deviez bien faire souvenir de la promesse que je feis
au feu Roy mon seigneur en vostre presence, que si
je ne vous donnois le premier estat de mareschal vac-
cant après sa mort, que je vous preferasse au moins,
pour l'amour de luy, au second ; et m'en fist un exprès
commandement, sur l'obeissance que les enfans doivent à leurs peres, et m'y obligea comme par testament
et derniere volonté : ce que le comte de Sancerre, qui
aussi estoit présent à sa mort, me sceust bien l'aultre
jour, non pas seulement ramentevoir, mais en grande
colere reprocher, alleguant vos valeurs et mérites, et
en fort bonne compagnie, d'avoir laissé passer tant
d'occasions sans executer ce commandement. »

A quoy M. de Vieilleville respondit « que pour mourir il ne l'eust voulu accepter, l'asseurant que quiconque l'avoit induict à pourvoir M. de Thermes de l'estat du marechal Strozzy, estoit la principale cause de sa deffaicte. Car il fault necessairement que nos Roys ayent une maxime, de jamais ne donner ung estat de mareschal de France vaquant lorsqu'ils auroient leurs armées en campaigne et l'ennemy en teste; car il n'y a seigneur ou grand capitainne en l'armée, qui ne se paisse de l'espérance de ce brave tiltre d'honneur pour récompance de ses services, et qui ne s'en sente aultant digne, capable et d'illustre maison, que celluy qui en a esté pourveu; qui est cause que, se voyants frustrez de l'esperance de leurs merites, ils se retirent, par un extreme crevecueur de jalouzie, en leurs maisons, faisant une merveilleuse bresche par leur retraicte en une armée. Ce qu'a malheureusement esprouvé ce povre mareschal de Thermes; car il ne fust pas sitost proclamé, que les sieurs de Villebon, de Senerpont, de Morvilliers, de Bonnivet, de Crevecueur, vidame d'Amiens et de Pecquigny ne l'abandonnerent: en se retirant de l'armée, ils y firent bresche de dix-huict cents ou de deux mille chevaulx. Ce que voyants ceulx des Pays-Bas, le chargerent de telle furie, qu'il en est advenu ce que vous voyez. Et Vostre Majesté mesme sceit bien à quoy s'en tenir, car ayant envoyé au sieur Pierre Strozzy l'estat de mareschal de France en vostre armée de la Toscanne, où il y avoit vingt ou trente grands seigneurs naturels français, vous en perdites la Toscanne et tout ce que vous pouviez esperer au-delà des monts Apennins, car tous l'abandonnerent; et, se retirant, toute la noblesse française les suivist; et devint le nom français, depuis ce grand coup d'estat, très-odieux et en très-grand mespris par toute l'Italie, jusques à vouloir preferer à Rome l'ambassadeur d'Hespaigne à celuy de France, ce qui n'avoit jamais esté auparavant ce grand desastre mis en dispute; car, de toute ancienneté et temps immemorial, l'ambassadeur de France a tousjours précédé tous les ambassadeurs de la chrestienté auprès du Pappe. »

CHAPITRE XXII.

M. de Vieilleville assiste aux conférences de la paix, qui se tiennent à Cateau-Cambresis.

Quand le Roy eust bien soigneusement escouté les discours de M. de Vieilleville, il luy dist qu'il voyoit bien que son ambition n'apporteroit jamais aulcun prejudice à sa couronne, encores aussi peu ses concussions et larcins, et qu'il estoit impossible à tout serviteur du Roy, de quelque qualité qu'il eust peu estre, de mieux ny plus dignement conseiller son seigneur et son maistre; et, pour ceste cause, il luy commanda de ne le plus abandonner, et se tenir prest pour aller à Casteau-Cambrezy mener sa seconde fille, madame Claude, que le duc de Lorraine avoit espousée le cinquiesme dudict mois de fevrier, devers sa belle-mere, l'altesse de Lorraine, qui y estoit venue comme mediatrice de la paix; car tous les deputez y estoient desja arrivez, que je laisse à nommer pour éviter prolixité.

Mais il luy commanda qu'après avoir faict son présent de la brue à la belle-mere, qu'il les laissast ensemble pour entrer aux conférences de la paix, se confiant de sa très-grande expérience aux affaires; et pour cest effect, Sa Majesté en escrivit à M. le connestable et à M. le mareschal de Saint-André, chefs et sur-intendants du party de France en tout ce negoce, qui l'eurent très-agréable, et le firent loger en leur voisinance, pour tousjours s'entre-communiquer tout ce qui se presentoit de disputable, et y apporter, par la promptitude de son esprit, le remede requis et necessaire. En quoy ils se trouverent grandement soulaigez, car son oppinion estoit estimée des meilleures et plus solides. Et y furent tous les susdicts deputez, d'une part et d'aultre, depuis la my fevrier jusques au troisiesme d'avril ensuivant 1559, auquel jour la paix fut conclue et arrestée. Et fut deputé pour l'annoncer au Roy M. de Vieilleville, affin de bien faire entendre à Sa Majesté toutes les difficultez et accrochements qui s'y estoient presentez; comme celluy qui les entendoit très-bien pour en avoir esté de moictié, et s'y estre aultant travailié à debattre l'honneur de la couronne de France et de son Roy que pas ung. Et de l'aultre party, le prince d'Oranges fut envoyé devers le roy d'Hespaigne pour mesmes effects, qui estoit un fort gentil prince et de bon entendement.

Il n'est possible, au reste, d'exprimer l'aise et contentement que receust Sa Majesté de ceste très-heureuse nouvelle, et comme elle demeura satisfaicte en son ame de ce que ceste negociation s'estoit parachevée avec la conservation de son honneur; et que toute la chrestienté ne luy pourroit imputer qu'il eust plyé ou cédé à son ennemy d'un seul poinct qui eust peu offenser sa grandeur et reputation. Et fist à M. de Vieilleville de merveilleuses caresses, et meilleur visaige de racueil qu'à l'acoustumée, luy disant que, non-seulement la France, mais toute l'Europe, ne devoit remercier de ceste très-heureuse et très-necessaire paix, après Dieu, aultre que luy, qui en avoit si dextrement, par l'entremise du moyne, faict l'ouverture. Et luy demanda, là-dessus, de quelle inspiration il avoit esté excité à faire partir de Metz cest angelicque messaiger, et le si bien emboucher.

Qui luy respondit qu'il estoit en telle tremeur de la subversion de son Estat s'il eust donné la bataille, qu'il cuyda aller luy-mesme devers le roy d'Hespaigne en habit dissimulé. « Car il ne fault doubter, Sire, que ne l'eussiez perdue, estant bien adverty que de jour à aultre vostre armée s'escouloit, estant la retraicte fort aisée, principalement à vostre noblesse, qui s'ennuye incontinant, et generalement tous les Français, s'ils ne sont chaudement employez et mis en besoigne; aussi, que la pluspart des douze compaignies de legionnaires que je vous avois envoyez, estants dedans leurs pays, s'estoient retirez en leurs maisons. D'autre part, ayant envoyé cinq ou six hommes dedans les Pays-Bas, qui m'estoient fort fideles, d'heure à aultre m'advertissoient que les meilleures villes de Flandres faisoient descendre, à despens communs, de terribles forces de la Basse-Allemaigne, devers Couloigne et la Lyvonye, pour vous venir combattre, et donner une estrette, saichant que vostre armée estoit diminuée des deux parts. Et, ce qui estoit plus à craindre, c'estoit dedans vostre royaume qu'ils vous eussent livré la bataille ; avec protestation resolue de ne tomber pas en la faulte qu'ils firent après la victoire de la journée Saint Laurent, mais de vous enfoncer jusques dedans Paris, où tout le monde fust allé de très-ardent couraige, sur l'esperance du butin et pillaige d'une si riche ville. Et ne fault doubter, Sire, que nos Allemants mesmes ne se fussent joincts avec eux pour y participer et s'y enrichir. Toutes lesquelles raisons me firent apprehender vostre ruyne, et m'esmeurent à praticquer ce moyne, que je cognoissois d'esprit, et mon affectionné, lequel je gardai quatre jours en lieu secret pour l'emboucher et apprendre sa leçon ; qui l'a si bien retenue et executée, qu'il s'en est ensuivy ce que vous voyez ; et en gouste presentement les fruits Vostre Majesté, dont Dieu soit loué. »

Le Roy, sur ce discours qu'il escouta fort attentivement, luy dist telles parolles : « Je veoy bien, monsieur de Vieilleville, que, quelque esloignement qu'il y aict entre nous deux, vous avez toujours le cueur tendre sur les évenements de ma fortune ; qui me faict bien cognoistre le grand zèle et pure fidelité que vous portez à mon service, et de ceste couronne ; protestant devant Dieu, et toute ceste assistance, de ne me jamais plus precipiter, comme j'ai faict, en la distribution des estats que vous venez de nommer. Car je cognois bien maintenant que toutes les pertes que j'ay faictes, et les malheurs qui me sont advenus, proviennent de m'y estre trop inconsiderément laissé aller et persuader, aultant pour le regard de Strozzy que de Thermes ; et pouvez croire que vostre remonstrance ne sortira jamais de mon entendement, comme très-utile et fort necessaire à la manutention de mon Estat. Je veulx, au demeurant, partir demain pour aller à Paris y attendre mes deputez, qui apporteront la ratiffication de toutes choses. Mais cependant, j'ay advisé que la cour de parlement et la chambre des comptes entendent ceste bonne nouvelle par vostre mesme bouche, et aux propres termes que vous la m'avez recitée, sans oublier la leçon du moyne, et l'instruction que vous m'avez donnée pour me gouverner desormais en la distribution des honneurs et grands estats de France, affin que ces deux corps de parlement et des comptes cognoissent que vous n'estes poinct inutile auprès de ma personne, mais très-necessaire, me disant toujours sans flatter, en toutes choses, la verité. »

Cela dict, parce que c'estoit en sa chambre que ce colocque se tenoit, en laquelle est toujours tendu le second lict qui est dedié pour le premier gentilhomme de la chambre, qui estoit lors M. le mareschal de Saint André, Sa Majesté luy dict qu'il vouloit qu'il en prînt possession, et qu'il y couchast tandis que ledict sieur mareschal seroit absent. De quoy toute l'assistance fut par trop esbahye, mais encores plus de ce que le tresorier de l'espargne, qui avoit fait apporter quatorze sacs de mille escus chacun, et les ayant mis sur la table devant le Roy, Sa Majesté en prînt dix qu'il donna à M. de Vieilleville; present de dix mille escus qui luy vint fort à propos pour l'acquitter de l'excessive despence cy-dessus recitée; et les aultres quatre à M. d'Espinay son gendre et à M. de Thevalle son neveu. Puis, rompant compaignie, il commanda à tous de s'apprester pour desloger le lendemain, et aller coucher à Dampmartin en Gouelle. Ainsi chacun se retira très-aise d'aller à Paris, et non sans esbahissement des grandes faveurs que M. de Vieilleville avoit receues en leurs presences; et le tenoient desja pour mareschal de France.

CHAPITRE XXIII.

Les ambassadeurs d'Espagne arrivent à Paris.

Ainsi le Roy deslogea de Villiers-Costerets, et arriva le troisiesme jour à Paris, et se logea aux Tournelles. Mais par les chemins il receust ung pacquet, par courier exprès de M. le connestable, qui le conseilloit d'aller à Paris; car, avant huict jours, il luy menoit quinze ou vingt princes d'Hespaigne, desquels le duc d'Alve estoit le chef; et que Villiers-Costerets n'estoit pas maison suffisante pour les recevoir; aussi qu'il se falloit préparer pour le mariaige du roy d'Hespaigne avec Madame, duquel ledict duc d'Alve devoit estre vidame (1) : il y venoit exprès pour cest effect; mais qu'il prolongeroit le plus qu'il pourroit son partement, pour donner loisir à Sa Majesté d'ordonner toutes choses requises en une telle magnificence.

Le Roy fust très-aise de ceste nouvelle; et dès le lendemain il fist appeller les presidents de la cour de parlement et de la chambre des comptes, avec dix ou douze des plus anciens conseillers, et aultant de mais-

(1) *Vidame.* Ce mot signifie ici ministre plénipotentiaire.

tres des comptes, ausquels il commença d'anoncer l'heureuse nouvelle de la paix qu'avoit apportée M. de Vieilleville. Puis il lui commanda de parachever le reste, et ce qui estoit intervenu en ceste negociation et traicté : lequel leur fist bien amplement entendre les difficultez, disputes et altercations qui s'y sont presentées, nonobstant toutes lesquelles elle a esté faicte ; comme par inspiration divine, à l'honneur du Roy et de ceste couronne ; et n'oublia de leur reciter par le menu tout ce qui s'estoit passé en la fabrication du moyne. De quoy toute ceste scientifficque assistance s'esmerveilla grandement ; et hault louerent son industrie et sa vigilance sur la conservation de l'Estat, honneur et vie de son Roy ; disants qu'il n'avoit pas mal parlé d'avoir dict que ceste paix estoit faicte comme par inspiration divine ; car s'il n'eust pleu à Dieu y mettre la main, elle n'eust jamais esté arrestée, attendu la grande animosité qui estoit entre les deux princes et les deux nations ; et remercierent unanimement M. de Vieilleville de ceste prudente et subtile invention ; et que à luy seul, après Dieu, en appartenoit la gloire et l'honneur.

Sa Majesté, en leur donnant congé, leur commanda qu'ils allassent tenir la cour aux Augustins, pour descharger le palais des bancs, armoires et buffets qui y sont ; car il le vouloit faire tendre et tapisser pour les nopces du Roy d'Hespaigne. Et commanda que l'on dressast une grande salle aux Tournelles, et des lices en la grande rue Saint Anthoine.

Trois semaines après l'arrivée du Roy à Paris, M. le connestable y amena la trouppe d'Hespaignols sus mentionnée ; et envoya Sa Majesté M. de Vieilleville audevant du duc d'Alve jusques à Saint Denis, pour le recevoir et bien-veigner de sa part. Et arriva ceste belle trouppe, qui faisoit plus de cinq cents chevaulx, dedans Paris, en grand triomphe et magnificence. Et avoient les Hespaignols pour quartier toute la rue Saint Honoré, et le duc d'Alve pour logis, et les seigneurs de sa nation, le chasteau royal du Louvre; auquel lieu M. de Vieilleville l'accompaigna, et commanda à tous les officiers de la maison du Roy, de toutes qualitez, qui estoient là ordonnez pour traicter et servir ces estrangiers, de ne manquer à leur devoir. Puis vint trouver Sa Majesté pour luy faire son rapport de tout ce que le duc d'Alve et luy avoient discouru et conferé ensemble : de quoy Sa Majesté demeura infiniment contente et satisfaicte.

Le lendemain, M. de Vieilleville le vint querir pour le conduire et amener au logis du Roy, où ce duc avec sa trouppe trouverent un festin royal qui leur fut très-admirable; car ils n'en avoient gueres veu de tels en toute l'Hespaigne; et furent ainsi traictez en festins et banquets par les princes et grands seigneurs de la Cour : en quoy se passa la pluspart du mois de may 1559, en grande resjouissance et allaigresse; et furent aussi festoiez par le prevost des marchans et eschevins de l'hostel-de-ville.

CHAPITRE XXIV.

Le cardinal de Lorraine ayant conseillé au Roi d'aller au parlement pour assister aux mercuriales, M. de Vieilleville détourne Sa Majesté d'y paroître.

Parmy ces bonnes cheres, le cardinal de Lorrainne vint persuader au Roy qu'il estoit très-necessaire qu'il allast aux Augustins, où estoit lors seante la cour de parlement, pour y tenir son lict de justice, et y faire proposer une mercuriale, ainsi nommée à cause qu'elle se faict le mercredy; en laquelle tous les presidents et conseillers, qui sont environ cent ou six-vingts personnaiges, chacun pour le plus docte, s'assemblent en une chambre que l'on appelle la grand'chambre, pour traicter et accuser leurs meurs et façon de vivre, tant en privé comme en public; et que Sa Majesté feroit proposer par son procureur-general qu'il y en a plusieurs en ce corps de justice, qui est le souverain de son royaume, qui sentent mal de la foy, et adherent à la faulce doctrine de Luther; faisants évader et mettre en liberté tous les accusez de ce crime d'heresie, et n'en condampnent un seul à mort : qui estoit directement contrevenir à l'ordonnance du feu Roy, par laquelle il ordonna que tous attaincts et convaincus de ce crime fussent bruslez et leurs corps reduicts en cendre.

Sa Majesté ne rejecta nullement ce conseil, mais protesta de l'executer. Le cardinal, très-aise de ceste resolution, adjousta, pour y animer davantaige Sa Majesté, ces paroles : « Quand cela ne serviroit, Sire, que à faire paroistre au Roy d'Hespaigne que vous estes ferme en la foy, et que ne voulez tollerer en vostre royaume chose quelconque qui puisse apporter aulcune tache à vostre très-excellent tiltre de Roy très-chrestien, encores y devez-vous aller franchement, et de grand couraige; affin aussi de donner curée à tous ces princes et seigneurs d'Hespaigne, qui ont accompaigné le duc d'Alve pour solempniser et honorer le mariaige de leur Roy avec madame vostre fille, de la mort d'une demi-douzaine de conseillers pour le moins, qu'il fault brusler en place publicque comme heretiques lutheriens qu'ils sont, et qui gastent ce très-sacré corps de parlement; que si vous n'y pourvoyez par ce moyen, et bientost, toute la Cour en general en sera infectée et contaminée, jusques aux huissiers, procureurs et clercs du palais. »

Ceste resolution ainsi prise, le Roy se prepare pour aller le lendemain, 21 ou 22 de may 1559 (1), aux Augustins, pour les effets que dessus; et dès le soir s'en declara à M. de Vieilleville, qui couchoit encores en la chambre de Sa Majesté, parce que le mareschal de Saint André estoit demeuré malade à Villiers-Costerets; qui lui dist, qu'il n'y auroit poinct de dangier que le cardinal de Lorrainne, l'evesque de Paris et tous les principaulx du clergé de sa suicte et de la ville allassent faire ceste mercuriale; mais il n'y avoit pas grande apparence que Sa Majesté y allast en personne, et qu'il falloit laisser faire aux prestres ce qui est du devoir et de la charge des prestres.

(1) *21 ou 22 mai.* Ce fut le 10 juin que Henri II alla au parlement.

Le Roy insiste et persiste, ce neantmoins, fort et ferme pour y aller. Sur quoy M. de Vieilleville luy respond que ce faict luy represente un traict de colere qui survint entre le Roy Loys onziesme et ung mareschal de France, nommé Joachim Rouault. Car le Roy depeschea le cardinal Balue, par grande faveur, pour aller à Lyon recevoir cinq ou six mille Italiens qu'on luy envoyoit par la Savoye, pour le secourir contre le duc de Bourgoigne. Ce mareschal, voyant le mespris que l'on faisoit de sa personne, estant alors present à la cour, se vint presenter devant le Roy, tout botté, avec trente ou cinquante gentilshommes, luy demandant assez effrontément s'il luy plaisoit commander quelque chose en la ville d'Angiers, car le cardinal Balue en estoit evesque : le Roy s'enquiert quelle affaire il y avoit, qui le faisoit entreprendre ce voyaige en telle diligence et si inopinément ; qui luy respondit qu'il y alloit tenir les ordres et faire des prestres ; qu'aussi-bien peult-il faire la charge de l'evesque que l'evesque faisoit la sienne. Le Roy eust si grand honte d'avoir ainsi perverty l'ordre, et faict ceste obmission, qu'il envoya en toute diligence revocquer le cardinal, qui n'estoit que de cinq lieues esloigné de la Cour ; et y fust envoyé le susdict mareschal faire l'estat et la charge qui lui appartenoit.

« De mesme, Sire, si vous allez faire l'office d'un théologien ou inquisiteur de la foy, il fauldra que le cardinal de Lorrainne nous vienne apprendre à coucher nostre bois, courants en lice ; quelle addresse il nous fault tenir pour le rompre, et nostre garbe à faire une course de droict fil, sans branler ny choquer des genouilleres la barriere ; et tous les gestes et contenances d'un brave et bien adroict homme d'armes : car la pluspart des seigneurs de France sont desja icy pour esprouver leurs personnes contre la vostre, puisque vous les avez tant honorez que de vous estre mis des tenants ; et il leur tarde à tous, et à nous six qui avons cest honneur d'estre aussi des tenants avec Vostre Majesté, que le premier de juing n'est venu, puisque à ce jour-là vous devez ouvrir le pas du tournoy. D'aultre part, Sire, vous meslerez la tristesse avec la joye en laquelle toute la ville de Paris en general se baigne d'une incredible alleigresse ; car, de faire des executions de justice si sanguinaires et cruelles parmy des nopces, cela est de fort maulvais presaige. Par ainsi, il me semble, sauf vostre meilleur advis, Sire, que ceste partie se doict remettre à une aultre fois, et quand toutes les festes seront passées, les estrangiers et tout le monde retirez. »

CHAPITRE XXV.

Le Roi va au parlement, et fait arrêter quelques magistrats suspects d'hérésie.

CESTE remonstrance reffroidit tellement le Roy, qu'il protesta de n'y aller poinct. Mais elle ne fust pas *si* secretement faicte, que le cardinal ne la sceust à une heure de là ; et voulut, par grande colere, venir remettre le Roy au zele où il l'avoit laissé. Mais il n'y avoit plus d'ordre ; car, estant Sa Majesté couchée, les gardes luy refuserent le passaige. Cependant il ne dormist pas toute la nuict ; car il fist sçavoir à tous les cardinaulx et evesques de la suicte et de la ville, qu'ils eussent à se trouver au plus matin au lever du Roy; qui n'y faillirent pas. Et entrerent les cardinaulx de Bourbon, de Lorrainne, de Guyse et de Pelvé, les archevesques de Sens et de Bourges, les evesques de Paris et de Senlis, trois ou quatre docteurs de Sorbonne et l'inquisiteur de la foy Demochares (1), qui luy tindrent tant de langaiges et comminatoirs de l'ire de Dieu, qu'il pensoit desja estre dampné s'il n'y alloit. Et ainsi marcha avec tous ses gardes, sans oublier les Suisses, le tambour battant, et les cent gentilshommes de sa maison, et soubs le poisle, avec grande magnificence. Et descendu aux Augustins, il monte en la grand'chambre, et s'assied en son lict de justice, soubs le daix là preparé ; et commanda à son procureur-general Bourdin de y proposer la mercuriale. Qui attacque d'entrée cinq ou six conseillers mal sentants de la foy, entre lesquels estoit ung nommé Anne du Bourg, qui soustint si audacieusement devant le Roy sa religion, en deprimant la nostre, que Sa Majesté jura en grande colere qu'elle le verroit brusler tout vif de ses propres yeulx auparavant six jours : et commanda de le mener prisonnier en la Bastille, avec cinq ou six aultres ; puis se leva bien fasché, commandant à toute l'assemblée de parachever le reste.

Arrivé aux Tournelles, il se repentit d'y avoir esté, bien marry qu'il n'avoit creu M. de Vieilleville ; car, par les rues, il en oioit plusieurs qui murmuroient de ceste entreprise, à cause des conseillers que l'on me-

(1) *Demochares* : de Mouchy.

noit prisonniers, qui estoient des meilleures familles de Paris, et qui fort consciencieusement administroient la justice aux parties.

Enfin, le premier de juing, le Roy ouvrit le pas du tournoy, où il fut couru d'une merveilleuse addresse. Et monstrerent bien les Français aux Hespaignols qu'ils sont plus experts que eulx au faict de la cavallerie, et que la lance sur toutes armes leur appartient, pour s'en sçavoir mieulx aider que toute aultre nation de la chrestienté; car, de cent Français qui coururent, il n'y en eust pas quatre qui ne rompissent leur bois, et bien peu des Hespaignols, qui s'y monstrerent si mal adroicts, que à plusieurs les lances sortoient des poings et les laissoient tomber à terre, faisants au reste des courses si branslantes, que l'on pensoit à toute heure qu'ils deussent tomber. Et M. de Vieilleville print si dextrement, en une course, ung Hespaignol qui couroit contre luy, neveu de Domp Rigonnes, qu'il le desarma et le jecta de l'aultre costé de la lice; qui fut un cas admirable, car cela n'estoit encores advenu, et n'advint oncques puis tant que le tournoy et les joustes durerent.

Et pour donner halaine au Roy et aux six tenants avecques luy, les nopces du roy d'Hespaigne avec madame Elizabeth se celebrerent en l'eglise Nostre-Dame de Paris, audict mois de juing 1559, en telle pompe, magnificence et solemnité, que l'on peult penser estre faictes en ung mariage de telles, si puissantes et incomparables majestez. Le duc d'Alve en fut le vidamé, qui l'espousa au nom du Roy catholique, son parent et son maistre.

La feste dura huict jours pour le moins; et tous les

princes, cardinaulx et seigneurs firent des festins à tour de rolle, à qui mieulx mieulx, et à l'envy à qui feroit la plus excessive et somptueuse despence, pour avoir la vogue parmy les Hespaignols.

CHAPITRE XXVI.

M. de Vieilleville désapprouve les conditions de la paix faite avec la Savoie.

Mais le Roy, pour l'extreme envie qu'il avoit de recommencer les joustes, abregea tous ces festins, et ouvrit le pas, les huict jours expirez, des nopces et tous les festaiges, contre l'oppinion toutesfois de M. de Vieilleville; disant à Sa Majesté qu'il luy sembloit qu'elle avoit assez demené ce passe-temps, et qu'en son particulier elle en rapportoit ung merveilleux honneur, et sa noblesse une bien grande reputation; et qu'il estoit necessaire de regarder aux nopces de M. de Savoye et de madame Marguerite sa sœur; car, puisqu'il estoit là en personne, il estoit plus que raisonnable de le depescher, sans le tant faire languir. Aussi Sadite Majesté respondit que au premier de juillet il y mettroit une fin; car tout ce qui dependoit de ce mariaige n'estoit encores decidé, estant question de rendre au duc de Savoye tout le Piedmont, la Savoye, la ville de Bourg, et tout le pays de Bresse; et que M. le connestable qui manioit ceste affaire, sur lequel il s'estoit du tout en tout remis et fié, n'estoit encores prest, mais qu'il en attendoit sa resolution devant huict jours, et de tous les entremetteurs de ce mariage d'une part et d'aultre, qui estoient tous assemblez en sa maison d'Escouan pour cest effect.

De quoy M. de Vieilleville demeura fort estonné; et ne pouvoit bien comprandre ny faire entrer en son esprit qu'il fallut rendre et quicter tant de provinces, villes et chasteaulx, avec une si esmerveillable estendue de pays, qui avoit cousté au feu Roy son pere et à la couronne de France plus de quarante millions d'or, et cent mille testes à conquerir, pour le mariaige d'une fille de France, dont l'ordinaire estoit tout courant, et à grandissime joye, à cent cinquante mille escus pour le plus : car les ducs d'Italie et d'Allemaigne qui sont souverains s'y battent à la perche, pour le très-remarquable et très-illustre honneur qu'ils enracinent en leurs maisons et posteritez, d'espouser les filles du plus grand roy de toute l'Europe; et que ung duc de Ferrare, pour espouser Renée, fille du roy Loys douziesme, n'en eust jamais davantaige; encores n'en fust-il payé que de la moitié comptant, et le reste en papiers. Et ne se peust M. de Vieilleville garder, pour l'indicible regret qu'il avoit de veoir ung tel desmembrement de l'estat de France, de luy remonstrer tout ce que dessus; y adjoustant davantaige que M. le connestable luy faisoit bien praticquer la puissance et authorité d'un connestable de France; car on dict communement qu'il peult engaiger la tierce partie du Royaume en une extreme necessité; « on n'y a pas failli à ce coup, car pour estre quicte de sa ranson à M. de Savoye, de qui il estoit prisonnier, montante à quatre cents mille escus, il vous a forcé d'arracher ce très-riche et très-luisant fleuron de vostre couronne, couvrant son jeu du mariaige de madame vostre sœur, qui n'eust pas esté la premiere fille de France qui aict finy ses jours en une bonne abbaye ; aussi bien elle a quarante ans passez. « Mais que deviendront, Sire, ces beaulx parlements de Thurin et de Chambery, et les chambres des comptes que le feu Roy vostre seigneur et pere, avec ung grand nombre d'aultres Estats, y avoit instituez à la française; à l'exercice desquels une infinité de Français s'y estoient peuplez et arasez (¹); et desja à Thurin on parloit aussi bon français que à Lyon ; car les habitants quictoient leur langaige naturel d'italien corrompu pour apprendre le nostre, et s'y delectoient.

« Et pouvez croire, Sire, que incontinant que le duc de Savoye sera rentré en ses terres, il exterminera tout ce que vous y avez planté, pour en faire perdre la mémoire à jamais : de sorte que toute la gloire que la France avoit acquise en Italie, par l'espace de vingt-six ou trente ans, sera du tout estaincte; et l'esperance de pouvoir jamais retirer la duché de Milan vous est entierement eschappée et perdue; mais ce qui plus me trouble l'esprit et dragonne l'ame, est que vous avez faict cest advantaige au lieutenant général de vostre naturel et mortel ennemy le roy d'Hespaigne; qui sera, par le moyen de ceste voisinance, quand il luy plaira, aux portes de la ville de Lyon ; laquelle auparavant ceste alliance estoit quasi au milieu de vostre Royaume, et est maintenant devenue frontiere. Mais bien plus, Sire, il ne fault que ceste advantageuse commodité pour leur faire chercher les moyens de bien-tost rompre la paix. Par ainsi, c'est

(¹) *Arasez :* établis avec leurs familles.

à Vostre Majesté à se tenir sur ses gardes; car il y a aultant de fiance et de seureté en la foy hespaignole, qu'en la santé de l'homme qui a cent ans passez. »

Le Roy ne pust respondre, sur ceste brave et très-considerable remonstrance, aultre chose sinon qu'il mauldissoit l'heure qu'il ne luy avoit communiqué ceste affaire, deux ou trois mois premier que d'y entrer; car il ne se pouvoit mieulx dire ny conseiller, rejectant toute flatterie, pour la conservation de son Estat, adjoustant en grande colere qu'il s'estoit grandement oublié de faire un tel advantaige à sa sœur, qui estoit quasi la septieme partie de son royaume; et qu'il ne sçavoit à qui s'en prendre qu'au connestable, qui avoit mis sus le premier propos de ce mariaige, estant encores prisonnier dudict duc de Savoye, qui luy avoit faict present de sa rançon (¹); mais qu'il se consoloit d'une chose, que ledict duc de Savoye avoit fort volontairement accepté l'estat de connestable de France après sa mort, et en a la reserve bien depeschée, qui l'asseuroit que à jamais la paix sera inviolable entre le roi d'Hespaigne et lui. Mais M. de Vieilleville repliqua qu'il estoit à craindre qu'il en usast comme le comte de Sainct-Paul, de la maison de Luxembourg, qui fut créé connestable de France par une paix qui se fist aussi entre le roy Loys onziesme et le duc de Bourgoigne, duquel il estoit lieutenant-general; mais toujours il favorisoit par soubs main le duc de Bourgoigne son premier maistre, au grand desavantaige du roy Loys, auquel il fist une infinité

(¹) *Qui lui avoit faict present de sa rançon.* Il n'y a que Carloix qui accuse le connétable d'avoir sacrifié ainsi l'intérêt public à ses intérêts particuliers.

de frasqueries et tradiments, comme il se peult veoir aux memoires de Philippes de Comines. Mais le Roy, repartit incontinant, disant que si le duc de Savoye entre en ce jeu-là, il luy fera aussi-tost trancher la teste, que fist son predecesseur à l'aultre.

CHAPITRE XXVII.

Le Roi entre en lice dans un tournoi et rompt plusieurs lances.

Sur ces discours il arriva ung gentilhomme nommé La Couldre, devers le Roy, de la part de M. le connestable, qui luy apporta l'entiere resolution du mariaige, et que ce qui avoit tenu les choses en telle longueur, provenoit de l'oppiniastreté des ministres et agents du duc de Savoye, qui vouloient qu'on leur quictast tout le Piedmont en general; mais que le connestable avoit tant combattu et estreint, qu'il avoit reservé le marquisat de Saluces pour Sa Majesté, dont ils estoient demeurez d'accord; qui est une marque d'honneur pour la couronne de France, affin que le duc de Savoye, ses enfans et sa posterité, cognoissent que nos rois avoient aultrefois conquis et possedé tout le Piedmont et la Savoye; mais qu'en faveur d'une fille de France qui fut mariée en leur maison, et de laquelle ils estoient sortis, on leur avoit rendu et comme gratuitement donné tout ce qu'ils possedoient de-çà et de-là les monts, se reservant seulement le marquisat, pour, par ceste immense liberalité, les rendre plus obeissants et affectionnez à la maison et couronne de France, y faire service et se ranger à jamais de son party, et le tenir inviolablement envers tous et contre tous : c'estoient les propres mots de la depesche de La Couldre.

De quoy Sa Majesté demeura très-contente, et la communiqua tout incontinant à M. de Vieilleville, pour desraciner de son cueur tous les regrets qu'il avoit de ceste grande diminution de son Estat; luy disant que c'estoit à la verité une fort tirannique usurpation que le feu Roy, son seigneur et pere, avoit faicte sur le pere de cestuy-cy, car il n'y avoit aulcun droict; et que ce n'estoit pas vivre en bon chrestien de jecter ainsi ung povre prince de sa terre, et l'en despouiller du tout; et quand il n'y auroit aultre consideration que pour descharger l'ame de sondict seigneur et pere, il veult rendre à ce duc ce qui luy appartient; aussi, qu'il le trouve très-gentil prince et de gaillarde humeur, duquel il espere tirer de bons et grands services, et qu'il ne sera ny trahistre ny ingrat.

Quand M. de Vieilleville veid le Roy ainsi tresbuché en la pieté et au christianisme, jusques à accuser son pere de tirannie, tant s'en falut qu'il s'advanceast de rien replicquer davantaige, qu'il se repentit en l'ame d'en avoir tant dict.

Enfin, estant toutes choses concernant le mariaige de madame Marguerite de France avec le duc de Savoye, qui toujours s'intituloit ainsi, encores qu'il n'y eust ung seul poulce de terre, bien resolues et accordées, le Roy voulust recommencer les joustes. Et après le disner du dernier de juing 1559, il demanda ses armes, ayant faict dès le matin publier l'ouverture du tournoy ; lesquelles apportées, il commanda à M. de Vieilleville de l'armer, encores que M. de Boisy, grand escuyer de France, fust present, auquel appartenoit, à cause de son estat, cest honneur. Mais obeissant M. de Vieilleville à ce commandement, il ne se peust garder, luy mectant l'armet en teste, de dire à Sa Majesté, avec ung profond soupir, qu'il ne fist de sa vie chose plus à contre-cueur que ceste-là.

Sa Majesté n'eust pas loisir de luy en demander la raison, parce que M. de Savoye se presenta en l'instant tout armé ; auquel le Roy dist en riant qu'il serrast bien les genoulx, car il l'alloit bien esbranler, sans respect de l'alliance ny de fraternité. Là-dessus ils sortent de la salle pour venir monter à cheval, et entrent en lice où le Roy fist une très-belle course, et rompit fort bravement sa lance : M. de Savoye semblablement la sienne ; mais il empoigna l'arson, le tronsson jecté, et bransla quelque peu ; qui diminua la louange de sa course. Toutesfois plusieurs attribuerent ceste faulte à son cheval rebours.

M. de Guyse vint après, qui fit fort bien. Mais le comte de Montgomery, grand et roidde jeune homme, lieutenant du sieur de Lorges son pere, l'un des capitainnes des gardes, print le rang de la troisiesme course, qui estoit la derniere que le Roy devoit courir ; car les tenants en courent trois, et les assaillants une. Tous deux se chocquent à oultrance et rompent fort dextrement leur bois. M. de Vieilleville, auquel appartenoit de courir, comme l'un des tenants après le Roy, pour faire aussi ses trois courses, se presente, et veult entrer en lice ; mais le Roy le pria de le laisser faire encores ceste course contre le jeune Lorges, car il vouloit avoir sa revanche; disant qu'il l'avoit faict bransler et quasi quicter les estrieux. M. de Vieilleville luy respond qu'il en avoit assez faict, et avec très-grand honneur; et, s'il se sent interessé, qu'il en alloit tirer pour luy sa raison; et s'il ne se tient bien, il ne le traictera pas plus doulcement qu'il a faict le neveu de Domp Rigonnes. Sa Majesté ce nonobstant voulut faire encores faire ceste course contre ce Lorges, et le fist appeller. Sur quoy M. de Vieilleville luy dist : « Je jure le Dieu vivant, Sire, qu'il y a plus de trois nuicts que je ne fais que songer qu'il vous doibt arriver quelque malheur aujourd'huy, et que ce dernier juing vous est fatal : vous en ferez comme il vous plaira. »

Lorges se voulut excuser aussi, disant qu'il avoit faict sa course, et que les aultres assaillants ne permettoient pas qu'il fist sur eulx ceste anticipation. Mais Sa Majesté l'en dispensa, luy commandant d'entrer en lice. A quoy, par très-grand malheur, il obeist; et print une lance.

CHAPITRE XXVIII.

Le roi Henri II est blessé à mort par le comte de Lorges, fils du comte de Montgommery. — Mort de ce roi.

On fault-il noter, premier que d'entrer en ce mortel discours, qu'à toutes courses, et tant qu'elles durent, toutes les trompettes et clairons sonnent et fanfarent sans cesse, à tue teste et estourdissements d'oreilles.

Mais incontinant que tous deux furent entrez en lice, et commencé leurs courses, elles se turent toutes coyes, sans aulcunement sonner, qui nous fist avec horreur présaiger le malheureux désastre qui en advint : car ayants tous deux fort valeureusement couru et rompu d'une grande dexterité et addresse leurs lances, ce mal habile Lorges ne jecta pas, selon l'ordinaire coustume, le tronsson qui demeure en la main, la lance rompue, mais le porta toujours baissé ; et en courant rencontre la teste du Roy, duquel il donna droict dedans la visiere, que le coup haulsa, et luy creva ung œil ; qui contraignit sa Majesté d'embrasser le col de son cheval, lequel ayant la bride laschée, paracheva sa carriere, au bout de laquelle le grand et premier escuyer se trouverent pour l'arrester, selon la coustume : car, à toutes les courses que faisoit le Roy, ces deux officiers en faisoient aultant hors lice ; et luy osterent son habillement de teste, après avoir descendu de cheval, pour le mener en sa chambre ; leur disant avec parolle fort foible qu'il estoit mort, et que M. de Vieilleville avoit bien preveu ce malheur quand il l'armoit ; et que auparavant il l'avoit instamment voulu divertir de recommencer le tournoy, « et qu'encore tout' à ceste heure, il a faict ce qu'il a pu pour m'empescher de faire ceste mauldicte course » ; mais que l'on ne pouvoit fuir ny éviter son destin. Et sur ces propos, il fut conduict et porté en sa chambre par M. Le Grand et M. de Vieilleville, qui fut fermée et interdicte à tout le monde ; de laquelle le Roy ordonna M. de Vieilleville surintendant general, affin que personne n'y entrast, sinon ceulx qui y pouvoient faire service, comme medecins, chirurgiens, appoticquaires, valets de chambre et de garderobbe qui estoient en quartier ; mesme la Royne n'y sceust entrer, crainte de luy accroistre ses douleurs, ny pas ung des princes se presenta.

Cinq ou six chirurgiens des plus experts de France firent toute diligence et devoir de profondir la playe, et sondre l'endroict du cerveau où les esquilles du tronsson de la lance pouvoient avoir donné. Mais il ne leur fust possible, encores que durant quatre jours ils eussent anatomisé quatre testes de criminels que l'on avoit decapitez en la Conciergerie du palais et aux prisons du grand Chastelet ; contre lesquelles testes on coignoit le tronsson par grande force au pareil costé qu'il estoit entré dedans celle du Roy ; mais envain.

Le quatriesme jour il reprint ses esprits, car la fievre continue l'avoit laissé, laquelle, depuis l'heure de sa blesseure, ne l'avoit abandonné, et fist appeller la Royne ; et se presentant toute esplorée, il luy commanda de faire depescher les nopces de sa sœur le plustost qu'il luy seroit possible. Puis il demanda à M. de Vieilleville, qui n'avoit jamais abandonné son lict sans se despouiller, et tousjours present quand on le pensoit, où estoit le brevet de l'estat de mareschal de France, qui luy fut incontinant presenté ; et l'ayant Sa Majesté, le bailla à ladicte dame, la priant de le signer tout à l'instant, et en sa presence, ce qu'elle fist ; et luy enjoignist, comme par testament et derniere volonté, d'executer la teneur dudict brevet, sans fraude ny connivence, tout aussi-tost que l'occasion s'y offriroit : ce qu'elle promist sur son honneur et sur son ame.

Puis luy recommanda l'administration du royaume, avec leur fils aisné encores bien jeune, qui luy succedoit; et qu'elle eust soing de leurs aultres enfants, et qu'elle et eulx priassent et fissent prier Dieu pour son ame; car, de son corps, il sentoit bien, par l'horrible mal qu'il souffroit, que c'estoit faict de sa vie : la priant là-dessus de se retirer. Ce propos finy, elle le laissa; mais si M. de Vieilleville ne l'eust soutenue elle tomboit à terre; et la fallut porter en sa chambre, où arrivée, et revenue à soy, commencea en toute diligence de donner ordre pour les susdictes nopces, qui furent faictes cinq jours après le commandement, et ressembloient mieulx ung convoy de mortuaire et funerailles, que à aultre chose; car, au lieu de haultbois, violons et aultres resjouissances, ce n'estoient que pleurs, sanglots, tristesses et regrets; et, pour mieulx representer ung enterrement, ils espouzerent ung peu après minuict, en l'église Saint-Paul, avec torches, flambeaux, et toutes aultres sortes de luminaires, pour esclairer toute la suicte : car le Roy avoit desja perdu la parolle, le jugement et tout usaige de raison, ne cognoissant plus personne. Si bien que le lendemain des nopces, qui estoit le dixiesme de juillet 1559, Dieu en fit sa volonté; et luy, rendit l'esprit.

Laissant, par sa mort, Paris universellement troublé, et le royaume quasi remply de tristesses, d'extremes fascheries et ennuys; car toute la grandeur des prélats, des seigneurs et de la principale noblesse de France, estoit alors venue en ladite ville pour l'ardant desir que toutes personnes de moyen et de qualité avoient de participer en tant d'aises et de contentements des mariaiges des filles de nos Roys, et du bien de la paix tant desirée et necessaire.

Je passe soubs silence le deuil désesperé qui se

demenoit par la Royne, par la royne d'Hespaigne, Elizabeth sa fille, madame Marguerite, nouvelle duchesse de Savoye, et generalement par toutes les princesses et dames de la Cour; car on ne peult ignorer ny doubter que la desolation n'y fust excessive et quasi mortelle.

Je ne parle non plus de l'affliction qui avoit saezy les cueurs du duc d'Alve et de tous les seigneurs d'Hespaigne qui l'avoient accompagné en France, car leur deuil ne se pourroit exprimer, tant à cause de l'incroyable desolation où estoit leur nouvelle Royne, que pour se veoir frustrez des honneurs et prouffictz que les caresses et faveurs ordinaires du feu Roy leur pouvoient faire esperer; car il les sçavoit nommer tous par leurs noms et surnoms, qui les asseuroit que Sa Majesté ne les oublieroit jamais, et que à la longue ils s'en pourroient prevaloir; et desja quatre d'iceulx avoient des reserves des premiers estats vacquants de gentilshommes ordinaires de la chambre du Roy, et en avoient les brevets signez de sa main qu'ils monstroient à tout le monde, par grande faveur et honneur.

De m'estendre aussi à spécifier les angoisses, crevecueurs et tristesses qui se combattoient en l'esprit et au cueur de M. de Vieilleville, pour la perte d'ung si très-excellent et très-bon maistre, ce seroit chose superflue; car il n'y a personne, de si povre entendement qu'elle puisse être, qui ne juge, par le progrès de ceste histoire, qu'elles devoient estre excessives et mortelles, voire plus fortes à passer quasi que la mort mesme, veu la grande créance qu'il avoit prise en luy et l'estime que Sa Majesté en faisoit, qui l'avoit mys en une merveilleuse esperance d'estre ung jour fort grand, et que s'il eust vescu il n'eust pas remys la recompense de ses signalez services en la main d'aultruy, mais les eust remunerez en personne, et bientost, jusques à le faire connestable de France, si l'occasion s'y fust offerte, et luy en avoit desja secretement donné une bonne parolle ; attendant l'effect de laquelle, il le tiroit du gouvernement de Metz, qu'il donnoit en sa faveur à M. d'Espinay son gendre, et le faisoit, pour toujours l'approcher de sa personne, gouverneur de l'Isle-de-France, tant estoit grande l'amytié qu'il luy portoit, que ses braves, signalez et incomparables services luy avoient acquise, et lesquels ce très-debonnaire et très-magnanime prince, qui fut toute sa vie aultant esloigné de l'ingratitude que la terre des cieulx, n'eust jamais obliez.

LIVRE HUITIÈME.

CHAPITRE III (1).

M. de Vieilleville est fait chevalier d'honneur de la reine Catherine de Médicis.

..... La reine mere, qui prevoyoit bien que M. de Vieilleville seroit de ce nombre, le subrogea en la place de son chevalier d'honneur qui estoit demeuré malade à Paris, et eust ses trois logis accoustumés au pied du chasteau, pour son train en la ville, et pour son escurie ung bon villaige. Par aultre voye n'y pouvoit-elle donner ordre, car tous les officiers de la maison du Roy, son seigneur et fils, chancelier, tresoriers, secretaires des commandemens, capitainnes des gardes, mareschaulx de logis, maistres d'hostels et des requestes, se trouvoient de grand matin au lever du Roy pour recevoir les commandements, et s'y faisoient toutes ordonnances par les deux freres (2), sans que sa mere y fust appellée, qui estoit un mespris du tout insupportable. Et, entre aultres, ils en firent publier une, que quiconque, de quelque qualité qu'il fust, parleroit de convoquer et assembler les Estats, seroit declairé en-

---

(1) Les deux premiers chapitres manquent dans le manuscrit, ainsi que le commencement du troisième.

(2) *Les deux freres* : le duc de Guise et le cardinal de Lorraine.

nemi du Roy, et coulpable du crime de leze-majesté, donnants à entendre à Sadicte Majesté que, s'il permettoit à son peuple de luy eslire un conseil, il le vouldroit doresnavant tenir comme soubs la verge, tellement qu'il ne luy demeureroit rien d'un roy que le tiltre seulement, et que ce seroit faire grand tort et injure à sa prudence, qu'il avoit desja assez grande et suffisante pour gouverner et soy et son peuple, langaige *causé* (1) et contenu en ladicte ordonnance, laquelle, oultre la publication qui en fust faicte par la ville et fauxbourgs d'Amboise, ils firent imprimer, affin que toute la France n'en pretendist cause d'ignorance.

CHAPITRE IV.

Conjuration d'Amboise.

[1560] Ceste publication cependant fist esclorre ce que l'on couvoit il y avoit plus de quatre mois; car un grand nombre de noblesses s'esleva et print les armes pour s'y opposer, et choisirent ung chef nommé la Regnaudye, qui avoit, pour conduire son entreprise, trente capitainnes vaillants et bien experimentez; le but de laquelle estoit seulement de se saezir des deux freres, et mettre le Roy en liberté, qu'ils retenoient comme par force et violence, et restablir les anciennes loix, statuts et coustumes de France, sans aulcunement attenter à la personne de Sa Majesté. Et avoit ledict la Regnaudye, oultre les trente capitainnes, environ cinq cents

---

(1) *Causé:* servant de motif.

chevaulx et grand nombre de gens de pied, qui tous
se vindrent rendre, par un fort secret rendez-vous, en
ung chasteau assez près d'Amboise, nommé Noyzé.

La nouvelle de cette trouppe, si-tost et si inopinément assemblée, troubla merveilleusement le Roy,
MM. de Guyse et toute la Cour, ne pouvants, Sa
Majesté et ses deux gouverneurs, imaginer l'occasion
de ceste esmeute, et encores moins penser comme il
estoit possible que tant de gens se peussent trouver
ensemble si près d'eulx sans avoir esté descouverts ; qui
fut leur grand estonnement, d'aultant que les villaiges
à lieue et demie à la ronde de la Cour, sont chargez
ordinairement de trains, de valetaille et de chevaulx ;
et Noyzé n'en est distant que de cinq quarts de lieue
pour le plus. Qui fut cause que Sadicte Majesté,
par le conseil des deux freres, envoya querir M. de
Vieilleville, auquel elle commanda d'aller devers eulx
leur demander pour quelle raison ils sont là assemblez
et en armes ; s'ils veulent faire perdre aux Français la
louange et reputation qu'ils ont de tout temps acquise
sur toutes les nations du monde, d'estre très-fideles et
très-obéissants à leur prince ; et que ce n'est pas la façon des subjects, quand ils ont quelque remontrance à
luy faire, de la presenter avec les armes, mais qu'il y
fault venir en toute reverence et humilité ; et que, se
mettants en ce devoir, il les peult assurer de sa part
qu'il leur accordera tout ce qu'ils demandent, et qu'ils
peuvent venir en toute seureté faire leur remonstrance,
leur promectant, en foy de prince, qu'il ne leur adviendra aulcun mal ; et leur pardonne dès ceste heure,
par serment royal et de prince très-chrestien, toute
la faulte qu'ils ont commise en ce port d'armes, et d'a-

voir tant ozé que d'approcher si près de son logis et de sa personne à force ouverte.

Sur quoy M. de Vieilleville, qui cognoissoit la felonnie des deux freres, ne voulant laisser une telle marque de tradiment à sa posterité, feist une reponce fort subtile et de grande ruze à Sa Majesté, par laquelle il s'exempta de ceste ruineuse et sanglante charge, et qui fust telle :

« Sire, Vostre Majesté me faict très-grand honneur de m'employer en ceste créance, que j'executeray de très-ardant couraige et en toute fidelité ; mais je m'asseure que je perdray ma peine, parce que, ayants commis une telle faulte, qui ne se peult mieulx nommer que vraye rebellion à son Roy, et par consequent convaincus du crime de leze-majesté, il fault necessairement que ce soit ung prince qui leur porte ceste parolle de vostre part ; qu'ils ayent double asseurance de leur vie, et de tout ce que vous leur promettez : la premiere, de la parolle de Vostre Majesté, qui est comme ung arrest sans appel et qui ne se peult retracter ; et l'aultre, de celle du prince qui la leur porte, que vous ne vouldriez pour rien enfraindre ny desavouer, à cause de sa grandeur ; car il n'y en a poinct en ceste compaignie qui n'aist cest honneur de vous appartenir en quelque degré de consanguinité : et seront, par ce moyen, vos deux parolles confirmatives, et comme pleigées l'une de l'aultre ; là, où de la mienne ils ne doubteront jamais que vous ne passiez par dessus quand il vous plaira, n'estant que gentilhomme et serviteur ; et que me desavoueriez tousjours, pour petite et ligiere occasion ; qui les fera entrer en ung soupçon et defiance nompareille. »

CHAPITRE V.

Punition des conjurés.

Sur ceste saige responce, que le Roy et ses oncles trouverent pertinente, ils changerent d'advis; et donnerent ceste créance à M. le duc de Nemours, qui l'accepta trop promptement, sans en considerer la conséquence ny les évenements, et partit d'Amboyse avec cent chevaulx pour parler à eulx; qui ouvrirent à luy dixiesme la porte du chasteau de Noyzé. Et ayant parachevé ses discours, et juré en foi de prince, sur son honneur et dampnation de son ame, et oultre ce signé de sa propre main, Jacques de Savoye, qu'il les rameneroit sains et saulves, et n'auroient aulcun mal, quinze des principaulx et mieulx parlants d'iceulx, s'asseurants en sa foy, seing, et parolle de prince, sortirent avecques luy pour faire leur remonstrance au Roy; estimants à grand heur et advantaige d'avoir libre accez à Sa Majesté, sans qu'il fust besoing de l'acquerir par armes ny par force.

Mais estant arrivez à Amboyse, ils furent incontinant resserrez en prison, et tourmentez par cruelles géhennes. Ce que voyant M. de Nemours, il entre en une merveilleuse colère et desespoir du grand tort fait à son honneur; et poursuict par toutes instances et sollicitations leur délivrance, par l'entremise et intercession mesme de la Royne régnante, de madame de Guyse, et d'aultres grandes dames de la Cour; mais envain, car à luy et à elles toutes fut repondu par le chancellier Olivier que ung Roy n'est nullement tenu de sa parolle à son subject rebelle, ny de quelconque promesse qu'il luy aict faicte, ny semblablement pour qui que ce soit de sa part; et deffence faict, générale et par cry public, à tous et à toutes de n'en plus importuner Sa Majesté, sur peine d'encourir son indignation. Qui fut cause que cette sollicitation cessa, au grand crevecueur et mescontentement du duc de Nemours, qui ne se tourmentoit que pour sa signature (1); car, pour sa parolle, il eust tousjours donné un desmentir à qui la luy eust voulu reprocher, sans nul excepter, tant estoit vaillant prince et généreulx, fors Sa Majesté seulement.

Cependant ces quinze miserables furent executez à mort, comme coupables du crime de leze-majesté, par diverses façons, et selon qu'ils s'estoient chargez eulx-mesmes soubs la torture par leur confession. Car les ungs furent décapitez, les aultres pendus aux fenestres du chasteau d'Amboise, et trois ou quatre rouez : se plaignants plus au supplice du tradiment du duc de Nemours, que de la mort mesme qu'ils souffroient fort constamment; entre aultres, le sieur de Castelnau, gentilhomme de fort bonne maison, l'appella cinq ou six fois sur l'échaffault traihstre, très-meschant et indigne du nom de prince; et trempa ses mains au sang de ses compaignons, encores tout chault, qui avoient esté sur l'heure decapitez en sa presence; et les élevant au ciel toutes sanglantes, il prononcea

---

(1) *Ne se tourmentoit que pour sa signature.* L'auteur de l'*Esprit de la Ligue*, après avoir cité ce passage, ajoute la réflexion suivante : « Exemple remarquable d'un point d'honneur mal entendu qui craint moins la faute que la preuve. »

de fort belles et très-sainctes paroles en la prière qu'il fist à Dieu, et telles, qu'il fist pleurer mesmes ses ennemys, principalement le chancellier Olivier, qui l'avoit condamné à mort et tous ses compaignons. Lequel soudain, après cette execution, picqué d'ung remors et vive componction de conscience, tomba malade d'une extrême melencolie qui le faisoit soupirer sans cesse et murmurer contre Dieu, affligeant sa personne d'une estrange et espouventable façon; et estant en ce furieux desespoir, le cardinal de Lorrainne le vint visiter; mais il ne le voulut point veoir, ains se tourna de l'aultre costé, sans luy respondre ung seul mot; puis, le sentant esloigné, il s'escria en ces mots: « Ha! mauldit cardinal, tu te dampnes, et nous fais aussi tous dampner! » Et deux jours après il mourut.

Et parce que la Regnaudye, qui venoit joindre sa trouppe à Noyzé, fut tué par les chemyns, ceste entreprise, qui avoit esté conduite par une merveilleuse prudence et dexterité jusqu'au poinct de son execution, revint à néant et fut entierement renversée, non sans grand esbahissement : car les cinq cents chevaulx et gens de pied susdits s'estoient trouvez à Noyzé, par ung très-secret rendez-vous, de toutes les provinces de France, en moins de deux jours, sans estre découverts; mais par la confession des executez sous la question, on alla deffaire en la campaigne les aultres qui s'y venoient joindre; et semblablement, par l'accusation qu'en fist ung de leur party, nommé des Avenelles, qui se tourna du costé de M. le cardinal de Lorrainne, qui les vendist et trahist, lui donnant advertissement du passaige de la Regnaudye et du chemyn qu'il devoit tenir.

CHAPITRE VI.

M. de Vieilleville est envoyé à Orléans pour y commander.

Telles et si cruelles executions, toutesfois, despleurent à la plus grande et meilleure part de la Cour, principalement de ce qu'elles avoient esté faictes contre la parolle d'ung grand Roy ; et qu'il avoit esté de cette façon contrainct, par l'animosité de ses oncles, de la faulcer ; veu qu'il apparut à tous, par ung papier qui fut trouvé sur la Regnaudye après sa mort, que ce n'estoit poinct à luy qu'on en vouloit ; car il contenoit au premier article ces propres mots :

« Protestation faicte par le chef et tous ceulx du conseil et associez en ceste saincte et politique entreprise, de ne attenter aulcunement, ny en quelque chose que ce soit, contre la majesté du Roy, ny les princes de son sang, mais pour remettre, avec l'aide de Dieu tout-puissant, le gouvernement du royaume en son premier estat, et faire observer les anciennes coutumes de France par une légitime assemblée des Estats. »

Et ce qui rendoit les susdites executions plus odieuses, provenoit des plaintes et doleances ordinaires que faisoit le duc de Nemours à tous ses amys de l'engagement de sa parolle, et de la subreptice et cauteleuse façon dont on y avoit procédé ; ne pouvant assez hault louer, comme faisoient tous ceulx ausquels il en parloit, le très-avisé et résolu entendement de M. de Vieilleville, qui, par une brave et très-saige excuse, se deffit d'une si scandaleuse et sanglante charge; en quoy il acquist un merveilleux honneur.

Or, continuant des Avenelles ses advertissements, il asseura MM. de Guyse, sur sa vye, que bientôt on devoit faire partir de Rouanne-sur-Loyre trois grands batteaulx chargez de toutes sortes d'armes, avec grande quantité de pouldre; et qu'il y avoit bon nombre de harquebuziers ordonnez pour leur escorte et conduicte, et qu'il seroit bon d'envoyer à Orleans quelques capitainnes de marque, avec des forces pour attendre ou prévenir leur passaige et les arrêter. Sur quoy M. de Vieilleville fut appellé, et commandement à luy faict, par le Roy, d'aller à Orleans pour cest effect.

Lequel, suyvant son accoustumée prudence, respondit qu'il estoit tout prêt de partir, mais qu'il estoit à craindre que M. de Montpensier qui en estoit gouverneur, trouvast maulvais que l'on entreprînt sur son gouvernement, et qu'il seroit bon de l'en advertir. « C'est tout un, dist le Roy, en la presence de ses oncles, qui luy avoient dressé ceste partye pour l'escarter d'auprès de la Royne mere; il faut nécessairement que vous y alliez; car la chose requiert une grande celerité. — Que Vostre Majesté doncques, Sire, respond-il, me face promptement depescher ung pouvoir pour commander absolument en la ville et duché d'Orleans, comme votre lieutenant général, pour deux mois seulement, s'y estant offerte une occasion qui importe grandement à votre service. » Ce qui fust depesché du soir au lendemain ; car on n'en demandoit que l'absence : et lui furent donnez cent harquebuziers à cheval.

CHAPITRE VII.

M. de Vieilleville défait une troupe de rebelles.

Arrivez que nous fusmes à Clery, M. de Vieilleville envoya ses fourriers devant, tant pour dresser son logis, que pour le quartier des susdits harquebuziers. Et depescha un gentilhomme devers les prevost, bailly, juges et officiers de l'Hostel-de-Ville, pour les advertir de sa venue, avec son pouvoir scellé du grand scel et signé de la main du Roy; aultrement luy eussent-ils fermé les portes : excusables pour deux raisons; l'une que l'on estoit en temps d'hostilité, car au loing de la Cour on tenoit le Roi pour assiégé; l'autre qu'ils avoient un grand prince pour gouverneur, qui les eust toujours advouez de n'ouvrir poinct leurs portes à gens de guerre, soubs une simple lettre de cachet que l'on falsifie souvent, sans son commandement exprès, ou celui de Sa Majesté.

De sorte que ce pouvoir, obtenu par la grande providence de M. de Vieilleville, fust cause que les juges et officiers susdits, et quasi tous les plus apparants et riches bourgeois de la ville, même du clergé, vindrent au-devant de lui plus d'une lieue, pour lui offrir toute obéissance et service, premierement au Roy, puis pour son particulier; et qu'il estoit le très-bien venu, s'estimant bien fortifiez et asseurez par sa présence, en telle fluctuation d'affaires et de troubles qui pour lors regnoient; et que Sa Majesté ne leur eust sceu envoyer ung seigneur ni aultre chevalier pour les garder et conserver, qui leur eust esté plus agreable; avec une infinité d'aultres louanges qui seroient trop longues à reciter : et le logerent de commun assentement chez le prevost de la ville, qui est le premier estat de judicature de toute la duché. Et dès la mesme heure de son arrivée, il posa des sentinelles sur le pont, pour descouvrir s'il ne passoit point de batteaulx, avec commandement de fouiller tous ceux qui abborderoient au port, encores que ce ne fussent que fustereaulx ou petites gabares.

Mais craignant que les trois grands batteaulx ne lui eschappassent, et que l'on les eust déchargés à dix ou douze lieues au-dessus d'Orleans, ayants eu le vent de ce qui s'estoit passé à Amboise, et que, cela advenu, on l'eust peu calompnier d'estre adhérant aux rebelles (car les gens de bien et d'honneur ne manquent jamais de presteurs de charité), il monta à cheval dès le lendemain de son arrivée, et sortit d'Orleans avec ce qu'il avoit de forces; et depescha deux capitainnes à chacun vingt soldats, pour aller d'un et d'autre costé de la riviere, afin de descouvrir ou gens ou batteaulx, et luy en donner incontinant advis, sur-tout d'arrêter tous ceulx qu'ils verroient descendre, entrer dedans, et les fouiller, et qu'il les suivoit de près. Celui qui tenoit le chemin de Gyen, l'envoya advertir qu'il y avoit en un villaige près Gergeau, une trouppe de soldats qu'il sçavoit estre de la faction de la Regnaudye, mais qu'il n'en pouvoit spécifier ni recognoistre le nombre; toutesfois il l'asseuroit, par le rapport des paysants, estre fort grand. Ce nonobstant, il marche en diligence, toute la nuict, droict au villaige où ils estoient, distant d'Orleans de douze lieues, et en fist dix de ceste cavalcade, où ils les surprint environ l'aube du jour; et, sans aultrement les recognoistre, il entre de furie dedans le villaige, auquel il n'y avoit une seule barricade, et donne l'alarme, ayant mis ses harquebuziers à pied, et départy sur les issues et advenues du villaige M. d'Espinay et M. de Thevalle, avec les gentilshommes de sa maison, pour empescher la fuytte.

Ces povres soldats, qui estoient bien cinq cents, ainsi surpris et espouvantés, n'eurent pas loisir de s'assembler, horsmis cent des plus aguerris qui voulurent gaigner l'eglise; mais M. de Vieilleville, qui avoit bien preveu que ce seroit leur dernier refuge, avoit envoyé, premier que de donner l'alarme, les vieulx capitainnes, qui gaignerent la nuict le porche de l'eglise et le cymetiere, de sorte que s'y acheminants ceulx-cy sans ordre, ils furent chargez et deffaicts en pleine rue, encores qu'ils soustinssent bien valeureusement le combat. M. de Vieilleville y perdit cinq hommes, et son cheval blessé d'un coup de picque; mais ils demeurerent tous cent sur la place. Les aultres jouerent le jeu *à saulve qui peult*. Mais M. d'Espinay et sa trouppe en tuerent environ six vingts qui se saulvoient par les jardins et derrieres des maisons; les aultres se jetterent à la naige dedans la riviere. Les habitants du villaige assommerent ceux qui s'estoient mussez (¹) aux greniers, caves et aultres lieux secrets

(¹) *Mussez* : cachés.

de leurs maisons, sans misericorde. Ceste rencontre de M. de Vieilleville leur fust malheureuse ; car ils se devoient departir, et se retirer chacun chez soi, dès le jour mesme, et par petites trouppes, ayants entendu la mort de la Regnaudye, et les executions de leurs compaignons à Amboise.

Il en fut prins aussi dix ou douze, au nombre desquels estoit le capitainne nommé Sabrevert, que M. d'Espinay présenta à M. de Vieilleville, auquel il confessa qu'il descendoit trois batteaulx chargez d'armes de toutes sortes, pour gens de cheval et de pied, et de grande quantité de poudres; semblablement trois faulconneaulx et quatre harquebuzes à crocq ; mais qu'il les avoit laissées et abandonnées à trois lieues au-dessus de ce village, ayant esté adverty que leur entreprise pour le bien public de la France estoit découverte par les tradiments du duc de Nemours, et d'un meschant de leurs associés nommé des Avenelles; dont le premier avoit amené, sur sa parolle et foy de prince, quinze des plus apparants de leur premiere trouppe à la boucherie, et l'aultre avoit fait tuer leur chef M. de la Regnaudye.

Et luy ayant demandé M. de Vieilleville comment ils avoient peu passer, depuis Rouanne, par tant de villes qui sont sur la riviere, comme Nevers, Gyen, et une infinité d'aultres, sans estre arrestez et combattus; il respondit, sous la faveur d'un passeport, qu'il luy monstra, que leur avoit donné le lieutenant général au gouvernement et séneschaulcée de Lyon et Lyonnais, qui contenoit « qu'ils alloient au service du Roi : car il sçavoit bien, comme estant de nostre party, que nous allions mettre Sa Majesté hors de la tyrannie de ceulx de Guyse, et rendre à l'Etat et couronne de France son ancienne et premiere liberté. »

M. de Vieilleville, considerant leur intention estre bien fondée puisqu'elle regardoit le bien public, et que s'il les eust tenus prisonniers de guerre pour payer rançon, il n'eust pas esté en la puissance du Roy d'empescher qu'ils n'eussent passé comme les aultres (car il se desplaisoit extremement, comme pere des soldats, de veoir deffaire par un bourreau ung honneste soldat qui cherche sa fortune en homme de bien par les armes, et n'en vouloit que aux voleurs, mutins et seditieux; tesmoins les legionnaires de Metz), il fust d'advis de leur donner liberté, et permettre de se retirer. De quoy ce capitainne et ses soldats le remercierent en toute humilité, se mettants à genoux, car ils pensoient estre morts. Ils firent quelque instance d'avoir ung passeport; mais il le leur reffusa; leur conseillant de se debander, et d'aller seulets ou deux à deux, aux lieux de leur retraicte, et s'advouer à M. de Guyse : ce qu'ils firent. Puis commanda de jecter les corps de leurs compaignons morts en la riviere, affin que ceulx d'Orleans, de Blois et d'Amboise veissent ceste deffaicte, par laquelle il mist fin à la guerre ou entreprise Renaudique, que l'on nomma le tumulte d'Amboise : qui advint et dura quasi tout le mois de mars, l'an mil cinq cents soixante.

Puis alla luy-mesme avec toute sa trouppe querir les trois grands batteaulx, qui estoient quatre lieues au-dessus de Gergeau, dedans lesquels il n'y avoit que les batteliers et environ vingt soldats malades, qu'il ne permit estre jectez dehors ny tuez, garnis au reste de toutes les choses recitées par le capitainne Sabrevert. Il commanda aux batteliers de les amener à Orleans, les asseurant de leur payement : à quoy ils obeïrent ; et fist entrer en chasque batteau dix soldats, pour la seureté, et pour respondre aux juges de Gergeau, et leur monstrer son passeport.

CHAPITRE VIII.

M. de Vieilleville retourne à la Cour.

Ceux d'Orleans qui avoient desja veu les corps, et resjouis infiniment de ceste deffaicte, incontinant qu'ils furent advertis de son acheminement, se preparent en toute magnificence de venir audevant de luy, pour luy faire comme une entrée. Mais il envoya M. d'Espinay devers les principaulx de la ville pour leur en faire deffence de sa part ; et que quand il n'y auroit que ceste seule consideration, de la jalouzie qu'en pourroit prendre M. de Montpensier leur gouverneur, prince du sang, cela les devoit retenir ; car ils le cognoissoient assez vindicatif. Ils prindrent ceste saige remonstrance en payement, et l'en remercierent, faisant retirer tout le monde et rompre les preparatifs : car on commençoit desja à tendre la porte et la rue de Bourgoigne, par laquelle il devoit entrer.

Estant arrivé à Orleans, et les batteaulx semblablement, il departit quelques armes à ses gentilshommes, capitainnes et soldats ; et donna le reste qui estoit en grand nombre, et toutes les pouldres qui estoient environ quarante cacques, semblablement les faul-

conneaulx et harquebuzes à crocq., à l'hostel de ville,
pour mettre le tout en leur magazin ; qui luy en firent de très-grands et très-humbles remerciements ;
car il preferoit toujours telles faveurs à toutes les richesses du monde. Aussi le sçavoient-ils bien publier ;
disants tout hault que leur gouverneur et son lieutenant en eussent plustost mis l'argent en leur bourse.
Il vendit semblablement les trois batteaulx, et en distribua une partie de l'argent à quelques soldats necessiteux, mais la plus grande part à l'hospital d'Orleans
et aultres povres ; qui augmenta grandement sa réputation, et enflamma tellement l'ardeur des habitants
de toutes qualités en son amitié, qu'ils le souhaictoient
au lieu de leur gouverneur, encores qu'il fust prince
du sang. Car de sa vie, disoient-ils, il n'avoit faict un
tel present à l'hostel de ville ny à l'hospital, non pas
encores commencé, ny aux aultres povres honteux,
espars et cachez par la ville, comme M. de Vieilleville
avoit faict ; mais prenoit tout, et fourroit tout pour
son bastiment de Champigny. De telle inconstante et
variable humeur font les affections d'une populace
le plus communément, et quasi de tous habitants de
ville, qui ne peuvent jamais s'adonner à la louange et
amitié de quelqu'un, sans denigrer celluy qu'ils abandonnent et qu'ils avoient auparavant aimé, pour
donner couleur à ce changement, auquel les presens
et aultres bienfaicts les rendent fort subjects.

Et après y avoir sejourné quinze ou saeze jours,
avec les meilleures cheres du monde, car ce n'estoient
que festins à tour de roolle par les plus riches et
aisez de la ville, mesme des ecclesiastiques, abbéz et
chanoines en dignité de la grande église de Sainte

Croix, nous deslogeasmes à leur très-grand regret; et prinsmes la riviere, pour descendre à Amboise, où les chefs de l'hostel de ville ne s'espagnerent pas; car ils nous fournirent de trois bons grands batteaulx, bien couverts et diaprez des armoiries de M. de Vieille-ville, et garnis de toutes les commoditez qui se peuvent desirer, principalement grand nombre de bouteilles de vin d'Orleans très-excellent pour sa suicte et domestiques d'apparence seulement; car tous les harquebuziers et les trains avec les chevaulx allerent par terre, qui se devoient rendre à nos couchées; car tant que le jour duroit nous ne branslions en ville ny villaige quelconque, mais disnions en nos batteaulx.

Et ne fault demander si à Boegensy, à Blois et par tous les gros bourgs et villaiges du long de la riviere, nous feusmes receus d'une merveilleuse allaigresse; car ces corps morts, qui pouvoient estre environ quatre cents soixante, flottants par devant leurs portes et soubs leurs ponts, leur avoient desraciné la frayeur de laquelle ils estoient espouvantez, par le faulx bruict que l'on faisoit courir, qu'il descendoit du Lyonnais, de Bourgoigne, Auvergne et aultres provinces adjacentes, plus de dix mille hommes pour secourir leurs trouppes, et vanger la mort de ceulx que l'on avoit trahis et executez à Amboise.

CHAPITRE IX.

Le Roi et MM. de Guise donnent à M. de Vieilleville des marques de leur contentement.

Nous reprinsmes nos chevaulx à Escures pour venir à Amboise; et à demie-lieue de la ville, nous trouvasmes MM. de Brezé et de Nanssé, capitainnes des gardes, de l'amitié et alliance desquels envers M. de Vieilleville nous avons parlé au commencement de ce livre, qui estoient venus avec bonne trouppe audevant de luy pour le bien-veigner, et luy faire entendre beaucoup de particularitez qui s'estoient passées depuis son partement. Et adjousterent que son heureux voyaige l'avoit mis bien avant en la grace du triumvirat (1); et qui estoient ceulx qui s'en rejouissoient, ou qui en crevoient; *item*, qu'il trouvera une faveur qu'il n'esperoit pas; car il n'estoit logé que au pied du chasteau, et il a maintenant une belle chambre au dedans, par le commandement exprès de M. de Guyse, qui l'honore et respecte ce qui se peult; et qu'il s'y doibt fier beaucoup plus qu'au cardinal. Et marchants avec tels devis, M. de Hangest se presenta à luy, avec vingt chevaulx, à quart de lieue de la ville, que M. de Guyse avoit envoyé pour le recevoir, et luy dire de

---

(1) *Du triumvirat.* Le triumvirat ne fut formé qu'en 1562, lorsque, dans le commencement du règne de Charles IX, la Cour fit prévaloir le parti des Protestans. Il se composa des ducs de Guise, du connétable et du maréchal de Saint-André.

sa part qu'il estoit le bien venu, comme celluy que l'on devoit tousjours employer pour l'exécution d'une grande et importante charge. Et entrasmes, avec ceste bonne compaignie, en la ville; et descendus au pied du chasteau, ledict sieur de Hangest le mena en la chambre que M. de Guyse luy avoit ordonnée, et commandé d'estre preparée.

Et incontinant après s'y estre raffraischy, il alla, en vray et routier courtisan, trouver M. de Guyse pour le remercyer d'une et si favorable courtoisie. Lequel, après plusieurs caresses et embrassades, le presenta au Roy, le gratifiant de beaucoup de parolles pleines de louanges et d'honneur. Après lesquelles, Sa Majesté le receust fort gracieusement, luy disant qu'il avoit très-grande occasion de se contenter de son service, et qu'il ne se presenteroit jamais affaire de telle importance que celle d'où il venoit, et qu'il avoit si valeureusement et avec une indicible diligence executée, qu'il ne fust des premiers appellé pour la mettre bientost à fin, et avec toute fidélité. De quoy M. de Vieilleville, luy baisant en toute révérence et humilité la main, l'asseura, se soumettant à la plus cruelle mort qu'on pourroit inventer si jamais il luy entre en l'ame d'y faire faulte, avec protestation que tant qu'il vivra, il entretiendra Sa Majesté en ceste bonne opinion.

Au partir de-là, il vint trouver les roynes mere et regnante en leurs chambres, semblablement les princesses et aultres dames de la Cour, desquelles toutes il fut fort humainement receu, avec le petit mot de louange de chacune. Puis il alla saluer M. le cardinal de Lorrainne, malade de sa colicque, qui luy en dict sa ratelée, entre aultres que, par un juste jugement de Dieu, tous les rebelles qui avoient entrepris de devorer le Roy et son conseil ont esté engloutys par la riviere et les poissons ; de quoy Sa Majesté et tous eulx luy avoient grande obligation, puisque par sa valeur et saige conduite ce bien leur estoit advenu, et qu'il avoit apporté ce repos commun à toute la France.

Ainsi se passerent environ six semaines sans recevoir aulcunes nouvelles, fors une qui leur fust fort agréable ; que le roi de Navarre estoit demeuré, au retour de son voyaige, bien malade à Nérac, sur les apprests qu'il faisoit de venir à la Cour avec plus de sept cents chevaulx, bien resolu de se faire recognoistre pour premier prince du sang après les freres du Roy encore enfants, et remettre les anciens statuts de France en leur premiere essence et vigueur : qui eust grandement brouillé les cartes ; car tels complaisoient à ceulx-cy, qui à ceste venue les eussent abandonnez, et comme vrais et naturels français se fussent tournez de son costé.

CHAPITRE X.

M. de Vieilleville est envoyé à Rouen.

Bientost après, ils furent advertys que ceulx de la religion pretendue reformée s'estoient battus en la ville de Rouan (1), et qu'il s'y estoit commis beaucoup de

---

(1) *S'estoient battus en la ville de Rouan.* Ce tumulte fut causé par un maître d'école qui avoit pris un grand ascendant sur la populace de

forces et violences, principalement contre les ecclesiastiques; car ils avoient eu du meilleur. Incontinant sans mettre les choses en longueur, ny aultre déliberation de conseil, on depescha M. de Vieilleville pour y aller avec sept compagnies de gendarmes, et y donner l'ordre requis et nécessaire; qui ne reffusa pas cette charge, mais s'y achemina fort volontairement, en intention de bien satisfaire Sa Majesté.

Et estant à Gisors, où les compaignies susdites se trouverent l'une après l'aultre, des villes où elles estoient esparses en garnison, et qui se y rendirent en moins de quinze jours, il envoya ung gentilhomme devers Messieurs de la cour de parlement leur remonstrer qu'il ne sçauroit approcher de leur ville et fauxbourgs avec ses forces, sans l'évidente ruyne du peuple et des lieux et belles maisons qu'ils ont autour de la ville; et qu'à ceste cause, et pour le desir qu'il a de les conserver comme subjects du Roy et chefs de la justice en la province, qu'ils luy envoyent un conseiller de leur corps avec les informations des plus chargez en la sédition, et qu'il laissera toutes ses forces sans les faire passer plus oultre, n'estant raisonnable que l'innocent pâtisse pour le coupable; et leur envoya le double de son

---

Rouen. « Cet homme, dit Regnier de La Planche, pour ses rêveries et
« révélations fantastiques qu'il avoit apprises en la boutique des Ana-
« baptistes, avoit été chassé premièrement de Genève, et puis de plu-
« sieurs autres églises de France. Il s'étoit retiré à Rouen, où il avoit
« acquis le bruit de bien instituer les enfans en quatre langues tout à
« la fois, et en peu de temps, par certaines règles étranges et inconnues,
« néanmoins tant certaines, comme il disoit, qu'il promettoit d'en
« faire merveille. Dans ses sermons, il disoit qu'il avoit commande-
« ment exprès de mettre à mort tous les méchans princes et magistrats,
« exhortant par-là chacun à prendre les armes. »

pouvoir, qui estoit terrible et très-rigoureulx; car, sans respecter estat ni qualité, il luy estoit permis de faire mourir, non-seulement ceux qui avoient mis les armes à la main, mais tous autres qui y avoient applaudy, ou par soubs main favorisé ce tumulte; ayant ung prevost de l'hostel, nommé Genton, à sa suite, pour cest effect.

Ces messieurs admirerent infiniment la prudente et conscientieuse discrétion de M. de Vieilleville en la conservation des subjets du Roy, et qu'il ne se vouloit pas enrichir de leur ruyne; et envoyerent devers luy un conseiller nommé Duval, pour le remercyer très-humblement d'une si louable courtoisie, qu'ils mettront en compte d'une fort grande obligation; et que ceulx d'Orleans ne leur avoient poinct menty, quand ils advertirent des bontez et gratuites liberalitez qu'il avoit exercées en leur endroict; car ils voyoient bien que la courtoisie dont il use presentement envers eulx est vrayment confirmative de ses vertus, qu'il a fait reluyre en Orleans, et desquelles la mémoire servira de miroir à tous seigneurs qui auront charge royale, de ne se precipiter en cruaulté ny avarice; et que s'il luy plaist de s'acheminer en la ville, qu'il y sera le très-bien venu et receu comme ung très-digne lieutenant de Roy; le suppliant de laisser ses forces, ainsi qu'il leur promect, et qu'ils vont mettre la main à l'œuvre pour faire commencer les informations le plus secrettement qu'ils pourront, et ordonner des gardes aux portes, affin que les principaux autheurs, tant d'une part que d'aultre, de la sedition, ne puissent evader ny prendre la fuycte.

Sur ceste bonne et franche volonté, M. de Vieilleville departi ses forces et envoya trois compaignies au Chasteau-Gaillard, et les aultres quatre au grand et petit Andely. Mais sur-tout il choisit jusques à cent gentilhommes des plus apparants et mieulx montez, pour l'accompaigner sans lances, cuyrasses ny aultres armes, oultré leurs espées et dagues, que de l'estoc et de la pistole, ou de la masse d'armes à l'arçon de la selle. Et, marchant avec ceste trouppe et sa suicte ordinaire, qui pouvoient monter environ deux cents chevaulx, il approche de la ville, entre laquelle et Dernetal il trouva soixante des plus apparants de la ville qui luy estoient venus au-devant, de la part de messieurs de la cour; car M. de Villebon s'estoit resserré dedans le chasteau durant la sedition, duquel il n'estoit oncques puis sorty, et ne conferoit avec personne, encores qu'il en fust gouverneur, tant estoit grande son apprehension, et laissoit toutes les affaires de son gouvernement en la disposition de ceux de la cour et aultres juges.

CHAPITRE XI.

M. de Vieilleville fait punir les séditieux.

Ainsi entra M. de Vieilleville à Rouan, et vint descendre à l'hostel l'Abbaye du Bec qu'on luy avoit faict preparer, où se presenta, quasi à la descente de cheval, un gentilhomme de M. de Villebon, nommé La Barre, pour l'advertir de quicter son logis et venir au chasteau, car les heretiques le tueront. M. de

Vieilleville ne fist pas grand compte de cest advertissement, mais s'en mocqua et le renvoya avec une créance à son maistre, qui le devoit bien faire rougir, de se rendre luy-mesme prisonnier, qui devoit emprisonner les aultres, et d'estre tout le jour et quasi la nuict à cheval par la ville, pour s'enquerir et s'informer des plus mutins et les bien chastier; et que sa seule presence les feroit retirer, là où le voyants ainsi timide et espouvanté, ils s'animent à tout mal et rebellion, et qu'il se deplaist de la maulvaise oppinion que le Roy a de luy, à cause de l'alliance et parenté qui est entr'eux deux. La Barre s'en va avec ce motet, incertain toutesfois s'il l'osa redire, car nous n'en ouismes oncques parler.

Le lendemain il faict assembler tout le corps de la cour, aultrement toutes les chambres, et s'assied en la place qui est reservée aux roys quand ils s'y trouvent pour tenir leur lict de justice; et commande au greffier de la cour, auquel il avoit desja faict delivrer son pouvoir, d'en faire lecture publique et intelligible. Laquelle parachevée, le premier president, nommé M. l'Alman, commencea à parler; disant que le Roy avoit esté divinement inspiré de leur deputer et envoyer ung si digne seigneur, auquel ils sont prests d'obeir, non-seulement pour le regard de son pouvoir qui est très-ample, mais pour la très-grande et louable reputation qu'il a tousjours acquise en toutes les charges que nos roys luy ont jamais données, lesquelles il a parachevées sans rapine ny violence; qui les faict esperer que l'issue de ceste-cy sera pareille et sans effusion de sang, veu le très-begnin commencement dont il a procedé; qu'il luy plaise doncques commander tout ce qu'il jugera estre bon, utile et necessaire pour le service du Roy, pour y estre obey et servy sans rien espargner ; car la cour luy offre et promect toute assistance.

Ce propos finy, M. de Vieilleville les remercia, leur disant qu'il fera entendre à Sa Majesté leur sincere affection à son service, et qu'il a deliberé de commencer à l'après-disnée en l'exécution de sa charge, qu'il leur veult communiquer à part ; et cela dict, il se leva et faict approcher de luy les presidents et cinq ou six conseillers les plus anciens, ausquels il dict qu'il vouloit oster les armes au peuple, de quelque religion qu'il soit, et les faire mettre en l'hostel de ville, afin d'obvier à toute sedition populaire, et faire les executions des plus chargez en plus grande seureté ; leur remonstrant que s'ils eussent pourveu à cela de bonne heure, il n'eust pas eu la peine de faire le voyaige : remonstrance à la verité qui les fist rougir ; car s'ils y eussent pensé, la sedition n'y fust pas advenue ; et louerent fort ce très-bon advis, qui estoit le seul remede d'avoir la raison d'une populace et la maistrizer.

Doncques, incontinant après-disner, il pose M. d'Espinay, avec trente gentilshommes, en la place de la grande église ; M. de Thevalle, avec pareil nombre, en celle de Saint-Ouan ; M. d'Orvaulx, avec aultant, le long de la grande rue, et depart ainsi sa trouppe en divers lieux. Puis faict crier par tous les carrefours, à son de trompe, que toute personne, de quelque qualité ou religion qu'elle soit, sans nul excepter, aict à porter toutes ses armes en l'hostel de ville, incontinant après le ban, sur peine de la hart, sans misericorde, auquel hostel ils trouveront gens fiables pour les recevoir et mettre en seure garde, affin de les rendre à ceulx à qui elles appartiendront : ceste occasion passée, que s'il est trouvé que quelqu'un aict escarté ou caché les siennes, il sera pendu et estranglé, et tous ses biens confisquez : avec lequel ban on leur donna l'espouvante que les forces qu'il avoit laissées à sept lieues de la ville marchoient en diligence pour y entrer ; et s'estoit desja M. de Vieilleville saezy des portes qu'il faisoit tenir fermées, principalement celles qui regardent la riviere.

Ceste ordonnance, inoppinément publiée, et avec telles menaces, mit tout le peuple en si grande frayeur, que toutes les armes des habitants furent portées, en une merveilleuse promptitude, en l'hostel de ville. Et alloit cependant le prevost Genton, avec ses archers, de maison en maison pour les visiter, et descouvrir s'il s'y commettoit quelque fraude ou abus ; mesme les présidens, conseillers, tous juges et les ecclesiastiques, y firent porter les leurs, ou pour servir au mesme peuple d'exemple, ou pour ne tomber poinct aux inconvénients où se rendent subjects ceux qui contreviennent à ung commandement d'un lieutenant-general de Roy, qui est aultant desobéir à la mesme Majesté : aussi, qu'ils cognoissoient M. de Vieilleville du tout inexorable aux contrevenants à ses commandements et ordonnances quand ils concernent le service du Roy, en l'enfraincte desquels il n'eust pas favorisé son propre frere.

Toute la journée, jusques à six heures du soir, se passa en ceste corvée. Et dès la poincte du jour du lendemain, le prevost Genton commence à faire les captures, assisté et soutenu des forces du jour precedent, et en la mesme assiette, et ce, suivant les roolles des coupables, que messieurs de la cour avoient tirez des informations : et en fut pris environ trente d'une et d'aultre religion; les aultres, plus advisez, avoient deslogé dès le jour de son arrivée. Et estants ainsi prisonniers, M. de Vieilleville commanda au prevost de depescher incontinant leurs procès pour en faire un bon exemple; mais il luy deffendit expressément de ne sonner, en façon que ce soit, en la sentence que l'on prononce au supplice au pied de l'eschele, qu'on appelle *dictum*, ce mot de *religion*, mais seulement « qu'ils ont porté les armes contre les ordonnances du Roy, n'estants soldats, pas seulement souldrilles ny dignes de cette qualité, et n'ayants jamais faict serment ny service à Sa Majesté en ses guerres ny à la couronne de France, mais seulement gens de ville, artisans et mecquaniques, lesquels, après s'estre ennivrez, se sont battus et tuez, et par ung desbord desesperé en leur ivrongnerie, ont entré aux églises et ravagé en icelles ce qu'ils ont peu prandre et voller. » Et en fut ainsi executé jusques à dix-huict de mort naturelle; les aultres de mort civile, les ungs par le fouet, les aultres d'amendes honorables et bannis, selon qu'ils estoient chargez.

Les presidents et conseillers admirerent grandement le stile de ce *dictum*, d'aultant qu'il ne spécifioit un seul mot de ce que contenoient les informations, et confesserent tous qu'il avoit esté dressé par ung merveilleux artifice et de grande ruze; car, disoient-ils, s'ils eussent esté executés pour avoir pollu les autels, foulé aux pieds les choses sacrées, et les nostres pour avoir aussi tué deux ministres et brûlé une infinité de bibles, nouveaux testaments français, avecques d'aultres de leurs livres censurez, c'eust esté pour animer les ungs et les aultres à en tirer la vengeance, faire des parties et entreprises pour y parvenir, et tousjours à recommencer. Mais, par la grace de Dieu et par l'industrie et saige entendement de M. de Vieilleville, ils ont tous esté pendus et punys pour faict d'ivrongnerie seulement, qui nous faict espérer que nous ne tomberons plus en si perilleux et espouventables inconvénients; car chacun craint ceste reputation d'estre dict subject au vin, et à s'enyvrer et mourir avec ceste honteuse marque, et non pas pour sa conscience et pour soutenir en vray chrestien sa religion.

CHAPITRE XII.

M. de Vieilleville réprime les entreprises des Huguenots de Dieppe.

Ceulx de Dieppe, bien advertys de l'execution susdicte, car six de leur ville y passerent par mort naturelle, et trois par civile seulement, qui leur vindrent annoncer les nouvelles, entrerent en une grande frayeur, d'aultant que les forces de M. de Vieilleville s'estoient approchées d'eulx de l'aultre costé de la riviere, et qu'il avoit commandé à toute la noblesse du Dieppois qu'ils se tinssent prests de marcher pour le service du Roy à quand il leur commanderoit, sur peine d'estre declairez rebelles à Sa Majesté, envoyerent devers luy le lieutenant civil de la ville et celuy de l'admiraulté, car la jurisdiction de l'admiral y est establye, et cinq ou six des principaux de la ville.

Eulx arrivez à Rouan, ils se presentent fort matin à son lever, luy faisant beaucoup de belles remonstrances tendantes aux fins de leur justification; le suppliant humblement de les traicter avec doulceur et modestie, comme innocents de toute sedition, et que son bon plaisir soit principalement de les exempter de garnison, et faire retarder la gendarmerie qu'ils ont entendu marcher devers eulx.

Ce que M. de Vieilleville leur accorda fort librement; mais il vouloit qu'ils demolissent, sans contredict, le théâtre qui estoit basty pour leurs presches; car le Roy s'estomacquoit bien fort de ce qu'ils avoient eu la hardiesse de le faire construyre en plain cueur de ville sans sa permission, et qu'ils sçavent bien, estants juges qui ne ignorent poinct les loix ny les coustumes des provinces de France, qu'un gentilhomme ne ozeroit elever en sa terre un colombier seulement sans le congé du seigneur duquel il l'a tenu; et, s'il le luy permet, il l'oblige à quelque devoir qui n'est pas oublié en son adveu.

« A plus forte raison, vous vous estes grandement oubliez d'avoir si peu respecté votre souverain; et qui plus est, il n'est poinct basty pour le bien public ny pour son service; et deviez, comme officiers de Sa Majesté, vous y opposer de vive force, et y perdre plustost la vye. » Là-dessus, ils protesterent qu'il a esté basty par le commandement exprès de M. l'admiral, qui a luy-mesme advancé les premiers deniers, et souvent contribué; car les habitants n'eussent sceu fournir à la perfection d'ung si superbe édifice. « Au moins deviez-vous, dist-il lors, comme gens qui avez fait serment au Roy de ne souffrir qu'il se face chose en vostre ville qui luy soit prejudiciable, deputer quelques-uns, ou de la justice, ou de la ville, pour remonstrer au privé conseil du Roy une telle insolence et usurpation ; de sorte que, pour une si enorme faulte, il ne vous peult moins escheoir que la privation de vos estats ; et vous fera Sa Majesté grande grace quand il vous remettra la vye ; car la connivance dont vous avez usé en cest endroict vous condampne à la mort, d'aultant mesme que vous ne pouvez ignorer qu'il a esté basty pour prescher et dogmatizer une nouvelle religion toute contraire à celle de votre Roy, le grand pere duquel, et son pere mesme, en ont fait brusler une infinité de ceulx qui la suyvent et y adherent, et en est executé tous les jours. Par ainsi resolvez-vous à sa demolition ; car l'ung des principaulx commandemens de ma charge est de le faire porter par terre ; et ne partiray poinct de ce pays que je ne l'aye executé, quand je devrois abrazer toute la ville de Dieppe : et, sans user de plus longs discours, vous en pouvez retourner, encores qu'il soit en ma puissance de vous retenir prisonniers jusques à ce que j'aye effectué ma conception et ce que j'ai en fantaisie ; mais je ne userai pour cette fois d'une telle rigueur, et vous donne congé de partir pour reciter à vos concitoyens ce que vous avez négocié avec moi, ausquels ne differez de dire qu'ils fassent ce qu'ils pourront ; mais assurez-les quant et quant que je ferai ce que je vouldray, et qu'il n'est poinct en leur puissance de m'en empescher ; que s'ils l'entreprennent, ce sera à leur totale ruyne et confusion. »

Ces povres depputez eussent voulu estre encores à Dieppe, estants incertains de la resolution de M. de Vieilleville pour le regard de leurs personnes, et ne sceurent aultre chose replicquer, sinon qu'il luy pleust les laisser partir pour remonstrer à leurs concitoyens son intention et bonté, et les persuader d'y obeyr comme bons et fideles subjects du Roy, puisque Sa Majesté l'avoit ainsi voulu et ordonné; promettants sur leur vie et honneur de s'y employer de toute affection et fidélité : de quoy M. de Vieilleville se contenta ; et les pria de demeurer encores pour tout ce jour ; ce qu'ils accorderent fort volontairement.

Le soir du mesme jour, M. de Vieilleville fist advertir toute sa trouppe de se tenir prests à partir le lendemain à l'aube du jour, et se trouver devant son logis sans bagaige, et qu'ils fissent bien repaistre leurs chevaulx ; car il vouloit faire une longue cavalcade : qui n'y faillirent pas ; et ainsi deslogea de Rouan, sans faire sonner trompette ny sourdine, marchant droict à Dieppe, ayant les depputez avec lui, qui furent estonnez de ceste promptitude, n'en pouvant imaginer l'occasion ; car il fit le chemin d'une traicte ; encores qu'il y aict d'une ville à l'aultre douze lieues. Et estants à deux lieues de Dieppe, il depart les susdicts depputez et les faict marcher devant, ausquels il donne les vieils capitainnes de Metz, avec trente chevaulx pour les accompaigner, qui avoient charge, les ayants rendus en la ville, de s'arrester à la porte, de le y attendre, et s'en saezir ; leur donnant advantaige d'environ demye-lieue seulement.

Arrivez qu'ils furent en la ville, et la trouppe des capitainnes arrestez à la porte, les habitants entrent en une merveilleuse frayeur ; mais les depputez les asseurerent qu'ils avoient impetré de M. de Vieilleville qu'ils seroient exempts de garnison, et qu'ils n'auroient aucun mal ; mais qu'il falloit obéyr aux commandements du Roy, qui vouloit que le theatre fust démoly et abattu de fond en comble. Sur ceste parolle, la pluspart se mutine, et veult prendre les armes pour y resister et plustost mourir que de l'endurer : representant ceste esmeute, à veoir le peuple courir par les rues, ung abrazement de feu qui est en trois ou quatre maisons d'une ville, et en divers lieux, où tout le monde se précipite pour l'estaindre. Car ils alloient d'un costé et d'aultre, de furie, pour animer ung chacun au combat et se saezir de leurs armes. Les ungs vindrent aux clochers pour battre le tocsainct ; mais nos capitainnes y avoient desja donné bon ordre, et furent repoulsez. Les aultres se presenterent à la porte, où estoient lesdits capitainnes, qu'ils trouverent en deffense, et quasi du tout barricadée, et y en fut tué trois ou quatre de premiere abordade ; qui les refroidit beaucoup.

CHAPITRE XIII.

M. de Vieilleville se rend maître de la ville de Dieppe.

Sur ce tumulte, M. de Vieilleville arrive avec toute sa trouppe, et trois trompettes qui sonnoient incessamment ; et viennent à grand trot, à pannades et ruades, droict au théatre ; et portants par terre tout ce qu'ils rencontrent en leur voye, sans y espargner aige ny sexe; mesme le baston et platissades d'espées n'y furent pas espargnez; et contraignit M. de Vieilleville tous les habitants et une infinité de paisandaille, mariniers et aultres gens du menu peuple qui se trouverent là, de mettre la main à l'œuvre pour ceste démolition, qui fust commencée en sa presence, sans que jamais personne s'ozast eslever pour y faire resistance; encores que ceulx de la religion prétendue y fussent les aisés, et donnassent la loi à tout le reste. Qui fust ung stratageme de guerre executé d'une terrible ruze; car, s'il eust laissé partir les depputez ung jour devant luy, ou qu'il eust repeu par les chemins, il n'y eust jamais entré, et s'en fust retourné avec sa courte honte, ou bien y eust perdu la vye. Mais en une brave execution qui requeroit celerité, il ne luy falloit jamais parler de repaistre ni de dormir; car il se souvenoit bien que le vidame de Chartres, pour avoir disné par les chemins, faillit la ville de Saint-Omer, que les capitainnes français qui estoient prisonniers luy devoient livrer, par le moyen du grillier qu'ils avoient gaigné; et que le mareschal de Thermes, pour avoir voulu dormir, fut desfaict près Gravelines, là où, s'advançant d'une heure seulement, il défaisoit l'armée ennemye; et par grand malheur, il en employa trois en son reposouer. Mais M. de Vieilleville, par sa furieuse et inopinée entrée, fist fondre et dissiper cette enraigée populasse, sans aulcun effort ou effect, tout aussitost que faict le soleil du moindre de ses rayons une grosse et epaisse brouée; car on ne sceust jamais descouvrir ce que tout cela devint. Les ungs gaignerent, par les portes ouvertes, les champs; les aultres se saulverent dedans les navires, barques, pataches et aultres vaisseaux qui estoient à la radde sur le port; mais la pluspart se cacherent chez les catholiques leurs voisins, parants et amys; de sorte que par ce grand espavente M. de Vieilleville demeura maistre de la ville, sans qu'il y eust plus de dix hommes des leurs tuez sur la place, non pas au combat, mais pour avoir reffusé de s'employer à la demolition; qui fut cause qu'un chacun, sans respect de sexe ny de qualité, y feist office de gastadour et de pionnier.

La nuict venue, M. de Vieilleville vint descendre au logis que les depputez luy avoient fait preparer, et semblablement à toute sa trouppe, qui tenoient toute la ville, espars çà et là, pour plus grande seureté; et tenoit M. d'Espinay la porte de la marine, et M. de Thevalle celle des champs; mais toute nuict on continuoit la ruyne du théatre, où tout le monde, M. de Vieilleville mesme, avoit grand regret; car c'estoit ung fort brave édifice, ressemblant au theatre de Rome qu'on appelle Collisée, ou aux arênes de Nysmes. On fut trois jours à le verser par terre, et ne partismes de Dieppe que n'en veissions la fin.

Durant lequel temps, M. de Vieilleville fist de belles ordonnances pour retenir tous les habitants en bonne paix et union, desquels ils se trouverent fort bien edifiez tandis qu'ils les observerent; et furent fort estimées et bien approuvées par Messieurs de la cour de parlement de Rouan. Auquel lieu nous retournasmes le cinquiesme jour après nostre partement, où M. de Vieilleville fust derechef receu avec aultant d'honneur et de respect que l'on sçauroit dire.

Et après y avoir sejourné quatre jours, nous nous

acheminasmes pour venir à la Cour, qui estoit à Orleans, et licentier les cent gentilshommes qu'il avoit choisis sur les premieres compaignies ; aux chefs desquelles il commande de les remener en leurs anciennes garnisons.

CHAPITRE XIV.

M. de Vieilleville vient à Orléans, où étoit la Cour.

Approchez que nous fusmes d'Orleans, M. de Vieilleville y fut acueilly comme à Amboyse, et avec beaucoup plus d'honneur. Car M. de Guyse l'attendit long-temps avec quinze ou vingt chevaulx soubs la porte Banniere ; et ne sceyt-on pourquoy, sinon que l'on disoit qu'il vouloit sonder son cueur sur l'emprisonnement qu'il avoit faict de la personne du prince de Condé, frere du roy de Navarre ; luy disant que des Avenelles luy avoit faict fort clairement veoir qu'il estoit chef et autheur de toutes les forces qui avoient paru à Amboyse et Noyzé ; et que La Regnaudye n'estoit que son lieutenant ; et qu'il ne falloit pas tollerer qu'un petit galant, pour prince qu'il soit (car il estoit de fort petite stature), fasse de telles bravades à son Roy et souverain seigneur ; et marcherent ensemble, devisants de telles affaires, jusques au logis de Sa Majesté, à laquelle M. de Guyse le presenta ; qui luy fist encores plus grandes demonstrations de contentement de ses services que à Amboyse, et sur-tout de la démolition du theatre, et de la dextérité dont il y avoit usé, et du grand dangier auquel il avoit hasardé sa personne pour la faire obeyr, mesprisant toute apprehension de mort pour executer ses commandements; puis adjousta qu'il tenoit le petit prince de Condé prisonnier, comme bien convaincu d'estre le principal autheur de toutes les seditions et tumultes passez; mais qu'il luy apprendra à mieulx respecter son souverain seigneur qu'il n'a faict, et qu'il pourra servir d'exemple à tous mutins pour l'advenir. A quoi M. de Vieilleville ne respondit aultre chose, sinon qu'il s'ésbahissoit grandement que, se sentant coulpable, il se soit ainsi venu precipiter dedans le filet. Mais M. de Guyse repliqua qu'il pensoit avoir affaire à des sots, qui luy joueront ung traict de finesse duquel il ne se doubte pas. Là-dessus la Royne mere survint; la presence de laquelle fist mettre fin à ce discours, qui devoit estre plus long; car desja le Roy avoit mis en jeu le roy de Navarre, qui estoit par les chemins pour venir à la Cour. Et ainsi se departit la compaignie pour aller au conseil.

A l'yssue duquel, le Roy commanda à M. de Vieilleville d'aller veoir le prince de Condé; qui s'en excusa comme celluy qui se doubta incontinant de quelle bouticque sortoit ce commandement, et sur quelle fin il avoit esté forgé; disant à Sa Majesté qu'il mourroit plustost que d'y aller; car il avoit trop à descueur tous perturbateurs du repos public, principalement ceulx qui entreprennent sur l'Estat; luy conseillant de le confiner en la Bastille, ou en une tour de Loches, si tant est qu'il n'aict poinct attenté à la vye de Sa Majesté; car s'il se trouve qu'il y aict conspiré, le cas est irremissible, fust-il son propre frere; mais pour aultre charge ou delict, il seroit à jamais reprochable à Sadite Majesté, de faire mourir ses proches parants et princes du sang royal de France.

Remonstrance que le Roy remarqua merveilleusement; et luy dist telles parolles : « Je veoy bien, monsieur de Vieilleville, qu'il est fort malaisé de vous surprendre ; car ce que je vous en avois commandé n'estoit pas du tout pour vous y faire aller, mais pour descouvrir de loin vostre oppinion sur son emprisonnement, et si nous avons malfaict, ou non, d'en user ainsi, et semblablement quelle en doit estre l'yssue. » Sur quoy M. de Vieilleville respondit que Sa Majesté estoit très-saige et très-advisée, et assistée d'un très-prudent conseil, avec lequel, moyennant la grace de Dieu, elle sçaura fort bien mettre fin à ceste affaire, qui puisse redonder à son honneur et gloire, au repos perpetuel de sa personne et de tout son Estat. Langaige que Sa Majesté eust très-agreable ; lequel ceulx qui luy en avoient mis le subject en la bouche ne sceurent jamais calompnier, tant estoit accort et ruzé en ses responces.

Quant à l'emprisonnement du prince de Condé, il n'estoit pas trop cruel ; car il avoit tout son logis pour prison, auquel estoit une salle avec cinq aultres estaiges ; mais la porte et fenestres devers le jardin estoient murées et condampnées. Le capitainne Gohaz, qui le gardoit, avec une escouade de sa compaignie, luy donnoit toute liberté de s'y pourmener ; et semblablement à six de ses domestiques d'aller par la ville, comme il leur plaisoit, chercher les commoditez de leur maistre et les leurs ; mais on se doubtoit bien qu'à l'arrivée du roy de Navarre il seroit plus estroictement resserré.

CHAPITRE XV.

Arrivée du roi de Navarre à Orléans.

Enfin le roy de Navarre arriva à la Cour (1) : mais le Roy, les Roynes mere et regnante n'envoyerent au-devant de luy ; et ne fut pas receu selon sa dignité, car ung chacun craignoit d'offencer. On lui ordonna son quartier assez loing du logis du Roy, pour sa personne et son train, qui ne revenoit pas à cinquante chevaulx, comptant mulets et charrois; bien esbahy, au reste, de ce qu'il trouva par tous les carrefours de la ville des barricades, non pas de pippes ny d'aultre fustaille, mais de massonnerie, bien percées et flanquées, et grand nombre de soldats en chacune ; et ce qui plus l'estonna, fust qu'il ne sceust voir ny parler à son frere.

Or, s'estant présenté dévant le Roy pour luy baiser les mains, il le trouva seul, sans estre accompaigné de pas ung grand, ny d'aulcun gentilhomme de marque, mais environné de tous costez d'une infinité de ses gardes, comme de quelque nombre des cent gentilshommes de sa maison, avec leurs haches d'armes, archers des gardes leurs capitainnes à la teste, Suisses, les gardes escossaises et toute la cour; la basse-cour du logis du Roy pleine de soldats, et tous harquebu-

(1) *Enfin le roy de Navarre arriva à la Cour.* Il y a ici une erreur. Le roi de Navarre et le prince de Condé arrivèrent ensemble à Orléans. Le premier fut gardé à vue, l'autre mis en prison.

ziers. Racueil que le povre prince trouva assez estrange ; mais force luy fut de passer par-là ; et après plusieurs propos qu'ils eurent ensemble à part, qui nous furent incogneus, le Roy commanda à deux capitainnes de ses gardes de le conduire en son logis.

Quand M. de Vieilleville veid tant de divisions, partialitez et de deffiances, et principalement traicter avec si peu de respect les princes du sang, il commencea à parler de son congé. Mais en estant la Royne mere advertie, elle pria incontinant le Roy son fils de le luy refuser tout à plat, non-seulement de luy deffendre expressément de n'abandonner la Cour sans commandement, et que l'on avoit grand besoing de son service ; le voulant employer bientost en chose de très-grande importance pour le bien et affaires du royaume et de la couronne. Priere à laquelle le Roy obeyt incontinant : qui fust cause qu'il envoya querir madame de Vieilleville, prevoyant son sejour y devoir estre bien long ; ayant esté ladicte dame induicte à luy faire prononcer ce commandement, pour deux raisons : la premiere, pour estre toujours assistée de sa presence, s'en tenant bien fortiffiée, comme nous avons dict ; l'aultre, pour porter tesmoignaige aux princes electeurs du Sainct Empire et aultres princes et Estats d'Allemaigne, de toutes les procedures que son fils et son conseil pourroient executer contre le roy de Navarre et son frere, et la descharger envers eulx de toute calompnie, comme innocente de leur misere et tribulation. C'est pourquoi elle vouloit qu'il veid entierement la fin de ceste tragedie, affin que lesdicts princes ne pensassent pas qu'elle en fust consentante ; mais qu'il leur testifiast, quand il seroit en son gouvernement de Metz, qu'à son grand regret elle voyoit tels rudes traictements, ausquels, par faulte d'authorité et de credit au conseil du Roy son fils, elle ne pouvoit donner l'ordre tel qu'elle eust bien desiré.

Nous passasmes doncques la pluspart de l'hyver à Orleans, où l'on voyoit de terribles traicts de rudesse; principalement que le roy de Navarre venoit au logis du Roy, accompaigné seulement de deux ou trois gentilshommes; et qu'estant entré, il ne se presentoit pas à la porte de la chambre, mais se pourmenoit en la salle, attendant que l'huissier le vint querir : qui esmouvoit plusieurs des plus grands, non pas de la faction de MM. de Guyse, à commiseration, de veoir ung tel prince, portant tiltre de Roy, mesprisé de ceste façon.

CHAPITRE XVI.

Mort de François II. — M. de Vieilleville retourne à Metz.

Mais Dieu pourveut à telle cruaulté; car le dixhuictiesme de novembre 1560, le Roy tomba malade d'une douleur d'oreille si vehemente, qu'il en mourut au dix-septiesme jour après, qui fut le 5 de decembre. Accident qui fist bien tourner la chance; car toute la Cour en general, grands et petits, se vindrent presenter au roy de Navarre, qui venoit ordinairement au logis du nouveau roy Charles qui succeda à son frere François, avec deux ou trois cents chevaulx; et print la regence (¹) et administration du royaume avec ladicte dame, laquelle le declaira, parce que le Roy estoit fort jeune, n'ayant encores saeze ans, lieutenant-general du Roy, representant sa personne par tout son royaume et terres de son obeyssance (qui fut au grand contentement de tout le monde), et ce, par l'advis et entremise de M. de Vieilleville, qui conseilla à la Royne d'en user ainsi, affin de gouverner le royaume en bonne paix et union, et remettre les affaires en meilleur estat, attendu la très-dangereuse combustion que pouvoit faire flamber en icelluy ceste diversité de religions, qui sembloit prandre ung merveilleux accroissement. A quoy Sa Majesté, ayant meurement considéré tous les evenements qui en pouvoient arriver, condescendit fort volontairement; et en remonstra aultant au roy de Navarre, pour coupper chemin à tous troubles; qui ne reffusa pas cest estat, mais le tint et l'exercea soubs l'authorité de ladicte dame; qui fist prosperer toutes choses de bien en mieulx.

Et est à noter que, nonobstant toutes les rigueurs, aguets et espionnaiges des deux freres, M. de Vieilleville ne laissoit pas, du vivant du feu Roy, d'aller la nuict visiter le roy de Navarre, pour le nourrir en amitié avec ladicte dame, comme prevoyant que ceste tirannie ne pourroit pas durer long-temps; et bien souvent portoit et rapportoit des créances de l'un à l'aultre, sans que jamais, par sa dexterité et saige

---

(¹) *Et print la regence.* Catherine de Médicis n'eut pas le titre de régente pendant la minorité de Charles IX ; elle ne le prit que depuis la mort de ce prince jusqu'au moment où Henri III arriva en France.

conduicte, personne l'eust sceu descouvrir; et par telles reconciliations l'estat de la couronne de France devint fort paisible et calme. De quoy tous les grands du royaume l'honorerent merveilleusement; car il estoit en la puissance du roy de Navarre d'exclurre la Royne mere de tout gouvernement, par les vieulx et anciens statuts et privileiges du royaume, qui privent les femmes et les estrangers de telles charges; et elle avoit ces deux qualitez. Ce fut doncques comme par inspiration divine qu'elle fist arrester M. de Vieilleville à la Cour; car s'il s'en fust allé, elle estoit en hazard de se retirer ou à Monceaulx, ou à Chenonceaulx. Aussi n'en fust-elle pas ingrate, comme nous dirons en son lieu.

Quand les deux freres veirent le Roy mort, et advertis que le capitainne Gohaz avoit ouvert au prince de Condé la porte de son logis, et remis en toute liberté, et que le roy de Navarre avoit esté proclamé lieutenant-general du nouveau roy de France, ils sortirent d'Orleans à petit bruict; et nuictamment le cardinal gaigna son abbaye de Mairmoustier par la riviere; et le duc de Guyse Paris, où il avoit beaucoup de confidents; et se repatria avec le connestable, le mareschal de Sainct-André (1), et grand nombre d'aultres grands, qui tous ensemble formerent une indissoluble amitié pour abymer les Lutheriens; alleguant ledict de Guyse que tout ce qu'il avoit faict à Orleans n'estoit que sur saincte intention; et leur fist veoir au doigt et à l'œil que le prince de Condé

---

(1) *Se repatria avec le connestable le mareschal de Sainct-André.* Cette union, qui prit le nom de triumvirat, ne fut formée, comme on l'a déjà observé, qu'en 1562.

avoit promesse des princes d'Allemaigne d'une levée de dix-huict mille reithres et douze mille lansquenets, pour venir planter l'heresie en France et fouldroyer leur religion; et qu'il avoit faict la cene avec l'Admiral, le cardinal de Chastillon, Andelot, et plus de trois cents gentilshommes français, à Noyers; et qu'il estoit très-necessaire de se confederer pour resister à une si detestable et meschante entreprise; les asseurant qu'il avoit deliberé de les envoyer tous querir, par commandement exprès du Roy, si la mort ne l'eust prevenu, pour assister au jugement d'un si pernicieux petit prince; mais qu'il falloit, sans dissimulation ni connivence, embrasser ceste affaire, et avec toute diligence; car il prevoyoit bien que toute la Cour s'en va empoisonnée de ceste faulce et diabolesque doctrine, puisque le roy de Navarre, qui en est, commande generalement à la France; et que bientost, par ses blanderesses et flateuses persuasions, il attirera la Royne mere. A ceste remonstrance, ils jurerent tous de s'y employer de toute affection; et s'entre-promirent la foy de ne s'abandonner jamais qu'ils n'en ayent veu la fin, et de n'y rien espargner, jusques au dernier soupir de leur vie.

[1561] De ceste assemblée sortirent et sont emanez tous les troubles qui sont depuis advenus en France: mais estants escrits par plusieurs bons esprits, je ne m'y estendray nullement; aussi que ce subject n'est pas de mon histoire. Pour laquelle renfiler, je vous diray que M. de Vieilleville voyant la Royne mere et le roy de Navarre bien ensemble, et merveilleusement d'accord en la regence, il demanda son congé pour s'en retourner en son gouvernement; qui luy fut fort volontairement accordé, avec grande demonstration et contentement de ses services, et infinies promesses de la remuneration. Puis commencea son voyaige par s'aller raffraischir en sa maison de Durestal, où il remena madame de Vieilleville. Et après y avoir sejourné environ ung mois, il print le chemin de Champaigne pour aller à Metz, sans repasser par la Cour.

Auquel lieu il fut receu d'une inexprimable allaigresse, tant par les habitants de la ville et de toute la contrée, sans excepter sexe, aige ny qualité, que par les gens de guerre de toute la garnison, pour le longtemps qu'ils avoient esté privez de sa presence, et de le veoir eschappé des grands hazards ausquels il s'estoit submis par les perilleuses charges qu'on luy avoit données. A quoy M. de Sennecterre n'oublia rien de son devoir, comme lieutenant de sa compaignie et au gouvernement : car il fist sortir toute la cavallerie en general, et en armes, audevant de luy en la plaine de Fristau, et se combattre à coups de lance et de coutelas ; et deux bataillons de gens de pied, qui firent filer une scopeterie d'harquebuzade sans balles, l'un contre l'aultre, plus d'une heure ; et grand nombre de picques rompues ; et entrants avec telles fanfares en la ville, les commissaires de l'artillerie firent ronfler toutes leurs pieces, grandes et petites, qu'ils avoient le soir precedent placées sur les plates-formes et remparts pour cest effect, et de telle sorte et furie, que l'on n'en eust sceu faire davantaige pour la mesme Majesté.

Ainsi nous parachevasmes le reste de l'hyver en bonnes cheres et toute rejouissance, sans aulcun soulcy, ayant la paix bien confirmée et jurée avecques nos voisins de Luxembourg, et que Théonville avoit esté déja rendue, suyvant les articles de paciffication, comme il a esté dict.

CHAPITRE XVII.

M. de Vieilleville est nommé ambassadeur à la cour de l'Empereur.

[1562] Or la Royne proposa en un conseil qu'il estoit très-necessaire d'envoyer devers l'Empereur, pour former amytié avec luy, sur l'advenement de son second fils à la couronne, et que l'on s'estoit beaucoup oublié de n'avoir faict ce devoir du regne de son fils aisné; et que ledit sieur Empereur pourroit avec juste occasion se douloir d'un tel mespris, estant, de toute ancienneté, ceste louable coustume observée entre les grands princes, principalement de la chrestienté, de s'entrevisiter par une amyable congratulation, quand Dieu les honore de la succession des sceptres et couronnes de leurs predecesseurs; et que d'aultre part, il estoit deu à quelques princes, colonels, reithermestres, capitainnes et d'aultres serviteurs occultes en Allemaigne, affectionnez à la couronne de France, des pensions qu'il estoit raisonnable de satisfaire; aussi qu'il se falloit raffraischir en la memoire et amytié des princes electeurs du Sainct Empire; et que celluy que l'on envoyera devers l'Empereur pourra depescher toutes ces affaires en son voyaige; mais il le falloit choisir digne d'une telle charge, et qui s'en saiche duement acquitter.

Proposition que tout le conseil, principalement le roy de Navarre, receust avec grande admiration et tous ensemble; et solliciterent la diligence comme fort pregnante pour le bien de la couronne; et sur ceste ouverture il ne s'en presenta pas moins de quinze ou vingt, et des plus grands favorits de la Cour, pour estre preferez en ceste légation; car, à la vérité, c'estoit un fort beau voyaige, et s'en battoient à la perche : les ungs en sollicitoient la Royne douairiere, les aultres le roy de Navarre; et quelques-uns s'addressoient à la Royne mesme, par l'entremise de certaines dames qu'ils cognoissoient luy estre agréables; mais tous perdirent leur temps et leurs peines.

Car Sa Majesté avoit voué en son ame ce voyage à M. de Vieilleville, par plusieurs fort légitimes raisons. Desquelles la premiere, qu'il estoit comme à demy-rendu, d'aultant que son gouvernement de Metz aboutit en Allemaigne; l'aultre, qu'elle le cognoissoit plus consommé aux affaires d'Estat que tous les susdicts poursuivans : *item,* qu'il estoit honoré et merveilleusement respecté de tous les princes electeurs du Sainct Empire, qui seront bien aises de le veoir et de conferer avec luy des affaires de France; plus, qu'il est raisonnable que l'Empereur cognoisse celluy qui a, par tant d'années, fait teste à l'Empire et à toute la Germanie; et que toutes les entreprises que l'on a tramées sur son gouvernement, pour secrettes qu'elles ayent esté, n'ont jamais pu réussir à bonne fin, mais, par sa vigilance et dextérité, ont toujours esté renversées : davantaige, que saichant Sadite Majesté la très-grande amytié que luy portoit le roy Henry son feu seigneur et mary, à cause de ses valeurs et mérite, elle desiroit, comme dame d'honneur et de bien, qui doit tousjours affectionner ce que son mary aime, l'en faire ressentir : j'adjousteray encore cestecy, qu'elle ne vouloit pas estre ingrate des fideles services qu'il luy avoit faicts, l'ayant tousjours assistée, sans rien craindre ny apprehender, en toutes les fascheuses et turbulentes occasions qui se sont survenues depuis qu'elle est vefve; et pour la derniere elle se sentoit en partie son obligée du commandement general et absolu qu'elle avoit en ce royaume, par les belles et très-utiles remonstrances qu'il fist au roy de Navarre, comme nous avons dict.

Qui fut cause que, toutes sollicitations, faveurs et poursuites rejectées, elle despescha en poste M. de Froze, son premier escuyer, devers luy, pour luy porter les lettres pour l'Empereur, les princes, son instruction et toutes aultres despesches necessaires pour ceste legation; et avec luy coururent le commys du tresorier de l'espargne, et quatre ou cinq aultres clercs des finances, qui portoient soixante mille escus en or pour les susdictes pensions, qui arriverent à Metz le premier jour d'avril 1562.

Il ne faut pas demander si le sieur de Froze fust le bien venu et toute sa trouppe, principalement quand M. de Vieilleville eust veu les lettres que la Royne luy escrivoit, desquelles je ne insereray, pour éviter prolixité, que les sept dernieres lignes qui contenoient ces propres mots : « Vous asseurant, mon cousin, que j'ai esté infiniment importunée par plus de vingt pour avoir l'honneur de ce voyaige, entre lesquels estoient le fils de mon feu oncle, le mareschal Strozzy, et Valenty, fils naturel du sieur roy de Navarre. Mais je les ay tous faicts égaulx ; car quand j'eusse eu ung frere qui l'eust pourchassé, je vous y eusse tousjours preferé, pour la parfaicte fiance que j'ay que vous vous acquitterez aussi dignement de ceste charge que de toute aultre que l'on vous a jamais de ma cognoissance commise; et, sur cette esperance, je prieray Dieu, mon cousin, qu'il vous aict en sa sainte et digne garde. Escrit à Orléans, ce vingt-septieme de mars 1561. Ainsi signé, vostre bonne cousine, Catherine ; et au dessoubs, Fizes. »

Froze doncques, après avoir esté fort favorablement traicté l'espace de trois jours à Metz, s'en retourna devers la Royne mere, sa maistresse, avec responses qui portoient un remercyement condigne à une si honorable et respectueuse faveur, et oultre ce fort contant et satisfaict de sa peine; car on luy fist de très-beaulx et riches présents de très-belles pistoles et harquebuses, qu'il confessa luy-mesme n'en avoir jamais veu de pareilles en France ny aux cabinets des roys, mais sur-tout d'un cheval de Dannemarck, qu'il estima avec son esquipaige à plus de mille escus, après que luy, qui estoit de l'estat et profession de s'y cognoistre, l'eust monté et manyé deux ou trois fois; et fist grande instance de le reffuser, comme à luy n'appartenant, mais que c'estoit pour ung grand prince ; et que si le Roy estoit en aige pour le monter, il ne luy en fauldroit point d'aultre, mesme pour un jour de bataille. Mais M. de Vieilleville voulut qu'il l'acceptât ; ce que Froze fit, et sur l'heure le nomma *Vieilleville*.

CHAPITRE XVIII.

M. de Vieilleville arrive à la cour de l'électeur palatin.

Le lendemain M. de Vieilleville commencea son voyaige avec soixante chevaulx, où estoient M. d'Espinay, M. de Thevalle, M. de Crapado, M. de La Plessecleiambault, M. de Thuré, les sieurs Dorvaulx, de Saint-Ouan, de Pezé, de Fontenay aultrement Les Moulins, de La Vieulxcourt, et cinq ou six vieils capitainnes de Metz ; et accommoda les trésoriers de chevaulx pour porter leurs finances.

Marchants avec si belle compaignie, nous entrasmes au Palatinat. De quoy adverty le comte palatin, duc de Bavieres, premier electeur du Sainct Empire, il envoya son grand mareschal avec quarante chevaulx au-devant de nous, qui ne nous abandonna qu'il ne nous eust rendus à Heidelberg, ville où faisoit sa residence ordinaire ledict electeur, qui envoya son fils, lequel avoit esté nourri en France, du nom de Bavieres, en la cour du roy Henry second, au-devant de M. de Vieilleville, environ une lieue. Et luy fist ledict electeur une fort courtoise reception et honorable traictement pour deux jours, à cause des louables recits qu'on luy avoit faicts de ses braves gestes, et qu'il entendoit dire journellement, et par son fils mesme, qu'il favorisoit tousjours les Allemants, tant en la cour des roys de France qu'aux armées françaises, quand il s'y trouvoit des colonels et capitainnes de leur nation. Et après toutes conférences faictes, responses des lettres retirées et toutes creances dictes, M. de Vieilleville print congé de luy; mais il ne fust possible de l'empescher de monter à cheval, accompagné de trois cents chevaulx, tous pistoliers, et trois cornettes arborées, avec cinq ou six trompettes pour nous venir conduire une grande lieue au-de-là d'Heidelberg. Et voulant M. de Vieilleville prendre congé, le pressant de se retirer, il nous mena, à bien cent pas à l'escart du grand chemin, en ung bosquet de sapins, où estoient trois belles fontaines, avec lesquelles nous trouvasmes une embuscade de cinquante ou soixante bouteilles de vin d'Alsace, très-excellent; et fallut que toute notre trouppe beut, et commencea ledict sieur electeur la querelle. Ceste collation finye, en laquelle jambons de Mayence, car c'en est le pays, fourmaiges de Milan, cervelats et aultres esguillons à vin ne manquerent poinct, M. de Vieilleville, voulant mettre pied à terre pour luy dire le dernier adieu, il ne le voulut jamais permettre, et s'entrembrasserent de cheval. Et ainsi se departirent; mais à ce departement, ces trois cents chevaulx, qui estoient demeurez à l'escart, firent une terrible scopeterie et les trompettes raige de fanfares.

Mais nous veismes à Heildelberg une chose fort rare et très-estrange, que je ne puis passer soubs silence, qui estoit ung gros et puissant lyon aussi privé que ung chien; car il se jectoit parmy nous, suivy toutesfois de son gouverneur, sans qu'il offenceast personne; et, ennuyé de nous regarder, il montoit en la chambre de madame la comtesse, et s'y couchoit de son long comme un dogue, attendant qu'on luy apportast ung quartier de chien ou de quelqu'aultre beste pour son ordinaire; et estant repeu, il s'en retournoit de luy-mesme, sans aulcune contraincte, en sa caige, aussi doulcement que pourroit faire ung chien courant en son chesnil. Nous sceusmes que le comte l'avoit recouvré du roy de Moscovie, n'ayant encores que trois mois, et qu'il l'avoit ainsi nourry et eslevé en si privée nourriture, à cause que le comte palatin du Rhin porte en ses armes ung lyon d'or rampant, couronné, langué et armé d'argent en champ d'azur ou de gueules.

Poursuivant doncques nostre voyage, nous entrasmes en Suabe pour venir en la principale ville de la duché, nommée Stocart, où le duc de Vyrtemberg, seigneur dudict pays, nous attendoit à grande devotion; car il avoit passé sa jeunesse en France, du temps du roy François le Grand : qui nous fist de merveilleuses caresses et abandonnez traictements, toutesfois à la française, car il ne beuvoit qui ne vouloit; très-aise, au demourant, de voir M. de Vieilleville, tant pour sa reputation que pour les bons traictements dont il avoit usé envers ses proches parents au siége de Théonville.

CHAPITRE XIX.

Arrivée de M. de Vieilleville à la cour de Saxe.

Sortants de-là, nous vinsmes à Ausbourg, où tous les colonels, reithermestres, capitainnes et serviteurs occultes, pensionnaires de France, se trouverent, ayant esté advertis par M. de Vieilleville du jour qu'il y devoit estre, par le project qu'il avoit faict de ses journées avant partir de Metz, à tous lesquels leurs pensions furent payées où il fut laissé quarante mille escus, qui deschargea bien fort les tresoriers ; de quoy ils prindrent vallable acquicts, soubs l'ordonnance de M. de Vieilleville, signée de sa main. Puis firent tous serment entre ses mains de continuer leur affection et fidelité au service du Roy à present regnant, et de la couronne de France, envers et contre tous, et surtout, de ne faire aulcune levée de gens de guerre, tant de cheval que de pied, pour passer en France, sans l'exprès commandement du Roy, et par lettres signées de sa main et à iceulx envoyées par son lieutenant-general à Metz : ce qu'ils promirent et jurerent fort authentiquement. Et fut semblablement injonction faicte aux pensionnaires et serviteurs occultes, au nombre desquels estoient deux evesques, l'un de Passau, l'aultre de Ratisbonne, là presents, de n'abuser poinct Sa Majesté de faulx advertissements, mais toujours escrire la verité des choses qui se presenteront dignes d'estre escrites ; et que, quand on leur addressera quelque serviteur du Roy pour aller descouvrir en Allemaigne ce qui luy sera commandé pour son service, ils le tiendront secret, favoriseront et feront conduire seurement, et assisteront jusques au parfaict complement de sa charge ; qui jurerent semblablement d'ainsi faire, et sur leur ame de n'y faillir.

Toutes ces depesches faictes au contentement d'un chacun, nous vinsmes à Vymarch, où nous trouvasmes le duc Jehan-Frederic de Saxe et le duc Jehan-Guillaume son frere, qui receurent M. de Vieilleville selon leur portée ; car l'empereur Charles cinquiesme les avoit reduicts en une miserable extremité, et quasi ruinez, leur ayant osté la duché et l'électorat de Saxe, et par consequent traeze, que villes, que chasteaulx, qui sont annexées et incorporées audict electorat, en la guerre qu'il leur fist et au landgraff de Hessen son confederé et associé, l'an 1546 et 1547; et le donna, comme par gratiffication, au duc Maurice de Saxe, leur parent de nom et d'armes, les successeurs duquel en ont toujours jouy depuis, et jouissent encores de present, parce que ledict Maurice, menant l'avant-garde de l'Empereur en ceste guerre, fut cause en partie que les aultres furent deffaicts, et estants prisonniers furent convaincus du crime de rebellion à l'Empereur leur souverain seigneur, et par ce moyen confisquez.

TABLE DES MATIÈRES

CONTENUES

DANS LE VINGT-SEPTIÈME VOLUME.

FRANÇOIS DE SCEPEAUX, SIRE DE VIEILLEVILLE.

LIVRE CINQUIÈME.

Chap. premier. *M. de Vieilleville part pour aller à son château de Duretal.* Page 1

Chap. II. *Le Roi mande à M. de Vieilleville de se rendre à la Cour.* 6

Chap. III. *Le Roi envoie M. de Vieilleville à Verdun.* 12

Chap. IV. *M. de Vieilleville fait fortifier la ville de Verdun. — L'armée de l'Empereur investit la ville de Metz.* 18

Chap. V. *M. de Vieilleville se met à la tête d'un détachement de la garnison de Verdun, et enlève un convoi de vivres aux Impériaux.* 21

Chap. VI. *M. de Vieilleville se rend maître du château de Conflans.* 28

Chap. VII. *M. de Vieilleville surprend la ville d'Etain.* 32

Chap. VIII. *M. de Vieilleville force le village de Rougericules.* 36

Chap. IX. *M. de Vieilleville retourne à Verdun, où il reçoit un ordre du Roi de se rendre à Toul.* 40

Chap. X. *M. de Vieilleville envoie à Pont-à-Mousson un espion qui trompe les ennemis.* 43

Chap. XI. *M. de Vieilleville attire les ennemis dans une embuscade.* 48

Chap. XII. *M. de Vieilleville surprend la ville de Pont-à-Mousson.* Page 52

Chap. XIII. *Dom Alphonse, battu et fait prisonnier, meurt de chagrin d'une lettre qu'il reçoit du duc d'Albe. — Colère de l'Empereur sur le peu de succès du siége de Metz.* 56

Chap. XIV. *M. le duc de Nevers vient trouver M. de Vieilleville à Pont-à-Mousson.* 60

Chap. XV. *M. de Vieilleville enlève un convoi de vivres destiné pour l'armée de l'Empereur.* 63

Chap. XVI. *M. de Vieilleville enlève un autre convoi destiné pour la bouche de l'Empereur.* 67

Chap. XVII. *Colère de l'Empereur contre M. de Vieilleville.* 69

Chap. XVIII. *M. de Vieilleville est averti que les ennemis marchent en force pour le combattre. — Utilité des espions.* 74

Chap. XIX. *M. de Vieilleville retourne à Pont-à-Mousson.* 77

Chap. XX. *M. de Vieilleville reçoit avis de la marche infructueuse des ennemis.* 79

Chap. XXI. *M. de Vieilleville partage le butin fait sur les ennemis.* 82

Chap. XXII. *M. de Vieilleville apprend que l'Empereur a levé le siége de Metz.* 84

Chap. XXIII. *Le duc de Nevers voulant aller à Metz trouver le duc de Guise, M. de Vieilleville lui conseille de différer son départ.* 89

Chap. XXIV. *Le duc de Nevers et M. de Vieilleville vont à Metz.* 92

Chap. XXV. *Le duc de Guise tient un conseil où il propose d'attaquer le marquis Albert. — Avis de M. de Vieilleville sur ce projet.* 94

Chap. XXVI. *Le duc de Guise fait canonner le camp du marquis Albert, et l'oblige à se retirer.* 98

Chap. XXVII. *Etat misérable des soldats impériaux qui furent trouvés dans le camp après la levée du siége de Metz. — Retour de M. de Vieilleville à Verdun. — Le Roi offre l'amirauté au maréchal*

de Saint-André. — M. de Vieilleville le détourne d'accepter cette charge. Page 102
Chap. XXVIII. M. de Vieilleville retourne à Duretal. — Il y apprend que MM. de Guise et de Nevers avoient demandé pour lui le gouvernement de Metz. 109
Chap. XXIX. M. de Vieilleville reçoit une lettre du Roi, qui lui offre la lieutenance générale de Bretagne. — Réponse de M. de Vieilleville à la lettre du Roi. 112
Chap. XXX. Le Roi prend la résolution de donner le gouvernement de Metz à M. de Vieilleville. 117
Chap. XXXI. M. de Gonnor est rappelé, et M. de Vieilleville part pour Metz. 119
Chap. XXXII. M. de Vieilleville prend possession du gouvernement de Metz. 121

LIVRE SIXIÈME.

Préface. 126
Chap. premier. Etat de la ville de Metz après le siége. 127
Chap. II. Fermeté de M. de Vieilleville à maintenir le bon ordre dans la garnison de Metz. 131
Chap. III. Sa sévérité à faire punir les coupables. 133
Chap. IV. M. de Vieilleville reçoit les plaintes des habitans contre la garnison. 135
Chap. V. Exemple de sévérité et de justice. 138
Chap. VI. M. de Vieilleville nomme un maître échevin de Metz. 142
Chap. VII. Fêtes données aux principaux habitans de Metz par M. de Vieilleville. 147
Chap. VIII. Exploits de la garnison de Metz. 150
Chap. IX. L'évêque de Metz est privé du droit de faire battre monnoie. 154
Chap. X. M. de Vieilleville obtient une compagnie de cinquante hommes d'armes. 157
Chap. XI. Arrivée de madame de Vieilleville et de madame d'Espinay sa fille, à Metz. 161
Chap. XII. M. d'Espinay est fait capitaine d'une compagnie de chevau-légers. 166
Chap. XIII. M. de Vieilleville forme sa compagnie

d'hommes d'armes. — Il envoie plusieurs partis
contre les ennemis. Page 169

Chap. XIV. Le comte de Mesgue se met en marche avec un gros détachement de la garnison de Thionville pour attaquer les troupes de M. de Vieilleville. 172

Chap. XV. Victoire de M. de Vieilleville sur les troupes du comte de Mesgue. 175

Chap. XVI. M. de Vieilleville est nommé chevalier de l'Ordre. 180

Chap. XVII. Mauvaise conduite du sergent-major et du prévôt de Metz. 185

Chap. XVIII. M. de Vieilleville prend la résolution de les punir. 189

Chap. XIX. Le prévôt et le sergent-major de Metz sont arrétés. 193

Chap. XX. Ils sont punis du dernier supplice. 196

Chap. XXI. M. de Vieilleville fait mettre en liberté des marchands que l'on retenoit injustement en prison. 200

Chap. XXII. Le gardien des observantins de Metz trame une conjuration pour livrer la ville au comte de Mesgue. 203

Chap. XXIII. La conjuration est découverte. 206

Chap. XXIV. M. de Vieilleville sort de Metz avec une partie de la garnison pour attaquer les troupes du comte de Mesgue. 211

Chap. XXV. M. de Vieilleville met ses troupes en embuscade, et défait celles du comte de Mesgue. 215

Chap. XXVI. Le comte de Mesgue, après sa défaite, envoie un trompette à Metz pour réclamer quelques-uns des siens. 221

Chap. XXVII. Punition des soldats ennemis qui s'étoient cachés dans le couvent des cordeliers. 223

Chap. XXVIII. M. de Vieilleville demande permission au Roi de faire un voyage à la Cour. 227

Chap. XXIX. M. de Vaudemont propose à M. de Vieilleville un mariage pour sa fille. 230

Chap. XXX. Henri II apprend la dernière victoire de M. de Vieilleville. 233

Chap. XXXI. *Sentimens du Roi sur cette victoire.* Page 236

Chap. XXXII. *M. de La Chapelle-Byron arrive à Metz pour y commander pendant le voyage que M. de Vieilleville devoit faire à la Cour.* 241

Chap. XXXIII. *M. de Vieilleville arrive à la Cour.* 244

Chap. XXXIV. *Plaintes faites par le cardinal de Lorraine, en plein conseil, contre M. de Vieilleville, en faveur du cardinal de Lenoncourt. — Réponse de M. de Vieilleville aux reproches de ce prélat.* 247

Chap. XXXV. *Le cardinal de Lenoncourt quitte la Cour et se retire à la Charité-sur-Loire.* 254

Chap. XXXVI. *Supplice des cordeliers de Metz qui avoient voulu livrer la ville au comte de Mesgue. — M. de Vieilleville découvre au comte de Sault le dessein qu'il a de lui donner sa seconde fille en mariage.* 259

Chap. XXXVII. *Madame Claude de France conseille à mademoiselle de Vieilleville d'épouser le fils du comte de Duilly, de la maison du Châtelet.* 263

Chap. XXXVIII. *Le Roi approuve le conseil de madame Claude sur le mariage de mademoiselle de Vieilleville avec le fils du comte de Duilly.* 269

Chap. XXXIX. *Mademoiselle de Vieilleville épouse le fils du comte de Duilly.* 272

Chap. XL. *M. de Vieilleville propose au Roi de faire bâtir une citadelle à Metz.* 275

Chap. XLI. *M. de Vieilleville retourne à Metz avec une grosse somme d'argent.* 279

Chap. XLII. *Nouvelle conspiration pour livrer la ville de Metz aux Impériaux.* 282

Chap. XLIII. *Comment cette conjuration fut découverte.* 286

Chap. XLIV. *Fausse lettre écrite au comte de Mesgue par un des conjurés. — Réponse du comte.* 289

Chap. XLV. *Autre lettre au comte de Mesgue par un des conjurés. — Lettre du comte à M. de Vieilleville qui lui fait réponse. — Mesures prises par M. de Vieilleville pour faire tomber le comte dans une embuscade.* 292

Chap. XLVI. *Le dessein de M. de Vieilleville échoue par l'imprudence d'un officier.* Page 298

Chap. XLVII. *Punition de quelques-uns des conjurés, les autres ayant pris la fuite.* 301

Chap. XLVIII. *M. de Vieilleville est attaqué d'une longue maladie.* 304

Chap. XLIX. *Il envoie demander au Roi un autre lieutenant que M. de Sanssac.* 307

Chap. L. *Le Roi envoie visiter M. de Vieilleville malade par un de ses gentilshommes. — M. de Sennecterre vient à Metz pour y commander, et M. de Vieilleville part de cette ville pour aller prendre l'air à sa terre de Duretal.* 310

LIVRE SEPTIÈME.

Ppéface. 315

Chap. premier. *Causes du mauvais succès de la guerre d'Italie.* 317

Chap. II. *M. de Vieilleville retourne à Metz, où il fait une justice exemplaire des séditions arrivées pendant son absence.* 321

Chap. III. *Punition des légionnaires qui s'étoient révoltés pendant l'absence de M. de Vieilleville. — Ce que c'étoit que ces légionnaires établis par François I.* 324

Chap. IV. *M. d'Espinay engage M. de Vieilleville à se réconcilier avec les légionnaires.* 327

Chap. V. *M. de Vieilleville forme le projet du siége de Thionville. — Mesures qu'il prend pour l'exécuter.* 330

Chap. VI. *Vincent Carloix arrive à la Cour pour faire part au Roi du projet de M. de Vieilleville.* 335

Chap. VII. *Carloix, muni des ordres du Roi, retourne à Metz. — Thionville investi.* 341

Chap. VIII. *Le duc de Guise veut commander au siége de Thionville. — Lettre qu'il écrit à ce sujet à M. de Vieilleville.* 346

Chap. IX. *M. de Guise arrive devant Thionville.* 349

Chap. X. *Le duc de Guise assemble le conseil de guerre.*

— *Avis du maréchal Strozzi, en conséquence duquel on attaque inutilement la ville.* Page 352

Chap. XI. *Mort du maréchal Strozzi.* 356

Chap. XII. *M. de Vieilleville fait changer les dispositions de l'attaque de Thionville.* 359

Chap. XIII. *Après un rude assaut les assiégés demandent à capituler.* 362

Chap. XIV. *Les Français entrent dans Thionville.* 365

Chap. XV. *M. de Vieilleville propose de détruire Thionville de fond en comble : M. de Guise s'y oppose.* — *Les habitans d'Arlon abandonnent leur ville après y avoir mis le feu.* 367

Chap. XVI. *M. de Guise, apprenant la défaite de l'armée du Roi à Gravelines, part pour se rendre auprès de Sa Majesté.* — *Nouveaux habitans établis à Thionville.* 370

Chap. XVII. *Libéralité de M. de Vieilleville.* 374

Chap. XVIII. *Propositions de paix entre la France et l'Espagne.* 377

Chap. XIX. *Négociations pour la paix entre la France et l'Espagne.* 380

Chap. XX. *Conférences pour la conclusion de la paix.* — *Mort de Marie, reine d'Angleterre.* — *Le Roi mande M. de Vieilleville.* 384

Chap. XXI. *Entretien de M. de Vieilleville avec le Roi.* — *Sa Majesté lui donne un brevet de maréchal de France.* 387

Chap. XXII. *M. de Vieilleville assiste aux conférences de la paix, qui se tiennent à Cateau-Cambresis.* 393

Chap. XXIII. *Les ambassadeurs d'Espagne arrivent à Paris.* 398

Chap. XXIV. *Le cardinal de Lorraine ayant conseillé au Roi d'aller au parlement pour assister aux mercuriales, M. de Vieilleville détourne Sa Majesté d'y paroître.* 401

Chap. XXV. *Le Roi va au parlement, et fait arrêter quelques magistrats suspects d'hérésie.* 404

Chap. XXVI. *M. de Vieilleville désapprouve les conditions de la paix faite avec la Savoie.* 407

TABLE DES MATIÈRES.   480

Chap. XXVII. *Le Roi entre en lice dans un tournoi.* Page 411
Chap. XXVIII. *Le roi Henri II est blessé à mort par le fils du comte de Montgommery.—Mort du Roi.* 414.

LIVRE HUITIÈME.

Chap. troisième. *M. de Vieilleville est fait chevalier d'honneur de la reine Catherine de Médicis.* 420
Chap. IV. *Conjuration d'Amboise.* 421
Chap. V. *Punition des conjurés.* 424
Chap. VI. *M. de Vieilleville est envoyé à Orléans pour y commander.* 427
Chap. VII. *M. de Vieilleville défait une troupe de rebelles.* 429
Chap. VIII. *M. de Vieilleville retourne à la Cour.* 434
Chap. IX. *Le Roi et MM. de Guise donnent à M. de Vieilleville des marques de leur contentement.* 437
Chap. X. *M. de Vieilleville est envoyé à Rouen.* 439
Chap. XI. *M. de Vieilleville fait punir les séditieux.* 442
Chap. XII. *M. de Vieilleville réprime les entreprises des Huguenots de Dieppe.* 447
Chap. XIII. *M. de Vieilleville se rend maître de la ville de Dieppe.* 451
Chap. XIV. *M. de Vieilleville vient à Orléans où étoit la Cour.* 454
Chap. XV. *Arrivée du roi de Navarre à Orléans.* 457
Chap. XVI. *Mort de François II.— M. de Vieilleville retourne à Metz.* 459
Chap. XVII. *M. de Vieilleville est nommé ambassadeur à la cour de l'Empereur.* 464
Chap. XVIII. *M. de Vieilleville arrive à la cour de l'electeur palatin.* 468
Chap. XIX. *Arrivée de M. de Vieilleville à la cour de Saxe.* 470

FIN DU VINGT-SEPTIÈME VOLUME.

www.ingramcontent.com/pod-product-compliance
Lightning Source LLC
Chambersburg PA
CBHW050250230426
43664CB00012B/1901